中国轻工业“十四五”规划教材
国家一流本科课程配套教材
中国海洋大学教材建设基金资助项目

食品工厂设计

主编　李振兴

中国轻工业出版社

图书在版编目（CIP）数据

食品工厂设计/李振兴主编. — 北京：中国轻工业出版社，2025.1

ISBN 978-7-5184-4510-3

Ⅰ. ①食… Ⅱ. ①李… Ⅲ. ①食品厂—设计 Ⅳ. ①TS208

中国国家版本馆 CIP 数据核字（2023）第 149977 号

责任编辑：马　妍　巩孟悦

策划编辑：马　妍　　责任终审：劳国强　　封面设计：锋尚设计

版式设计：霸　州　　责任校对：吴大朋　　责任监印：张　可

出版发行：中国轻工业出版社（北京鲁谷东街 5 号，邮编：100040）

印　　刷：三河市万龙印装有限公司

经　　销：各地新华书店

版　　次：2025 年 1 月第 1 版第 2 次印刷

开　　本：787×1092　1/16　印张：20.75

字　　数：485 千字　插页：5

书　　号：ISBN 978-7-5184-4510-3　定价：55.00 元

邮购电话：010-85119873

发行电话：010-85119832　010-85119912

网　　址：http://www.chlip.com.cn

Email：club@chlip.com.cn

250140J1C102ZBW

本书编写人员

主　　编　李振兴　中国海洋大学

副 主 编　夏秋瑜　广东海洋大学

杨　开　浙江工业大学

朱文慧　渤海大学

王　皓　中国海洋大学

参编人员　（按姓氏笔画排序）

丁　勇　上海海洋大学

马　磊　中国海洋大学

朱常亮　中国海洋大学

刘　青　青岛市建筑设计研究院集团股份有限公司

李　敬　中国海洋大学

步婷婷　浙江工业大学

邱春江　江苏海洋大学

辛建增　烟台大学

郑明静　集美大学

姜晓明　中国海洋大学

董庆亮　北部湾大学

前言 | Preface

为深入贯彻习近平总书记关于高等教育的重要论述精神，教育部提出以立德树人为教育的根本任务，着力开展新工科建设，培养未来多元化、创新型卓越工程人才。在这种背景下，传统以知识为载体的教材在培养学生工程思维、工程能力和自主学习能力等方面显示出较大的局限性，难以践行以学生为中心，产出导向的核心理念。基于此，本书以现代工程教育理念为指导，着力编制符合新工科人才培养要求的新型教材，为进一步提升学生对学习内容的理解力和解决复杂工程问题的能力提供参考。

“食品工厂设计”是高等学校食品科学与工程类专业的核心课程之一，是对大学阶段所学基础课、专业基础课和专业课的检阅与整合。通过对食品工厂设计的学习，能够让学生掌握食品工厂设计的基本建设程序，理解食品工厂有关工艺设计的基本理论；掌握准确表达工程数据的描述规范，并利用工程语言阐释食品复杂工程问题，同时进行有效沟通和交流，形成有效的问题解决方案；能够查阅设计相关基础资料和技术手册，进行食品工艺设计计算、整理数据，并具有一定的绘图能力。

为引导学生开阔思路、积极思考，链接大学阶段所学的各类相关课程，积极参与教学讨论，培养复合型创新人才，本书力争突出以下特色：

- 增加问题导向和学习目标。以问题为导向，阐述学习本章知识的实际意义，将学生的注意力集中在应该学到的知识上。
- 学习过程中，针对性设置案例教学及信息化教学内容，帮助学生理解食品工厂设计的基础知识和应用方案。
- 提炼知识点，加强课后练习。通过抽提关键知识点，建立不同章节之间的内在联系，力争引导学生在思考的同时，提高对概念的理解和认识。
- 提供知识点教学视频，以扫描书中二维码的方式使用，方便教学的同时，更有助于学生对课程知识的理解与应用。

本教材编写团队包括中国海洋大学、北部湾大学、渤海大学、广东海洋大学、集美大学、江苏海洋大学、上海海洋大学、青岛建筑设计研究院、烟台大学、浙江工业大学等众多高校和专业设计单位，融入一线教师多年的教学科研成果，使得本教材具有一定的适用性、科学性和时代性。

全书由李振兴统稿，编写分工如下：绪论由李振兴编写，第一章由郑明静编写，第二章由王皓编写，第三章由姜晓明编写，第四章由丁勇编写，第五章由董庆亮编写，第六章由李敬编写，第七章由杨开编写，第八章由朱文慧编写，第九章由夏秋瑜编写，第十章由邱春江编写，第十一章由马磊编写，第十二章由朱常亮编写，第十三章由刘青编写，附录由辛建增编写。

由于编者水平有限，书中难免有疏漏欠妥之处，恳请广大读者不吝指正、赐教。

编者

2023 年 7 月

目录 | Contents

INTRODUCTION

绪论

第一节　学习食品工厂设计的重要意义

食品是人类生存和发展的基本需求，也是人类文明的重要组成部分。在食品工业中，食品工厂设计是至关重要的一环，它关系着企业的生产水平和经济效益，是实现食品加工现代化的重要手段。党的二十大报告提出了实施全面节约战略，发展绿色低碳产业，倡导绿色消费，统筹产业结构调整、污染治理、生态保护、应对气候变化，加快发展方式绿色转型的要求。因此，食品工厂设计需要满足技术上先进、经济上合理、施工上可行、环保符合规范等要求，推动食品产业的转型升级。

食品工业是永远的朝阳产业，随着经济的快速发展和消费者对美好生活的向往，对食品的要求也由原来的“填饱肚子”向“营养”“美味”等方向转型。这为食品工业的发展提供了空前的发展机遇，同时也带来了重大挑战。食品工厂设计需要适应这种变化，不断创新，满足人们对食品消费的向往，提高人们的生活质量。

在“十四五”期间，我国食品工业将面临持续较快发展的重大机遇，同时也面临转变增长方式、调整产业结构的重大挑战。食品工厂设计需要适应这种形势，积极推进技术创新和产业升级，推动食品工业向高质量、高效益、可持续方向发展，为提高人民生活水平和促进经济发展做出更大的贡献。

第二节　设计工程在食品工厂建设中的作用

改革开放四十多年来，食品工业作为人类的生命与健康产业，在我国国民经济中展现出显著的重要性和活力，扮演着促进经济增长、满足人民对美好生活的追求以及扩大就业的重要角色。随着新技术的发展，食品工业的规模持续扩大，这导致了食品工厂建设规模的迅速扩张，从而为食品工厂设计带来了新的挑战和机遇。

食品工业发展的基础是食品工厂，食品工厂不仅是食品生产的基本条件，也是食品卫生、安全和质量的重要物质保障。近年来，我国的食品工业呈现出强劲的发展势头，全国各地新的食品工厂如雨后春笋般涌现。无论是新建、改建还是扩建一个食品工厂，在工厂建设过程中都会涉及对新工艺、新技术以及新设备的研究等工程设计工作。科研成果在工厂内的转化更需要设计工作的密切配合。因此，食品工厂设计是一项综合性的科学技术，在食品工业发展的过程中发挥着至关重要的作用。

在基本建设施工前，必须先进行工程设计。要建成质量优等、工艺先进的工厂，首先要有一个高质量、高水平、高效益的设计。此外，设计工作需要对生产过程中所需的设备进行生产能力的标定，对所完成的技术经济指标进行评价，并发现生产的薄弱环节，挖掘生产潜力。在科学研究中，小试、中试以及工业化生产都需要与设计有机结合，进行新工艺、新技术、新设备的开发工作。设计工作是食品工厂扩大再生产，更新改造原有企业，增加产品品种，提高产品质量，节约能源和原材料，促进国民经济和社会发展的重要技术经济活动的组成部分。随着人民对食品的要求的提高，食品工厂的设计要求也越来越高。因此，设计工作是食品工厂设计过程中极为重要的一个环节，食品工厂设计必须符合国民经济发展的需要，符合科学技术发展的方向，并且要求经济合理，符合环保等法规的要求，其状况对我国现代化建设有着极大的影响。

食品工厂建设的先进性反映着一个国家的经济和科学技术发展的水平，而食品工厂的先进性则首先决定于工厂设计的合理性。在超市的货架上，成千上万种食品琳琅满目，这些食品在工艺、配方、包装等方面都在不断改进完善。许多食品科学家活跃在工厂的新食品开发部门，他们有责任生产各种新的产品以满足广大人民不断增长的物质需要和文化需要。

食品工厂包括食品加工系统、辅助系统和一些必要的建筑物，所以食品工厂设计主要是对上述内容的设计。食品加工车间和辅助系统车间的布局、车间外厂区的布局、车间内工艺设备的选择等，除了要达到良好的卫生、安全环境要求外，还要满足便于生产操作、符合工艺完整性的要求。食品工厂内的建筑物为食品加工和辅助系统提供可控环境，并容纳工厂生产设备，提供舒适、安全、实用、卫生的工作环境，建筑物的设计必须满足食品加工系统和辅助系统的存放需求，但由于建筑物通常在食品工厂施工预算中占有较大的投资比例，所以食品工厂设计首先要重视对建筑物的设计。

食品工厂设计是安全、高效生产的基础。经设计建成的工厂在制造、包装及储运食品等过程中，有关人员、建筑、设施、设备等的设置及卫生、制造过程、产品质量等管理均要符合良好生产规范，防止食品在不卫生条件或可能引起污染的环境下生产，减少生产事故的发生，确保食品卫生和品质的稳定。设计工作的质量直接影响到食品工厂的生产能力和效率，以及生产成本和产品质量。

食品工厂设计是优质食品生产的前提。设计工厂的各项生产经济指标应达到或超过国内同类工厂的先进水平或国际水平，经施工、试车、投入生产后，产品的产量和质量均应达到设计标准和国家各项要求，从而为人们提供营养丰富，色、香、味、质地等俱全的优质食品。

因此，工厂设计在工程项目建设的整个过程中，是一个极其重要的环节，可以说在项目立项以后，设计前期工作和设计工作就成为建设中的关键。食品工厂设计要求工程师为食品加工企业提供一种关于食品生产的设计方案，尽量用最少的设备和能源消耗，以及最少的劳动力来生产出消费者满意的产品。

第三节　食品工厂设计的任务与内容

食品工厂设计是食品科学与工程专业中的一门综合性课程，是对大学阶段所学的基础课、专业基础课和专业课的总检阅和整合。这门课程的主要任务是运用先进的生产工艺技术，通过主导专业的食品工艺设计，与工程地质勘察、工程测量、土木建筑、供电、给水排水、供热、采暖通风、自控仪表、三废处理、工程概预算以及技术经济等配套专业进行协作配合，共同构建出一个完整的工厂建设蓝图。这个蓝图不仅包括具体的图样，还辅以详细的文字说明，以体现国家有关的方针政策。切合实际、安全适用、技术先进、经济效益好的设计理念。按照国家规定的基本建设程序，食品工厂设计需要逐步进行，确保食品工厂的建设能够顺利完成，并将科学技术转化为现实的生产力。

食品工厂设计的定义

食品工厂设计是一门综合性学科，它涵盖了食品科学、工程设计、地质勘察、测量技术、土木建筑、供电技术、给排水系统、供热与采暖、自控仪表、三废处理、工程概预算以及技术经济等多个领域的知识。除了要求设计工作者具有计算、绘图、表达等基本功和专业理论、专业知识外，还应对工厂设计的工作程序、范围、设计方法、步骤、内容、设计的规范标准、设计的经济等内容和要求熟练掌握和运用。通过这门课程的学习和实践，学生们可以深入了解食品生产过程中的各种技术和工艺，掌握食品工厂的设计和建设方法，为将来从事食品行业的工作奠定坚实的基础。

食品工厂设计原则

食品工厂的总体设计是由各个车间设计所构成的，车间设计是总体设计的组成部分。工厂的总体设计和车间设计，都是由生产工艺设计和其他非工艺设计（包括土建、采暖通风、供水供电、供热等）组成的。生产工艺设计人员主要担负工艺设计部分，以车间工艺设计为主。因此，食品工厂工艺设计是本课程的中心内容。它起着贯穿全过程并且组织协调各专业设计的作用，而其他配套专业是根据生产工艺提出的要求来进行设计的，即食品工厂工艺人员的主要任务一方面是独立开展工艺设计，另一方面是配合其他部门人员工作，提供工艺资料和指导。

食品工厂设计的内容非常广泛，一般包括：基本建设程序、厂址选择、工厂总平面设计、产品标准的确定、工艺设计、设备选型、人员定编、动力设计、给排水设计、通风采暖设计、自控仪表、环境保护、经济技术分析、图纸绘制等。这些专业设计都要围绕着食品工厂设计这个主题，并按工艺路径对各环节的要求分别进行设计。在食品工厂设计中，各专业之间需要相互配合，密切合作，发挥集体的智慧和力量，才能最终完成一个安全、高效、环保的食品工厂设计的任务。

CHAPTER 1

第一章 食品工厂设计的准备工作

启发提问

◇ 食品及原料的危害因素是什么？

◇ 影响食品加工的食品加工应用技术有哪些？

◇ 如何针对食品原料特性选择合适的加工方法、工艺流程和加工设备？

◇ 如何撰写食品工厂可行性研究报告？

学习目的与要求

◇ 明确食品及原料的危害因素以及重要性，了解食品原料的特性、食品及原料的危害因素在食品加工过程中的安全控制；

◇ 掌握食品加工技术、食品加工工程基本原理和定义，明确食品原料的初步研究、加工技术进展及其工程原理等各因素，规划食品工厂设计前期的准备工作；

◇ 加深了解工厂设计基本建设的程序，针对食品原料的特性和案例分析，通过信息综合得到合理有效的结论，选择合适的加工方法、工艺流程和加工设备，撰写项目计划书；

◇ 掌握食品工厂设计的准备工作，明确食品原料、食品加工工程、食品加工技术对食品加工的影响，了解国家食品安全法律法规，实现理论与工程的结合，撰写可行性研究报告，熟知工厂设计的职责和任务，规划和建设食品工厂。

学习内容

◇ 食品及原料的初步研究；

◇ 食品加工技术综述；

◇ 食品加工工程的研究现状；

◇ 鱼糜工厂的准备工作实例分析。

食品工厂设计是一项复杂的工作，对于食品科学与工程专业设计人员来说，为了保证设计工作的规范性和建成投产后食品的卫生安全，除了掌握食品工厂工艺设计的原则和基本方法步骤外，还必须了解其他相关专业设计方面的知识并做好与其他专业设计人员的沟通交流和配合工作。食品工厂设计包括基本建设的概念，基本建设程序的相关知识，食品工厂建设前期的项目决策及可行性研究的重要意义和方法，食品工厂公用工程设计的原则和方法，食品工厂设计对厂址选择、总平面设计和卫生等方面的相关规范要求以及食品工厂建成后的经济技术分析等。

第一节　食品及原料的初步研究

食品是指各种供人食用或者饮用的成品和原料，以及既是食品又是药品的物品，但是不包括以治疗为目的的物品。该定义包括了食品和食物的所有内容，第一部分是指加工后的食物，即供人食用或饮用的成品；第二部分是指通过种植、饲养、捕捞、狩猎获得的食物，即食品原料；第三部分是指食药两用物品，即既是食品又是药品的动植物原料，但不包括药品。由此，食品的定义简述为：食品是有益于人体健康并能满足食欲的物品。从食品卫生立法和管理的角度，其广义概念为：所生产食品的原料、食品原料种植、养殖过程接触的物质和环境、食品的添加物质、所有直接或间接接触食品的包装材料、设施以及影响食品原有品质的环境。

一、食品及原料的分类

根据食品加工与否将食品分为原料食品和加工食品两大类。其中，原料食品是由各生产部门（如农业、林业、牧业、渔业等）所提供的各种未经再加工的产品，主要分为植物性食品和动物性食品。

植物性食品是指以植物的种子、果实或组织部分为原料，直接或加工以后为人类提供能量或物质来源的食品，主要有谷物、薯类、豆类及其制品、水果蔬菜制品、茶叶等。植物性食品除了能提供人体所需的蛋白质、碳水化合物、脂类三大营养素外，大多数维生素、矿物质和膳食纤维也靠植物性食品提供。相对动物性食品，植物性食品特点在于，它仍是活体，还要进行各种生理活动，食品加工必然引起其质量、形态、口感以及营养成分的变化和损失；同时，当生理活动受到外界的影响而不能正常进行时，也会加剧其品质的变化。

动物性食品是动物来源的食物，包括畜禽肉、蛋类、水产品、乳及其制品等，主要为人体提供蛋白质、脂肪、矿物质、维生素 A 和 B 族维生素。不同类型的动物性食品之间的营养价值相差较大，只是在给人体提供蛋白质方面十分接近。肉禽鱼蛋乳均属于动物性食品，从营养的角度看，它们不仅含有丰富的蛋白质、脂肪、无机盐和维生素，而且蛋白质的质量高，属优质蛋白。肉禽鱼蛋乳等食物在营养上主要具有如下几个特点：蛋白质含量多质量好、脂类物质含量较高、碳水化合物含量低、无机盐含量比较齐全、维生素含量丰富。

加工食品是原料食品经过加工后所得到的各种加工层次的产品，种类繁多。根据加工技术和方法的不同，可分为冷冻食品、干燥食品、发酵食品、膨化食品、腌制食品、熏制食品等；根据加工食品原料的不同，可分为粮食制品、淀粉制品、蔬菜制品、水果制品、肉制品、禽制品、蛋制品、乳制品等；根据加工食品形态的不同，可分为固态食品、液态食品、凝胶食品、流体食品等；根据加工程度的不同，可分为成品和半成品。

二、食品及原料在食品加工领域的应用

不同的食品类型在加工领域中的应用是多种多样的，下面列举几类最具代表性的食品原料及其在食品加工领域中的应用。

（一）淀粉类食品

糊化淀粉类食品作为具有良好流变特性的典型凝胶系统，是一种具有高印刷适性的热挤压 3D 打印材料。例如，小麦、豌豆、大米、燕麦、玉米等都是 3D 打印中使用的常见淀粉类材料。淀粉食品的物理特性与 3D 热挤压性能有着很大的关系，如淀粉材料的流变性能、黏合性、热性能、微观结构等。

淀粉类食品还能够用作脂肪替代品。脂肪替代品是目前非常活跃的研究领域，其中以淀粉为原料生产的低 DE 值（葡萄糖当量值）的麦芽糊精是应用比较广泛的脂肪替代品，麦芽糊精可以在水相中均匀分散并且使得基质具有和脂肪类似的口感、质构和稳定性等。

除此之外，淀粉类食品是食用碳水化合物的主要组分，通过新型淀粉加工工艺，提高其抗消化特性，降低热量从而生产出各类适应于人类健康需求的新型食品是目前的研究热点之一。以抗性淀粉为例，抗性淀粉具有许多优良的理化特性，如溶胀性、成胶性、增黏性等，可以在食品加工过程中有效改善产品的质构。抗性淀粉的含量会受到淀粉来源、晶体类型、颗粒结构、直链淀粉和支链淀粉比例等多种因素的影响，因此，目前有越来越多的研究通过改性方法来提高抗性淀粉的产量，如挤压处理、微波处理、超声波处理等。

（二）多糖和蛋白类物质

常见的生物气凝胶是通过用气体代替凝胶结构中存在的液体，从水凝胶中提取的合成多孔轻质材料。用于生产生物气凝胶的常用生物聚合物包括淀粉、纤维素、藻酸盐、果胶、乳清蛋白等，这些生物聚合物用于食品中作为胶凝剂、载体基质、乳化剂、增稠剂等。例如，用纤维素制备气凝胶能够表现出良好的组织结构，具有较小的孔隙；果胶作为一种用于生产生物气凝胶的食品原料，能够表现出致密而均匀的结构。除此之外，生物气凝胶所需的物理特性，如比表面积、机械性能、热稳定性等对其生产有着很大的影响，因此，对其物理性质进行表征尤为重要。

同时，蛋白类物质的溶解性、凝胶性、乳化性等物理化学性质在食品生产加工中起到很重要的作用，蛋白凝胶化是食品生产中常用的一种性质，它能将各类食品成分结合在一起，起到增稠的作用，发泡性则是气体分散在液体或固体材料中的结果，会对食品的质地、感官产生很大的影响。

（三）动物性食品

动物性食品是高等生物可利用的蛋白质来源，主要包括肉、海鲜、鱼类、牛奶以及鸡蛋等。胶原蛋白是由 3 条 α-肽链组成的三螺旋结构，约占动物体内蛋白质含量的 1/3，营养价值高，因此，胶原蛋白在食品工业领域中的应用范围逐渐扩大。胶原蛋白食品具有独特的保

水性，可以改善食品的口感，延长保质期等，主要应用于肉制品和乳制品中。有研究将胶原蛋白添加到香肠中，发现胶原蛋白的添加可以保持香肠整体水分不易蒸发流失，并且随着香肠中胶原蛋白含量的增加，香肠中的水分含量也随之增加而有利于提高香肠的产量。

除此之外，利用超声波处理能够改善动物蛋白食品的功能、感官及营养特性，主要可以通过改变其结构从而影响乳制品、蛋类以及肉制品的质地及其他质量属性，例如，动物性食品蛋白的乳化性、泡沫稳定性以及溶解性等。

三、食品及原料的研究基础

为了能够更好地在食品加工过程中选择合适的原料及加工手段，有必要对食品及原料的质构进行分析，即食品原料的物理性质。食品的物理性质定义为“那些能够通过物理而非化学手段进行描述和量化的性质”。食品的物理性质，如热导率、密度、黏度、比热、焓等，对于食品加工的合理设计和操作以及预测食品对加工、分配和储存条件的反应至关重要。

（一）流变性能

流变性能是指物质在外力作用下的变形与流动的性能。大多数工业食品加工都涉及流体运动，例如，牛奶和果汁等液态食品必须通过加工设备或从一个容器泵送到另一个容器；在一个速冻室里，一股快速的冷空气吹过食物；在小麦粉碎机中，谷物、碾磨的中间产物和最终产品通常通过气流输送。还有许多重要的单元操作，如过滤、压榨和混合，本质上也是流体流动的特殊应用，能量和质量传递的机制和速率强烈依赖于流变性能。因此，许多液体和半液体食品的感官质量在很大程度上取决于产品的流变性能。

（二）机械性能

机械性能指的是那些决定食品材料在外力作用下行为的性能。机械性能既与加工（如输送、尺寸减小）有关，也与消耗（质地、口感）有关。许多重要的质量属性，统称为“质地”，实际上反映了食品的机械性能。在食品工业中，原材料和中间产品必须经常进行切割、切碎、研磨等尺寸缩减操作；对于液体和半固体，尺寸减小操作包括粉碎、雾化、均化等。因此，食品质地的客观研究是借助于适当仪器定量测定基本机械性能。

（三）热性能

食品工业中几乎每个过程都涉及热效应，如加热、冷却或相变。大多数食品加工过程，如烹饪、巴氏杀菌、杀菌、干燥、蒸发、蒸馏、冷冻等，都涉及某种传热。重要的工业过程，如膜分离、干燥、盐析、加湿、吸附、萃取等，涉及系统不同部分（相）之间的材料交换，通常与加热或冷却相结合。因此，在食品加工过程中需要对食品原料的热性能进行表征，从而选择适当的食品加工操作单元。

（四）结构特性

大多数食物都是由相互紧密接触的不同物理阶段的混合物组成。食物的异质性可能是肉眼可见的，或者只有在显微镜或电子显微镜下才能观察到。食品的结构、微观结构和纳米结构是非常活跃的研究领域。

细胞结构：蔬菜、水果和肌肉食物等的组织主要由细胞组成。细胞的特性，尤其是细胞壁的特性，决定了细胞食物的流变学和运输特性。细胞食物特有的一个特征是紧迫性或压力，膨压是由于细胞内容物和细胞外液之间的渗透差异而产生的细胞内压力，这是导致水果和蔬菜质地松脆以及鲜肉“肉质”外观的原因。

纤维结构：通常指的是物理纤维，即一个维度比另外两个维度大得多的固体结构元素，而不是指“膳食纤维”，这是一个与膳食功能相关的概念，最明显的纤维食物是肉。

凝胶：凝胶是宏观上均匀的胶体系统，其中分散的颗粒（通常是多糖或蛋白质等聚合物成分）与溶剂（通常是水）结合，形成三维半刚性固体结构。凝胶通常是先将聚合物溶解在溶剂中，然后改变条件（冷却、浓缩和交联），从而降低溶解度。凝胶化在凝固酸奶、乳制品甜点、奶油冻、豆腐、果酱和糖果的生产中尤为重要。

泡沫：泡沫是由充满空气的细胞和液体细胞壁组成的细胞结构。多孔性很强的固体食品，如许多谷物制品，可能被认为是固体泡沫。具有特定特性（气泡大小分布、密度、硬度和稳定性）的泡沫在含乳饮料和啤酒中非常重要；一些液体产品（如脱脂奶）在运输和加工过程中自发产生的过度泡沫可能会造成严重的工程问题。通过适当设备、机械泡沫破碎机或使用食品级化学消泡剂，如油和某些硅基化合物，可以控制不需要的泡沫。

粉末：10~1000μm 大小的固体颗粒被定义为粉末。食品工业的许多原材料都是粉末，粉末是通过粒度缩小、沉淀、结晶或喷雾干燥来生产的。

纳米结构：测量数纳米的天然结构/功能元素大量存在于所有食品中，纳米乳液、酪蛋白胶束和厚度只有几纳米的薄膜是食品中天然存在的纳米材料。“食品纳米技术”主要涉及人造纳米元素的创造，由于其尺寸和结构，这些纳米元素可以在食品中发挥特定的功能。纳米乳化能够提高分散性/溶解度和生物利用率；通过纳米封装控制能够高效地提供营养素和营养药物。

四、食品及原料的生产与控制

（一）危害因素及来源

1. 生物因素

生物因素是指各种病原菌、传染病细菌、病毒及某些生物原料的自身病毒等。动物性食品在生产、运输、包装过程中受到污染，导致大量微生物、寄生虫滋生。人食用了被致病微生物污染的畜禽肉品后，极易被感染、发病，使得动物疫病流行，尤其是人畜共患传染病及寄生虫病的发生。由此可见，动物性食品的生物性污染会严重影响动物性食品的质量。

2. 食品生产因素

食品生产因素是指农药、食品添加剂、包装材料、饲料添加剂等。例如，饲料霉烂变质、含有毒性物质、被药物污染，或饲料中某些元素缺乏或过量都会影响肉品的品质；饲料中重金属含量超标，通过动物性食品的富集作用使人中毒。现代化的养殖业由于高度的集约化，需大量使用药物来防治动物疾病，容易在饲料中超量使用兽药，甚至使用违禁药品，使动物性食品中兽药残留超标。

3. 环境污染因素

环境中的污染物主要体现在：饲养场没有无害化处理设施，排放的废弃物处理不当造成污染；工业“三废”的不合理排放和农药的滥用，会引起大气、土壤、水域及动植物的污染，致使动物遭受到化学性污染；在动物生产过程中，还会受到放射性元素的污染。近年来，由于放射性元素的广泛应用，动物生存环境中的放射性元素的污染也急剧增加。环境中的放射性元素通过牧草、饲料和饮水进入畜禽体内，并蓄积在组织器官中。特别是鱼贝类等水产品对某些放射性元素有较强的富集作用。

（二）生产过程中的安全控制

食品安全标准体系的建立健全成为促进食品行业发展的重要根基，标准是食品安全监管工作开展的基石，在各类食品安全事故频发的今天，建设体系完善、覆盖全面的食品安全标准体系，是当务之急，也是基础性重要工作。我国围绕食品标准法规制定开展了大量的工作，现行的标准主要包括有《食品安全法》及相应的国家标准及行业标准，如食品加工品及农副产品标准、食品添加剂标准等。除此之外，危害分析的临界控制点（hazard analysis critical control point，HACCP）体系是生产安全食品的一种控制手段，对原料、关键生产工序及影响产品安全的因素进行分析，确定加工过程中的关键环节，建立、完善监控程序和标准。

以鱼糜生产为例，我国是水产品生产和消费大国，水产品产量占全球的1/3以上，渔业成为了国民经济的重要产业，能够为居民提供优质的动物蛋白。随着水产品加工体系逐步完善，水产品行业的加工技术及设备水平等也在不断提高，使得鱼糜及鱼糜制品、海产品休闲食品等不断呈现，常见的鱼糜制品有鱼丸、蟹棒、鱼香肠等。在选择鱼糜的生产原料时，一般选择产量较大、鱼肉肌原纤维蛋白稳定性好的鱼类作为原料，并且需要考虑到原料鱼的新鲜度等指标。因此，建立鱼糜生产的HACCP体系，首先需要对鱼糜生产工艺及销售等环节进行研究，对与鱼糜生产安全相关的法律法规、管理体系以及相关标准等进行学习，最后结合鱼糜的生产，在原料、加工等一系列环节建立危害分析的关键控制点。

五、新食品原料的开发

新食品原料定义为在我国无传统食用习惯的以下物品：一是动物、植物和微生物；二是从动物、植物和微生物中分离的成分；三是原有结构发生改变的食品成分；四是其他新研制的食品原料。图1-1显示了我国2013—2022年新食品原料的受理审批数量。近年来，我国获批的新食品原料呈现不断增加的趋势，新食品原料的开发已成为食品工业发展的主流方向。新食品原料应具有安全性，不应包含有可能损害或威胁人体健康的有毒、有害物质或不安全因素，不可导致消费者急性、慢性中毒或感染疾病，不能产生危及消费者及其后代健康的隐患。新食品原料主要包括以下几大类。

（一）植物性资源

植物性资源富含蛋白质、糖类、维生素、矿物质和生理活性物质。植物性新食品原料包括植物源生物活性肽（大豆肽、玉米肽、大米肽等），具有抗氧化、抗菌以及提高人体免疫力等生理活性，并且与蛋白质相比，食源性肽类有很好的乳化性、起泡性以及低黏度等优点。植物性新食品原料还包括碳水化合物类新食品原料（单糖、低聚糖、多糖），尤其是膳食纤维。菊粉、低聚木糖、抗性淀粉以及大豆多糖等水溶性膳食纤维都是常见的膳食纤维原料，其中菊粉是一种由果糖和葡萄糖构成的水溶性多糖，在乳制品、饮料等食品行业得到广泛的应用。低聚木糖作为一种新食品原料，同样具有促进身体健康、提高免疫力、调节肠道菌群以及降血脂等生理功能。除此之外，植物性新食品原料还有植物甾醇、特种植物油脂等。

（二）动物性资源

动物性食品富含蛋白质，但目前利用的动物性食品仅占自然界中的极小部分，尚有大量可供人类利用的动物性资源有待开发。昆虫类食品均含有高蛋白质、低脂肪以及人体所需的多种氨基酸，并含有多种维生素及多种微量元素，且含有大量抗菌肽物质。目前我国已经开发出了血红素、营养补充剂、超氧化物歧化酶、肉品发色剂等高附加值的产品。除此之外，畜禽类的皮中含有丰富的胶原蛋白，能够利用其来生产胶原蛋白；畜禽类的骨中含有丰富的脂肪、蛋白质等，可以利用其制备骨活性肽干粉、钙片以及多种氨基酸等产品。

（三）微生物资源

微生物因蛋白质含量高、生长繁殖快等特点受到人们的重视。细菌、酵母之类的微生物通过培养可制成含蛋白质高达 70%以上的单细胞蛋白（single cell protein，SCP）。SCP 氨基酸种类齐全、生物效价高，含有丰富的维生素，而微藻作为 SCP 的重要来源之一，其所含的核黄素、叶酸、烟酸和多种维生素等增加了其营养价值，而且同其他 SCP 来源（如细菌和酵母）相比，微藻核酸含量较低，因此，微藻及其提取物作为膳食补充剂被广泛应用于保健食品行业。除此之外，食用菌的营养价值极高，干品含蛋白质 13%～35%，还含有丰富的矿物质和维生素及多种生理活性物质。

（四）海洋生物资源

海洋的资源非常丰富，并且具有多种营养成分及保健功能。海藻类植物具有丰富的营养，含有大量的蛋白质、无机盐类和多糖类物质，是膳食纤维的重要来源。目前，藻类新食品原料有藻盐及其提取物、二十二碳六烯酸（DHA）等，藻类食品原料具有增强免疫力、改善血脂和血糖代谢功能及抗氧化等一系列有益作用，加强对于藻类活性成分提取工艺、作用机制以及相关产品的研究，能够有效促进藻类原料在食品行业的发展。

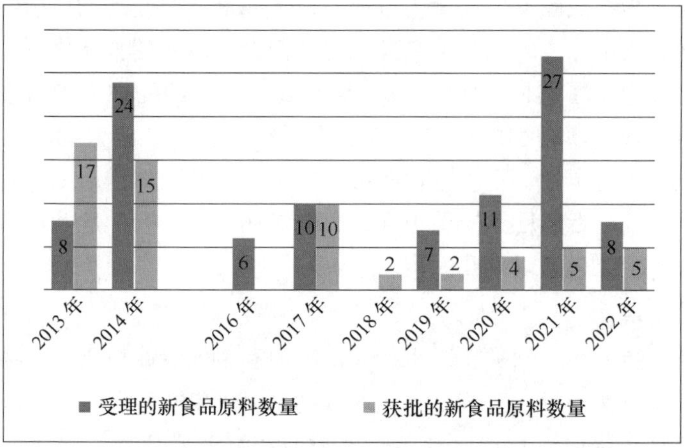

图 1-1　2013—2022 年上半年新食品原料受理审批数量统计图

第二节　食品加工技术综述

食品加工是指食物（原料）经过劳动力、机器、能量及科学知识，把它们转变成半成品或可食用的产品（食品），以保持和提高其可食性和利用价值，开发适合人类需求的各种食品和工业产物的全过程。食品加工的目的是为了满足消费者的需求，延长食品的保质期，增加食品品类并在一定程度上提高其附加值。但针对不同产品的目的性有所区别，如速冻食品主要是为了保藏并延长其保质期，而各类食品加工副产物的综合加工利用主要是为了提高产品附加值。

食品生产加工可根据消费者的不同要求，通过配方设计和加工，生产出色、香、味、质构、营养等符合不同人群需要的安全、营养、方便和经济的食品，丰富人们的饮食内容，改善摄入的营养元素，提高消费者的营养与健康水平。

一、食品加工技术发展现状及趋势

食品加工技术是指综合运用物理、化学、生物学、微生物学及食品工程原理等学科的基础知识，研究食品在资源利用、原辅料选择、加工贮藏及以上因素对食品质量、营养性、安全性和保质期的影响和相关食品加工技术的应用。提高食品有效成分的利用率，实现资源的合理充分利用，离不开对食品组分的分离、提取、重组、结构化等食品加工新技术的熟练掌握及应用。

相比于传统加工技术，新兴加工技术具有以下优势：①缩短加工时间；②加速传热和传质的过程；③抑制美拉德反应；④提高产品质量；⑤保留或增加生物活性功能；⑥保护食品原料免受环境影响；⑦延长保质期；⑧致酶失活。

1. 食品加工技术的研究内容

食品加工技术主要是研究食品在加工、贮藏、保鲜、烹饪等过程中涉及的技术和方法，根据农产品特性，以提高产品品质，最大限度地保持或提高产品的营养价值，改善产品感官特性，提高耐贮性，降低成本和能耗为目的，研究农产品加工及贮藏的原理和理论，同时紧跟并结合现代高新技术成果及营养学进展，研究并设计新型营养保健食品加工工艺、技术和设备，研发适宜不同人群、不同场合的各类食品，切实解决问题。

2. 食品加工技术的发展趋势

首先，连续、清洁、标准化工业生产技术是未来食品加工技术的发展趋势之一。连续是指自动化、智能化的加工工艺，具有对应的分级考核办法，其智能化程度由工业和信息化部确定。清洁化生产也称绿色加工技术和工艺，研发利用绿色的生物方法来取代化学加工方法是未来技术改进的发展趋势。绿色生产技术中涵盖了节水、节电、节煤、节约资源和减排等环节，如何实现节能减排，实现绿色加工是食品企业未来需要重点关注和解决的问题。同时，标准化生产是产品品质的保障，国家标准、企业标准和团体标准之间是相辅相成的，优秀的食品企业应该在食品标准的制定上起到带头规范作用，推动食品标准及食品行业的发展。

其次，食品企业在加工过程会产生大量的废弃副产品，例如，果蔬加工的皮渣、海藻加工的藻渣、肉制品加工中的内脏等。随意处置将会加剧环境污染，如果将这些副产物中含有的功能性物质，如果胶、类黄酮、多糖、活性肽等进行科学绿色处理，通过发酵或萃取等加工技术将其中的活性成分提取出来，并与各类食品原料一起加工制备成功能性食品，可以实现高值高质的副产物综合利用。

此外，食品保鲜技术一直都是食品行业关注和攻克的重点难点，其中速冻技术的利用范围广，效果显著，农业农村部也有相应的冷链补贴项目，将会是国家未来大力支持发展的技术。如今，我国食品行业不只在肉禽、鱼类等方面大量运用速冻技术，还积极推动其在水果蔬菜保鲜中的应用，扩大速冻技术在食品保鲜环节的应用范围。同时，随着新时代生活节奏的加快，方便食品如螺蛳粉、冻干食品、净菜加工和天然植物萃取等都是未来食品加工技术需要重点关注和大力发展的。

食品新兴加工技术的发展可以兼顾食品的安全性和低加工性，在经济效益和质量提高这一方面提供了平衡，同时还能降低能耗，在环境可持续性和粮食安全方面发挥着至关重要的作用。

二、食品加工技术方法

（一）杀菌技术

食品杀菌方法根据原理可分为物理杀菌、化学杀菌和生物杀菌。物理杀菌方法涵盖了热处理、微波、辐射等加工技术，化学杀菌方法包括防腐剂和抑菌剂，生物杀菌方法则是利用微生物或能够产生抗生素的微生物进行杀菌。食品加工过程中应根据原辅料的特性制定出科学的杀菌工艺参数（温度和时间），这要求对食品中微生物的耐热性以及热量传递情况有更深入的研究，对原辅料特性、加工技术和原理进行深层探讨及实践，不断优化食品加工工艺。传统的热处理方法，如巴氏杀菌和商业杀菌，主要是通过破坏致病、腐败微生物和酶的活性起到有效的防腐作用，在食品加工业中得到广泛应用。然而，传统热处理产生的过热反应通常会导致食品成分损失、产品质量和营养价值降低。随着生活水平的提高，消费者对不含防腐剂、零添加剂的天然营养食品的需求迅速增加，功能性食品具有较大的市场潜力。而新型非热加工技术的发展进步能够满足消费者对高品质、安全、营养的低加工食品的需求。非热食品加工技术能够在减少加热的情况下对食品进行杀菌，最大限度地保留其感官和营养特性，延长食品保质期并保留食品的天然风味和色泽，产出具有更高质量和吸引力的产品。

1. 热杀菌技术

热处理是目前食品工业中最经济有效且使用最广泛的杀菌方法，是评价其他杀菌方法杀菌效果时的基本参照。热杀菌的目的是将保质期内导致食品腐败变质的微生物灭活，延长保质期。但传统热处理可能导致食品发生劣变，损害食品的感官特性，并且降低某些生物活性成分的含量或生物利用度。因此，食品热处理过程中应在满足安全卫生的要求下尽量减少对营养成分的破坏，避免有害物质的产生。

（1）红外加热技术　红外线是一种波长在 0.75~1000μm 内的非可见光，根据波长可分为近红外线（1~3μm）、中红外线（3~40μm）、远红外线（40~1000μm）。红外加热技术通过辐射传热穿透食品物料表面到达内部，提高加热速率，能量转换效率更高，并且不会加热空气和介质。

技术优点：①较强的穿透力，物料内外同时加热；②不需传热介质，热效率高；③可以局部加热，节省能源；④温度易控制且升温迅速；⑤无污染、安全性高。

红外线可使食品内部蛋白质受热凝固导致微生物代谢受阻而死，防止食品在贮藏过程中发生腐败变质。相比杀菌剂、防腐剂等生物杀菌方法，红外杀菌安全性更高，能够有效杀死食品中的致病菌，并且保持食品原有的品质。

（2）巴氏杀菌 巴氏杀菌是一种相对温和的食品热处理方法，能满足一定的杀菌要求且不损害食品品质。巴氏杀菌的处理温度较低（68~70℃），一般细菌的致死点为68℃，30min以下，经处理后可以破坏所有病原微生物以及大多数非病原微生物的营养细胞。但由于低温对微生物的致死效果不理想，易导致腐败现象和保质期缩短。目前，巴氏杀菌主要用于乳品杀菌领域，是国际公认可以极大限度保护牛奶中活性物质的杀菌手段。实际应用中，巴氏杀菌通常会与酸度、低水分活度和低温储存等条件相结合，有效延长食品保质期。此外，巴氏杀菌在对果汁进行灭菌时会导致风味改变，因此，根据食品原辅料优化巴氏杀菌的加工工艺或协同其他技术进行杀菌是巴氏杀菌未来研究的主要方向。

2. 非热杀菌技术

非热杀菌主要分为物理杀菌和化学杀菌。非热物理杀菌是采用物理因子（如温度、压力、电磁波、光照等）进行杀菌，化学杀菌则是通过化学试剂来达到杀菌的作用。

食品非热杀菌技术是指在无需加热或低温条件下，借助外部因素作用于食品，通过物理或化学反应使生物分子细胞壁、细胞膜及细胞相关生化功能发生改变，起到杀菌、钝化酶及改变食品结构和功能特性的作用。食品非热杀菌技术能够有效提高食品质量，避免热效应对食品中生物活性化合物的不利影响，更好地保持食品感官品质和营养成分。非热杀菌技术包括超高（静）压杀菌、高压二氧化碳、冷等离子体、脉冲电场等新型手段，应用研究范围较广，包括果蔬、谷物、乳蛋、水产品以及肉制品等。

（1）超高（静）压杀菌技术 超高压杀菌技术（ultra-high pressure，UHP）或高静压技术（high hydrostatic pressure，HHP）是将100~1000MPa的静态液体压力施加于食品物料上并保持一定的时间，起到杀菌、破坏酶及改善物料结构和特性的作用。UHP能够以最小程度对食物进行巴氏杀菌，同时保留它们的大部分感官特征和营养质量，以延长食品保质期。

食品加工过程中，UHP可能导致食物的结构变化，主要通过细胞变形、细胞膜损伤和蛋白质变性等作用机制来灭活致病和腐败生物。UHP可用于液体和固体食品，能够减少或不使用防腐剂实现保鲜效果，被认为是一种更环保、更清洁的工艺。此外，UHP不受食品包装形式和体积的影响，可以同时加工不同体积的食品，提高生产效率。

目前，超高压技术已广泛应用于均质化、提取、冻融、热烫、巴氏杀菌和灭菌等多种食品加工操作中。研究表明，UHP技术与传统热处理相比能更好地保留食品的感官特性，提高产品质量。经UHP处理后的样品颜色稳定性更高且具有更佳的气味、口感和味道，同时可以节省多达75%的水，符合可持续发展，是工业巴氏杀菌的可行替代方案。此外，超高压处理还能够生产具有生物活性的水解产物，周一鸣等发现经超高压预处理的荞麦球蛋白水解物可显著降低模型细胞（MOD）中总甘油三酯（TG）和总胆固醇（TC）的水平，并抑制脂质积累和脂肪变性，减少由氧化引起的脂质代谢紊乱的恶性循环。

（2）辐照杀菌 食品辐照（又称电离能）是指将食品暴露于各种频率的辐射以提高食品安全性的过程。食品加工中使用的辐射剂量在50Gy~10kGy，根据辐射杀菌的类型可以分为辐射耐贮杀菌（低剂量照射）、辐射巴氏杀菌（中剂量照射）、辐射商业杀菌（高剂量照射）。杀菌效果受辐照量、微生物种类及状态、菌株数量、环境（介质化学成分和物理状态）及辐照后的贮藏条件等因素的影响。

辐照杀菌的加工时间短，环保无污染，能够改善部分食品风味，可用于食品杀菌，延缓衰败，通常用于水果蔬菜、谷物、香料、坚果等食品。但辐照杀菌技术存在着由于脂质氧化、含硫蛋白质分解和含硫维生素分解引起的异味以及更高剂量辐射产生的不良影响及安全隐患，在实际应用上需要更多的科学理论支撑。因此，在加工过程中应严密监控经辐照处理的食物，验证是否达到了准确的剂量或处理水平。经电离辐射处理的食品标签上，必须在紧靠食品名称处用文字指明该食品经辐照处理，配料中有辐照食品成分的也必须在配料表中指明。

据报道，中国核工业集团在 2020 年利用 2 种模拟新冠病毒开展了系列辐照灭活工艺试验，结果表明，较低的辐照吸收剂量就可以达到病毒灭活效果，且对食品不构成安全影响，有望用于进口食品新冠病毒消杀的工业化应用。辐照技术不会产生试剂残留且消毒彻底，适用于大量冷链食品表面和内部的病毒消杀。此外，辐照是消除或减少食物中大多数食物过敏原的适当且潜在的策略，可以通过自由基反应或直接吸收改变过敏蛋白的结构，消除或降低动物和植物性食物中的过敏原。实际应用中，辐照技术通过与高压、高压脉冲、超声波等食品加工方法相结合对致敏原进行处理能够取得较好的改进效果。

（3）高压二氧化碳　高压二氧化碳（又称高密度二氧化碳）是一种利用高于或接近临界温度（31.1℃）和临界压力（7.13MPa）的二氧化碳对食品进行杀菌处理的新型非热杀菌技术，可以有效灭活食品中常见的微生物，无污染且安全性高，能够较好地保持食品固有的营养价值。研究发现，高压二氧化碳能够有效杀灭牛奶中的细菌，同时保持其原有的营养成分。此外，宁鹏等以人冠状病毒为对象进行消杀参数的研究，发现处理压力和泄压过程中产生的冷冻效应能够对消杀效果和产品品质起到提升作用，可以应用于冷链食品包装表面的消杀。

（4）超声波技术　超声波杀菌技术是频率大于 20kHz 的声波在媒介中传播的一种机械振动，可用于乳化、清洁和萃取、干燥改进和饮料消泡。超声波产生的空化效应能够使细胞病毒失活，延长牛奶保质期。研究表明，经 15~60s 超声波消毒处理后牛奶可保存 5d，经一般消毒处理的牛奶结合超声波处理可以冷藏存 18 个月。超声波处理可明显降低牛奶中的大肠杆菌、沙门氏菌、枯草芽孢杆菌及菌落总数，延长牛奶的保质期。经超声波结合热处理除菌后的牛奶，其感官、酸度均符合巴氏杀菌乳的要求。

超声波在经济上是可行的，并且满足简单、节能和扩大规模等工艺要求，但也会产生不利影响，例如，降低风味、颜色或营养价值等食品特性。因此，深入了解超声波的作用机制及其对功能性食品特性和一般成分的影响将促进该技术的开发应用。超声波技术的应用需要考虑高功率工艺设计、能源效率、易于安装、有竞争力的能源消耗和低维护成本，使其能够实现工业规模化并获得可观的经济收益。

（5）脉冲电场　脉冲电场（pulsed electric field，PEF）技术是一种新型的非热食品加工技术，与干燥、巴氏杀菌、灭菌、溶剂提取等传统技术相比，其营养和感官特性的退化程度较小。PEF 涉及施加电脉冲（1~100μs）几微秒，诱导局部结构变化和细胞膜的快速破裂，效果取决于强度和产品条件，这种现象称为电穿孔。PEF 能够灭活不同食品中不良微生物和酶，同时保持营养和感官特性，多应用于处理液态、半液态食品（果汁、牛奶、酸奶、汤、熟肉、液体鸡蛋），在食品工业中具有良好的应用前景。

研究表明，PEF 在蛋白质/肽的加工和活性性能增强方面具有很高的潜力和广阔的前景。PEF 加工作为食品保鲜技术，已经从实验室和中试规模发展到工业化水平，但其对蛋白质和多肽的影响尚缺乏更深入的研究。在过去几年中，越来越多的研究发现 PEF 加工可有效提取蛋白质、灭活食品中的大多数内源性酶、提高肽的生物活性。但 PEF 技术的实施成本高，成功利用该技术将需要确定成本或质量效益以证明投资成本的合理性。

(6) 冷等离子体 冷大气等离子体 (冷等离子体) 是利用高能反应气体灭活新鲜或加工食品表面微生物的一种非热加工技术。"等离子体" 已被描述为物质的第四种状态，指的是准中性电离气体，包含电子、离子、原子种类、紫外光子和带电粒子的混合物。冷等离子体可用于去除有机化学物质或细菌，以及食品表面、设备包装和工作表面的去污。其对微生物灭活的效果取决于原料气成分、电压、处理时间和相对湿度。与热处理相比，冷等离子体的用水量少、工作温度低、成本低。

冷等离子的研究多数是对具有复杂表面的食品进行表面消毒，例如，带皮的鸡块、多孔坚果和水果的茎痕或花端，也被用于包装内去污，防止后处理污染。但可能会引发含高脂食品的氧化，导致酸败异味化合物的产生，因此，不适用于处理肉制品。水产品中水分含量高，是含必需氨基酸和不饱和脂肪酸的优质蛋白质，使其更容易受到微生物腐败和脂质和蛋白质氧化的影响，降低其营养价值，并可能产生有毒成分，导致食品安全事故的发生。冷等离子体技术用于水产食品处理过程，可以通过优化操作条件和结合使用具有协同作用的天然化合物来进行控制。此外，冷等离子体用于减少并消除食物和水中的农药残留。现代工业化农业仍不能避免使用杀虫剂和其他农用化学品，而农药残留在实践中将持续存在，从而污染环境，危害人类健康。冷等离子体在此类应用中具有相当大的发展前景，而了解等离子体净化机制、降解产物的毒性和形成等离子导致农药降解的最终产品的安全性是未来利用这一项技术亟待解决的问题。尽管等离子设备易于扩展并具有大规模应用的潜力，但在该技术达到工业水平之前，必须更好地了解所用气体的安全性、等离子与基质的相互作用以及食品安全工艺的开发。深入研究结果的可重复性、扩大工业用途、技术转让、成本和冷等离子体处理单元的维护，以降低成本建立高效技术。

(二) 生物技术

1. 发酵保藏技术

发酵的概念最早来源于酿酒的过程，原指轻度发泡或沸腾状态。从生理学和生物化学的角度来看，化学反应按分子水平研究时，发酵应正确理解为在缺氧状态下糖类的分解。

在工业上发酵是利用微生物的代谢活动，通过生物催化剂 (微生物细胞或酶) 将有机物质转化为产品的过程。发酵食品本质上通常是糖类、蛋白质和脂肪等同时反应后的复杂混合物，或在各种微生物和酶依照某种顺序作用下形成的复杂混合物。发酵过程包括发酵、朊解、脂解等多种变化。

发酵保藏食品利用能够产酸和乙醇的微生物的生长来抑制其他微生物的生长。控制食品发酵过程的主要因素有菌种的使用、温度、通氧量、加盐量、酸度和乙醇含量等。这些因素同时还决定着发酵食品后期贮藏中微生物生长的类型。利用发酵过程中释放的各种有益微生物的天然成分和代谢物对食品进行生物保鲜，是一种具有防腐作用并提供成分模型以确保食品功能的方法。

研究表明，游离或固定化益生菌植物乳杆菌 D2 细胞单独使用或与柠檬或葡萄柚精油组合使用，可对食品乳液进行生物保存，在冷藏条件下储存 20d 期间保持高浓度的活细胞 (106~107cfu/g)。Chiara Misci 等将南瓜叶 (*Cucurbita* sp.) 进行发酵，评估了新鲜和处理过的叶子中 B 族维生素、类胡萝卜素、多酚含量的差异；与新鲜叶片相比，发酵样品中的叶酸、β-胡萝卜素和叶黄素含量增加，说明发酵可以帮助保存南瓜叶，避免腐败微生物污染，提高营养价值。

2. 酶改性技术

酶改性技术的原理是致敏蛋白质被蛋白酶水解成多肽或氨基酸等小分子物质，或蛋白质在酶的作用下发生分子反应从而促使蛋白质的交联聚合，致敏蛋白质的空间结构遭到破坏，致敏性随之发生改变，从而提高食品的安全性。

通过与食品和饮料加工不同阶段有关的酶固定化研究证明，改变酶的特性对酶在工业实践中更加有利。酶固定化提高了酶的催化活性、稳定性并降低总体成本，更符合经济效益。因此，它们可以在低活性损失甚至没有活性损失的情况下重复使用。随着基因工程策略的进步，几种基因编码酶可能被转移到所需的宿主微生物中并在其中表达以进行大规模生产。如今，基因技术通过发现新型酶和优化现有蛋白质被广泛用于生产多种工业酶。使用酶在食品行业有几个优势。例如，它们可以提高产品质量和保存产品，降低对加工原料的依赖，可以作为化学食品添加剂的替代品，并防止潜在危险副产品的产生。酶的固定化提高了在多变和恶劣环境条件下发挥作用的酶的操作、热和储存稳定性。此外，它还可用于调节反应的延伸。另一个特点是简化了产品纯化的下游应用并将其从生物催化剂中去除。通过酶的固定化，可以防止自溶过程中的酶变性并以更高量加载，有助于生物反应器的自动化操作。

3. 基因改良技术

基因改良技术是近年来迅速发展起来的一项新型生物技术，这项技术从生物遗传学的角度出发，聚焦于引发过敏反应的源头物质，通过改良或消除关键抗原表位的编码基因影响了抗原表位的表达过程，改变其致敏性。

多年来，基因改良技术保留了粮食作物的优良性状，将所需的性状引入作物，标记辅助选择增加了作物育种的遗传增益，提高作物产量及安全性，减少了耕地的使用，避免了粮食危机。标记辅助选择和基因工程对提高抵御新出现的害虫和非生物胁迫的能力做出了重大贡献。同时，细胞培养技术促进了培养肉、真菌生物质食品（真菌蛋白）和植物细胞培养中的生物活性化合物的发展。例如，大阪大学的研究团队采用干细胞提取法和 3D 打印制备出人造牛肉。具体地，从牛身上分离出来的牛肌肉卫星细胞和脂肪干细胞，孵育并诱导这些细胞成为可生成肌肉、脂肪和血管所需的纤维组织（图 1-2），接着把这些不同种类的纤维组织，

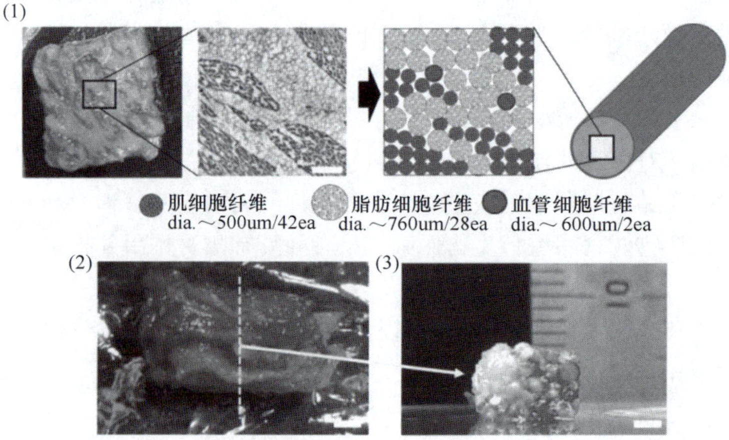

图 1-2　将纤维肌、脂肪和血管组织组装到细胞培养的牛排

（1）α-肌动蛋白和层粘连蛋白（棕色）染色图像（左）与装配示意图（右）（2）人造牛排的顶部（3）（2）中虚线区域的横截面视图，其中肌肉和血管组织用胭脂红（红色）染色，而脂肪组织无法染色

以3D打印的方式将它们排列成和牛肉相似的结构，把模拟大理石花纹的“肉片”进行堆叠，再垂直切片，借此即可精细复刻牛肉大理石花纹。

（三）分离技术

1. 超临界流体技术

超临界流体技术是指当某种物质超出其本身的临界温度和临界压力时，气液两相混合成均一的流体状态，且同时具有气体的高渗透性和液体的高溶解性。根据流体密度、温度和压力值变化的特性，使超临界流体与要分离的物质接触建立流动相后，通过改变压力和温度溶解其中的某些成分，再按溶解能力、沸点、分子质量的大小依次将萃取物提取出来，从而达到萃取有效成分或清除有害成分的目的。

新的绿色提取技术是当今食品行业不可或缺的工具，在一定程度上能够为未来食品行业实施循环经济奠定基础。超临界流体技术可用于综合农业食品加工副产品中对人体健康有潜在影响化合物的提取，提高食品加工效率，节约能源，减少污染。尽管超临界流体技术在提取生物活性分子方面存在一定的优势，但仍存在以下挑战：①提取过程中涉及的动力学机制尚未明确；②分子与食物成分的相互作用，作为食品基质在人体中的生物利用度及其对健康产生有益影响的主要机制尚未明确；③如何高效匹配溶剂以提取更多极性物质；④从蛋白质等副产品中提取大分子物质仍然受到限制。

2. 膜分离技术

膜分离技术主要是利用天然或人工合成的高分子薄膜，以外界能量或化学位差为推动力对液液、气气、液固、气固等体系中的不同组分进行分离、纯化、富集的一项新技术。在工业上膜分离技术一般可分为微滤、超滤、纳滤和反渗透等，其作用机制不尽相同且具有各自的优势和特点，但其基本原理都是以高分子膜的选择透过性为基础，以浓度差、压力梯度或电势梯度作为推动力，在膜相际之间进行传质，从而实现不同组分的分离、纯化。

膜分离技术多用于有效成分的净化提取，其工艺条件绿色、效率高，对于活性成分处理的应用具有重要意义。研究表明，采用膜分离法从黄芪中提取生物活性成分，结合血清代谢组学和组织病理学分析证明所提取的物质可以通过调节氨基酸代谢和能量代谢来有效缓解免疫功能的降低。膜分离技术可作为去除银杏籽粉中银杏毒素的有效方法。以水为提取溶剂，在一定的膜操作条件下可以去除银杏籽粉中所有的银杏毒素。银杏籽粉的主要营养成分和功能成分在解毒后得到了很好的保存且其主要特性或结构没有明显变化。

（四）挤压膨化技术

挤压膨化技术是一种高温短时间热机械过程，将传热、传质、压力变化和剪切相结合，产生诸如原辅料的蒸煮、熔化、纹理化、输送、膨化、混合、捏合，减少微生物污染并对酶进行灭活。

挤压技术主要用于改变食品、食品副产品和废弃物的特性，生产具有特殊性质的产品，可以将非传统的、未充分利用的营养来源（如食品副产品和废物、食品加工残留物）添加到食品中。其中食品成分和挤出机操作参数是终产品质量的重要影响因素。研究表明，挤压膨化处理能够显著降低藜麦中直链淀粉、脂肪、总膳食纤维和不可溶性膳食纤维的含量，显著增加可溶性膳食纤维的含量，起到改变营养组成的作用。由于消费者对更加健康有益食品的需求迅速增长，食品工业在其他领域进行了创新以增加食品副产品和废弃物的附加值，对其进行改造并创造各种食品，以应对全球粮食安全的挑战。

（五）干燥技术

食品干燥是指在自然条件或人工控制条件下使食品中水分蒸发的过程。干燥包括自然干燥（如晒干、风干等）和人工干燥（如热空气干燥、真空干燥、冷冻干燥等）。

1. 空气对流干燥

空气对流干燥又称热风干燥或热空气干燥，是最常见的食品干燥方法。这类干燥在常压下进行，有间歇式（分批）和连续式；空气既是热源，也是湿气的载体，干燥空气有自然或强制对流循环，以不同方式与湿物料接触。湿物料可以是固体物料、膏状物料及液体物料。

2. 喷雾干燥

喷雾干燥是采用雾化器将料液分散为雾滴并用热空气干燥雾滴完成脱水干燥过程。用于喷雾干燥的料液可以是溶液、乳浊液或悬浮液，也可以是熔融液或膏糊液。干燥产品可根据生产要求制成粉状、颗粒状、空心球或团粒状。喷雾干燥可以封装基于植物的生物活性化合物，常用于各种乳粉、大豆蛋白粉、蛋粉等粉体食品的生产，是粉体食品生产最重要的方法。

在食品工业中，喷雾干燥导致的微胶囊化能够保护天然色素并将其整合到食品涂层或运载剂中，有利于色素的稳定性。喷雾干燥还被广泛应用于胶囊化益生菌，提高益生菌在高温、冷藏、胃肠道等不利条件下的生存能力。

3. 真空干燥

真空干燥技术在食品行业的应用被誉为 20 世纪食品工业技术进步的重要标志之一，该技术是国际上公认的可以最大限度保留食物原料组织结构和营养功能的高品质干燥加工手段。

真空干燥技术是利用原料中水分升华原理，将含水物料冻结到共晶点温度以下并在真空条件下升温，以达到水分直接升华形成蒸汽并从物料中排出的效果。由于该过程一直处于低温、真空和低氧环境，极大地抑制了好氧微生物的繁殖和某些生物酶的活性，保留了原料中的生物活性成分和热敏性成分，确保真空干燥产品的色泽、风味和外观形状基本不变，最大程度地保留了物料中维生素、矿物质、蛋白质和酚类等营养成分。同时，真空干燥技术可以去除物料中 90%~95%的水分，产品可以实现常温下的长期保存与便捷运输。因此，真空干燥技术能够同时满足绿色天然、营养保持、功能稳定和方便即食等新时期食品发展的诉求，其开发与利用对我国食品产业高质量发展具有重要的推动作用。

（六）3D 打印技术

3D 打印技术是通过计算机辅助软件设计（CAD）并配合数字化加工设备，生产出具有三维结构的产品（图 1-3）。近年来，随着该技术的发展，3D 打印技术与现代食品工业紧密结合，实现食品生产的高效率、个性化、可持续，同时满足多元化人群的营养需求。随着 3D 打印技术的发展及在食品工业领域应用的不断深入，已有部

图 1-3　食品 3D 打印机

分文献初步应用并改良3D打印技术来打印各类食品，但3D打印技术未来如何在食品工业和细胞培养肉（生物肉）领域实现批量、商业化生产还需要有更多的探究和突破。

3D打印技术在优化食品质构的同时，应全方面考虑产品营养价值的提升，满足多元化人群的消费需求。在食品原料打印特性的基础上，开发3D打印细胞培养肉、3D打印辅助新技术和3D打印特殊类食品，为全面提升食品3D/4D/XD打印技术提供更多思路。

第三节 鱼糜工厂的准备工作实例分析

工厂设计是一项技术与经济相结合的综合性设计工作。广义的工厂设计还包括对建设项目的投资决策。工厂设计是指一个制造企业的整体设计，需具有独立的行政组织机构并实行独立的经济核算，具有设计任务书，并按一个总体设计组织施工的一个或几个单项工程所组成的建设工程，建成后具有完整的系统，可以独立的形成生产能力或使用价值的建设工程。根据国家的规定，按照国家发展改革委的要求，一个基本建设项目从计划到投产，基本建设程序包括：项目建议书、可行性研究报告、初步设计、开工报告和竣工验收等工作环节。

食品工厂设计内容

以鱼糜食品工厂设计为例，既要包括食品工厂内应该配置的一切单项工程的完整设计，又要兼顾鱼糜生产的注意事项，一般包括总平面布置、冻库、鱼糜生产车间、动力车间、厂内外运输、自控仪表、采暖通风、环境保护工程、福利设施、办公楼和技术经济概算等工程设计。不仅要满足食品生产的基本条件，还要保证食品卫生、安全和质量。不管是新建、改建、扩建一个鱼糜工厂，还是进行新工艺、新技术和新设备的研究，都需要进行设计，而且是第一步所必须做的，所以设计是生产的基本条件。

一、工厂设计基本建设的程序

根据建设程序，可以将建设项目分为项目前期准备阶段、项目实施阶段、竣工验收阶段。

（一）前期准备阶段

前期准备包括提出项目建议书；进行项目可行性研究；进行项目评估；正式立项、签订投资（或贷款）协议书；进行项目扩初设计等工作。项目建议书、可行性研究报告的审批主要由发改部门或行业主管部门审查、评估和审批。

食品工厂设计程序

根据可行性研究报告及其批准文件进行编制项目初步设计及设计概算书。技术性项目和技改项目则可直接编制技施设计。一般小型基建项目（指非生产性工民建项目）也可直接进行施工图设计。政府投资的房屋建筑工程和市政工程的初步设计由建设行政主管部门会同发改部门审批，其他项目的初步设计概算由发改部门审批。初步设计文件一经批准后，项目总平面布置、主要工艺流程、主要设备、建设规模、建筑结构和总概算不得随意修改和变更，如确需修改和变更，则必须征得原设计单位和原批准单位的同意并编制修正概算书上报审批。

（二）项目实施阶段

项目初步设计或技施设计批准后，下阶段要进行以下实施前的准备工作。即：开展四通（水、电、路、通讯）一平工作、资金筹措和落实到位（含资本金的筹措和落实），办理环评等相关手续；接着可进行工程招标、投标，择优选定施工队和办理开工报告审批工作。按规定组建工程监理机构或聘请一个或多个具有相应资质的工程监理公司对项目的全过程或某一单项工程、某一阶段的工作进行监理。

在资金筹措方面，首先必须按规定筹措和落实项目资本金，然后再争取银行贷款、项目专款和外援资金以及其他资金。目前，项目资金的筹措可以按以下项目分类进行筹措：

（1）基础设施建设项目　主要可以争取以工代赈资金，扶贫贴息贷款，发展资金，公路、水利、电力、通讯建设专款等。

（2）财源建设项目　主要可以争取以工代赈资金，省财政财源建设专项资金，扶贫贴息贷款和正常银行贷款等。

（3）社会发展项目　主要可以争取教育专款、卫生专款、广播电视专款等。项目在报批新开工前必须办理项目报建注册登记和由审计机关对项目的资金来源等有关内容进行审计。

本阶段严格按项目评估报告及扩初设计的要求实施项目。施工阶段的管理，主要由建设单位、行业主管部门或项目监理公司进行管理。

（三）竣工验收阶段

本阶段检查验收项目完成的内容、数量、质量及效果，评价评估报告的质量，总结项目实施过程的经验教训，并颁发项目竣工验收证书。按国家发展改革委、住房城乡建设部的有关规定，明确划分出生产基本建设项目由发展改革委组织有关部门验收，技改项目由工业和信息化局有关部门审批，一般工民建项目由建委组织有关部门验收。其他非生产性建设项目由发改委、建委会同有关行业主管部门组织验收。项目批准开工后，则可按批准后的初步设计或技术设计、施工图设计和批准投资计划要求组织实施。同时需要做好生产性项目生产前的一切准备工作，如原材料、动力供应、员工培训等。

竣工验收是工程建设过程中的最后一道环节，是全面考核本建设项目或技术改造项目的成果、检验设计和工程质量的重要步骤，也是工程转入生产和使用的标志。工程验收要由建设单位向组织验收的机关报送竣工验收报告和工程竣工图，然后由验收机关邀请有关部门参加并组成工程验收小组进行验收。工程验收后要根据验收结论办理工程竣工验收备案表。工程验收后要及时办理工程结算手续和交付使用或投入运行。

生产性建设项目交付使用或投入生产后还应进行项目后评价。根据项目的大小、评估时间可选择在 1 年以上，2 年以内（或按生产周期计）。一般由项目投资者或上一级行业主管部门组织评估。

图 1-4 所示为基本建设工作流程。

二、项目建议书

项目建议书是对新的建设项目的初步设想，同时也是开展项目准备工作和开展可行性研究工作的正式依据。其是根据国民经济和社会发展长远规划结合行业和地区发展规划的要求提出和编制的。我们在编制项目建议书时应符合国家的产业政策。项目建议书编制出来后，

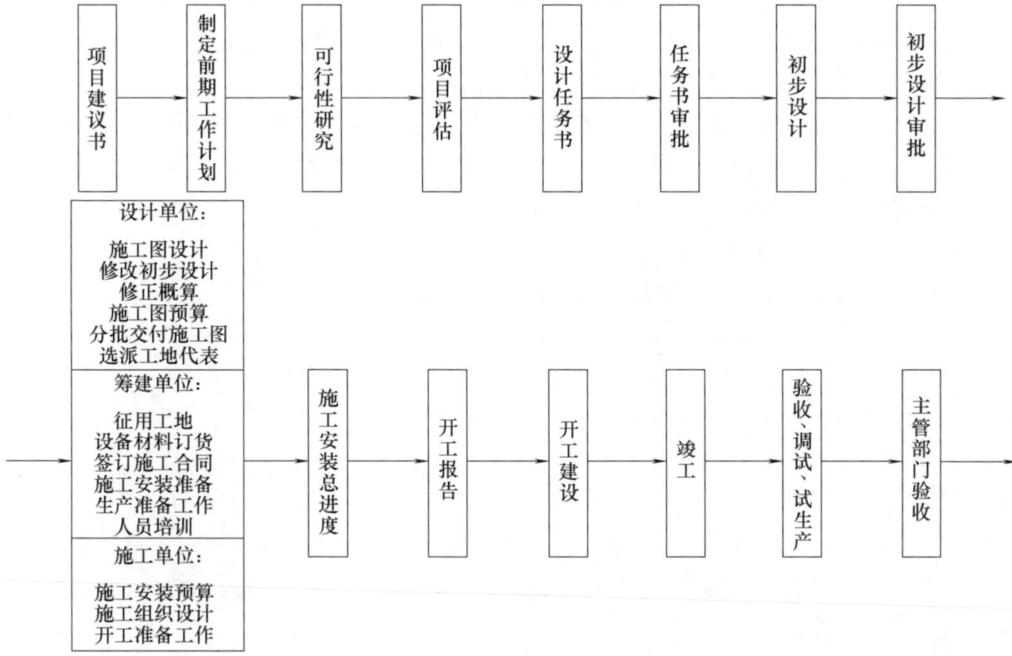

图 1-4　基本建设工作流程

要及时报送政府行业主管部门和投资主管部门审批。通过对项目建议书的审查论证后，即可批准该项目立项。批准立项的主要依据是先有法人后有项目，项目要符合中长期发展规划和国家产业政策要求，要符合发展经济的指导思想和原则要求。

项目建议书是根据国家、地区或行业发展规划以及投资人资金投入量，经初步调查研究，提出的基本建设项目立项建议，主要内容包括：项目的名称与内容、主办单位、建设的必要性与依据、产品品种、生产规模、资源情况、投资估算和资金筹措方案、简单经济评价和分析、市场的前景预测等。

三、可行性研究

可行性研究是在项目建议书被批准后，对拟建项目在社会、经济、技术等方面进行的更为细致和深入的调查研究，其包括生产资料的需求和供给情况、厂址的优劣评估、生产工艺技术的先进适用与否以及项目的投资回报等，可为项目投资提供可靠的科学依据。可行性研究是项目批准的依据之一，也是建设单位向银行贷款，与各有关部门商谈合同与协议的依据。可行性研究要求进行多方面的深入细致的调查研究，广泛地收集各种资料与数据，形成多个方案，加以分析、论证、比较，选出最佳方案。可行性研究阶段主要内容是在项目勘察、试验、调查研究及详细技术经济论证的基础上，编制出可行性研究报告。可行性研究报告主要阐述项目在技术上是否可行和经济是否合理，反映出投入与产出的关系，一般说产出大于投入则项目可行，反之，则不可行。

（一）可行性研究的主要依据

（1）经济项目的实施必须符合国家经济建设的方针、政策和长远规划。例如，鱼糜行业发展依托国家和当地政策，国务院批准的《国家海洋事业发展规划纲要》发布了海洋领域总体规划，也是海洋事业发展的里程碑事件。同时国家不断升级政策，为海洋经济产业保驾护航。国家发展改革委印发了《“十四五”海洋经济发展规划》，其中提出我国海洋经济发展空间将不断拓展，综合实力和质量效益进一步提高，海洋产业结构和布局更趋合理，形成陆海统筹、人海和谐的海洋发展新格局。可行性研究如果离开这些宏观的经济指导，就不能很好地评价建设项目的实际价值。所以，在可行性研究中，对产品的要求、协作配套、综合平衡等问题，都需要从长远规划的角度来考虑。

（2）根据经有关部门批准后的项目建议书，方可开展可行性研究。

（3）以国家有关部门正式批准的资源报告和有关各种规划为依据。

（4）要有可靠的自然、地理、气象、地质、经济、社会资源等基础资料。这些资料是可行性研究中进行厂址选择、项目设计和经济技术评价必不可少的资料。

（5）国家以及行业的安全制约规范，有关工程技术方面的标准、规范、指标等，在做可行性研究中考虑技术方案时，都要以它们作为基本依据。

（6）据国家公布的用于进行项目评价的有关参数、指标等进行可行性研究。可行性研究在进行财务、经济分析时，需要有一套参数、数据和指标，如基准收益率、折现率、折旧率、社会折现率、外汇汇率的调整等。所采用的这些参数应是国家公布实行的。

（二）可行性研究的步骤

可行性研究涉及工艺、技术、建设、市场、经费和销售等多方面专业内容，其具体项目的确定也就相应地需要相关方面的专业人员进行参与，包括工艺人员，设备人员，土建人员，管理、营销、财务人员等。

首先要明确研究范围，制定研究计划，进行人员分工；再分专题进行调查研究，综合不同方案，分析、对比，选出最佳方案，进一步对最佳方案做更完整、更深入的研究；最后编写可行性研究报告。

（三）可行性研究报告的内容（基于鱼糜案例）

可行性研究的内容，随行业不同有所差异，侧重点各有不同，但其基本内容是相同的，原国家计委在《关于建设项目进行可行性研究的试行管理办法》中规定，工业项目的可行性研究一般要求具备以下主要内容。

1. 总论

（1）项目提出的背景、投资的必要性和经济意义　项目的建设符合国家海洋技术领域的总体目标。《“十四五”海洋经济发展规划》中要求要加快构建现代海洋产业体系，着力提升海洋科技自主创新能力，协调推进海洋资源保护与开发，维护和拓展国家海洋权益，加快建设中国特色海洋强国。原国家农业部在《全国主要农产品加工业发展规划》中明确提出重点发展海水产品加工领域，鼓励开发海水鱼类加工新产品；加强海水鱼类加工副产品的综合开发利用；建立完善的海水鱼类生产、加工、流通和消费的质量安全保障体系。我国海洋水产品发展主要以海水捕捞低值鱼类的精深加工、海水养殖动物的高值化加工及副产物的综合利用为重点，同时完善和提升海洋水产品加工技术水平，突破质量和安全控制关键技术等。这些政策取向进一步为鱼糜制品企业今后的发展指明了方向。鱼糜制品是将低值鱼擂溃成糜状，加以调味成型的水产制品。冷冻鱼糜的开发解决了鱼糜制品的原料供应和质保问题，从而使鱼糜制品加工厂可以不受地点和季节的限制取得原料。在我国年消费量约数万吨的速冻食品中，各类鱼糕、鱼丸、虾丸等鱼糜制品仍是主要消费品种。

（2）研究工作的依据　我国现行水产品工程建设的有关政策、法规、规范及标准，国家颁布的技术规范和税费政策，项目承办单位现场勘察及市场调查收集的有关资料。

2. 需求预测和拟建规模

（1）国内外需求情况　目前生产冷冻鱼糜的国家主要有日本、韩国、中国、秘鲁、泰国、挪威等。其中，日本的鱼糜制品生产量很大，分布广泛，深受本国消费者的青睐，是日本水产品加工中十分重要的产品。我国自 20 世纪 70 年代引进鱼糜制品加工技术以来，通过前些年的迅速发展，已经成为世界上主要的鱼糜制品生产国之一。尽管如此，与美国、日本、泰国等国家相比，我国鱼糜制品在世界上所占份额仍然不高，约 10%。鱼糜制品行业对于原材料的要求较高。由于原料的季节性及特殊性，其运输过程必须采取冷链系统，因此，生产地同原料产地之间的距离和运输的难易程度对于企业经营有着至关重要的影响。在能源、运输及人工成本不断上涨的今天，短距离运输直接影响着企业生产成本及市场竞争力。同时，由于我国鱼糜制品加工技术的落后，限制了其发展，不能满足消费者的需求。

（2）国内现有同类食品工厂生产能力的估计　鱼糜的原料主要来源于海洋，因此，鱼糜产业在沿海城市集中。山东、上海、福建、广东、海南等省市均有鱼糜生产，鱼糜工厂也主要集中在这些省市的沿海城市。我国鱼糜制品及水产品行业已经形成了一些有技术、有市场的优势品牌企业，主要集中在福建、大连、山东、浙江及广东等渔业发达地区。尤其是在鱼糜加工行业较为发达的福建省，占全国同类产品获牌数的 60%，实现了形成“品牌企业集群”的预期目的。虽然我国鱼糜行业内企业众多，但高端产品缺乏，市场集中程度较低，仍有巨大市场空缺。

（3）销售预测、价格分析、产品竞争能力评估，进入国际市场的前景　我国速冻食品起步较发达国家晚，虽然近些年发展速度快，但目前我国人均年消费量不足 10kg，与美国、日本等发达国家相比，仍存在一定的差距。随着中国经济的不断发展，居民的生活消费水平不断提升，加之城镇化进程的推进，社会分工细化，生活节奏日益加快，速冻食品被越来越多的人接受并成为日常饮食的一部分，我国对速冻食品的消费需求将逐渐与发达国家靠拢。在以速冻鱼糜制品、速冻肉制品为主的火锅料制品市场，人们的消费习惯也随着生活的富裕而发生转变，休闲食品逐步得到发展，鱼丸、肉丸等火锅料逐渐以关东煮、麻辣烫、烧烤等休闲食品形式风靡市场，消费方式的多样化拓展了市场对该类速冻食品的需求。国家和政府部门的大力支持，社会对鱼糜制品产业的关注，科技力量和创新人才的注入，将促进鱼糜制品产业的发展。

（4）拟建项目的规模、产品方案和发展方向分析　项目建成后，形成年产鱼糜制品 30000t 的生产能力，以鱼糜为主要原料，经新型加工工艺，生产绿色健康鱼糜产品。

3. 资源、原材料、燃料及公用设施情况

（1）原料、辅助材料，燃料的种类、数量、来源和供应。

（2）所需公用设施的数量、供应方式和供应条件。

4. 建厂条件和厂址方案

（1）建厂的地理位置、气象、水文、地质、地形条件和社会经济现状　汕头濒临南海，其海岸线长达 289km，包括 117km 岛岸线，有大小岛屿 61 个，浅海滩涂可利用面积 312.1km^2，延伸至 200m 等深线渔场面积约 50000km^2，淡水可利用面积 66.7km^2。地属亚热带季风气候，常年气候温和，有利于海洋生物和淡水生物的生长繁殖，渔业资源丰富，近海已知的鱼类有471种。市养殖面积达218.38km^2，其中海水养殖面积167.95km^2，资源利用率达40.6%；淡水养殖面积50.42km^2，资源利用率达57%。水产品年产量达到38.31万t。汕头的渔业资源相当丰富，是鱼糜制品厂原料的主要来源。汕头市劳动人口占总人口的58%左右，劳动力资源十分充裕。其中农村剩余劳动力中具有初中文化程度以上的有17.78万人，占剩余劳动力总数的70%以上，所以厂址选择在汕头工业区可获得充足的劳动力资源。

（2）交通运输及水、电、汽的现状和发展趋势　厂址选择在汕头市金平工业区，因为该工业区交通运输方便，靠近汕头火车站和公路。而且，其水源充足，水质符合生活饮用水国家标准。还有，因为是工业区，所以动力有充分保证，电力负荷足够，电压正常平稳。

5. 设计方案

设计方案包括项目的构成范围、技术来源和生产方法，主要技术工艺和设备选型方案的比较，引进技术、设备的来源，设备的国内外分别交付规定或与外商合作制造的设想。改扩建项目要说明对原有固定资产的利用情况。

（1）全厂布置方案的初步选择和土建工程量估算。

（2）公用辅助设施和厂内外交通运输方式的比较和初步选择。

6. 环境保护

调查环境现状，预测项目对环境的影响，提出工艺过程中的环境保护措施和“三废”治理的初步方案。

厂区、车间环境要符合国际食品法典委员会（Codex Alimentarius Commission，CAC）标准，车间需设有消毒间，安置窗纱防蝇、鼠、蟑螂，要划分加工车间内的作业区，控制产品的走向和人员走向，防止交叉感染和二次感染。废水主要来自鱼糜制品生产加工过程中产生的污水，排放量较大，需处理后统一排入污水厂，不会对水环境造成不利影响；项目热能都采用电能，无废气污染物排放，对大气环境不会造成污染。中试设备运行时会产生噪声，采取隔音措施降噪后，影响较小。固体废弃物主要是生活垃圾，还有少部分的原料包装物带来的工业固体废弃物。生活垃圾由环卫部门统一处理，工业固体废物回收利用。

7. 企业组织、劳动定员和人员培训

8. 实施进度的建议

9. 投资估算和资金筹措

（1）主体工程和协作配套工程所需的投资估算。

（2）生产流动资金的估算。

（3）资金来源、筹措方式及贷款的偿还方式。

10. 社会及经济效果评价

加强产学研结合，提高技术水平，采用先进的新兴食品工程技术，优化配置，组成高效率的、经济上合理的生产作业线，通过与科研机构或高校合作培养现代知识型人才，建立、健全科技创新体系和科技开发体系。同时，水产品深加工可以促进产业链的延伸与发展，使得渔业从第一产业向第二产业转变，实现水产品的保值增值，增加农民收入，消除城乡发展不平衡的现象，缩小贫富差距，获取更高的社会效益和经济效益。水产品深加工行业可以提供一定的就业岗位，缓解就业压力，带动其他服务行业的发展。

四、设计工作

（一）扩大初步设计

食品工厂设计必须提供保证必要的卫生水平、防止产品和材料污染的方法，以及防止或限制产品、原材料和由于自然发生的过程导致的中间产品变质的方法。在设计的范围内作详细全面的计算和安排，使之足以说明食品厂的全貌，但这类图纸深度不够，不足以指导施工，仅供有关部门审批。

（二）施工图设计

对已批准的扩初设计在深度上进一步深化，使设计更具体、更详细地达到施工要求，是现场施工的依据。扩初设计虽也有图纸，但仅为供上级审批，一般只要提供工艺流程图，总平面图，车间设备布置等，尺寸也不用很详细。而施工图设计中不但有上述的图纸，还要有设备安装的洞孔图、管路图、电路图、供排水图等，并且要求图很详细，尺寸也应标清。其中流程图和工厂布局需要说明相互连接和原材料流程、永久/临时存储、车间设施、办公空间、交付和运输设施、进出通道；要使用的设备、公用设施和服务；过程监控和控制所需的仪器仪表和互连；战略性场地位置、平面图和标高。它们还经常根据各种产品需求、价格和材料成本场景提供工厂盈利能力的经济分析。

思政要素解读

能力拓展

◇ 加深对基本理论的了解和掌握，提高分析和解决问题的能力

全面考虑食品原料、加工技术及工程原理等各因素，从各种制约因素入手，综合规划食品工厂设计前期的准备工作，提高自身信息搜集及解决问题的能力。

◇ 熟练掌握食品原料特性、加工工艺及其设备，提升设计/开发解决方案能力

针对食品原料的特性，选择合适的加工方法、工艺流程和加工设备，并在设计或开发中考虑社会、健康、安全、法律以及环境等因素。对连续自动化的绿色加工工艺进行设计，发展绿色产业，综合考虑工厂生产的各个环节，开发绿色经济食品，促进工厂健康持续发展。

◇ 熟悉食品工厂基本建设程序，增强自身职业道德和规范意识

基于鱼糜工厂案例，撰写可行性研究报告和设计计划任务书，熟知工厂设计的职责和任务，通过鱼糜产业现状预测市场发展前景，为鱼糜工厂的规划和建设奠定基础，响应“海洋强国”战略，推动水产品产业经济发展。

素养提升

◇ 综合运用所学知识，实现理论与工程的结合

基于科学原理并采用科学方法对食品领域复杂工程问题进行研究，包括原料研究、加工现状、案例分析等，并通过信息综合得到合理有效的结论，将理论与实际相结合。

◇ 深入了解国家食品安全法律法规，提升全民食品安全意识

通过了解食品原料加工过程中必须遵循的法律法规及行业标准，恪守食品行业的职业道德规范，履行相应的责任，提升全民食品安全意识。

◇ 自主学习，分清主次矛盾，提升统筹安排的能力

根据对食品工厂设计准备工作的分析，搜集相关资料，深入了解行业发展状况及目前食品工程领域的研究进展，在工厂设计的过程中兼顾食品原料、产地、市场、文化等多方面的因素，提高自主学习和统筹安排的能力。

自学能力测试

课后作业

根据所学知识，选择一类食品加工厂，分析并撰写一份项目建议书。

思考题

1. 举例说明你所知道的新食品原料有哪些？简述一种新食品原料在食品工业上的应用。
2. 简述两种热杀菌技术和非热杀菌技术的原理并说明其优缺点。
3. 什么是施工图设计？在设计深度上与扩大初步设计要求的区别主要有哪些？

CHAPTER 2

第二章 食品工厂厂址选择

启发提问

◇ 厂址选择在食品工厂设计流程中所处的地位是什么？
◇ 影响食品工厂厂址选择的主要因素都有什么？
◇ 如何比较并确定一个最适合的食品工厂选址地点？
◇ 如何撰写并解读一份厂址选择报告？

学习目的与要求

◇ 明晰厂址选择在食品工厂设计过程中的重要性，了解这一环节对企业投资收益、地方经济发展和社会安全稳定的影响；

◇ 掌握食品工厂厂址选择的重要原则，明确原料供应和市场销售因素、地理和环境条件、投资和经济效益因素左右工厂厂址选择的主要途径；

◇ 掌握厂址选择的三大基本程序及其对各要素的基本要求，如前期准备阶段对人员准备和技术准备的要求；现场勘察阶段对厂址地理、环境、周围基础设施、区域发展规划及经济基础的要求；厂址选择报告编写阶段对选厂工作组和相关政府部门的要求等；

◇ 掌握食品工厂建设条件评价的基本内容和方法，了解厂址选择报告中项目提出背景及建设意义、拟建项目的基本情况、厂址条件分析、厂址方案推荐、结论、存在问题和建议、当地政府及有关部门推荐的厂址意见和附件等的撰写方法。

学习内容

◇ 厂址选择的基本原则；
◇ 厂址选择的基本程序；
◇ 厂址选择报告与实例分析。

食品工厂建设必须根据拟建设项目的性质对合适建厂地区及地址的相关条件进行深入考察和详细的论证分析，最后确定食品工厂最终建设地点。

对于食品工厂厂址选择的决策应具有战略性、长期性和非重复性。一个较差的食品工厂选址规划直接影响食品项目建设和生产经营的顺利进行，限制了项目本身的建设施工条件和项目建成后交付使用的生产经营条件。同时，食品工厂厂址选择的决策也受到项目运营内部和外部的多种因素的影响，项目运营本身系统内部因素包括了技术水平、人员能力、财务状况和所需劳动力配给等；项目运营外部因素则包括了拟建厂地区的经济、政治和社会状况等。对于食品工厂而言，投资建设运营的大部分固定成本和可变成本均由选址策略所左右，工厂的生产效率、生产能力和盈利能力也受限于选址策略。

第一节 厂址选择的基本原则

厂址选择的基本原则

在学习厂址选择的基本原则之前，需要明确，对于食品工厂而言，何时需要进行厂址选择：

① 一个新项目需要建设一个新食品加工工厂时；

② 旧的食品工厂在运营和扩建过程中受原厂址地理因素影响而不得不重新选址时；

③ 由于食品企业业务量增长而需要在新地区扩张时；

④ 原有食品工厂受地方产业政策影响而需要迁址时。

一、厂址选择的重要性

厂址选择是从几个不同地区、地点范围内可供考虑的厂址方案中选择最优厂址方案的分析评价过程。

厂址选择的合适与否，直接或间接影响了各个地区城市和工业区的建设、当地资源的开发与利用情况、交通运输线路规划建设、生态环境保护程度等，厂址选择也直接影响了各企业对其工厂建设的前期投资预算、中期基建进度及后期运营经济效益等各个方面，该过程奠定了食品企业正常盈利和平稳运行的基石。

厂址选择需根据各方面要求（如政府规划、项目设计任务书等），在实地勘察及区域性技术经济调查的基础上，对若干个建设厂址进行合理性评估，选出投资省、运营费用低、具有经济效益、环境效益和社会效益的厂址，实现资源合理配置。

随着地方社会、经济、法律和政治因素的发展变化，任何一个食品工厂的原始位置优势可能会被不同程度地压缩变小，这些因素可能会导致食品工厂运营利润呈现下滑趋势，因此，一个优秀的厂址选择虽然并不会逆转这一现象，但会极大程度地缓解这一趋势，为企业提供更加充足的盈利时间，延长食品企业生命周期，以提高盈利程度。

案例分享

下面是一例失败的厂址选择案例及其造成的可怕后果，用以警示设计者们重视厂址选择的合理性和可持续发展性，提醒工厂设计者们保护人民生命财产安全的主要职责和义务。

警示——美国1919年波士顿糖厂泄漏事故

一百多年前，波士顿是著名的朗姆酒产地，制糖业发达，城市中有许多炼糖厂，生产出来的黑糖浆用于酿酒、制作焗豆，糖厂遍布整个城市。

随着生产技术的进步，围绕炼糖派生出了很多产业，在当时的时代背景下，利润最高的当数工业酒精的制作。因此，波士顿的这些公司就开始将糖浆制作成工业酒精出售，它们日日夜夜不停地生产，可是即便如此依然是供不应求。为了储藏原料糖浆，波士顿糖厂公司甚至建设了一个高达15m，半径14m的巨型糖罐，里面的原料蜜糖存量可以高达万吨，这就为未来的灾难埋下了巨大的隐患。

起初，和所有的食品工厂一样，波士顿糖厂公司仅仅位于波士顿一处偏僻的郊区。然而，随着需求增加、生产规模不断扩大，公司员工数量也急剧增多，由于地处郊区所以多数员工选择就近居住在公司附近，这带动起周边商业的发展。渐渐地，越来越多的人选择来此处定居，使得波士顿市中心向着糖厂不断移动，多年后，这里俨然已经成为新的波士顿市中心地带。

图2-1　波士顿糖厂泄漏现场图

随着时代变迁，工业酒精的需求量骤减，波士顿糖厂的生意大不如从前，但此前囤积的巨量糖浆依然储藏在巨型糖罐中，直至1919年1月15日，这一天波士顿发生了巨大的温差，储存在巨型蜜罐的糖浆产生热胀冷缩效应，释放出二氧化碳，使得这个巨型糖罐发生剧烈爆炸。由于工厂正位于市中心，数万吨的糖浆就像洪水一样席卷了整个波士顿，瞬间就摧毁了附近的高架桥，周围的建筑物也大面积倒塌，最终事故共造成21名当地居民死亡，波士顿糖厂在此次事故的损失远远超过了其在此之前销售工业酒精所赚的钱（图2-1）。

这一案例说明，厂址选择的失误有时候会酿成不可挽回的大祸，不仅影响工厂投资收益，也会严重危害附近居民生命财产安全！厂址选择并不是简单地选择一个区域建厂即可，它是一个受到政策、科学、技术、设计所影响的综合性工作，在区域选择时不仅要考虑当下的各种因素，也要站在高处，以发展的眼光看待工厂未来所面临的情况，也要仔细分析工艺环节中的关键风险控制点。一个好的厂址选择可以为食品工厂良性可持续发展奠定基础。

二、厂址选择的基本原则

不同类型食品工厂应选择适合的建厂环境，这是由于不同的地区、地址环境所具备的针对食品项目的建厂条件是不同的。一般来说，针对食品工厂厂址选择的基本原则是先对建厂地区条件进行分析并选择，后对建厂地址条件进行分析并最终确定建厂地址。

厂址选择是一项政策性强、科学性强、技术性高、涉及面广的综合性工作，因此，对建厂地区和地址的选择应遵循以下基本原则。

① 厂址地区布局应符合当地区域经济发展规划、国土开发及管理的有关规定和政策，厂址位置应位于当地城市规划或工业区域规划范围内；

② 厂址选择应按照指向原理，根据原料、市场、能源、交通、技术、通讯、劳动力等生

产要素的限度区位来综合分析确定，例如，以原料运输为导向的初级食品加工工厂应选择靠近原料主产地及具有丰富廉价劳动力的地区作为厂址所在地，而以生产销售为导向的高级食品加工工厂则需要商贸物流功能完善且靠近主要消费市场的地区作为厂址所在地；

③ 厂址所在地区的自然条件要符合基本建设需求，如当地地址、水文、风向等要满足食品工厂正常开展生产活动的需求，同时要保证企业运转生产过程对于当地生态环境无较大危害；

④ 厂址选择过程中应注重区域已有生活福利设施、卫生医疗设施、文化教育设施和商业网点的配给情况，这对于提高厂区员工生活幸福指数、增强企业凝聚力、维持企业稳定发展具有重要作用。

依据以上主要原则，在进行食品工厂厂址选择时可从原料供应和市场销售、地理和环境条件、投资和经济效益三方面深入考量。

（一）原料供应和市场销售

随着我国科学技术的不断进步，我国食品工业领域呈现出初级加工企业与高端精深加工企业并存的局面，因此，在依据原料供应和市场销售方面进行食品工厂厂址选择时应采取更科学、谨慎的方法进行。

目前，工业体系内部通常采用计算原料指数的方式筛选工厂建设区域。原料指数是指工业生产中耗用地方原料的质量与制成品质量之比，若比值大于 1 则说明该工厂在布局上属于原料指向；若比值小于 1 则说明该工厂在布局上属于消费指向；若比值等于 1，单从节约运费的角度考虑，该工厂既可以布局在原料产地也可布局在主要消费区域。原料指数计算的引入可以帮助食品工厂设计者们更合理、科学地选择工厂所在地。

另外，由于食品生产任务的特殊性，无论是原料指向型还是消费指向型的食品工厂均应建设在城乡结合地带，便于新鲜、高质量原料的快速运输以及向主要消费市场的快速投送。

（二）地理和环境条件

食品工厂选址所在地区的地理环境要能保证项目实施的长久安全性，同时地区的环境条件要能保证食品生产过程的安全卫生性，因此，拟选择厂址的地理和环境条件应满足以下需求。

（1）所选厂址，必须要有可靠的地理条件，应避免在流沙、淤泥、土崩断裂层等特殊地质结构区域建立食品工厂，同时若在溶洞、湿陷性黄土、孔性土区域内建厂，建厂前应对所在区域内地质结构进行改造和加固。在山坡上建立食品工厂则要注意避免滑坡、塌方等地质灾害的发生，不可将食品工厂设立在各类矿场、受污染河流下游、高污染企业下风处、文物保护区域附近，避免存在高压输电线路、国防专用通讯线路等穿越厂区。工厂选址所在地的地耐力需达到标准要求，一般要求不低于 $2\times10^5N/m^2$。对于某些需要设置冷库的食品工厂，其厂址所在区域地下水位不能过高，否则将影响冷库除冰及外渗防控。此外，应避免在 7 级或 7 级以上地震频发的区域内设立食品工厂。

（2）厂址所在地区的地形要尽量平坦，以减少土地平整所需工程量和费用，也便于厂区内部各区域之间的运输。厂区的建议标高应高于当地历史最高洪水位 0.5~1m，特别是主要厂房和仓库的标高必须高于当地历史最高洪水位。厂区自然排水坡度最好在 0.004~0.008。

（3）所选厂址附近应有良好的卫生条件，避免有害气体、放射性源、粉尘和其他扩散性的污染源（包括污水、传染病医院等），特别是对于上风向地区存在的工矿企业、附近医院的处理物等，要注意它们是否对食品工厂的生产产生危害。

（4）所选厂址面积的大小，应在满足生产要求的基础上，留有适当的空余场地，以便于工厂进一步发展之用。

（5）需要特别注意的是，生产绿色食品的加工工厂对其加工过程的周围环境有较高的要求。绿色食品加工企业的场地周围不得有废气、污水等污染源，一般要求厂址与公路、铁路有300m以上的距离，并要远离重工业区，如在重工业区内选址，要根据污染情况，设500~1000m的防护林带；如在居民区选址，25m内不得有排放烟（灰）尘和有害气体的企业，50m内不得有垃圾堆、露天厕所，500m内不得有传染病医院；厂址还应根据常年主导风向，选在有污染源的上风向，或选在居民区，饮用水水源的下风向。特别是会排放大量污水、污物的屠宰厂、肉食品加工厂等，要注意远离居民区和风向位置的选择；同时，对于绿色食品加工企业本身，其“三废”应得到完全的净化处理，厂内产生的废弃物，应就近处理。废水经处理后排放，并尽可能对废水、废渣等进行综合利用，做到清洁化生产。附近最好有承受废水流放的地面水体，不得成为周围环境的污染源，破坏生态平衡。

（三）投资和经济效益

1. 供电、供水条件

所选厂址应靠近水源、电源，以满足生产、生活以及厂区持续发展的需要。

（1）供电方面　供电距离、装机容量、负载功率等要满足厂区当前和未来发展需求，且得到当地国家电网的保障。

（2）供水方面　厂址附近应有充足且水质较好的水源，水质各项参数必须符合GB 5749—2022《生活饮用水卫生标准》。其中，靠近城市的食品工厂可直接接入当地自来水管网，所用水质基本符合上述标准。而由于食品生产企业的特殊性，部分食品企业无法接入当地自来水管网，此时若要利用江、河、湖水，需按照国家取水许可证制度和水资源有偿使用制度的相关规定办理取水手续后方可取水，同时取水后应加以处理，使其符合上述标准要求；若利用地下水，则需要向工厂所在地市节约用水办公室申请，获批后方可抽取，同时也应注意水质是否符合上述标准。

2. 运输条件

所选厂址附近应有便捷的交通运输条件。根据工厂运货量、物料性质、产品定位、外部运输条件、运输距离成本等因素，合理选用公路、铁路或水路运输条件作为选址方向。若需要新建专用铁路或道路，则应以与附近国家道路网最短距离为基本准则，可减少项目投资成本和建设时间，新建专用铁路和道路均需通过国家相关部门审批。

（1）新建专用铁路　企业新建专用复式铁路线与国家铁路网接轨需按照《铁路专用线与国铁接轨审批办法》经过交通运输部行政许可管理机构及地方行政部门审批，审批通过后方可由有资质的施工单位进行施工安装。

（2）新建专用公路　企业新建专用公路应依据厂址所在地地方行政管理部门印发的《公路建设项目审批实施方案》进行批复手续办理，待获批后方可委托有资质的单位进场施工。

需注意，不同地区县市对于专用公路、铁路建设的审批流程并不一致，因此，在进行厂址选择的时候也应注重地方政策便利性，以提高工厂建设投产效率。

3. 生活条件

厂址选择应注意周围的必需生活和娱乐设施配给情况，宜靠近城市周边或选择城市经济开发园区，以实现生产、交通运输、医疗、文化、商业设施等方面的协作和共享。

三、厂址选择基本原则的应用实例

不同类型食品工厂的选址应按照厂址选择基本原则，因地制宜地进行分析和规划，以下列举两类食品工厂设计所需遵循的核心原则。

案例分享

（一）罐头食品加工厂厂址选择核心原则

1. 原料

作为以原料为导向的食品工厂，罐头食品加工厂厂址选择要靠近原料基地，原料的数量和质量要满足建厂要求，对于靠近的“尺度”则以厂址距离鲜活农副产品收购地保持在汽车运输2h路程之内为准。

2. 周围环境

厂址周围应具有良好的卫生环境，厂区附近不得有有害气体、粉尘和其他扩散性的污染源，厂址不应设在受污染河流的下游或传染病医院附近。

3. 地势

由于罐头类产品属于季节性生产，常年售卖，因此，对仓储标准要求较高，厂区地势应尽量平坦，厂区标高应高于所在地历史最高洪水水位，且保证排水顺利，便于罐头转运前的贮藏。

4. 劳动力来源

由于罐头类产品为季节性生产，因此，需要大量季节性劳动力，其厂址应尽量靠近城镇或乡村居民集中点。

（二）饮料厂厂址选择核心原则

1. 水源

由于饮料类食品工厂用水量较大，因此其选址附近应该有丰富的水资源供给，且水质应符合相关法律法规，对于以生产矿泉水为主的食品饮料企业，其附近水源应符合GB 8537—2018《饮用天然矿泉水》要求，并得到地矿、食品工业、卫生防疫部门等的鉴定认可。

2. 交通运输

饮料作为快消类产品，除浓缩果汁厂和天然矿泉水厂受原料限制应设置在原料基地外，其余类型的饮料加工工厂均应设置在城市或者近郊等靠近主要消费市场的地带。

3. 环境

饮料厂选址所在地应具有良好的卫生环境，厂区周围不得有有害气体、粉尘和其他扩散类污染源，尤其注意的是附近水源的安全性和洁净程度，后者直接影响了产品质量控制。

知识扩展

《生活饮用水卫生标准》是从保护人群身体健康和保证人类生活质量出发，对饮用水中与人群健康的各种因素（物理、化学和生物），以法律形式做的量值规定，以及为实现量值所做的有关行为规范的规定，经国家有关部门批准，以一定形式发布的法定卫生标准。《生活饮用水卫生标准》可包括两大部分：法定的量的限值，指为保证生活饮用水中各种有害因素不影响人群健康和生活质量的法定的量的限值；法定的行为规范，指为保证生活饮用水各项指标达到法定量的限值，对集中式供水单位生产的各个环节的法定行为规范。目前现行有效的标准号为 GB 5749—2022。

《饮用天然矿泉水》规定饮用天然矿泉水不仅有严格的技术要求，它的认可与批准、生产和检验、标志、包装、运输、贮存等环节均有具体规范。天然矿泉水并非简单的水，而是国家矿产资源，它的开采需要获得国土资源部门核发的“采矿许可证”。据悉，由于资源珍稀，发证过程严格，目前国内颁发的证书很少。目前现行有效的标准号为 GB 8537—2018。

第二节 厂址选择的基本程序

厂址选择一般包括前期准备阶段、现场勘察阶段、厂址选择报告编写阶段三个阶段，依据不同阶段的工作需求，逐步分析拟建厂地区和建厂地址的各项条件，最终完成工厂厂址的最终选择。

厂址区域的选择程序

一、前期准备阶段

（一）人员准备

组建厂址选择工作组，由建设单位、设计院（包括工艺、总图、土建、动力、给排水、供电技经、环保等专业人员）、勘察（包括工程地质、水文地质、测量等人员）三个部门人员组成，在听取食品企业生产需求之后开展相关选址工作。

（二）技术准备

根据批准的项目建议书拟定选厂条件，收集设计基础资料，主要包括以下几点。

（1）拟选择厂址地区地形图（比例为 1∶1000 或 1∶2000） 要求所选地区地址能够满足项目建议书提出的产品方案和生产规模拟出工厂建设主要生产车间、辅助车间、公共工程等各个组成部分，满足项目建议书拟出的生产区占地面积的需求。

（2）风玫瑰图和风级表 要求进行地区地址选择的时候尽量保证食品工厂生产所处时期在高污染企业的上风处；进行厂区布置时将有污染的生产环节放在下风处，人与车间放在上风处。如果不可避免沙尘或者其他污染，应采取种树等措施应对。

（3）区域基础设施条件 要求满足食品工厂正常运行所需的燃料动力、水资源、人力资源、基础服务等设施。这一条件主要受项目规模的制约，对于大型食品工厂项目，对满足项目建设和生产所需的能源、劳动力、土地等质量和数量的需求较高，可能仅有少数几个地区能够满足要求。

（4）交通条件与年运输量（包括输入量和输出量） 要求厂址坐落于交通枢纽或靠近铁路、陆路或水路交通干线附近，以便于原材料和成品的输入与输出。

总之，选择建厂地区需全方位收集各类基础资料，包括地理位置地形图、区域位置地形图、区域地质、气象、资源、水源、交通运输、排水、供热、供汽、供电、弱电及电信、施工条件、市政建设及厂址四邻情况等，勾画出所选厂址的总平面简图并注出图中各部分的特点和要求，作为选择厂址的初步指标。

二、现场勘察阶段

现场勘察阶段是在有关部门及建厂准备就绪的基础上，进行实地调查与评估，选厂工作组向厂址地区有关领导机关说明选厂工作计划，要求给予支持与协助，听取地区领导介绍厂址地区的政治、经济概况及可能作为几个厂点的具体情况，确定厂址选择是否科学，并真实、直观地反映总平面设计图的有效性。现场勘察是厂址选择工作中的重要环节，对厂址选择起着非常重要的作用，现场勘察阶段的工作任务包括以下几点。

1. 勘察厂址的地理条件

通过踏测与勘探，摸清厂址厂区的地形、地势、地质、水文、场地外形与面积等自然条件，绘制草测图等，确定原有设施的利用、保留和拆除的可能性，以使厂址条件具体落实。必要时请有关部门进行测绘开发等工作，确保工厂建设的可行性。

2. 勘察厂址的环境条件

由于食品加工工厂的卫生要求较高，因此，其对工厂周围环境的要求较为特殊，场地周围不得有污水、废气等污染源，且厂址选择应尽量远离重工业区等污染较为严重的区域。

3. 勘察厂址周围的基础设施情况

摸清厂址动力资源、交通运输、给排水、可供利用的公用生活设施等基础设施条件，拟定交通运输干线的走向和厂区主要道路及其出入口的位置，使厂区周围交通、通讯便捷，有一定的工业基础设施和社会基础设施，方便后期建厂工作顺利进行，同时为后期劳动力、水力、电力及各种能源的充分调动做好准备。

4. 勘察厂址所在地区发展规划及经济基础

了解厂址所在城市发展和改革委员会（简称发改委）制订的各类区域经济发展规划类文件，明确工业用地及厂房建设审批流程以及土地使用权、使用费用等问题，核算成本，制订多套规划方案对比优缺点。

三、厂址选择报告编写阶段

厂址选择报告编写阶段是厂址选择工作的结束阶段。在此阶段，选厂工作组全体成员按工艺、总图、给排水、供电、供热、土建结构、技经、地质、水文等13个专业类型对前两阶段收集、勘测所取得的资料和技术数据进行系统整理，编写出厂址选择报告供上级主管部门组织审批。选择工作由项目建设筹建单位根据国民经济和社会发展的长远规划、行业产业发展、市场等内外部条件，经调查和预测分析后提出具体项目的建设文件，然后由发改委、规划部门、国土部门、环保部门等相关部门共同完成。

第三节　厂址选择报告与实例分析

根据现场调查和踏勘所取得的资料，在具体条件落实后，对可选的几个地址进行综合比较分析，提出推荐的厂址方案，形成一个正式的厂址选择报告并向上级部门呈报，以便依据此报告确认厂址。厂址选择报告的编写内容可按《轻工业建设项目厂（场）址选择报告编制内容深度规定》（QBJS20）执行，其内容包括：

（1）项目提出背景及建设意义；

（2）拟建项目的基本情况；

（3）厂址条件分析；

（4）厂址方案推荐；

（5）结论、存在问题和建议；

（6）当地政府及有关部门推荐的厂址意见；

（7）附件。

下文将结合《年产5亿粒海藻酵素含片工厂设计》的厂址选择报告实例深度解析厂址选择报告撰写的详细流程和思路。

一、项目提出背景及建设意义

该部分内容通过阐明项目提出背景及建设意义，明确了选厂依据、指导思想、选址范围、内容和选址经过、初步结论等部分，属于厂址选择报告的前言部分，主要包括：

（1）项目建设的必要性和紧迫性；

（2）国内外相关项目建设情况概述；

（3）项目建设对国民生活和地方经济发展的意义；

（4）项目盈利点。

案例结合

1 前言

1.1 项目提出背景

近20年来，随着经济的快速发展及城市化进程的推进，我国现代生活节奏日渐加快，在巨大的工作压力下，我国居民身体活动量逐年下降。饮食不控制、运动量偏低，且我国的营养保障能力自新中国成立以来显著增强，2021年中国营养学会通知报告，我国目前约50%以上的成年人和约20%的学龄儿童处于肥胖或超重状态。此时，高血脂、Ⅱ型糖尿病、前列腺癌、心血管疾病等便乘虚而入，危害人民健康。

在此背景下，海藻酵素进入了公众的视野。海藻是重要的海洋生物资源，富含多种活性物质，如多酚类、多糖类、蛋白质、氨基酸、萜类、不饱和脂肪酸以及多种人体所需的微量元素等，为海藻提供了多种生物学功能。近年来，国内外对海藻的保健功能的研究比较重视，如褐藻寡糖、琼胶寡糖、L-鼠李糖、岩藻多糖等海藻特有的活性物质，具有食药两用的特殊功效。而海藻酵素是以海带、紫菜或石莼等大型食用海藻为原料，经益生菌发酵产生的，含有丰富的海藻活性物质、酶、氨基酸、维生素及次生代谢产物的一种功能性发酵产品。它能够帮助人体排出体内毒素、平衡体质、抗菌消炎、促进消化、降低三高等。

在日本和欧美等地，海藻酵素被研究机构认定为一种健康、没有风险的食品，有利于人们维持健康。海藻酵素具有低热量、高纤维的特点，人体食用少量后即产生饱腹感，因而海藻酵素有助于胃肠道的消化和排泄，帮助人们维持健康的身材。海藻酵素中的多糖物质能明显降低血液中胆固醇的含量，有利于维持心血管系统的功能，使血管富有弹性，且有明显持久的降压作用。

1.2 项目建设意义

功能性食品不同于药物或膳食补充剂，它是常规饮食的组成部分。海藻作为一种天然传统食品，营养价值很高，不仅含有独特的生理调节作用的活性物质，还含有丰富的碘、钙、硒等人体必需的微量元素，被称为无机元素的宝库。酵素是指以动物、植物、菌类等为原料，经微生物发酵制得的含有特定生物活性成分的产品，国内市场常见酵素为水果酵素、蔬菜酵素，而海藻酵素的研究较少。

目前，我国海藻工业发展存在重养殖、轻加工的问题，我国每年出产大量海藻，除少部分深加工外，大部分海藻产品以粗加工干制品为主。即海藻加工方面科技研发不足，企业力量薄弱，加工工艺落后、品质不高。且能耗高，环保压力大。目前我国的海藻食品多为简单初加工产品，品种单一，产品附加值低，产品结构低质化。

因此，以含片形式开发海藻酵素功能性食品可以促进我国海藻产品深加工利用、开阔市场、增加食用人群，变海藻资源优势为经济优势，对海藻酵素及含片的发展均具有重大意义。同时，扩大国内海藻酵素含片工厂生产规模有助于增加就业岗位，提升经济水平。

二、拟建项目的基本情况

该部分内容对拟建工厂项目的基本情况进行概述，主要包括产品生产工艺流程对厂址周围环境、排污状况、基本设施条件等厂址所在地区和位置的要求，需阐明：

（1）生产工艺对原料的要求；

（2）主产品对生产、储藏和运输的要求；

（3）生产和研发对工厂主要人员的要求；

（4）拟建厂区域位置确定。

案例结合

2 工厂建设相关说明

本工厂为海藻酵素含片工厂，我国每年出产大量海藻，国内进行海藻粗加工的工厂较多，而精加工的工厂较少，因此，食品级海藻酵素的原料来源较少，且不同公司生产的原料质量不一，本工厂选址根据原料型理念出发，尽量建立在能出产品质较高的原料工厂附近。山东省和福建省作为我国最主要的两个海藻产业发展基地，海藻产业兴旺，因此，考虑在这两个省进行选址。此外，经搜查资料发现，陕西具有多个生物科技公司，研究海藻深加工的企业较多，因此，陕西省也作为本次厂址预选地区之一。

除了主要原料海藻酵素外，生产海藻酵素含片的辅料一般有糖粉、硬脂酸镁、柠檬酸等，这些辅料的原料来源丰富，购买途径方便。

同时，由于本工厂是以含片的形式开发海藻酵素产品，而成品片剂为干燥固体，质量稳定，不易变质，光线、空气、水分等对其影响较小，服用、携带、运输等较为方便，可以通过线下、电商等多种方式销往全国各地，因此，工厂选址受市场销售途径因素影响较少。

但由于海藻酵素富含海藻活性物质、酶、氨基酸、维生素等，成分较复杂，应当贮存在干燥、阴凉、通风良好的地方，尽量避开极端温度环境、年降水量多、湿度大的地带。且海藻酵素含片的制备一般为机械化自动生产，对普通劳动力要求不高。但为了工厂发展，需要高素质人才开发新技术，研发新口味等的海藻酵素含片，且需要专业人员对产品进行质检、定期维修机器等。

综上所述，本工厂选址应尽量建立在山东省、福建省和陕西省内经济发达、交通运输便利、基础设施完善且气温波动较小的地区。

三、厂址条件分析

说明拟选取的几个厂址的自然条件及其具备的经济技术条件，并附有说明材料，通常包括以下几项内容。

（1）选址概况　明确厂址地点及周围情况，说明厂址在地图上的坐标、海拔高度、行政归属、厂址附近的城镇、河流、铁路、公路、其他企业及公共设施等，并附上地理位置图集，必要时可附上厂址地形测量图；

（2）地理位置及周边配套设施　说明厂址附近区域的地势、面积、坡度及现场平整措施，以及厂址精确坐标及其附近的周边配套生活、娱乐设施等；

（3）自然条件　说明厂址附近的土壤类型、地质结构、地下水位及厂址区域全年气象情况等；

（4）社会经济因素及政策条件　明确厂址所在地建厂用地成本及发展成本，以及地区供应水、电、气等基本生产要素的价格。同时也应明确厂址所在地区对项目建设的政策性扶持力度等；

（5）原料供应情况及生产销售渠道　说明原料供给来源、质量、价格及产品销售渠道；

（6）水、能源及交通情况　说明自来水、河水、海水、地下水等水资源情况，以及地区水文资料，提出对厂区给水取水方案及排水或污水处理排放意见。说明地区电力等能源供给方式，说明建厂采取的能源供给渠道。明确厂区附近的交通运输情况，包括铁路、公路、空运的运载能力和成本等；

（7）环保工程及公共设施　说明厂址的卫生环境及投产后对地区环境的影响，提出工业“三废”处理和综合利用方案；

（8）厂区未来发展规划　必要时可根据国家或地方政策及发展计划纲要设计厂区未来发展战略。

案例结合　（仅详细展示3个拟选址中的1个）

3　厂址条件分析

3.1　青岛西海岸新区（黄岛区）海洋生物产业园

3.1.1　选址概况

青岛西海岸新区在海洋生物产业发展方面具有优越的基础，是我国海藻生物产业集聚区，聚集了青岛聚大洋藻业集团有限公司、青岛明月海藻集团有限公司、青岛琅琊台集团股份有限公司和青岛东海药业有限公司等一批海洋生物企业，海藻精深加工及高科技含量、高附加值的海洋医药、海洋功能食品、海洋化妆品等高档新产品发展较快，形成了优势明显的海洋特色产业园区。

本工厂预选厂址位于青岛西海岸新区产业园区中的明月海洋生物产业园附近。青岛明月海洋生物产业园位于青岛市黄岛区明月路788号，距青岛西客站4km，董家口港30km。北邻

G341 国道，南邻 S209 省道，西邻 G15 沈海高速公路，东邻 G204 国道，且东南邻 S216 省道及 G228 国道，交通运输便利，地理位置优越，故选择在其附近建立本工厂。

3.1.2 选址相关条件考察

(1) 地理位置及周边配套 青岛西海岸新区（黄岛区）海洋生物产业园位于山东省青岛市黄岛区，北纬 35°35′~36°08′，东经 119°30′~120°11′。东至海西路，西至深水河、牛心山，南至滨海大道，北至风河，总面积 16.67km^2。园区内部配套较为完善，交通设施发达。

园区内部的明月海洋生物产业园周边生活基础设施完备。超市有明月海洋生活家明月路店、依然超市、嘉荣超市、盛客隆吉利达超市等；餐厅有和平饭店、双凤海鲜大酒店、金祥钰美食苑等；医疗配套有青岛西海岸新区珠海街道马厂村卫生室、黄岛林乔香内科诊所、青岛西海岸新区第二中医医院等。

另外，园区周边还设立多所幼儿园，如青岛西海岸新区开元幼儿园、阳光苗苗幼儿园等，中学有青岛西海岸新区第七初级中学、青岛西海岸新区博文初级中学、青岛西海岸新区第四初级中学，教育设施完备。

(2) 自然条件 青岛西海岸新区处于山东半岛蓝色经济区和环渤海经济圈内，处于京津冀和长三角两大都市圈之间核心地带，与日本、韩国隔海相望，具有贯通东西、连接南北的战略优势，是黄河流域主要出海通道和欧亚大陆桥东部重要端点。陆域面积约 2128km^2，海域面积约 5000km^2，海岸线 282km。

地形方面，西海岸新区属鲁东丘陵区，境内山岭起伏，中部为海积平原，整个地形呈西高东低之势。

气候方面，青岛西海岸新区地处北温带季风区域内，暖温带半湿润大陆性气候，空气湿润舒适，温度适宜，四季分明，具有春寒、夏凉、秋爽、冬暖的气候特征。年平均气温 12.5℃；夏季平均气温 23℃；最热的 7 月份平均气温 25℃；最冷的 1 月份平均气温 1.3℃；平均年降雨量 696.6mm；年无霜期平均为 200d；风速平均 5.4m/s，年平均瞬时风力大于 8 级天数为 71d。

(3) 社会经济因素与政策条件 社会经济因素中，首先要考虑建厂用地成本及发展成本。

西海岸新区中，经查资料所得，工厂建设用地租让价格约 0.45 元/(m^2·d)，其他发展成本如下：

表 2-1 青岛西海岸新区（黄岛区）海洋生物产业园城市供水价格

用水分类		自来水价格/(元/m^3)	污水处理费/(元/m^3)	综合水价/(元/m^3)
居民生活用水		2.35	1.00	3.35
非居民生活用水	符合排放标准	3.75	1.40	5.15
	不符合排放标准	3.75	1.50	5.25
特种用水（大众洗浴除外）	洗车用水 高尔夫球场用水	15.5	1.25	16.75

用户必须执行用水定额，对非居民用水和特种行业用水单位实行超定额累进加价制度，必须按下列规定缴纳超定额部分的加价水费：

① 月用水量超过用水定额 10%以内（含 10%）的，按到户综合水价的 1 倍计收。

② 月用水量超过用水定额 20%以内（含 20%）的，按到户综合水价的 2 倍计收。

③ 月用水量超过用水定额 20%的，按到户综合水价的 3 倍计收。

表 2-2 青岛西海岸新区（黄岛区）海洋生物产业园管道天然气价格

燃气种类	价格
居民	第一阶段年用气量 216m^3 以内(含)，气价 2.90 元/m^3；第二阶段年用气量 216~336m^3(含)，气价 3.48 元/m^3；第三阶段年用气量 336m^3 以上，气价 4.35 元/m^3
非居民	3.65 元/m^3

表 2-3 青岛西海岸新区（黄岛区）海洋生物产业园供电价格

用电类别		电价/[元/(kW·h)]	备注
居民生活用电	不满 1kV	年用电量 2520kW·h 及以下 0.5469； 年用电量 2520~4800kW·h 部分为 0.5969； 年用电量超过 4800kW·h 部分为 0.8469	1. 大工业用电基本电价：按最大需量：38 元/kW·月。按变压器容量：28 元/kVA·月。 2. 峰谷分时电价按照峰谷电价政策执行：高峰时段：8:30~11:30，18:00~23:00，基础电价上浮 50%；低谷时段：23:00~7:00，基础电价下浮 50%；尖峰时段：10:30~11:30，19:00~21:00，缩短尖峰电价政策时间，由全年执行调整为电力供需紧张的 6~8 月实施（为便于操作，按 7~9 月份抄见电量执行），尖峰时段电价按基础电价上浮 70%执行。其余时段为平时段，执行基础电价。调整后的峰谷分时电价政策自 2015 年 7 月 1 日抄见电量起执行
	1kV 及以上	居民合表用电、执行居民电价的非居民用电为 0.5010	
一般工商业用电	不满 1kV	0.7639	
	1~10kV	0.7489	
	35kV 及以上	0.7339	
大工业用电	1~10kV	0.6474	
	35~110kV 及以下	0.6324	
	110~220kV 及以下	0.6174	
	220kV 及以上	0.6024	
农业生产用电	不满 1kV	0.5600	
	1~10kV	0.5450	
	35kV 及以上	0.5300	

政策方面，青岛西海岸新区发布了促进“双招双引”二十条新政策，对项目落地、经营贡献、引荐人、用地用房、投融资、人才招引六大领域，构建“2+14”产业体系，从项目落地、建设到投入运营实行全周期扶持。其中，对新引进的外资总部型企业（含增资项目），最高奖励 1 亿元；对新引进的内资总部型企业，最高奖励 4000 万元。海洋新兴产业等重点战略产业，将按照 1.2 倍系数予以奖励。此外，航运物流贸易、现代金融、科技创新、重点产业项目也将享受相应的资金扶持。项目在建设推进过程中，还将享受到一地多用、降低用地成本、产业配套用房、工业项目免除配套费、办公用房补助等用地用房扶持政策。

(4) 原料及市场情况　该产业园区的重点任务是围绕大型海藻、微藻和微生态三大领域，突破重大关键技术和产品，完善产业发展链条，做大做强海藻精深加工和活性物质提取两个优势产业，因此在原料方面，本工厂主要所需的海藻酵素来源之一是可以从园区内部企业（如青岛明月海藻集团有限公司）直接购得，使运输成本降至最低。另外，由于园区交通设施便利，邻近有多条铁路，因而可以采购各地优质原料。

市场方面，由于海藻酵素含片作为健康无风险食品，市场可以直接面向广大消费者群体。且作为非易变质片剂食品，其运输较为方便，而明月海洋生物产业园附近交通便捷，北邻G341国道、南邻S209省道、西邻G15沈海高速公路、东邻G204国道，且东南邻S216省道及G228国道，因此，可以通过线下、电商的方式销往全国各地，开拓目前仍较为狭窄的海藻酵素含片市场。

（5）水、能源及交通情况　供水方面，该产业园区供水总能力为66.3万m^3/d。

燃气方面，天然气供电量为330万m^3/d，拥有中国北方最大石油液化天然气接收基地。供电方面，园区内电量充足。有500kV变电站1座、220kV变电站7座、110kV变电站27座、35kV变电站24座。

供热方面，园区内设有恒源热电、开发区热电、恒光热电、易通热电、大唐热力、晋煤热电、暖万家热电等10家供热公司，供汽能力为1800t/h。

交通方面，规划区内形成“四横九纵”的城市干道网系统。四横：临港路、东岳中路、灵山湾路、双珠路；九纵：海西路、嘉富路、胶河路、珠山路、琅琊台南路、大珠山中路、凤凰山路、朝阳山路、两河路。

此外，园区周边高速公路、铁路、机场、港口等交通线四通八达，区位优越，交通便捷。在海运方面，园区距前湾港（世界第七大港）20km，距董家口港40km；航空方面，园区距胶东国际机场40km；公路方面，国内最长的两条高速公路沈海高速、青兰高速在此交会；铁路方面，胶济铁路和建设中的青连铁路连接全国铁路网并辐射内陆；地铁轻轨方面，青岛市规划建设的16条地铁线路中，6号线、13号线贯穿，1号线、2号线、12号线通达附近。

（6）环保工程及“三废”处理　污水处理方面，截止到2020年，新区已改造积水点16处；落实各级防汛责任人2951名；完成23座小型水库除险加固、313个水土保持违法违规生产建设项目查处工作；污水集中处理率稳定在99%以上。园区内污水处理、中水利用设施完善；全区共8个污水处理厂，设计处理能力为43.32万t/d。

大气环境质量方面，西海岸新区在8个大功能区和23个镇街建设大气监测标准站和106个大气监测微站，此外，新区扎实开展“雷霆”行动专项执法、“猫头鹰”行动夜查执法，推动“蓝天、碧水、净土”三大标志性战役深化实施。2020年空气质量持续向好，全面达到二级标准，PM2.5、PM10同比改善17.5%、17.9%。地表水、集中式饮用水水源地水质稳定达标，达标率100%。

土壤污染防治方面，到2020年，青岛西海岸新区内土壤污染加重趋势得到初步遏制，土壤环境质量总体保持稳定，农用地和建设用地土壤环境安全得到基本保障，耕地土壤环境质量达标率不低于85%，受污染耕地安全利用率达到90%左右，污染地块安全利用率达到90%以上，土壤环境风险得到基本管控。

3.2　西安食品产业园

此处省略。

3.3　福建省诏安金都工业集中区

此处省略。

厂址选择的基本方法

四、厂址方案推荐

根据不同待选厂址条件分析的结果，选用合适的比较方法，从多个不同维度综合比较各待选厂址的优缺点，确定符合条件的厂址，常用的厂址选择方案有以下三种。

（一）方案比较法

通过对项目不同选址方案的投资费用和经营费用的对比，做出选址决定。它是一种偏重于经济效益方面的厂址优选方法，其基本步骤是先在建厂地区内选择几个厂址，列出可比较的因素，进行初步分析比较后，从中选出 2~3 个较为合适的厂址方案，再进行详细的调查、勘探，并分别计算各方案的建设投资和经营费用。其中，建设投资和经营费用均为最低的方案即为可取方案，若二者趋势不一致，则通过计算投资回收期进行评判。

案例分享

厂址方案比较举例如表 2-4 所示，厂址经济比较举例如表 2-5 所示。

表 2-4 厂址方案比较

序号	项目名称	1 号厂址	2 号厂址	3 号厂址
1	位置			
2	面积、外形、地势与坡度			
3	地质条件(土壤地下水、地耐力)			
4	土方工程量及性质			
5	厂址所有权及农作物栽培;现有建筑物拆除情况			
6	陆路运输条件,是否修建铁路专用线与公路			
7	水利运输条件及建筑码头是否便利			
8	与城市的距离及联系是否方便			
9	本厂对当地环境的影响,周围企业对本厂环境的影响			
10	给排水条件			
11	供电、供汽与其他企业的协作情况以及必须增加的供电、供汽设施			
12	建筑施工条件			
13	其他协作条件(如机修、电修、包装材料等)			
14	经营条件,主要是运输费用及水、电、汽费用			

表 2-5 厂址经济比较

项目	序号		1 号厂址	2 号厂址	3 号厂址
基建投资费用	1	土方工程(挖土、填方、夯土、运土)			
	2	铁路专用线(线路、桥梁、涵洞)			
	3	给水(水泵站、给水管路)			
	4	排水(污水处理、排水管道)			
	5	动力供应(动力设备、变电设备、输电线路)			
	6	房屋及基本设备费用			
	7	码头建筑费用			
	8	公路建筑费用			

续表

项目	序号		1号厂址	2号厂址	3号厂址
基建投资费用	9	区城开拓及补偿费用(购地、补偿费)			
	10	住宅及文化建设费用			
	11	临时建筑费用			
	12	主要建筑材料的费用其他			
	13	其他			
	合计				
年经营费	1	运输费用			
	2	给排水费用			
	3	供电、供汽费用			
	4	其他			
	合计				

（二）最小运输费用法

最小运输费用法的基本做法是分别计算不同选址方案的运输费用，包括原材料、燃料的运进费和产品销售的运出费用，选择其中运输费用最小的方案作为选址方案。该方案适用于对运输费用较为敏感的食品工厂项目。

（三）评分优选法

不同于方案比较法侧重于经济效益的计算以及最小运输费用法偏重于运输经济性，评分优选法更注重不同方案中各因素的比较分析，其共分为三步，首先，在厂址方案比较表中列出主要判断因素；其次，将主要判断因素按其重要程度给予一定的比重因子和评价值；最后，将各方案所有比重因子与对应的评价值相乘，得出指标评价分，其中指标评价分最高者为最佳方案。由于该方案能够适应不同类型产品的食品工厂设计，因此，该方案最贴近食品类厂址选择的需求。

采用评分优选法进行厂址方案推荐，主要考虑的选址因素有：

（1）地理位置及周边配套；

（2）交通情况；

（3）自然条件；

（4）经济成本与政策；

（5）原料及市场；

（6）水、能源及废物处理。

在完成以上6大维度的综合分析后，依据不同产品对不同维度依赖程度为其赋予不同的权重，最终通过加权计算的方式筛选得到最佳厂址地点。

案例结合

4 选址方案推荐

4.1 地理位置及周边配套

表 2-6 待选厂址地理位置及周边配套

园区	分析	评分
青岛西海岸新区海洋生物产业园	园区处于山东半岛蓝色经济区和环渤海经济圈内，处于京津冀和长三角两大都市圈之间核心地带，与日本、韩国隔海相望，具有贯通东西、连接南北的战略优势，是黄河流域主要出海通道和欧亚大陆桥东部重要端点。园区东至海西路，西至深水河、牛心山，南至滨海大道，北至风河，总面积 16.67km^2	95
西安食品产业园	园区东邻河南，北靠内蒙古、山西，南连湖北，西与四川、甘肃相邻，是“西安东南门”。以西安市区为中心，40min（车程）经济圈内，有 1 个特大城市（西安），2 个中等城市（渭南、咸阳）。园区周边基础设施完备	85
福建诏安金都工业集中区	园区属于华东和华南交界处、东海和南海交界处。距诏安县城 12km，距厦门经济特区 170km、距汕头经济特区 76km、与台湾高雄港的直线距离为 314.84km，可以同时接受 3 个经济发达地区的辐射。集中区交通道路设施齐全，规划形成“五横五纵”的交通运输网络	90

4.2 交通情况

表 2-7 待选厂址附近交通情况

园区	分析	评分
青岛西海岸新区海洋生物产业园	距青岛西客站 4km，董家口港 30km。北邻 G341 国道，南邻 S209 省道，西邻 G15 沈海高速公路，东邻 G204 国道，且东南邻 S216 省道及 G228 国道，交通运输便利，地理位置优越	95
西安食品产业园	沪陕高速、福银高速、连霍高速、京昆高速、101 省道等环绕园区南北	90
福建诏安金都工业集中区	园区规划形成“五横五纵”的交通运输网络，距离沈海高速公路诏安东出口 2km，距厦深高速铁路诏安站 25km，距东山港 22km，毗邻的厦门及汕头机场可提供航空服务	88

4.3 自然条件

表 2-8 待选厂址区域内自然条件

园区	分析	评分
青岛西海岸新区海洋生物产业园	地形方面，境内山岭起伏，中部为海积平原。气候方面，属于暖温带半湿润大陆性气候，空气湿润，温度适中，四季分明，具有春寒、夏凉、秋爽、冬暖的气候特征。年平均气温 12.5℃，平均降雨量 696.6mm，风速平均 5.4m/s	88
西安食品产业园	属暖温带半湿润大陆性气候，四季冷暖分明，气候宜人，年平均气温 13.1℃，平均降水量 720.4mm。地形高差悬殊，沟壑密布，溪流较多。因受地形、季风的控制和影响，气候的区域性差异较大。各类灾害在不同地区和季节都有发生	70

续表

园区	分析	评分
福建诏安金都工业集中区	依山傍海,地势平坦,腹地开阔。属亚热带季风气候。平均气温21.3℃,日照时间长,气候温暖,冬无严寒,夏无酷暑,雨量充沛。年降水量1447.5mm。台风暴雨为境内主要灾害	75

4.4 经济成本与政策

表2-9 待选厂址经济成本与区域政策

园区	分析	评分
青岛西海岸新区海洋生物产业园	工厂建设用地租让价格约0.45元/(m^2·d),自来水价格为3.75元/t,污水处理费1.40元/t。园区发布了促进"双招双引"二十条新政策,构建"2+14"产业体系。从项目落地、建设到投入运营实行全周期扶持。对新引进的内资总部型企业,最高奖励4000万元。海洋新兴产业等重点战略产业,将按照1.2倍系数予以奖励	85
西安食品产业园	工厂建设用地租让价格约0.6元/(m^2·d),基本水价3.38元/t,污水处理费1.42元/t。对注册地、纳税地、项目实施地在蓝田境内的工业企业,可以享受各项扶持政策	75
福建诏安金都工业集中区	工厂建设用地租让价格约0.55元/(m^2·d),基本水价2.00元/t。漳州市为落实《"大抓工业、抓大工业"三年行动计划(2019—2021年)》,将助力重大工业项目和战略性新兴产业项目招商引资	88

4.5 原料及市场情况

表2-10 待选厂址区域原料及市场情况

园区	分析	评分
青岛西海岸新区海洋生物产业园	该产业园区的重点任务是做大做强海藻精深加工和活性物质提取两个优势产业,园区内聚集许多海洋特色产品加工企业。本工厂主要所需的海藻酵素来源之一是可以从园区内部企业(如青岛明月海藻集团有限公司)直接购得;产品可以通过线下、电商的方式销往全国各地	90
西安食品产业园	众多生物科技有限公司坐落于西安,可以提供海藻酵素粉,原料来源易得。产品运输、贮存比较方便,可以销往全国各地,市场前景广阔	85
福建诏安金都工业集中区	福建省是我国最主要的海藻产业发展基地之一,海藻加工产业兴旺,但生产本工厂目标原料的深加工企业仍较少。产品运输、贮存比较方便,可以销往全国各地,市场前景广阔	78

4.6　水、能源及废物处理

表 2-11　待选厂址区域水、能源供应及废物处理

园区	分析	评分
青岛西海岸新区海洋生物产业园	供水总能力为66.3万m^3/d。天然气供电量为330万m^3/d,拥有中国北方最大石油液化天然气接收基地。园区内电量充足。有500kV变电站1座、220kV变电站7座、110kV变电站27座、35kV变电站24座。全区共8个污水处理厂,设计处理能力为43.32万t/d;建设了106个大气监测微站;污染地块安全利用率达到90%以上	90
西安食品产业园	园区河流湖泊众多,水资源丰富,引水设施完善;建有110kV变电站;天然气设施配套完善,县级自供。区域PM10背景值超标。固体废物委托有资质的危险废物处置单位处置;园区集中污水处理厂处理污水,达标后排放至灞河	80
福建诏安金都工业集中区	园区内“双回路”220kV的漳州奇才变电站已投入使用,日供水6万t的自来水厂管网布设全区。2021年,园区实现污水收集率达到100%;根据《诏安县打好污染防治攻坚战实施方案》实行对三废的处理	85

综合以上内容，为不同评价因素设置对应权重后对上述3个待选厂址进行加权打分，具体如表2-12所示：

表 2-12　待选厂址打分表

评价因素	Ⅰ	Ⅱ	Ⅲ	Ⅳ	Ⅴ	Ⅵ	总分
比重因子	0.1	0.1	0.2	0.2	0.3	0.1	1
A	95	95	88	85	90	90	89.6
B	85	90	70	75	85	80	80
C	90	88	75	88	78	85	82.3

注：A青岛西海岸新区海洋生物产业园；B西安食品产业园；C福建诏安金都工业集中区。Ⅰ地理位置及周边配套；Ⅱ交通情况；Ⅲ自然条件；Ⅳ经济成本与政策；Ⅴ原料及市场情况；Ⅵ水、能源及废物处理。

五、结论、存在的问题及建议

根据厂址方案推荐中各要素打分表及最终的待选厂址打分表的内容，综合评述和论证最终推荐厂址地点，并指出可能存在的问题及解决方案。

案例结合

5. 结语

根据设定的相关评价标准对三个预选厂址进行评分比较，最终得出青岛西海岸新区海洋生物产业园是最符合建厂要求的选址。其主要优势是地理位置优越，自然条件优势比其他两个地区大。海藻酵素含片的原料、辅料及其产品都应该置于阴凉、通风良好的地方，尽量避

开极端温度环境、年降水量多、湿度大的地带，而福建年降水量与湿度比其他两个地区大，在一定程度上需要提高贮存等成本。

山东省是我国最主要的海藻产业发展基地之一，海藻产业成熟。尤其是青岛西海岸新区海洋生物产业园，重点任务是围绕大型海藻、微藻和微生态三大领域，突破重大关键技术和产品，完善产业发展链条，做大做强海藻精深加工和活性物质提取两个优势产业，非常符合本工厂的产品理念，且原料资源丰富，市场前景广阔。同时政府大力支持相关产业的发展，优惠政策多样，补贴扶持力度大，有利于工厂的发展。综上所述，本次建厂地址确定为青岛西海岸新区海洋生物产业园。

六、当地政府及有关部门推荐的厂址意见

某些地区政府为了推进地方产业优势集中发展，会为食品工厂项目下发推荐厂址意见书，设计者可根据意见书进行最终厂址选择。

七、附　　件

附件包括了厂址选择过程中的各类图表、证明文件和审批文件等，包括但不限于以下材料：①厂址预选文件；②选厂工作组成员表；③各建厂地区规划示意图；④区域位置图、厂址地形图、各厂址方案总平面示意图；⑤各厂址工程地质、水文地质选址阶段的勘察资料；⑥区域地质构造及地震烈度鉴定书；⑦环境保护部门对厂址要求的文件；⑧有关协议文件及有关单位对厂址方案的讨论意见。

思政要素解读

能力拓展

◇ 探究式学习，提高分析及研究问题能力

能够基于科学原理并采用科学方法对厂址选择过程中的复杂工程问题进行研究，包括调查识别，厂址相关数据收集和处理，工艺、经济信息分析与综合获得有效的选址结论。

◇ 能够熟练运用工程语言，树立社会责任感

能够基于相关工程背景知识进行合理分析、评价厂址选择问题解决方案对社会、健康、安全、法律以及文化的影响，并理解应承担的责任和义务。

◇ 了解并深入贯彻环境和可持续发展方针

能够理解和评价食品工厂选址问题涉及的对环境和社会可持续发展的影响，树立可持续发展价值观，发挥主观能动性，着眼大局，深入贯彻环境保护的主体思想。

素养提升

◇ 结合典型案例，了解专业使命，提高社会责任感

通过对案例的分析和探究，明确厂址选择对投资回收和社会安全的重要性，重视厂址选择的合理性和可持续发展性，认识到工厂设计者保护人民生命财产安全的主要职责和义务。

◇ 博学笃志，启发拓展，深入理解贯彻党政方针

通过对相关国家标准知识的扩展说明，明确其制订的意义，从标准内容到制订过程，了解党和国家为维护人民生命财产健康所付出的努力，塑造爱国、自信、文明、敬业、诚信的人生观和价值观。

◇ 学创系统，提升工程素养和解决复杂问题的能力

以实际需求为导向，通过理论与案例的结合分析，养成在厂址选择过程中探索未知、追求真理、勇攀高峰的良好工程素养，提高解决复杂工程问题的能力。

自学能力测试

课后作业

根据所学知识，选择一类食品加工厂，分析并撰写一份厂址选择报告。

思考题

1. 简述食品工厂厂址选择的原则。
2. 简述3种厂址选择方案并说明其优缺点。
3. 产学研用这一合作系统工程在食品工厂厂址选择中的实际体现是什么？

CHAPTER 3

第三章 食品工厂工艺设计

启发提问

◇ 食品工厂工艺设计在食品工厂设计流程中所处的地位是什么？
◇ 食品工厂工艺设计包含的内容及作用是什么？
◇ 食品工厂工艺设计的方法和步骤是什么？
◇ 如何计算生产车间用水量和用汽量？

学习目的与要求

◇ 了解食品工厂工艺设计在食品工厂设计流程中所处的地位、内容和作用；
◇ 掌握食品工厂工艺设计的方法和步骤；
◇ 掌握生产车间用水量和用汽量的计算和估算方法；
◇ 掌握产品方案、工艺流程、物料衡算、热量衡算等工艺设计的内容；
◇ 掌握产品方案的确定和表达方法，掌握工艺流程方框图、设备方框图、原辅料消耗定额参考表、物料平衡图/表的绘制方法。

学习内容

◇ 工艺设计的重要性、内容和基础资料；
◇ 产品方案及班产量的确定方法；
◇ 生产工艺流程设计的方法；
◇ 工艺计算（物料衡算、热量衡算、用水量、用汽量）的方法。

食品工厂工艺设计是整个设计的根本和核心，其决定了食品工厂生产工艺技术的先进性、合理性和可拓展性。在食品工厂设计过程中，工艺设计是核心设计，是其他部分设计工作围绕的中心，是整体食品工厂设计工作的依据。工艺设计对工厂建设的投资强度、生产效率、生产成本、劳动强度、生产安全以及环境保护等有重要影响。因此，工艺设计具有重要的地位和作用。

在工艺设计开展之前，需要提前做好前期的准备工作，工艺设计主要依据是食品工厂项目的计划任务书、项目的设计工作提纲、选用设备的有关产品样本和技术资料等，如果采用了新工艺、新技术、新设备或新材料等，需要提供其技术鉴定的报告，以确保工艺设计的可行性，降低工艺设计的风险性。

第一节　工艺设计概述

在学习工艺设计的基本内容之前，需要先对工艺设计需要的基础资料进行收集。收集内容包括设计的产品目前采用的常规、新型生产方法及生产工艺流程，主要依据试验结果、调研结果或其他经验，也可以通过多种信息渠道进行搜集。

基础资料包括产品及工艺资料、设备及系统资料以及其他影响工艺的基础资料。

产品及工艺资料包括产品的配方、执行的标准和消耗定额；工艺参数、生产周期；生产原料、辅助材料的规格、标准及用量；菌种培养条件；生产的特殊要求及操作要求等。

设备及系统资料包括工艺环节中所需设备名称、数量、技术参数、控制系统、连接方式、操作方位、生产制造单位、价格、产品样本或技术资料，行业内同类产品生产使用的设备情况。

其他影响工艺的基础资料包括水文、地质、气象、资源、交通运输和水质等，如气象中湿度会影响工艺设计中喷雾干燥工艺设备的选型，水质会影响工艺设计中是否需要设置净水的工艺步骤。

一、工艺设计的基本内容

工艺设计的基本内容包括产品方案确定、生产工艺（流程）设计、工艺计算（物料、热量衡算，用水量、用汽量计算）、设备选型、车间工艺（设备布置）设计和管路设计等。其中，产品方案确定、生产工艺设计、工艺计算是本章讲述的重点，需要在前期可行性调研的基础上对产品方案、生产过程和工艺流程进行设计。其主要目的是选择技术上先进可行、经济上合理的加工技术，同时满足高效率、高品质、高能效等要求。

二、工艺设计的基本步骤

食品工厂工艺设计的重点是确定由原料到产品的生产工艺过程，各环节操作方法及参数，物料流量及流向，加工设备的种类与数量，车间设备布置设计和管道设计等。具体步骤如下。

① 根据前期可行性调查研究，确定产品方案及生产规模；

② 根据当前的技术和经济水平选择生产技术方法；

③ 生产工艺流程设计；

④ 物料衡算和能量衡算（包括用汽量、耗冷量、给水量计算）；

⑤ 设备计算和选型；

⑥ 车间工艺（设备布置）设计；

⑦ 管路设计；

⑧ 配电及其他工艺设计；

⑨ 设计并绘制设备工艺流程图、车间设备布置图、管道布置设计图，以及编制说明书等。

三、工艺设计为工厂设计提供的参考

工艺设计需要向包括土建面积、车间高度及结构、洁净度、卫生设施等在内的其他设计提供要求和相关信息；通过车间的用汽量、给水量计算，提出全厂供汽、给排水的要求；提出原料、辅料、包装材料、中间产品、终产品数量及贮藏要求；提出辅助车间的工艺要求等。

案例分享

下面是一例壳聚糖工厂设计的工艺设计案例，用该案例来说明，一种来自海洋的食品添加剂脱乙酰甲壳素（壳聚糖）/新资源食品原料壳寡糖，如何根据当前的技术、经济水平进行工艺选择，其涉及到工艺设计的先进性、合理性和可持续发展性是如何被考量的，用以启发设计者们在工艺设计时应充分考虑未来食品工业的发展趋势，提醒工厂设计者们需把环境保护、绿色加工和节能减排作为重要的考量因素。

新工艺实现甲壳素绿色生产

壳聚糖/壳寡糖是目前自然界发现的唯一带正电荷的天然多糖，在精细化工、生物医药、保健食品及农林畜牧等方面具有独特的应用。

壳聚糖的生产参照 GB 29941—2013《食品安全国家标准　食品添加剂　脱乙酰甲壳素(壳聚糖)》，是以甲壳素或虾、蟹等壳为主要原料，经脱钙、脱蛋白、脱乙酰基等工艺加工制得食品添加剂脱乙酰甲壳素（壳聚糖)。

壳寡糖的生产参照 QB/T 5503—2020《壳寡糖》，是以壳聚糖为原料，经过降解、分离、干燥等工艺制成的壳寡糖，进一步限定了食品工业用壳寡糖由氨基葡萄糖和（或）*N*-乙酰氨基葡萄糖经β-(1,4)-糖苷键连接而成的聚合度不高于10的低聚糖及其盐。

传统的工业化生产壳寡糖主要是通过酸、碱法生产甲壳素，而后进一步降解后制得。无机酸碱对甲壳素的分子链都有一定的破坏，而且能耗高，废弃物对环境污染较严重。目前在国家高度关注生态环境保护的大背景下，采用传统工艺方法加工甲壳素的工业项目也难以通过相关部门的审批。

随着海洋生物资源绿色生物加工技术的发展和进步，我国研究人员发明了一种利用地衣芽孢杆菌和氧化葡萄糖酸杆菌发酵虾头制备活性物质、甲壳素和有机酸钙的方法。该发明利用地衣芽孢杆菌和氧化葡萄糖酸杆菌的协同作用来发酵虾头，在发酵过程中无需任何酸碱的加入，同时采用自来水即可发酵，大大降低生产成本。得到的发酵液虾香浓郁、无腥臭味和苦涩味，同时富含氨基酸、多酚、复合酶系等多种有益成分，可用于生产调味品、水解蛋白制品、功能性食品、保健品等各个领域。采用本发明方法可以从一批虾头中同时分离制备多种活性物质，如富含氨基酸和多酚等多种活性物质的水解蛋白质、食品级甲壳素和更宜于人体吸收的葡萄糖酸钙，实现对原料中有效成分的全面利用。在上述的新工艺和新技术经过反复的中试实验验证，通过行业专家鉴定后，该技术实现了产业化转化，实现了甲壳素/壳寡糖及其他衍生产品的绿色生产，取得了良好的经济效益和社会效益。

这一案例说明，工艺设计过程中要对新的工艺技术进行充分的调研和考察，选择更加先进的、合理的、可持续发展的技术，这样才能让食品工厂在投产后有好的经济效益和社会效益。

第二节　产品方案及班产量的确定

通过本节学习，需要理解制定产品方案的意义和要求，在制定产品方案时需要满足哪些要求、平衡哪些要素。如何确定班产量，产品方案通过何种形式进行表达。如何对产品方案进行比较和分析。

产品方案及班产量的确定

一、产品方案的意义和要求

产品方案又称生产纲领，是食品工厂准备全年生产产品的种类、数量、生产周期、生产班次等的计划安排。

在制定产品方案时，首先，要以市场调研资料和计划任务书作为依据，确定主要产品的品种、执行标准、规格、产量和生产班次；优先安排原料供应受季节性影响强的产品。其次，用原料不受季节性影响的产品来调节生产忙闲不均的现象，合理利用人力和设备。最后，尽可能综合利用原材料及加工半成品贮存，待到淡季时加工。

产品方案的影响因素主要有：原料供应的季节性、产品的市场销售、人们的生活习惯、季节和各地的气候等。

制定产品方案时，需要尽量做到“四个满足”和“四个平衡”。

产品方案的四个满足：①满足主要产品产量的要求；②满足经济效益的要求；③满足淡旺季节平衡生产的要求；④满足原料综合利用的要求。

产品方案的五个平衡：①产品产量与原料供应量的平衡；②生产季节性和劳动力的平衡；③生产班次的平衡；④产品产量与设备生产能力的平衡；⑤水、电、汽负荷的平衡。

案例分享

下面是一例海参加工企业产品方案制定的案例，通过该案例可更加具体地理解产品方案制定的思路。

海参是一种海洋无脊椎动物，属于棘皮动物门，海参纲，其含有多种活性成分，不含胆固醇，营养价值高，在我国一向被人们视为高端食材和滋补品。海参的收获季节性显著，一个是在每年春季4~5月，即在清明节前后，另外一个是在秋季，即10月末至12月初。

海参与一般的水产品及肉制品比较，具有许多加工特性。首先，海参由于体内自溶酶的存在，具有极强的自溶能力，在一定的外界条件刺激下，经过表皮破坏、吐肠、溶解等过程，很容易自行化为液体，这给海参的保鲜、贮藏、运输和加工等环节带来诸多难题，因此，海参收获后必须立刻进行加工处理。同时，海参还是一种产品市场销售淡旺季分明的产品，受人们的生活消费习惯和传统文化影响，春节、中秋节等一些重要节日是海参消费的旺季，而这与海参收获的季节存在时间差。因此，海参加工企业在设计产品方案时，一般先将收获季节的两个月集中安排为盐渍海参产品的加工，盐渍海参产品一方面可以作为商品直接进行销售，另一方面可以作为海参其他产品加工的中间品进行冷冻贮藏，用于非海参收获季进行干海参产品、即食海参产品、佛跳墙预制菜产品等多种不同形式产品的加工，这样就调节了生产忙闲不均的现象，合理利用人力和设备，也能够满足市场销售旺季的需求。同时，在盐渍海参加工过程中，将内脏等副产物进行收集、冷冻，在淡季进行海参肠/卵蛋白肽等产品的生产，实现了副产物资源的综合利用，同时提高了企业的经济效益。产品方案设计情况如表 3-1 所示。

在产品的执行标准选择方面，盐渍海参执行 SC/T 3215—2014《盐渍海参》，干海参执行 GB 31602—2015《食品安全国家标准 干海参》，即食海参执行 SC/T 3308—2014《即食海参》，上述均为有国家或行业标准可以参考执行，且产品无特殊性，可以执行国家或行业标准。如佛跳墙产品，尚无国家或行业标准参照，企业可自行制定企业标准执行。

表 3-1　　海参加工企业产品方案

名称	年产量/t	1月	2月	3月	4月	5月	6月	7月	8月	9月	10月	11月	12月
盐渍海参	200				■	■					■	■	
干海参	30	■	■					■	■				■
即食海参	140	■		■			■	■	■	■			■
佛跳墙预制菜	50	■						■	■				■
海参肠/卵蛋白肽	15			■	■	■	■			■	■	■	

注：阴影部分表示该月份该海参产品有生产计划。

二、班产量的确定

班产量是工艺设计中最主要的计算基础，其大小直接影响到设备的配套、车间的布置和面积、公用设施和辅助设施的大小，以及劳动力的定员等。影响班产量的因素主要有原料供应量、设备生产能力、市场销售状况等。设计产品方案时，须确定主要产品的产品规格和班产量。

一般情况下，班产量越大，单位产品的生产成本越低，产品市场竞争的优势越大，经济效益越好。但班产量也受投资规模、原料供应、市场销售等多方面因素制约和限定。班产量必须达到或超过经济规模，符合经济效益最大化的班产量才是最适宜的班产量。

年生产能力按式（3-1）估算：

$$Q=Q_1+Q_2-Q_3-Q_4 \tag{3-1}$$

式中　Q——新建厂某类食品年产量，t；

Q_1——本地区该某类食品消费量，t；

Q_2——本地区该某类食品年调出量，t；

Q_3——本地区该某类食品年调入量，t；

Q_4——本地区该某类食品原有厂家的年产量，t。

食品工厂的全年工作日数目一般为 250~300d，对于生产连续性强的食品工厂，一般要求每天 24 h、3 班连续生产。对于生产连续性不强的食品工厂，淡季每天 1~2 个生产班次，旺季 3 个班次。同时，班产量存在诸多影响因素，每个工作日的实际产量并不完全相同。

班产量 $Q_{班}$ 按式（3-2）计算：

$$Q_{班}=\frac{Q}{k(3t_{旺}+2t_{中}+t_{淡})} \tag{3-2}$$

式中　$Q_{班}$——班产量，t；

Q——新建厂某类食品年产量，t；

k——设备不均匀系数，$k=0.7 \sim 0.8$；

$t_{旺}$——旺季天数，d；

$t_{中}$——中季天数，d；

$t_{淡}$——淡季天数，d。

三、产品方案表达

产品方案制定后，可以通过文字的形式进行表达，也可以通过图表的形式进行表达。关于产品方案的表达格式无硬性规定，能够简单、准确、全面地反映出产品方案的具体内容即可。图表表达的方式更加直观、清晰，建议采用该表达方式。产品方案一般包括：产品名称、年产量、班产量及全年 12 个月的生产安排等，如表 3-2 的形式（供参考）。

表 3-2　　年产 2 万 t 海鲜预制菜工厂产品方案

名称	年产量/t	班产量/t	1月	2月	3月	4月	5月	6月	7月	8月	9月	10月	11月	12月
章鱼丸	3000	20												
麻辣香螺	2000	20												
鲅鱼丸	2000	20												
蒜蓉粉丝扇贝	2000	20												
黄花鱼丸	3000	20												
油焖对虾	2000	20												

续表

名称	年产量/t	班产量/t	1月	2月	3月	4月	5月	6月	7月	8月	9月	10月	11月	12月
蟹香煲	2000	20												
炭烤牡蛎	1000	20												
佛跳墙	3000	20												

注：阴影部分表示该月份该产品有生产计划；阴影部分中短线表示该月份该产品安排的生产班次。

四、产品方案比较与分析

在制定产品方案时，为了保证方案的合理和经济，应该按照设计计划任务书中确定的年产量和品种，制定2种以上产品方案，并从生产可行性和技术先进性入手，对产品方案进行比较分析，从中选择最优方案。方案对比可以采用图表的形式表达（表3-3）。

表3-3　　产品方案比较与分析表

	项目方案		
	方案一	方案二	方案三
产品年产量/t			
产品年产值/元			
人均年产值/[元/(人·年)]			
劳动生产率/[t/(人·年)]			
基建投资/元			
经济效益(利润)/(元/年)			
水、电、汽耗量/元			
员工人数/人			
原料损耗率/%			

第三节　生产工艺流程设计的方法

通过本节学习，需要理解生产工艺流程设计的重要性，它是如何对产品质量、生产成本、生产能力和操作条件等产生影响，如何对工厂建设投资和经济效益产生影响；清楚生产工艺流程设计的原则和依据，掌握生产工艺流程设计的步骤，学会绘制生产工艺流程图。

一、生产工艺流程设计概念和要求

生产工艺流程设计是原料到成品的整个生产过程的设计，是根据原料的性质、成品的要求，把所采用的生产过程及设备组合起来，并通过工艺流程图的形式，形象地反映食品生产由原料进入到产品输出的过程，其中包括物料和能量的变化、物料的流向以及生产中所经历的工艺过程和使用的设备仪表。

生产工艺流程设计的主要任务包括两个方面：一是确定生产流程中各个生产过程的具体内容、顺序和组合方式，达到由原料制得所需产品的目的；二是绘制工艺流程图，要求以图解的形式表示生产过程中，当原料经过各个单元操作过程制得产品时，物料和能量发生的变化及其流向，以及采用了哪些生产过程和设备。

1. 生产工艺流程设计的主要原则

生产工艺流程设计的原则

(1) 合规性　生产的产品不仅要符合生产地的食品安全标准和法规，还需要满足销售地相关法规的要求，尤其是涉及跨境制售的产品。

(2) 先进性　生产采用的工艺、技术和装备要符合产业发展的趋势，优先采用先进工艺和新技术，通过选择机械化、自动化甚至智能化程度高的生产线，生产满足市场消费需求的优质食品产品。

(3) 成熟性　采用新的技术也需要积极谨慎，对科研成果，需要进行中试规模放大试验，在反复确认工艺技术稳定和成熟的基础上，经过有关部门和专家的鉴定后才能应用到设计中来。

(4) 经济合理性　在确保产品满足市场需求的前提下，选择生产效率高、生产消耗成本低的工艺流程，减少特殊要求的厂房和设备设计。

(5) 可拓展性　考虑到市场需求变化，采用不同原料生产不同产品的可能性。

(6) 安全性　工艺过程设计要将安全性放在首要位置，需配备完善的安全设施，在工艺满足的情况下，加热介质尽量采用高温、低压和非易燃易爆的物质。

(7) 综合利用　要选择有利于原料综合利用的工艺，可实现多层次深加工的工艺。

(8) 环境友好　选择产生“三废”少的工艺流程，或经过治理容易达到国家规定的排放标准的生产工艺；要充分利用能源，选择低碳、环保的工艺，同时充分考虑余热的回收利用。

2. 生产工艺流程设计的主要依据

(1) 产品执行标准　根据产品规格要求和国家标准、部颁标准、行业标准、团体标准、企业标准或客户提出的特殊规格标准进行拟定。

(2) 加工原料性质　根据原料品种的单一程度进行设计，如果原料品种较多，则需要设计复杂工艺和配置多种设备；如果原料品种单一，则应选择简化工艺和设备。

(3) 产能和投资规模　根据工厂产能规模设计，产能规模和投资大的工厂，可采用较复杂的工艺流程和先进的设备；产能规模和投资小的工厂，根据实际情况可选择相对简单的工艺流程和设备。

(4) 工业配套情况　生产过程中需要用的辅助条件，如水、电、汽、燃料的消耗情况和供应情况，根据配套情况进行相应设计。

3. 生产工艺流程设计的主要步骤

由于工艺流程设计过程中涉及的问题繁杂，需要经过不断反馈调整才能确定最终的设计，是一个由定性到定量的过程，可将过程拆解为以下步骤：

（1）工艺流程方框图设计

① 确定生产方法和生产过程；

② 绘制工艺流程方框图；

③ 进行工艺计算，包括物料衡算、热量衡算以及用水量、用汽量的计算等；

④ 进行设备计算和选型。

（2）绘制工艺流程草图

① 验证并优化工艺路线，进行初步车间平面布置设计，审查生产工艺流程是否合理；

② 确定设备之间的立面连接位置。

（3）绘制正式工艺流程图

本章节主要围绕步骤（1）进行阐述，步骤（2）（3）则需要在完成设备选型和车间平面布置设计后进行统筹设计绘制，相关内容在后续章节会有详细说明。

二、工艺流程图

工艺流程图是用图表符号形式，表达产品通过工艺过程中的部分或全部阶段所完成的工作。食品工厂的工艺流程图，是把各个生产单元按照一定的目的和要求，有机地组合在一起，形成一个完整的生产工艺过程，并用图形描绘出来。

工艺流程图有工艺流程方框图和设备工艺流程图两种。

工艺流程方框图的绘制在物料衡算前进行，其主要作用是：定性地表明原料变成产品的路线和顺序，以及应用的过程及设备。在设计工艺流程方框图时，首先要弄清楚原料变成产品要经过哪些单元操作，其次是确定采用连续还是间歇式。

工艺流程方框图包括工序名称、完成该工序的工艺操作手段、物料流向、工艺条件等。以带箭头实线表示物料由原料到成品的主要流动方向，以及中间产物、废料的流动方向。

设备工艺流程图是以形象的图形、符号、代号表示食品加工设备、输送路线、控制仪表等，借以表达食品生产过程、设备先后配置和物料流向等的一种工艺流程图，也称生产控制流程图或工艺控制流程图。

工艺流程方框图和设备工艺流程图并不是单独完成的，必须同物料衡算、能量衡算、设备设计计算以及车间布置设计等交叉进行。进行工艺设计时，必须全面、综合考虑，需要经过不断反馈调整才能最终高质量地完成设计任务。而最终形成的工艺流程图将被编入设计文件，供上级部门审批和后续施工参考。

知识扩展

目前，我国还没有关于食品工业设计中设备工艺流程绘制的国家标准或规范，但可以参考化工工艺设计施工图绘制的相关标准（HG/T 20519—2009《化工工艺施工图内容跟深度统一规定》）和技术制图的相关国家标准（GB/T 17450—1998《技术制图　图线》、GB/T 17451—1998《技术制图　图样画法　视图》、GB/T 17452—1998《技术制图　图样画法　剖视图和断面图》、GB/T 17453—2005《技术制图 图样画法 剖面区域的表示法》、GB/T 16675—2012《技术制图 简化表示法》、GB/T 6567—2008《技术制图 管路系统的图形符号》等)。

案例分享

以下三个水产品生产工艺流程方框图作为案例供参考（图 3-1 至图 3-3），在绘制工艺流程方框图时，按照原料、辅料、包装材料三个部分作为工艺流程方框图的起点进行绘制，在框图中为了便于后续清晰明了地对工艺过程进行论证和计算，建议将不同工艺环节进行编号；需要进行关键控制点的步骤，可以在方框图中进行标注，也可以不标注，此处无强制要求。

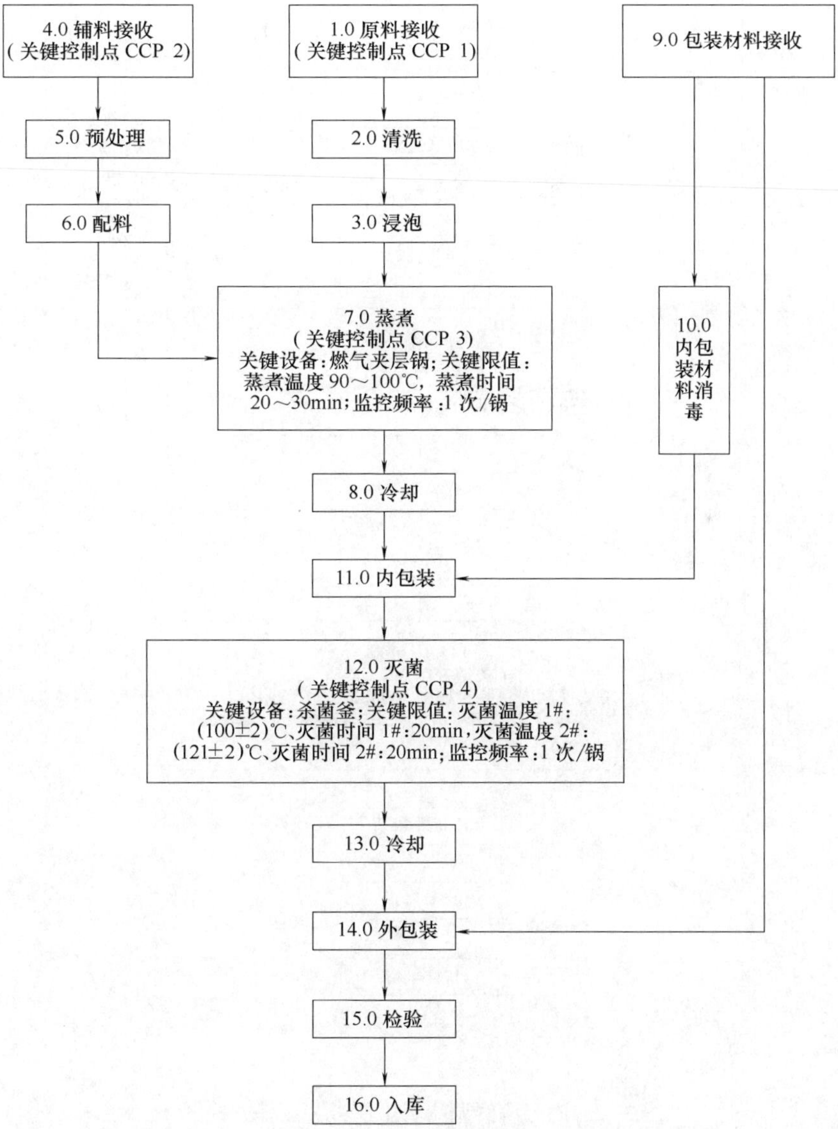

图 3-1 方便海鲜粥生产工艺流程方框图

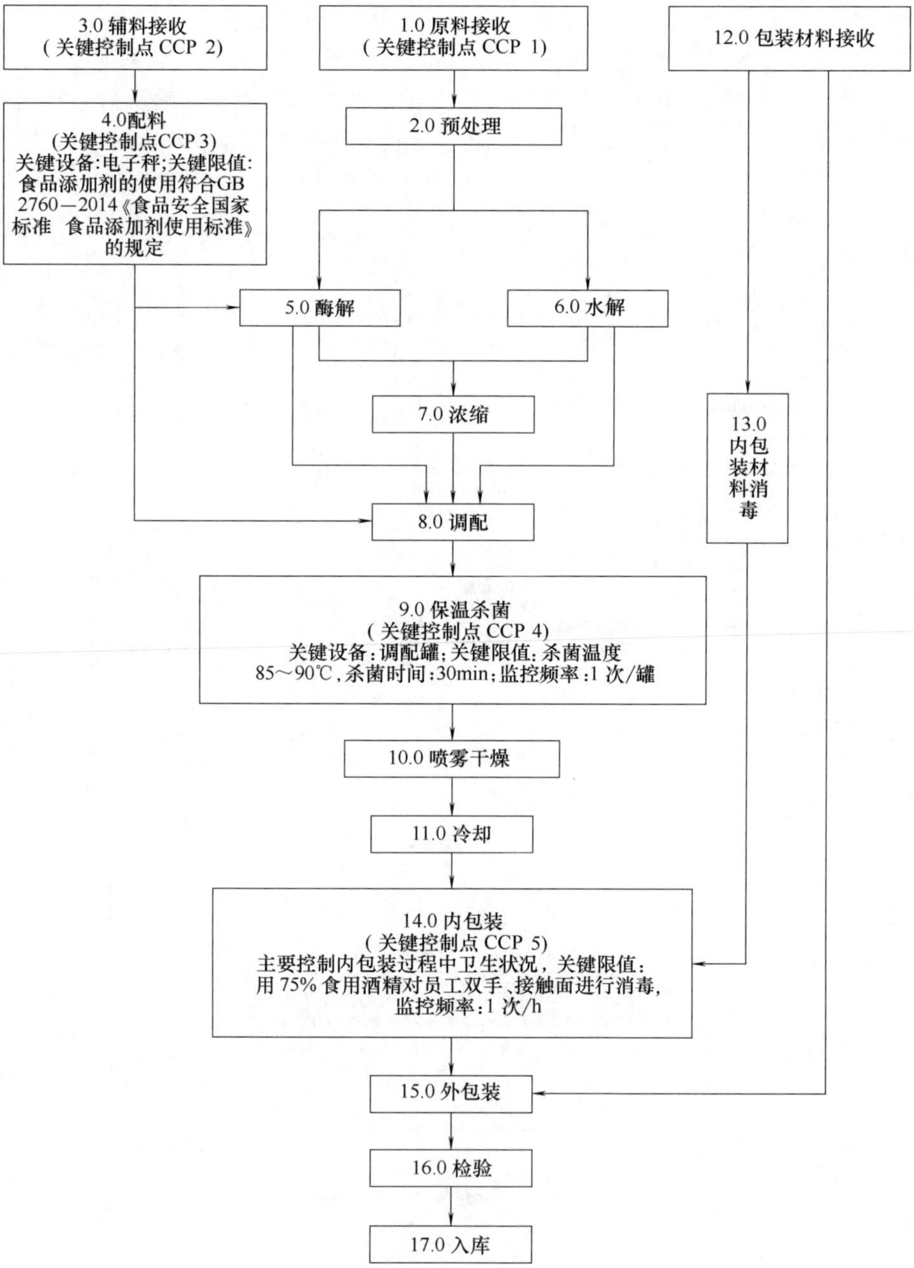

图 3-2 固态海鲜调味料生产工艺流程方框图

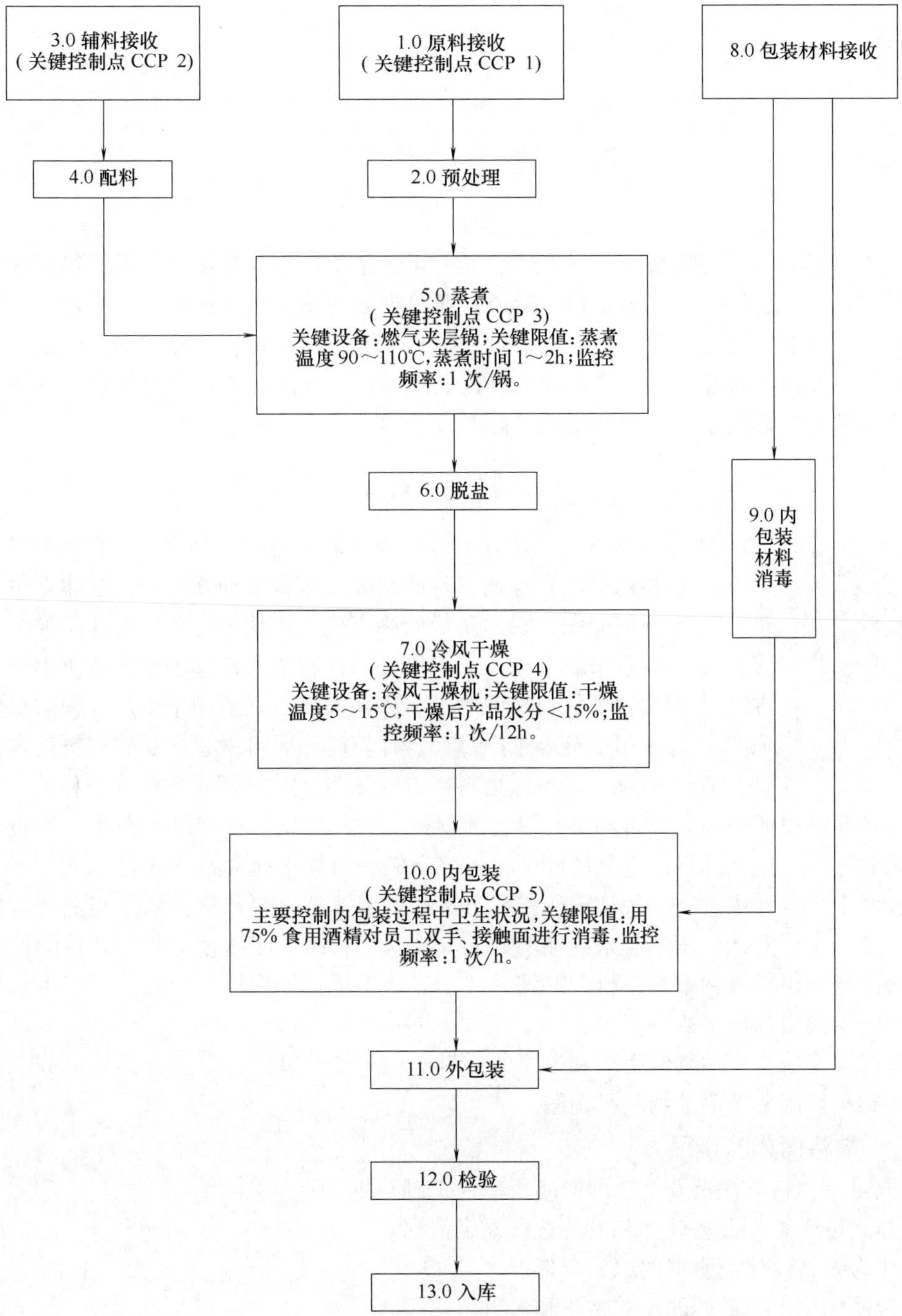

图 3-3　干海参生产工艺流程方框图

知识扩展

关键控制点 CCP（critical control point）是指食品加工过程中的某一点（步骤或工序）进行控制后，就可以防止或消除食品安全危害或其减少到可接受水平。CCP 是危害分析与关键控制点（hazard analysis and critical control point，HACCP）体系的重要的检测和控制对象。

第四节 工艺计算

通过本节学习，需要理解物料衡算和热量衡算的作用、依据和步骤，掌握物料衡算和热量衡算的表达方式，能够绘制出物料平衡图，根据热量衡算结果计算出生产用水量、用汽量等。食品工厂工艺计算主要是应用守恒定律来研究生产过程的物料和热量衡算问题。物料衡算和热量衡算是进行食品工厂工艺设计、过程经济评价、节能分析以及过程优化的基础。工艺计算还需要对生产用水量、用汽量做出计算。

一、物料衡算

物料衡算的定义

物料衡算是工艺计算中最基本且最重要的内容之一，它是热量衡算的基础。物料衡算的理论依据是质量守恒定律，即在一个孤立体系中，不论物质发生任何变化，它的质量始终不变。遵从该定律，在食品加工中，就某个工艺设备来看，输入某一设备的原料量必定等于生产后所得产品的量加上生产过程中物料损失的量。物料衡算不只适用于生产过程的每个工艺环节，也适用于整个生产过程。计算时，既可做总产品的物料衡算，也可以对产品中某一辅料做物料衡算（未发生化学反应的单元操作）。

物料衡算需要明确加入设备和离开设备的物料（包括原料、中间品、产品）各组分的成分、质量和体积。据此计算出产品的原辅料消耗定额、消耗量和主副产品量。

在食品工厂设计中，技术经济定额指标也是物料衡算的重要依据，技术经济定额指标是在工厂长期的生产实践中积累起来的经验数据。计算物料时，必须使原料、辅料的量与加工处理后成品量和损耗量相平衡，投入的辅料按正值计，物料损失以负值计，计算出原辅料的消耗定额，绘制出物料平衡图。

设计需要完成全厂的物料衡算和工序的物料衡算两种计算，并根据计算结果分别绘制出全厂的物料平衡图和工序的物料平衡图。

（一）物料衡算的作用

① 取得原辅料消耗量及主、副产品得率的基础数据。

② 为热量衡算、设备计算和设备选型提供依据。

③ 作为编制设计说明书的原始资料。

④ 帮助优化形成最佳的工艺路线和参数。

⑤ 为成本核算提供计算依据。

（二）物料衡算的依据

① 生产工艺流程方框图。

② 技术经济定额指标。

③ 原辅料的基本参数、选定的工艺参数、产品的质量指标。

（三）物料衡算的结果

① 加入设备和离开设备的物料各组分名称。

② 各组分的质量。

③ 各组分的成分。

④ 各组分的干基物料质量。

⑤ 各组分物料的相对密度。

⑥ 各组分物料的体积。

（四）计算步骤

① 收集计算数据，列出已知条件和选定工艺参数。

② 按工艺流程顺序，用方框图和箭头画出物料衡算示意图。图中用简单的方框表示过程中的设备，用线条和箭头表示每个流程的途径和流向，并标明每个流程的已知变量及单位。对一些未知的变量，可用符号表示。

③ 选定计算基准，一般以 t/d 或 kg/h 为单位。

④ 列出物料衡算式，然后用数学方法求解。

在食品生产过程中，一些只有物理变化、未发生化学反应的单元操作，如混合、蒸馏、干燥、吸收、结晶、萃取等，这些过程可以根据物料衡算式，列出总物料和各组分的衡算式，再用代数法求解。总物料衡算式如式（3-3）所示：

$$F=P+W \tag{3-3}$$

式中 F——进料；

P——产品出料；

W——其他出料。

⑤ 将计算结果用物料平衡图或物料平衡表（输入-输出物料平衡表）表示（表 3-4），物料平衡图是根据任何一种物料的质量与经过加工处理后得到的成品及少量损耗之和，在数值上相等的原理绘制的。

平衡图的内容包括：物料名称、质量、物料流向、投料顺序等。绘制平衡图时，实线箭头表示物料主流向，必要时用细实线表示物料支流向。

表 3-4 物料平衡表 单位：kg

计算单位	主、辅原料	产品		
		食品	正常损失	非正常损失
批次/质量百分比				
班次/质量百分比				

⑥ 校核计算结果。

案例分享

以下案例为新资源食品南极磷虾油浸提车间混合油蒸发工序的物料平衡图（图 3-4），该工艺为连续式工艺流程，单元操作中只涉及物理变化，未发生化学反应，主要是混合、萃取、蒸馏和干燥的单元操作，可以根据物料衡算式，列出总的物料和各组分的衡算情况，通过物料平衡图的方式表达出来。

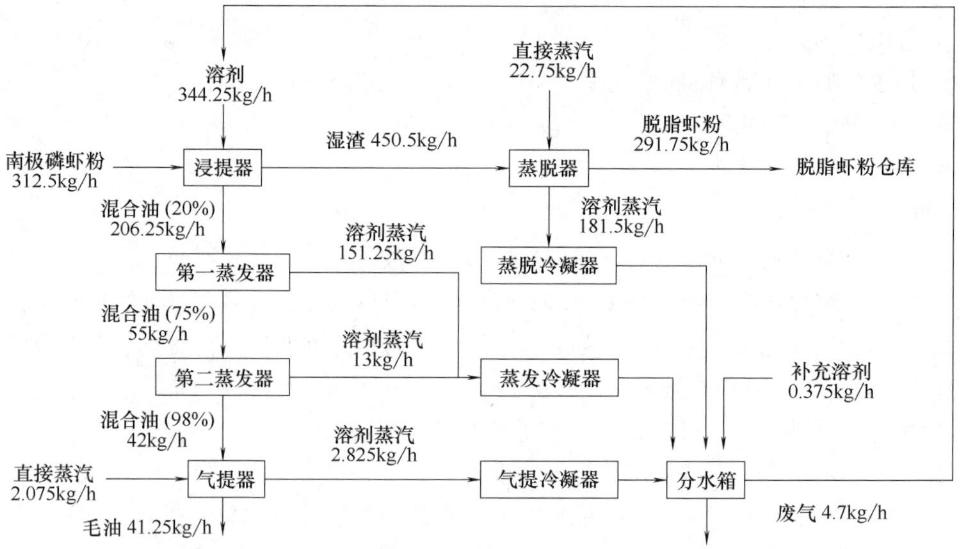

图 3-4 南极磷虾油浸提车间混合油蒸发工序的物料平衡图

物料衡算时，也可以用原料利用率作为计算基础，通过各厂生产实际数据或试验，根据用去的材料和所得成品，算出原料消耗定额。不同产品消耗的原料、包装容器、包装材料、辅料千差万别。此外，这些技术经济定额指标也因地域不同，设备自动化程度的差异，原料品质和操作条件不同而有一定的变化幅度。目前条件下，这些技术经济定额指标大多是各食品厂在各自生产条件下总结出的经验数据。在选用计算时，可参考同类型工厂的有关技术经济定额指标，确定设计中物料计算定额。表 3-5 所示为水产品预制菜工厂的物料计算及原料利用率表。

表 3-5 水产品预制菜物料计算及原料利用率表

产品			固形物装入量/(kg/t)	原料定额		辅助定额/(kg/t)		工艺得率/%					总得率/%	劳动率定额/(人/t)
名称	净重/g	固形物含量/%		名称	数量/(kg/t)	油	粮	加工处理	预煮	油炸	增重(-)脱水(+)	其他损耗		
油浸青鱼	425	90	888	青鱼	1620	163		头 15	内脏 20	不合格 1.6		2.4	63	18~22
油浸鲅鱼	256	90	1074	鲅鱼	1603	163		头 12	内脏 18	不合格 0.6		2.4	67	
油浸鳗鱼	256	90	1152	鳗鱼	1580	148		头 12	内脏 11	不合格 0.6		3.4	73	16~20
茄汁黄鱼	256	70	664	大黄鱼	2075		糖 20	头 24	内脏 15		21	8	32	

续表

产品				原料定额		辅助定额/(kg/t)		工艺得率/%						
名称	净重/g	固形物含量/%	固形物装入量/(kg/t)	名称	数量/(kg/t)	油	粮	加工处理	预煮	油炸	增重(-)脱水(+)	其他损耗	总得率/%	劳动率定额/(人/t)
茄汁鲢鱼	256	70	703	花鲢鱼	2050	100		头 31	内脏 14		17	4	34	
凤尾鱼	184		1000	凤尾鱼	1920	290		头 17			28~56	3	52	25~30
油炸蚝	227	80	771	熟蚝肉	2106	290	糖 22				56	7.4	36.6	
清汤蚝	185	60	703	蚝肉	1520						31	22.7	46.3	
清蒸对虾	300	85	997	对虾(秋汛)	3560			头 35	壳 13	不合格 2	15	7	28	18~23
原汁鲍鱼	425		595	盘大鲍	2587				内脏 33	不合格 22	13	9	23	
豉油鱿鱼	312	55	609	鱿鱼(春)	2436					不合格 22	43	10	25	

二、热量衡算

在食品工厂生产中，能量的消耗是一项重要的技术经济指标，它是衡量工艺过程、设备设计、操作制度是否先进合理的主要指标之一。能量衡算的基础是物料衡算，只有在完成物料衡算之后才能做能量衡算。

能量衡算的定义、作用及依据

（一）热量衡算的作用

热量衡算是能量衡算的一种表现形式，遵循能量守恒定律，即输入的总热量等于输出的总热量。

（1）确定工艺需要输入、输出热量，计算传热和冷却介质的消耗量及传热面积。

（2）提供热交换设备选型的依据。

（3）优化节能方案。

（二）热量衡算的依据

（1）基本工艺流程及工艺参数。

（2）物料计算结果中有关物料流量或用量。

（3）加热或冷却介质的名称、数量及对应的参数（如温度、压力等）。

（4）基本物性参数（热交换介质及单一物料的物化参数：热、潜热、始末状态以及混合物性能参数等)。

(三) 热量衡算的方法和步骤

(1) 列出已知条件，即物料衡算的量和选定的工艺参数。

(2) 选定计算基准，一般以 kJ/h 计。

(3) 对输入、输出热量分项进行计算。

(4) 列出热量衡算方程式，求出传热介质的量。

热量衡算式如式 (3-4) 所示：

$$Q_1+Q_2=Q_3+Q_4+Q_5 \tag{3-4}$$

能量衡算式

式中 Q_1——所处理原料带入热量；

Q_2——由加热剂（或制冷剂）传给设备（或物料）的热量；

Q_3——所处理的物料从设备中带走的热量；

Q_4——消耗在设备上的热量；

Q_5——设备向四周散发的热量（热损失）。

(四) 连续式与间歇式设备操作的热量衡算的区别

① 间歇式操作的条件是随时间的变化而周期性变化的，因此，热量衡算须按每一周期为单位进行，计算单位用 kJ/次循环，然后再换算成 kJ/h，热损失取最大值；

② 连续设备操作则不受时间变化的影响，仅取其平均值即可，单位用 kJ/h。

知识扩展

能量衡算与热量衡算的联系在于热量衡算是能量衡算的一部分，即我们以热力学第一定律为依据，对生产过程或设备的能量平衡进行定量计算，当物料经物理或化学变化时，如果其动能、位能或对外界所作之功，对于总能量的变化影响甚小可以忽略时，能量守恒定律即能量衡算可以简化为热量衡算。

三、用汽量计算

用汽量计算的目的在于明确生产过程中蒸汽消耗的定额指标，对工厂建设提出蒸汽配套要求，也便于进行生产成本的核算和管理，并作为工艺技术和操作改进的依据。

食品生产用汽量计算的方法有两种：一是按单位产品耗汽量定额估算，二是按产品生产工艺参数计算。

(一) 按单位产品耗汽量定额估算

对于规模较小的食品工厂，其生产用汽量可采用按单位产品耗汽量定额估算法。它又可分为三个方法，即按每 1t 产品耗汽量估算（表 3-6）、按主要用汽设备的用汽量估算（表 3-7），以及按食品工厂生产规模拟定给汽能力。

表 3-6 部分水产深加工品平均每 1t 产品耗汽量

产品名称	耗汽量/(t/t 成品)	产品名称	耗汽量/(t/t 成品)
海藻酸钠	12~15	鱼皮胶原蛋白肽	10~15
琼脂	14~18	壳寡糖	12~18

表 3-7　　水产品加工常见用汽设备的用汽量

设备名称	设备能力	单元操作	用汽量/(kg/h)	用汽性质
可倾式夹层锅	300L	加热	120~150	间歇
五链式排气箱	10212#235 罐/次	排气	150~200	连续
立式杀菌锅	8113#552 罐/次	杀菌	200~250	间歇
卧式杀菌锅	8113#2300 罐/次	杀菌	450~5000	间歇
常压连续杀菌机	8113#608 罐/次	杀菌	250~300	连续
双效浓缩锅	蒸发量 1000kg/h	浓缩	400~500	连续
	蒸发量 400kg/h	浓缩	2000~2500	连续
擦罐机	6000 罐/h	烘干	60~80	连续
板式换热器	3t/h	消毒杀菌	130	连续
洗瓶机	20000 瓶/h	洗瓶	600	连续
	300L/h	浓缩	350	间歇或连续
真空浓缩锅	700L/h	浓缩	800	间歇或连续
	1000L/h	浓缩	1130	间歇或连续
双效真空浓缩锅	1200L/h	浓缩	500~720	连续
三效真空浓缩锅	3000L/h	浓缩	800	连续
	75kg/h	干燥	300	连续
	150kg/h	干燥	570	连续
喷雾干燥塔	250kg/h	干燥	875	连续
	350kg/h	干燥	1050	连续
	700kg/h	干燥	1960	连续

食品工厂中的动力蒸汽，如蒸汽喷射真空泵、蒸汽往复泵、蒸汽发电机等设备的用汽量，可根据铭牌上的数值确定。

对于规模较大的食品工厂，在进行用汽量计算时必须采用计算方法，保证用汽量的准确性。

（二）按产品生产工艺参数计算

（1）画出单元设备的物料流向及变化的示意图。

（2）分析物料流向及变化，写出热量计算式。

$$\sum Q_{入} = \sum Q_{出} + \sum Q_{损} \tag{3-5}$$

式中　$\sum Q_{入}$——输入的能量总和，kJ；

$\sum Q_{出}$——输出的能量总和，kJ；

$\sum Q_{损}$——损失的能量总和，kJ。

通常

$$\sum Q_{入} = Q_1 + Q_2 + Q_3 \tag{3-6}$$

$$\sum Q_{出} = Q_4 + Q_5 + Q_6 + Q_7 \tag{3-7}$$

$$\sum Q_{损} = Q_8 \tag{3-8}$$

式中　Q_1——物料带入的热量，kJ；

Q_2——由加热剂（或冷却剂）传给设备和所处理的物料的热量，kJ；

Q_3——过程的热效应，包括生物反应热、搅拌热等，kJ；

Q_4——物料带出的热量，kJ；

Q_5——加热设备需要的热量，kJ；

Q_6——加热物料需要的热量，kJ；

Q_7——气体或蒸汽带出的热量，kJ；

Q_8——损失的热量，kJ。

值得注意的是，对具体的单元设备，上述的 $Q_1 \sim Q_8$ 各项热量不一定都存在，故进行热量计算时，必须根据实际情况进行具体分析。

（3）收集数据　为了使热量计算顺利进行，计算结果无误和节约时间，首先要收集数据，如物料量、工艺条件以及必需的物性数据等。这些数据可以从专门手册中查阅，或取自工厂实际生产数据，或根据试验研究结果选定。

（4）确定合适的计算基准　在热量计算中，取不同的基准温度，按照热量计算式所得到的结果就不同。所以必须选准一个设计温度，且每一物料进出口基准温度必须一致。通常，取 0℃ 为基准温度可简化计算。此外，为使计算方便、准确，可灵活选取适当的基准，如按 100kg 原料或成品、每小时或每批次处理量等作基准进行计算。

（5）进行具体的热量计算

① 物料带入的热量 Q_1 和带出的热量 Q_4 按式（3-9）计算：

$$Q_1(\text{或}\ Q_4) = \sum m_1 c_1 t \tag{3-9}$$

式中　m_1——物料质量，kg；

c_1——物料比热容，kJ/(kg · K)；

t——物料进入或离开设备的温度，℃。

② 过程的热效应 Q_3：过程的热效应主要有发酵热 Q_B、搅拌热 Q_s 和状态热（例如，汽化热、溶解热、结晶热等）。

$$Q_3 = Q_B + Q_s \tag{3-10}$$

式中　Q_B——发酵热（呼吸热），kJ，视不同条件、环境进行计算；

Q_s——搅拌热，$Q_s = 3600P\eta$，kJ。其中，P 为搅拌功率，kW；η 为搅拌过程功热转化率，通常 $\eta = 92\%$。

③ 加热设备耗热量 Q_5：为了简化计算，忽略设备不同部分的温度差异，则：

$$Q_5 = m_2 c_2 (t_2 - t_1) \tag{3-11}$$

式中　m_2——设备总质量，kg；

c_2——设备材料比热容，kJ/(kg · K)；

t_1、t_2——设备加热前后的平均温度，℃。

④ 气体或蒸汽带出热量 Q_7：

$$Q_7 = \sum m_3 (c_3 t + r) \tag{3-12}$$

式中　m_3——离开设备的气体物料（如空气、CO_2 等）量，kg；

c_3——液态材料由 0℃ 升温至蒸发温度的平均比热容，kJ/(kg · K)；

t——气态物料温度，℃；

r——蒸发潜热，kJ/(kg · K)。

⑤ 设备向环境散热 Q_8：为了简化计算，假定设备壁面的温度是相同的，则：

$$Q_8 = A\lambda_T(t_w - t_a)\tau \tag{3-13}$$

式中　A——设备总表面积，m^2；

λ_T——壁面对空气的联合热导率，W/(m·℃)。空气做自然对流时，$\lambda_T = 8 + 0.05t_w$；空气做强制对流时，$\lambda_T = 5.3 + 3.6v$（空气流速 $v = 5m/s$）或 $\lambda_T = 6.7v^{0.78}$（空气流速 $v > 5m/s$）；

t_w——壁面温度，℃；

t_a——环境空气温度，℃；

τ——操作过程时间，s。

⑥ 加热物料需要的热量 Q_6：

$$Q_6 = m_1 c_1 (t_2 - t_1) \tag{3-14}$$

式中　m_1——物料质量，kg；

c_1——物料比热容，kJ/(kg·K)；

t_1、t_2——物料加热前后的温度，℃。

⑦ 加热（或冷却）介质传入（或带出）的热量 Q_2：对于热量计算的设计任务，Q_2 是待求量，也称为有效热负荷。若计算出的 Q_2 为正值，则过程需加热；若 Q_2 为负值，则过程需从操作系统移出热量，即需冷却。

最后，根据 Q_2 来确定加热（或冷却）介质及其用量。

（6）根据不同载热介质算出载热介质的需要量　下面以蒸汽和液体两种载热介质为例，列出其计算式。

① 蒸汽消耗量的计算：

$$Q = (i_1 - i_2)W \tag{3-15}$$

$$W = \frac{Q}{i_1 - i_2} \tag{3-16}$$

式中　W——蒸汽消耗量，kg；

Q——加热过程中的热量总消耗，kJ；

i_1——蒸汽热焓，J/kg；

i_2——冷凝液的热焓，J/kg。

冷凝液的热焓可由式（3-17）求得：

$$i_2 = c_2 T_2 \tag{3-17}$$

式中　c_2——冷凝液的比热容，冷凝水的情形，$c_2 = 4.2J/(kg \cdot K)$；

T_2——冷凝液的温度，K，与加热蒸汽温度之差在 5~8℃；实际上取决于加热蒸汽的温度 T。

② 载热介质为液体的消耗量：

$$W = \frac{Q}{c(T_1 - T_2)} \tag{3-18}$$

式中　W——液体载热的消耗量，kg；

c——液体载热介质的比热容，kJ/(kg·K)；

T_1——载热介质的初始温度，K；

T_2——载热介质的最终温度，K。

表 3-8 和表 3-9 列出了常见食品原料的比热容和不同温度的蒸汽热焓表。

表 3-8 常见食物原料的比热容表

水产品品类	比热容/[kJ/(kg·K)]	水产品品类	比热容/[kJ/(kg·K)]
鳕鱼	3.77	螃蟹	3.52
黑线鳕	3.43	鳗鱼	3.22
大比目鱼	3.35	比目鱼	3.6
鲱鱼,腌鱼	3.18	烟熏鲱鱼	2.97
鲭鱼,大西洋	2.76	龙虾	3.43
鲈鱼	3.52	沙丁鱼	3.22
三文鱼	2.97	鲥鱼	3.18
金枪鱼	3.18	马鲛鱼	3.06
龙虾,美式	3.48	鲟鱼,生的	3.48
牡蛎	3.48	鲟鱼,熏制	2.97
扇贝肉	3.52	旗鱼	3.35
虾	3.48	龟鳖	3.35
梭鱼	3.35	鳟鱼	3.43
鲳鱼	3.22	金枪鱼	3.18
鲤鱼	3.43	白鱼	3.18
蛤蜊肉	3.52		

表 3-9 蒸汽热焓表

温度/℃	压力/MPa	焓/(kJ/kg)	温度/℃	压力/MPa	焓/(kJ/kg)
0	0.000611	2501	15	0.001704	2528.6
0.01	0.000611	2501	16	0.001817	2530.4
1	0.000657	2502.8	17	0.001936	2532.2
2	0.000705	2504.7	18	0.002063	2534
3	0.000758	2506.5	19	0.002196	2535.9
4	0.000813	2508.3	20	0.002337	2537.7
5	0.000872	2510.2	22	0.002642	2541.4
6	0.000935	2512	24	0.002982	2545
7	0.001001	2513.9	26	0.00336	2543.6
8	0.001072	2515.7	28	0.003779	2552.3
9	0.001147	2517.5	30	0.004242	2555.9
10	0.001227	2519.4	35	0.005622	2565
11	0.001312	2521.2	40	0.007375	2574
12	0.001402	2523	45	0.009582	2582.9
13	0.001497	2524.9	50	0.012335	2591.8
14	0.001597	2526.7	55	0.01574	2600.7

续表

温度/℃	压力/MPa	焓/(kJ/kg)	温度/℃	压力/MPa	焓/(kJ/kg)
60	0. 019919	2609. 5	130	0. 27012	2720. 7
65	0. 025008	2618. 2	140	0. 36136	2734
70	0. 031161	2626. 8	150	0. 47597	2746. 3
75	0. 038548	2635. 3	160	0. 61804	2757. 7
80	0. 047359	2643. 8	170	0. 79202	2768
85	0. 057803	2652. 1	180	1. 0027	2777. 1
90	0. 070108	2660. 3	190	1. 2552	2784. 9
95	0. 084525	2668. 4	200	1. 5551	2791. 4
100	0. 101325	2676. 3	210	1. 9079	2796. 4
110	0. 14326	2691. 8	220	2. 3201	2799. 9
120	0. 19854	2706. 6	230	2. 7979	2801. 7

知识扩展

当我们得到了需要消耗的总能量，可以根据此结果进行设备选型的计算，我们通过结合其他已知的工艺参数条件进行计算，可以得到换热需要的面积，进而通过换热面积来选择设备的规格；同样对于确定的设备和换热面积，我们也可以据此计算达到工艺参数要求需要持续的过程时间。

设备的加热面积 S（m^2）和过程时间 τ（s）可用传热的一般方程进行计算：

$$Q=SK\Delta T\tau \tag{3-19}$$

$$S=\frac{Q}{K\Delta T\tau} \tag{3-20}$$

$$\tau=\frac{Q}{K\Delta TS} \tag{3-21}$$

式中 Q——设备总的热量消耗量，等于在单独条件下热量消耗的总和，J；

τ——过程时间，s；

S——传热面积，m^2；

ΔT——载热体和接受热量的介质的平均温度，K；

K——传热系数，$J/(m^2 \cdot s \cdot K)$。

如果两种流体的温度随时间或者沿传热面而改变，则当开始温度差 ΔT_1 及最后温度差 ΔT_2 满足 $1/2<\frac{\Delta T_1}{\Delta T_2}<2$ 时，总的平均温度差可取两者的算术平均数，即：

$$\Delta T=(\Delta T_1+\Delta T_2)/2 \tag{3-22}$$

但当 $\Delta T_1/\Delta T_2 \leqslant 1/2$ 或 $\Delta T_1/\Delta T_2 \geqslant 2$ 时，则可取对数平均温差：

$$\Delta T=\frac{\Delta T_1-\Delta T_2}{2.31\lg\frac{\Delta T_1}{\Delta T_2}} \tag{3-23}$$

该计算可结合设备选型章节进行进一步的理解学习。

四、用水量计算

水在食品生产中是不可或缺的。工业用水分为主要生产用水、辅助生产用水（包括机修、锅炉、运输、空压站、厂内基建等）、附属生产用水（包括厂部、科室、绿化、厂内和车间浴室、保健站、厕所等生活用水）三类。在食品工厂设计过程中，需要对食品工厂的用水量进行估算和计算，以便为供水配套提供参考，我们在本章节讨论的主要是生产用水的计算。

不同类型的食品企业对生产用水量需求差异巨大，有的耗水量较大，像传统的海藻化工企业，如琼脂、褐藻酸钠的加工厂；有的则耗水量较小，如以复配、干混为主的固体饮料加工企业。用水量计算即根据不同食品生产中对水的不同需求对其用水量进行计算。

食品工厂生产车间用水量的计算方法有两种，即按单位产品耗水量定额估算或按实际生产用水量计算。

（一）按单位产品耗水量定额估算

这种方法即根据目前我国相应食品工厂的生产用水量经验数值来估算生产用水量，方法简便，但因不同食品工厂所在地区不同、原料品种差异以及设备条件、生产能力和管理水平等不同，同类食品工厂的技术经济指标会有较大幅度的差异，故用这种方法估算用水量只能是粗略的。表 3-10 列出了我国部分食品生产单位产品耗水量，可供参考。

表 3-10　　部分食品的单位耗水量

成品类别或产品名称	耗水量/(t/t 产品)	备注
肉类罐头	30~50	
禽类罐头	40~60	不包括原料的速冻及冷藏
水产类罐头	50~70	
水果类罐头	60~85	以橘子、桃、菠萝为例
蔬菜类罐头	50~80	番茄酱除外，其耗水量为 180~200t/t 产品
速冻蔬菜	20~30	
鲜乳制品	15~20	

注：南方地区气温高，冷却水用量大，应取较大值。

（二）按实际生产用水量计算

对于规模较大的食品工厂，用水量必须认真计算，保证用水量的准确性。

（1）首先弄清题意和计算目的及要求　例如，要做一个生产过程设计，就要对其中的每一个设备和整个生产过程做详细的用水量计算，计算项目要全面、细致，以便为后一步设备计算提供可靠依据。

（2）绘出用水量计算流程示意图　为了使研究的问题形象化和具体化，使计算目的准确、明了，通常使用框图显示所研究的系统。图形表达的内容应准确、详细。

（3）收集设计基础数据需要的数据资料　一般应包括：生产规模，年生产天数，原料、辅料和产品的规格、组成及质量等。

（4）确定工艺指标及消耗定额等　设计所需的工艺指标、原料消耗定额及其他数据，根据所用生产方法、工艺流程和设备，对照同类生产工厂的实际水平来确定，但参考对象必须先进而又可行。

（5）选定计算基准　计算基准是工艺计算的出发点，正确的选取能使计算过程大为简化，保证结果的准确。因此，应该根据生产过程特点，选定计算基准，食品工厂常用的基准有：

① 以单位时间产品或单位时间原料为计算基准；

② 以单位质量、单位体积的产品或原料为计算基准；

③ 以生产批次或班次为计算基准。

（6）由已知数据，根据质量守恒定律进行用水量计算　此计算既适用于整个生产过程，也适用于某一个工序和设备。根据质量守恒定律列出相关数学关联式，并求解。

（7）列出计算表校核并处理计算结果，列出用水量计算表　CJ 40—1999《工业用水分类及定义》标准适用于指导工业企业用水管理和水量计量工作。其中把工业用水分为生活用水和生产用水，其中生产用水又分为间接冷却水、工艺用水和锅炉用水三个类别，工艺用水又可细分为产品用水、其他工艺用水、洗涤用水和直接冷却水；锅炉用水又细分为锅炉给水和锅炉水处理用水（图 3-5）。

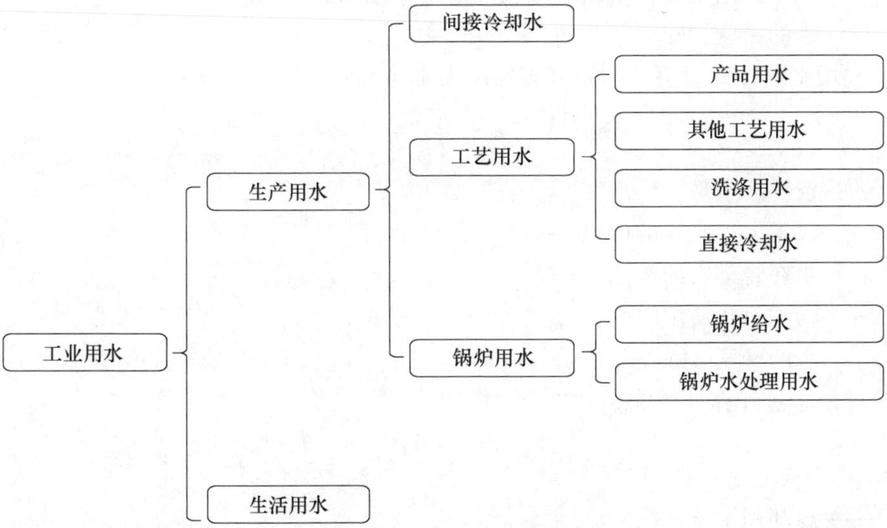

图 3-5　工业用水分类图

以下列举部分用水量的计算方法。

① 工业总用水量计算 $W_{工业}$：

$$W_{工业}=W_{生产}+W_{生活} \tag{3-24}$$

式中　$W_{工业}$——工业总用水量，t；

$W_{生产}$——生产用水量，t；

$W_{生活}$——生活用水量，t。

② 生产用水量计算 $W_{生产}$：

$$W_{生产}=W_{间冷}+W_{工艺}+W_{锅炉} \tag{3-25}$$

式中　$W_{生产}$——生产用水量，t；

$W_{间冷}$——间接冷却水用水量，t；

$W_{工艺}$——工艺用水量，t；

$W_{锅炉}$——锅炉用水量，t。

③ 工艺用水量计算：

$$W_{工艺}=W_{产品}+W_{洗涤}+W_{直冷}+W_{其他} \tag{3-26}$$

式中 $W_{工艺}$——工艺用水量，t；

$W_{产品}$——产品用水量，t；

$W_{洗涤}$——洗涤用水量，t；

$W_{直冷}$——直接冷却水用水量，t；

$W_{其他}$——其他工艺用水量，t。

④ 产品用水量计算（调制食品和添加汤汁等需水量）W_1：根据工艺要求和产量进行计算。

$$W_1=GZ\rho[1+(10\%\sim15\%)] \tag{3-27}$$

式中 W_1——产品用水量，kg；

G——班产量，kg；

Z——成品在调制过程中或添加汤汁时所需水量，kg/kg；

ρ——水的密度，kg/m^3。

⑤ 清洗用水量计算（清洗物料或容器所需水量）W_2：

$$W_2=\frac{\pi}{4}d^2vt\rho \tag{3-28}$$

式中 W_2——清洗用水量，kg；

d——设备上进水管的内径，m；

v——水在管道内的流速，m/s；

t——清洗设备使用时间，s；

ρ——水的密度，kg/m^3。

⑥ 冷却用水量计算（罐头类）W_3：

$$W_3=2.303\left(G_1C_1\lg\frac{T_3-T_1}{T_2-T_1}+G_2C_2\lg\frac{T_3-T_1}{T_4-T_1}\right) \tag{3-29}$$

式中 W_3——冷却用水量，kg；

G_1——罐头内容物的质量，kg；

C_1——罐头内容物比热容，J/(kg·K)；

G_2——杀菌锅、杀菌篮（或车）、罐头容器和锅内水的质量之和，kg；

C_2——杀菌锅、杀菌篮（或车）、罐头容器和锅内水的平均比热容，J/(kg·K)；

T_1——冷却水初温，K；

T_2——内容物最终冷却温度，K；

T_3——罐头杀菌温度，K；

T_4——杀菌锅、杀菌篮、罐头容器最终温度，K。

$$C_2=\frac{G_3C_3+G_4C_4+G_5C_5+G_6C_6}{G_2} \tag{3-30}$$

式中 G_3——杀菌锅的质量，kg；

C_3——杀菌锅的比热容，J/(kg·K)；

G_4——杀菌篮的质量，kg；
C_4——杀菌篮的比热容，J/(kg·K)；
G_5——罐头容器的质量，kg；
C_5——罐头容器的比热容，J/(kg·K)；
G_6——杀菌锅内水的质量，kg；
C_6——杀菌锅内水的比热容，J/(kg·K)。

$$T_2=T_4+(5\sim7) \tag{3-31}$$

冷却水消耗强度（W_s）：

$$W_s=\frac{W_3}{t} \tag{3-32}$$

式中 W_s——冷却水消耗量，kg；
t——冷却时间，s。

⑦ 冷凝二次蒸汽用水量计算（W_4）：

$$W_4=\frac{D(i-i_0)}{C(T_2-T_1)} \tag{3-33}$$

式中 D——二次蒸汽量，kg/s；
i——二次蒸汽热焓，J/kg；
i_0——二次蒸汽冷凝液热焓，J/kg；
C——冷却水比热容，J/(kg·K)；
T_2——冷却水出口温度，K；
T_1——冷却水进口温度，K。

⑧ 冲洗地坪耗水量计算（W_s）：根据实际情况测定，1t 水约可冲地坪 40m²，食品工厂生产车间每 4h 冲洗一次，即每班至少冲洗 2 次，则：

$$W_s=\frac{S}{40}\times2 \tag{3-34}$$

根据产品工艺的具体要求，可以算出每班生产过程中的耗水量。再根据班产量即可得到 1t 成品的耗水量。

思政要素解读

能力拓展

◇ 探究式学习，提高分析问题和研究问题能力

能够基于科学原理并采用科学方法，对食品工厂工艺设计过程中的复杂工程问题进行研究，包括工艺论证、物料衡算、热量衡算、用水及用汽量计算等。

◇ 能够熟练运用工程语言，树立社会责任感

能够基于相关工程背景知识，合理分析、评价工艺设计的解决方案对社会、健康、安全、法律以及文化的影响，并理解作为设计者应承担的责任和义务。

◇ 了解并深入贯彻环境和可持续发展方针

能够理解和评价食品工厂工艺设计问题涉及的对环境和社会可持续发展的影响，树立可持续发展价值观，发挥主观能动性，着眼大局，深入贯彻环境保护的主体思想。

素养提升

◇ 结合典型案例，深刻理解专业使命，提高社会责任感

通过对案例的分析和探究，明确食品工厂的工艺设计对投资回收和社会安全的重要性，在工艺设计过程中要注重对新的工艺技术进行充分的调研和考察，选择更加先进的、合理的、可持续发展的技术，这样才能让食品工厂在投产后有好的经济效益和社会效益。

◇ 博学笃志，启发拓展，深入理解贯彻党政方针

通过了解食品工厂工艺设计中的技术经济定额指标在不同地区、不同工厂之间的较大差异，深入理解食品行业地区间发展的不均衡，发达地区和相对落后地区的差异，城镇和乡村的差异，深入理解“共同富裕”和“乡村振兴”的国家政策方针，将食品专业与其有机结合。

◇ 学创系统，提升工程素养和解决复杂问题的能力

以实际需求为导向，通过理论与案例的结合分析，在工艺设计过程中养成探索未知、追求真理、勇攀高峰的良好工程素养，提高解决复杂工程问题的能力。

自学能力测试

课后作业

根据所学知识，选择一类食品加工厂，搜集相关信息并撰写一份生产工艺设计报告。

思考题

1. 食品工厂生产工艺流程设计的原则和依据是什么？
2. 如何确定食品工厂的班产量？需要考虑的因素有哪些？
3. 如何绘制食品工厂物料衡算示意图？

CHAPTER 4

第四章
食品工厂设备计算及选型

启发提问

◇ 设备选型在食品工厂设计中所处的地位是什么？
◇ 影响食品工厂设备选型的主要因素都有什么？
◇ 如何针对不同的设备进行合理地选型？
◇ 如何获得各种不同设备的参数和报价？

学习目的与要求

◇ 明晰设备选型在食品工厂设计过程中的重要性，了解这一环节对生产线建设和正常运行、保证企业投资收益的影响；

◇ 掌握食品工厂设备选型的原则，并能在实际应用中自觉地贯彻和执行；

◇ 掌握专业性设备的设计和选型，熟悉专业设备的特点和设计过程，能正确进行设备选型；

◇ 掌握常见设备的设计和选型，熟悉常见设备的特点和设计过程，能正确进行设备选型。

学习内容

◇ 设备选型的基本原则；
◇ 专业性设备的设计和选型；
◇ 常见设备的设计和选型；
◇ 设备选型案例。

设备选型指根据拟建项目的生产能力和技术方案，来确定设备的型号与规格。设备选型是与技术方案密切相关的，二者相辅相成。没有先进的技术方案，先进的设备难以发挥应有的功能；同样，没有先进的设备，也不可能实现先进的技术。

物料衡算是设备选型的根据，而设备选型则要符合工艺的要求。设备选型是保证产品质量的关键和体现生产水平的标准，又是工艺布置的基础，并且为动力配电和水、汽用量计算提供依据。设备选型应根据每一个品种单位时间（小时或分）产量的物料平衡情况和设备生产能力确定所需设备的台数。若有几种产品都需要共同的设备，在不同时间使用时，应按处理量最大的品种所需要的台数来确定。对生产中的关键设备，除按实际生产能力所需的台数配备外，还应考虑有备用设备。一般后道工序设备的生产能力要略大于前道工序，以防物料积压。

第一节　设备选型的基本原则

设备选型的原则

《食品卫生通则》（CXC 1-1969，2020 修订）和 GB 14881—2013《食品安全国家标准　食品生产通用卫生规范》中对食品工厂设备选择在卫生方面的要求做了如下的相关规定。

（1）直接与食品接触的设备和容器（不是指一次性容器和包装）的设计与制作应保证在需要时可以进行充分的清理、消毒及养护，以使食品免遭污染。设备和容器应根据其用途，用无毒材料制成，必要时设备还应是耐用的和可移动的或者是可拆装的，以满足养护、清洁、消毒、监控的需要，例如，方便对虫害的检查等。

（2）除上述总体要求之外，在设计用来烹煮、加热处理、冷却、贮存和冷冻食品的设备时，应从食品的安全性和适宜性出发，使设计的设备能够在必要时尽可能迅速达到所要求的温度，并有效地保持这种状态。在设计这类设备时还应使其能对温度进行监控，必要时还需要对温度、空气流动性及其他可能对食品的安全性和适宜性有重要影响的特性进行监控。这些要求是为了保证：

① 消除有害的或非需要的微生物，或者将其数量减少到安全的范围内，或者对其残余及生长进行有效控制；

② 在适当时，可对以 HACCP 为基础的计划中所确定的关键限值进行监控；

③ 能迅速达到有关食品的安全性和适宜性所要求的温度及其他必要条件并能保持这种状态。

（3）盛装废弃物、副产品和不可食用或危险物质的容器应具有特殊的可辨认性，且结构合理，应用不渗漏材料制成。用来装危险物质的容器应当能被识别，而且适当时可以锁上以防止蓄意或偶发性食品污染。

（4）应配备与生产能力相适应的生产设备，并按工艺流程有序排列，避免引起交叉污染。

（5）与原料、半成品、成品接触的设备与用具，应使用无毒、无味、抗腐蚀、不易脱落的材料制作，并应易于清洁和保养。

（6）设备、工器具等与食品接触的表面应使用光滑、无吸收性、易于清洁保养和消毒的材料制成，在正常生产条件下不会与食品、清洁剂和消毒剂发生反应，并应保持完好无损。

（7）所有生产设备应从设计和结构上避免零件、金属碎屑、润滑油或其他污染因素混入食品，并应易于清洁消毒，易于检查和维护。

(8) 设备应不留空隙地固定在墙壁或地板上，或在安装时与地面和墙壁间保留足够空间，以便清洁和维护。

以上是基本的规范要求。食品工厂生产设备大体可分四个类型：计量和贮存设备；通用机械设备；定型专用设备和非标准专业设备。在选择设备时，要按照下列原则进行：

(1) 满足工艺条件原则　要满足工艺要求，保证产品的质量和产量。设备选型时，一定要弄清楚生产过程中的具体工艺条件（如对象特性，过程中的反应情况，处理的温度、压力等）要求。相同类型、名称的设备在金属加工工艺、结构特点和用材方面会存在这样或那样的差异。设备间存在的差异，有时即使很微小，也会对加工生产产生明显的影响。例如，原用于无机材料的滚筒式干燥机，如选用来对淀粉进行干燥很有可能发生严重的粘壁现象。造成这种现象的原因是淀粉糊化会粘在滚筒壁上，而滚筒的同心度和表面光洁度不够，从而使得铲刀无法整齐地将已经干燥的糊化淀粉从滚筒上彻底铲下。因此，设备选型必须符合工艺条件的要求。一般大型食品工厂应选用较先进的、机械化程度高的设备；中型厂则看具体条件，一些主要产品可选用机械化、连续化程度较高的设备；小型厂则选用较简单的设备。

(2) 生产能力匹配原则　产品产量是选定加工设备的基本依据。设备的加工能力、规格、型号和动力消耗必须与相应的产量相匹配，并且考虑到停电、机器保养、维修等因素，设备选型应具有一定的贮备系数。所选设备能充分利用原料，能耗少，效率高，体积小，维修方便，劳动强度低，并能一机多用。

(3) 相互配套原则　要充分考虑到各工段、各流程设备的合理配套，保证各设备流量的相互平衡，即同一工艺流程中所选设备的加工能力大小应基本一致，这样才能保证整个工艺流程中各个工序生产环节间的合理衔接，保证生产的顺利进行。所选设备应符合食品卫生要求，易清洗装拆，与食品接触的材料要不易腐蚀，不致对食品造成污染。

(4) 性价比合理原则　质量是企业的生命，设备是质量的保证。设备选型时，应综合考虑其性能价格比，才能获得较理想的成套设备。并且在符合投资条件的前提下，应重视科技进步与科技投入，不断引进和吸收国内外最新技术成果和装备，尽可能选择精度高、性能优良的现代化技术装备。设备结构合理，材料性能可适应各种工作条件（如温度、湿度、压力、酸碱度等）。

(5) 可靠性原则　生产过程中，任何一台设备的故障将或多或少地影响整个企业生产，降低生产效率，影响生产秩序和产品质量，因此，选择设备时应尽量选择系列化、标准化的成熟设备，并考虑到其性能的稳定性和维修的简便性。在温度、压力、真空度、浓度、时间、速度、流量、液位、计数和程序等方面有合理的控制系统，并尽量采用自动控制方式。

(6) 兼容性原则　为了维持企业的可持续发展，生产厂家应根据生产的品种及规模来合理选择设备，注意选择通用性好、一机多用的设备，便于在人们消费、饮食习惯发生变化时对产品进行改型；在产品具有一定消费市场、经济效益较好、流动资金充足时，为了便于扩大生产，尽可能选用易于配套生产线的设备。

知识扩展

GB 14881—2013《食品安全国家标准　食品生产通用卫生规范》是根据《中华人民共和国食品安全法》和《食品安全国家标准管理办法》规定，经食品安全国家标准审评委员会审查通过，发布的食品安全国家标准。标准规定了食品生产过程中原料采购、加工、包装、贮存和运输等环节的场所、设施、人员的基本要求和管理准则。本标准适用于各类食品的生产，如确有必要制定某类食品生产的专项卫生规范，应当以本标准作为基础。

第二节　专业性设备的设计

选择定型设备时，必须充分考虑工艺要求和各种定型设备的规定型号、性能、技术等特性与使用条件，在选择设备时，一般先确定类型，再考虑规格。在进行工艺设计时，这些设备只需根据工艺要求和产量选择合适的型号，或计算确定需要的台数。

辅助设备是协助主要设备完成工作的设备，如电机、泵、输送设备、计量设备等。应根据不同的工艺要求进行辅助设备的选择。

非定型设备计算和选型的主要工作和程序如下：

（1）根据工艺流程和工艺要求确定设备类型　如采用旋风分离器实现气固分离，使用过滤机实现液固分离等。

（2）根据各类设备的性能、使用特点和适用范围选定设备的基本结构形式。

（3）确定设备材质　根据工艺操作条件和设备的工艺要求，确定适应要求的设备材质。

（4）汇集设计条件　根据物料衡算和热量衡算，确定设备负荷、转化率和效率要求，确定设备的工艺操作条件如温度、压力、流量、流速、投料方式、投料量、卸料、排渣形式、工作周期等，作为设备设计和工艺计算的主要依据。

（5）根据必要的计算和分析确定设备的基本尺寸　如设备外径、高度、搅拌器主要尺寸、转速、容积、流量、压力等；设备的各种工艺附件，如进出料口、排料装置等。设备基本尺寸计算完成之后，画出设备示意草图，标注各类特性尺寸。应注意，在设计出基本尺寸之后，应查阅有关标准规范，将有关尺寸规范化，尽量选用标准图纸。

（6）向设备设计（机械设计）专业提出设计和设备草图，由设备设计人员根据各种规范进行机械设计、强度设计和检验，完成施工图等。

（7）汇总出设备一览表。

一、专业性设备设计与选型依据

食品专业性设备设计与选型

1. 专业性设备设计与选型的基础

（1）由工艺计算确定的成品量、物料量、耗汽量、耗水量、耗风量、耗冷量等。

（2）工艺操作的最适外部条件（温度、压力、真空度等）。

（3）设备的构造类型和性能。

2. 专业性设备设计、选型程序和内容

（1）设备所担负的工艺操作任务和工作性质，工作参数的确定。

（2）设备选型及该型号设备的性能、特点评价。

（3）设备生产能力的确定。

（4）设备数量计算（考虑设备使用维修及必需的裕量）。

（5）设备主要尺寸的确定。

（6）设备传热和传质过程（换热、过滤、干燥面积、塔板数等）的计算。

（7）设备的传动搅拌和动力消耗计算。

（8）设备结构的工艺设计。

（9）支撑方式的计算选型。

（10）壁厚的计算选择。

（11）材质的选择和用量计算。

（12）其他特殊问题的考虑。

二、专业性设备设计与选型

食品工厂生产的产品种类多，使用的设备各式各样。设备生产厂家遍及国内外，其型号、规格不一，设计者应正确选择设备，满足工艺要求，确保最终建成并投产的食品厂产品的产量和质量。

（一）输送设备

1. 固体输送设备

固体输送设备由于其用途和功能不同，又可分为带式输送机、斗式输送机和螺旋输送机等。

（1）带式输送机　带式输送机是食品厂中应用最广的一种连续输送机械。它常用于块状、颗粒状等物料及整件物料进行水平方向或倾斜方向运送；同时，还可用作拣选工作台、清洗和预处理操作台等。如在罐头厂，该机械常用在原料预处理、拣选、装填各工段以及成品包装仓库等处。

形式：固定式、移动式。

特点：输送量大，动力消耗少，运转连续，工作平稳，输送距离大。

组成：输送带、滚筒、料斗、支辊、卸料装置、驱动装置。

（2）斗式输送机　在食品厂连续化生产中，该机械用于需要在不同高度来装运物料，使物料由一台机械运送到另一台机械上，或由地面运送到楼上等。

功能：垂直提升粉粒体、小块状物料。

特点：提升高度大，占地面积小，密封好。

组成：由牵引带、料斗、张紧装置、机壳及装卸装置构成。牵引带：平皮带、链条；料斗：有底、无底。

（3）螺旋输送机　又称绞龙，有输送、搅拌、混合作用。

功能：水平输送、倾斜输送、垂直输送。

特点：结构紧凑，卸料简单，密封性好，动力消耗大，对物料破碎作用大，对过载敏感，输送距离短。

水平螺旋输送机由轴、叶片、机壳、端轴承、中间轴承和端板等组成。

螺旋：左旋、右旋、单头、双头、三头。

叶片：实体、带式、桨型。

轴承：端轴承、中间轴承。

机壳：槽身、端板、盖板、进出料口。

2. 液体输送设备

在液体输送设备中，常用的有流送槽、真空吸料装置和泵等。

(1) 流送槽　流送槽是属于水力输送物料的装置，用于把原料从堆放场送到清洗机或预煮机中，适用于番茄、蘑菇、菠萝和其他块茎类原料的输送。

(2) 真空吸料装置　这是一种简易的流体输送方法。只要厂内有真空系统，除了可以对流体进行短距离输送及提升一定的高度之外，如果原有输送装置是密闭的，还可以直接利用这些设备进行真空吸料，不需增添其他设备。对于果酱，番茄酱等或带有固体块料的物料（如桔囊等），尤为适宜。

(3) 泵　在食品厂常用的泵有离心泵、螺杆泵、齿轮泵等。

① 离心奶泵：在食品厂用于液体的输送，在乳品厂应用尤为广泛，其工作原理和用途与一般离心泵相同，其不同之处是凡与液体接触部分，均由不锈钢制造，确保食品卫生，故又称卫生泵。

离心泵的优点：a. 实现连续的液体输送；b. 传动结构简单，一般采取二极或四极的电动机直联；c. 液体输出量可任意调节；d. 操作、维修、清洗容易。

离心泵的缺点：a. 泵的安装要求低于液体贮槽出口之处或预先灌水，因为必须保证泵体内及吸液管内充满液体才能正常运行；b. 操作不妥或设计不善时，易引起泡沫现象。

② 螺杆泵：是一种回转体积式泵，利用一根或数根螺杆的相互啮合使空间体积发生变化来输送液体。目前，食品厂中大多是单螺杆卧式泵，用于高黏稠液体及带有固体物料的酱体输送。如在番茄酱连续生产流水线上常采用此泵。

③ 齿轮泵：也属于回转体积式泵，主要用于输送黏稠液体，有外、内啮合泵，正齿轮泵，斜齿、人字形齿轮泵。齿轮泵采用耐腐蚀材料如尼龙、不锈钢等制成，其结构简单、质量轻、能自吸、工作可靠，应用范围较广。但流量及压力有脉动，且噪声大，所输送的液体必须具有润滑性，以免齿轮磨损。如油类、糖浆等。

（二）清洗设备

食品原料在其生长、成熟、运输及贮藏过程中，会受到尘埃、砂土、微生物及其他污物的污染。因此，在加工前必须进行清洗。此外，为保证食品容器清洁和防止肉类罐头产生油商标等质量事故，都必须有相应的清洗机械与设备。

1. 食品原料清洗设备

常用的食品原料清洗设备有冲浪式清洗机、滚筒式清洗机、螺旋式清洗机等。

2. 包装容器清洗设备

常见的包装容器清洗设备有刷式清洗机、空罐清洗机、全自动洗瓶机、实罐清洗机等。

(1) 刷式清洗机　果汁及其他饮料所用玻璃瓶常采用毛刷式清洗机进行清洗。刷瓶前先将瓶放入浸泡槽浸泡，这样可以改善洗瓶效果。然后将空瓶放入机内，瓶内部用旋转的毛刷及水清洗。

(2) 全自动洗瓶机　可用于果汁、汽水、牛奶、啤酒等玻璃瓶的清洗，对新瓶和回收瓶均可使用。果汁及牛奶产品等用的玻璃瓶，空瓶内剩余的果汁、牛奶等时间久了变成浆状物，干后很难除去。特别是回收瓶，很难除去商标纸。目前，国内外清洗回收瓶常采用全自动洗瓶机。全自动洗瓶机依进出瓶的方式不同，分为双端式和单端式；依瓶套的传动方式不同，又可分为连续式和间歇式。

(三) 原料预处理设备

常用的原料预处理设备有分级机（又分滚筒式分级机、摆动筛、三辊筒式分级机、色选机等）、切片机（蘑菇定向切片机、菠萝切片机、青刀豆切端机等）、绞肉机、打浆机、榨汁机、果蔬去皮机、分离机（桔油分离、奶油分离机等）、斩拌机、真空搅拌机等。滚筒式分级机分级效率高，目前广泛用于蘑菇和青豆等的分级；三辊筒式分级机适用于球形或近似球形体的果蔬原料，如苹果、柑橘、番茄、桃子和菠萝等按直径大小不同进行分级；斩拌机和真空搅拌机是午餐肉的专用设备。

(四) 热处理设备

1. 热源与加热方式

(1) 热源的作用与种类　加热作用：①减少水分，干燥；②抑制微生物，杀菌；③生化作用，熟制。

热源种类：①固体燃料，煤、柴；②液体燃料，重油、煤油、柴油；③气体燃料，液化石油气、天然气；④电能；⑤太阳能。

(2) 加热方式的种类　加热方式基本有三种：①利用热源或燃烧燃料产生烟气，直接或间接对物料加热；②利用热源产生的蒸汽，通过换热器，将空气、水或油等先进行预热，成为载热体（介质），再直接或间接对物料加热，前者主要是介质与物料进行对流传热的过程，后者主要是介质再通过设备中的器件（管、壁等）对物料进行传导加热的过程；③物体被加热产生电磁波，以辐射方式对物料加热。

2. 工业锅炉

蒸发量：蒸发量是指蒸汽锅炉每小时产生的额定蒸汽量。单位是“t/h”或“kg/h”。它表明锅炉容量的大小。热水锅炉每小时的产热量，称为发热量，单位是“kJ/h”。

压力：蒸汽锅炉出汽口处的蒸汽额定压力（表压）或热水锅炉出水口的热水额定压力（表压）称为锅炉的工作压力（Pa），工程制单位是“kgf/cm^2”或“大气压”。

温度：生产饱和蒸汽的锅炉只标明其工作压力，查表可得蒸汽的温度。生产过热蒸汽的锅炉或热水锅炉，必须标明蒸汽过热器出口处过热蒸汽的温度或热水出口处的水温。

(1) 锅炉的经济性指标

① 锅炉的效率：锅炉的效率是指锅炉用于生产蒸汽或热水的热量占所消耗燃料的全部热量的百分比。它是锅炉最重要的经济指标。一般工业锅炉的效率为60%~80%。

② 煤水比：锅炉单位时间的耗煤量和所产生的蒸汽量之比，称为该锅炉的煤水比，它与锅炉的型式、燃煤品种和运行管理情况有关，一般为1∶6~1∶15。

③ 金属消耗率：锅炉的金属消耗率是指制造锅炉耗用的金属质量与其额定蒸发量之比。

(2) 锅炉的选择　一般要求：①燃料品种一致；②热负荷变化的适应性和压火性能较好；③消烟除尘效果好，符合我国《工业“三废”排放试行标准》；④热效率高，燃料消耗少；⑤操作管理方便，劳动强度小，自动化程度高。

锅炉的类型、容量及台数：选择锅炉的类型和容量是根据锅炉房的最大设计容量、蒸发压力、燃料的种类及发展规模而定。锅炉房最大设计容量 Q_{max} 按式（4-1）计算：

$$Q_{max}=Q_1+Q_2+Q_3+Q_4 \tag{4-1}$$

式中 Q_1——全厂各车间小时最大耗汽量，t/h；

Q_2——全厂生活用汽小时最大耗汽量，t/h；

Q_3——锅炉房自用汽量，一般取5%~8%，t/h；

Q_4——管网损失，一般取5%~10%，t/h。

3. 烟气加热的空气预热设备

烟气加热空气的换热器又称散热器，是热风系统中的主要装置。它由数个散热排管、疏水阀、球阀和管道组成。

（五）加热、冷却设备

1. 贮槽式换热器

常见于中小乳品、食品厂，用于液体物料的加热、冷却与保温。由内胆、外壳、保温层、行星减速器和放料旋塞等组成。内胆用不锈钢制造，外壳采用优质碳素钢，外覆玻璃棉及镀锌铁皮保温层。内胆与外壳间为传热夹层，当夹层内通入蒸汽或热水时，可对贮存在内胆中的物料进行升温或保温。

2. 列管式换热器

列管式换热器按结构又分为固定板式、U型管式和浮头式等。浮头式由壳体、浮头、传热管束等组成。管束一端的管板以法兰和壳体相连接，另一端的管板可在壳体内移动。工作时液料从管内往返流过，加热或冷却介质从管间流过。这种换热器的特点是可以补偿热膨胀，清洗和维修方便，但结构复杂，造价较高。

3. 螺旋管式换热器

螺旋管式换热器由壳体、螺旋管、蒸汽管、调节器和输料泵等组成。螺旋管制成扁形，并缠绕在壳体内的中心圆柱上。工作时液料通过泵由液料入口进入螺旋管内，自下向上流动，从出料管排出，装入瓶或罐内。蒸汽自上方输入壳内与螺旋管之间，对管内的料液加热。这种换热器主要用于果汁的巴氏短时杀菌，杀菌温度88~95℃，杀菌时间20~60s。螺旋管式换热器的特点是结构简单，操作方便，容易清洗，能连续生产。

4. 套管式换热器

套管式换热器由供料泵、加热器、套管、贮槽、中间泵、仪表和阀门等组成。每班次灭菌结束时，将最后的料液通过进料三通旋塞后，立即转动旋塞，使贮槽内的水流入，进行清洗直到排出水变清为止，同时关闭蒸汽阀，并放净加热器内的蒸汽。当连续使用时，每隔6~8h，需进行清洗。

5. 板片式换热器

板片式换热器的优点：

（1）传热效率高　由于换热板间距小，板面上有波纹或凸凹状花纹，流体高速通过，形成湍流，故传热系数高，一般可达3500~4000W/(m^2·℃)。

（2）结构紧凑　板式换热器在较小的结构内可容纳较大的传热面积。按单位体积的结构中所占传热面积计算，比管式换热器高4~7倍。

（3）适应性广　增减换热板数，改变板的组合，可满足多种不同生产工艺的要求。

（4）适于处理热敏性的物料　因物料在换热器内通过的时间短，受热所产生的损失少。

（5）便于清洗、操作安全　拆装容易，可就地清洗，流体有泄漏时易发现，能保持良好的卫生条件。

（6）连续作业，可配置自动控制装置。

板片式换热器的缺点：

（1）若加热温度过高，可使垫圈老化，或垫圈从换热板上脱落。

（2）因安装不当或垫圈变形断裂，使流体泄漏。

国产 BP2-d 系列板式换热器的主要技术参数：生产能力 2000~3000L/h，换热总面积 5~13m^2，牛奶进口温度 5℃，杀菌温度 85℃，保温时间 15s，热水进口温度 90℃，蒸汽消耗量 72.3~220kg/h，工作蒸汽压力<500kPa。杀菌温度控制误差±2℃。主机质量 591~759kg。

（六）杀菌设备

杀菌的作用：杀死食品中的微生物，防止食品腐败。

杀菌设备种类很多，按其杀菌温度不同，可分为常压杀菌设备和加压杀菌设备。按其操作方法分，有间歇式杀菌设备和连续式杀菌设备。

常用的间歇式杀菌设备有立式杀菌器、卧式杀菌器。卧式杀菌器中又有静止式和回转式两种。连续式杀菌设备有常压连续杀菌器、静水压连续杀菌器、水封式连续高压杀菌器、火焰杀菌器、真空杀菌器以及微波杀菌器等。

（七）预煮、煮制设备

预煮是食品热加工的一种，一般为中间工序。

预煮的目的：破坏原料中的多酚氧化酶，保持颜色；排除气体；破坏原生质，提高出汁率；杀灭部分微生物；提高新鲜度；加快干燥速度等。

预煮机的形式：①间歇式：夹层锅、预煮槽；②连续式：链带式、螺旋式。

夹层锅的形式：①可倾式：主要用于烧煮一些固体物料；②固定式：主要用于液体物料的烧煮；③带有搅拌器：主要用于加热黏稠物料或锅体体积大于 300L。

（八）真空浓缩设备

浓缩是从溶液中除去部分溶剂的单元操作。一般食品中溶剂为水，如果汁、牛奶等，故食品工业中的浓缩通常指蒸发。真空浓缩是在负压下，以较低温度浓缩。其特点有：①料液沸点低，浓缩速度快；②能用低压蒸汽为热源；③利于保持食品营养成分；④能耗小；⑤真空系统投资大，功耗大；⑥沸点降低，蒸发潜热增大。

1. 蒸发器的分类、结构和特点

按二次蒸汽利用次数分为：单效浓缩装置、多效浓缩装置、带有热泵的浓缩装置。

按料液流程分为：循环式（自然与强制循环）、单程式。

按加热器结构分为：管式浓缩器、中央循环管式浓缩器、升膜式浓缩器、降膜式浓缩器、片式浓缩器、刮板式浓缩器、外加热式浓缩器。

（1）夹套式蒸发器　中小型浓缩设备。由圆筒形夹套壳体、搅拌器、除沫器等组成。适于果酱、蜜饯、糖浆、乳品、豆浆晶、食用胶等高黏度料液的浓缩。

主要技术参数：蒸发量 300L/h，蒸汽耗用量 340kg/h，蒸汽压力<196kPa，真空度 82.9~88.0kPa。

（2）盘管式蒸发器　又称盘管式浓缩锅，由上下锅体、加热盘管、汽液分离器等组成。料液分批浓缩。二次蒸汽由上部排入汽液分离室，成品由锅底卸出。二次蒸汽进入分离室，在离心力作用下，使夹带的液滴与不凝气体分离，气体排出，被分离后的料液回流再进行蒸发。

盘管式蒸发器的组成包括：蒸发器、加热盘管、分离器、仪表箱、水力分离器等。其特点为体积小、成本低、操作维修方便。

（3）标准式蒸发器　中央循环管式浓缩。加热室中中央循环管的截面一般为加热管束总面积的40%以上。料液由于受热程度不同，产生重度差，从边上上升、中间下降，在分离室进行汽液分离。二次蒸汽由顶部排出。料液经中央循环管下降，再进入加热管束，形成自然循环。浓缩后的制品由底部卸出。该类蒸发器在国内糖厂应用较多。

（4）强制循环式蒸发器　主要由列管式加热器、分离室和料液循环泵组成。料液强制循环，在加热器出口减压、沸腾，分离室内进行汽液分离；蒸发器为分批作业。

优点为流速大，达3~4m/s，传热系数较高，可防止料液结垢；当加热蒸汽与料液之间的温差较小时（3~5℃），仍可进行操作。不足是动力消耗大。

（5）升膜式蒸发器　由加热室、分离室和循环管等组成。料液在加热管中部沸腾汽化。在上部产生二次蒸汽，流速可达100~160m/s。料液沿管内壁呈膜状上升，并不断蒸发。有循环型、非循环型。

升膜式蒸发器优点是占地少，传热效率较高，料液受热时间短，在加热管内停留10~20s。适于浓缩热敏、易起泡和黏度低的液料。缺点是一次浓缩比低，进料量需严格控制。

（6）降膜式蒸发器

① 利用重力作用成膜，能蒸发黏度较大的料液，且受热时间短，适于热敏性强的物料；

② 料液的沸点均匀，有效温差较大，传热效果好，节约蒸汽；

③ 蒸发管较长，沸腾泡沫易受热破裂，因此适于蒸发易生泡沫的物料；

④ 清洗方便；

⑤ 适于浓度较大，不易结晶、结垢的物料。

目前这类设备在乳品、果汁等食品工业中应用最广。

（7）刮板式蒸发器　有立式、卧式两类。加热时间为2~3s。加热区域可分成几段，采用不同压力的蒸汽。其特点为传热系数高，适于高黏度（最高达100Pa·s）的料液或含有悬浮颗粒的料液。一般直径为300~500mm；最小间隙为（1.5±0.3）mm；转速为300~800r/min。

（8）板式蒸发器　板式蒸发器结构紧凑，传热效率高，蒸发强度高，料液停留时间极短，约1s，制品品质优良，能较好保持原有色、香、味和营养成分。适于热敏性物料，是一种新型、高效的浓缩设备。但对黏度大、易结晶的料液不适用，其结构较复杂，造价高。

2. 选型原则

真空浓缩设备的加热器结构种类很多，在选择不同结构的真空浓缩设备时，应根据以下食品溶液的性质来确定。

① 结垢性：有些溶液在加热浓缩时，会在加热面上生成垢层，从而增加热阻，降低传热系数，严重时使设备生产能力下降，甚至停产。所以，对易发生垢层的料液，最好选择流速较大的强制循环型或升膜式浓缩设备。

② 结晶性：有些溶液在浓度增加时，会有晶粒析出，而且沉积于传热面上，从而影响传热效果，严重时会堵塞加热管。对于这类食品溶液，常采用带有搅拌器的夹套式浓缩设备或带有强制循环的浓缩器。

③ 黏滞性：有些食品溶液的黏度随浓度的增加而增加，使流速降低，传热系数变小，生

产能力下降。对于黏度较高的食品溶液，一般选用强制循环式、刮板式或降膜式浓缩设备。

④ 热敏性：在食品工业的生产过程中，各种不同原料对热的敏感性也不同，有些产品在加工温度过高时，会影响色泽，使产品质量下降，所以，对这类产品应选用停留时间短、蒸发温度低的真空浓缩设备，一般选用各种薄膜式或真空度较高的浓缩设备。

⑤ 发泡性：有些食品溶液在浓缩过程会产生大量气泡，这样，泡沫易被二次蒸汽带走，增加产品损耗，严重时无法操作，造成停产。因此，在浓缩器的结构上，要考虑消除发泡的可能，同时要设法分离回收泡沫，一般采用强制循环型和长管薄膜浓缩器，以提高料液在管内流速。

真空浓缩装置中除真空浓缩设备外，还有附属设备，它主要包括捕沫器、冷凝器及真空装置等。

（九）包装设备

1. 封罐设备

由于罐头的品种繁多，容器形状也多种多样，加之容器的材料不同，所以，封罐机的型号也多种多样，一般来说，镀锡薄钢板容器的封罐机有手扳式封罐机、半自动封罐机和自动封罐机。自动封罐机又有单机头自动真空封罐机和多机头自动封罐机。玻璃瓶封罐机也分手扳式封罐机、半自动封罐机和自动封罐机，封罐机的生产能力是按每分钟封多少罐计，而不是按班产量计。螺口瓶用四旋盖拧盖机封罐。

2. 成品包装机械设备

常用的成品包装机械包括贴标机、装箱机、封箱机、捆扎机等。

3. 罐身生产设备

常用的罐身生产设备包括焊锡罐设备（单机和自动焊锡机）、电阻焊设备。

4. 罐盖设备

常用的空罐罐盖设备包括波形切板机、冲床、圆盖机、灌胶机、烘胶机及球磨机等。

第三节　常见设备的简要设计

食品工厂所用设备的生产能力，有些铭牌上有标注，有些设备的生产能力会随流量、产品品种、生产工艺的改变而变化。例如，有流送槽输送带杀菌锅的。现将这些设备的生产能力公式进行简要介绍。

1. 流送槽

$$Q=\frac{Fv\rho}{m+1} \tag{4-2}$$

式中　Q——原料流量，kg/s；

F——通过流送槽（水浸）的有效截面积，m^2；

v——物料流动速度，m/s；

ρ——混合物密度，kg/m^3；

m——水料比（蔬菜类3~6，鱼类6~8）。

2. 斗式提升机

$$G=3600\frac{i}{\alpha}v\rho\varphi \tag{4-3}$$

式中 G——生产能力，t/h；

i——料斗体积，L；

α——两个料斗中心距，m；

φ——料斗的填充系数（粉状 0.75~0.95，谷物 0.70~0.9，水果 0.5~0.7）；

v——牵引件速度水料比，m/s；

ρ——物料堆积密度，kg/m^3。

3. 带式输送机

$$G=3600Bhv\rho\varphi \tag{4-4}$$

式中 G——生产能力，t/h；

B——宽度，m；

φ——料斗的填充系数（粉状 0.75~0.95，谷物 0.70~0.9，水果 0.5~0.7）；

v——牵引件速度水料比，m/s；

ρ——物料堆积密度，kg/m^3；

h——堆放一层物料的高度，m。

4. 杀菌锅

杀菌锅操作周期：

$$t=t_1+t_2+t_3+t_4+t_5 \tag{4-5}$$

式中 t——杀菌操作总时间，min；

t_1——装锅时间，一般取5min；

t_2——升温时间，min；

t_3——恒温时间，min；

t_4——降温时间，min；

t_5——出锅时间，一般取5min。

锅内装罐头量：

$$n=K\alpha z\frac{d_1^2}{d_2^2} \tag{4-6}$$

式中 n——装罐头量；

K——装罐系数，通常取0.55~0.6；

α——杀菌篮高度与罐头高度比；

z——杀菌篮数目；

d_1——杀菌篮半径，m；

d_2——罐头篮半径，m。

5. 空气压缩机

杀菌锅反压 P_2 时所需的空气量：

$$V_2=V_1\frac{P_1}{P_2} \tag{4-7}$$

式中 V_1——杀菌锅体积，m^3；

P_2——大气压力，kPa；

V_2——杀菌锅反压 P_2 时所需的空气量，m^3；

P_1——反压冷却时的绝对压力，kPa。

6. 离心泵

离心泵的流量：

$$Q=\frac{N\eta\times10^2}{\rho H} \tag{4-8}$$

式中 Q——流量，m^3/s；

H——扬程，m；

ρ——密度，kg/m^3；

η——泵的效率，大多在 0.4~0.8；

N——轴功率，kW。

知识扩展

设备一览表：所有设备选型与设计完成后，按流程图序号，将所有设备汇总编成设备一览表，作为设计说明书的组成部分，并为下一步施工设计及其他非工艺设计和设备订货提供必要的条件。

在填写设备一览表时，通常按生产工艺流程顺序排列各车间的设备。也可把各车间的设备按专业设备、通用设备、非标准设备进行分类填写设备一览表。以便于将各类设备汇总，分别交给各部门进行加工和采购。

第四节 设备选型实例分析

罐头厂是一个有较多生产设备的食品加工厂，下面以罐头厂主要设备为例讲述如何进行具体的设备选型。

一、输送设备

罐头厂主要输送设备一般分为固体输送设备和液体输送设备两大类。

1. 固体输送设备

固体输送设备由于其用途和功能不同，又可分为带式输送机、斗式输送机和螺旋输送机等。可根据物料的不同和输送任务的差别分别加以选择。如块状、颗粒状等物料及整件物料进行水平方向或倾斜方向运送，可选择带式输送机。在罐头厂，该机械常用在原料预处理、拣选、装填各工段以及成品包装仓库等处。在不同高度来装运物料，使物料由一台机械运送到另一台机械上，或由地面运送到楼上等，常选用斗式升送机来进行操作。对于需要密闭运输的物料，如粒状和颗粒状物料，更适合选用螺旋输送机。

2. 液体输送设备

在液体输送设备中，常用的有流送槽、真空吸料装置和泵等。对于番茄、蘑菇、菠萝和其他块茎类原料的输送，通常采用流送槽。当需要对果酱，番茄酱等或带有固体块料的物料进行短距离输送时，可优先选用真空吸料装置。泵的种类很多，食品厂常用离心泵、螺杆泵、齿轮泵等。离心泵用途广泛，为确保食品安全、卫生，材质应采用不锈钢。食品厂中单螺杆卧式泵常用于高黏稠液体及带有固体物料的酱体的输送。例如可用在番茄酱连续生产流水线上。齿轮泵常被食品厂用在输送黏稠液体，如油脂、糖浆等操作上。

二、清洗和原料预处理设备

食品原料常会受到尘埃、微生物等的污染，应在加工前进行清洗。此外，清洗机械与设备也常用于罐头包装容器等的清洗。这些设备包括鼓风机清洗机、空罐清洗机，全自动洗瓶机、实罐清洗机等。鼓风机清洗机，是利用空气进行搅拌，既可加速污物从原料上洗去，又可使原料在强烈翻动时其完整性不被破坏，因而最适合于果蔬原料的清洗；全自动洗瓶机，可用于果汁、汽水、牛奶、啤酒等玻璃瓶的清洗，对新瓶和回收瓶均可使用。

原料要经过分级操作，采用的机械为分级机，如苹果、柑橘、番茄、桃子和菠萝等按直径大小不同采用滚筒式分级机等进行分级。对蘑菇等原料可采用切片机进行处理，工业中采用蘑菇定向切片机，可得到较规整的切片。此外还有绞肉机、打浆机、榨汁机、果蔬去皮机、分离机（桔油分离、奶油分离机等）、斩拌机、真空搅拌机等加以应用。斩拌机、擂溃机和真空搅拌机等是制备肉糜、鱼糜等的专用设备。

三、热处理设备

食品工厂热处理设备主要用于原料脱水、抑制或杀灭微生物、排除食品组织中的空气、破坏酶活力、保持产品的颜色和方便其他工序的操作等。它包括预煮、预热、蒸发浓缩、干燥、排气和杀菌等设备。常用的热处理设备有列管式热交换器、板式热交换器、辊筒式杀菌器、夹层锅、连续预煮机（分链带式和螺旋式）、真空浓缩设备（按加热器结构分：盘管式、中央循环式、升膜式、降膜式、片式、刮板式、外加热式等）、排气设备、杀菌设备（立式、卧式、常压连续式、回转式等）等。

1. 热交换器

热交换器中，列管式热交换器广泛应用在番茄汁、果汁、乳品等液体食品的生产过程中，大多用作高温短时或超高温短时杀菌和杀菌后的及时冷却；板式热交换器用于牛奶高温短时或超高温杀菌，也可作为食品液料的加热杀菌和冷却；辊筒式杀菌器一般作鲜乳及稀奶油的消毒，适于中小型乳品厂使用；夹层锅常用于物料的热烫、预煮，调味液的配制及熬煮一些浓缩产品；连续预煮机广泛用于蘑菇、青刀豆、青豆、蚕豆等各种原料的预煮。

2. 真空浓缩设备

真空浓缩设备的加热器结构种类很多，在选择不同结构的真空浓缩设备时，应根据以下食品溶液的性质来确定。

① 结垢性：有些溶液在加热浓缩时，会在加热面上生成垢层，从而增加热阻，降低传热系数，严重时使设备生产能力下降，甚至停产。所以，对易发生垢层的料液，最好选择流速较大的强制循环型或升膜式浓缩设备。

② 结晶性：有些溶液在浓度增加时，会有晶粒析出，而且沉积于传热面上，从而影响传热效果，严重时会堵塞加热管。对于这类食品溶液，常采用带有搅拌器的夹套式浓缩设备或带有强制循环的浓缩器。

③ 黏滞性：有些食品溶液的黏度随浓度的增加而增加，使流速降低，传热系数变小，生产能力下降。对于黏度较高的食品溶液，一般选用强制循环式、刮板式或降膜式浓缩设备。

④ 热敏性：在食品工业的生产过程中，各种不同原料对热的敏感性也不同，有些产品在加工温度过高时，会影响色泽，使产品质量下降，所以，对这类产品应选用停留时间短、蒸发温度低的真空浓缩设备，一般选用各种薄膜式或真空度较高的浓缩设备。

⑤ 发泡性：有些食品溶液在浓缩过程会产生大量气泡，这样，泡沫易被二次蒸汽带走，增加产品损耗，严重时无法操作，造成停产。因此，在浓缩器的结构上，要考虑消除发泡的可能，同时要设法分离回收泡沫，一般采用强制循环型和长管薄膜浓缩器，以提高料液在管内流速。

真空浓缩装置中除真空浓缩设备外，还有附属设备，它主要包括捕沫器、冷凝器及真空装置等。

3. 杀菌设备

罐头厂的杀菌设备种类很多，按其杀菌温度不同，可分为常压杀菌和加压杀菌。按其操作方法分，有间歇杀菌和连续杀菌。罐头厂常用的间歇式杀菌设备有立式杀菌器、卧式杀菌器。卧式杀菌器中又有静止式和回转式两种。连续式杀菌设备有常压连续杀菌器、静水压连续杀菌器、水封式连续高压杀菌器、火焰杀菌器、真空杀菌器以及微波杀菌器等。在我国各罐头厂中主要是立式杀菌器、卧式杀菌器及常压连续杀菌器。

四、封 罐 设 备

封罐机是封罐子口的机械。一般通俗归纳为：铁罐、纸罐、铝罐、压力罐等。由于盖子的不同也分为易拉罐、马口铁罐等。按形状分为圆罐、方形罐、易拉罐等。封罐机的种类便由于盖子的种类而出现许多类型，一般可分为：通用型封罐机、方形封罐机、异形封罐机等。随着食品、制药、日化等行业对于保质期的要求增加而出现了真空封罐机、真空充氮封罐机等。按照自动化程度的不同，封罐机也分为半自动封罐机、全自动封罐机；按使用特点可分为刀转式封罐机、罐转式封罐机。

半自动封罐机一般分为手扳封罐机、气动封罐机、电动封罐机等。一般适用于小企业生产、单件生产、小批量生产的工厂。全自动封罐机一般应用于自动化生产线、大批量生产线上。由于机型是从钻床转化而来，所以目前国内的封罐机均是大型笨重的封罐机。由于全自动封罐机成本较高，产量较高，技术性高，大企业应用较广。

五、成品包装机械设备

常用的成品包装机械包括贴标机、装箱机、封箱机、捆扎机等。

六、空 罐 设 备

（1）罐身生产设备　焊锡罐设备（单机和自动焊锡机）、电阻焊设备。

（2）常用的空罐罐盖设备　波形切板机、冲床、圆盖机、灌胶机、烘胶机及球磨机等。

七、案例总体解析

年产 5 万 t 的淡色啤酒工厂主要设备计算及选型如下。

1. 原料仓的计算

原料的储存按照 1 个星期周转率进行计算，原料仓以旺季需求量设计。

每次投料需要麦芽储存容器体积：

麦芽的质量÷(麦芽的容重×储存系数) = 5154.03kg÷(500kg/m^3×0.8) = 12.89m^3

麦芽原料仓需要体积 = 12.89m^3×7d×6 次 = 541.38m^3

麦芽仓的尺寸：

麦芽仓的直径 D 与高度 H 比以 1∶2、容积系数以 0.8 计，则可计算出：

① 麦芽仓直径 $D = (541.38\text{m}^3 \times 2 \div 0.8 \div \pi)^{1/3} = 7.55\text{m}$

② 麦芽仓高度 $H = 2 \times 7.55\text{m} = 15.10\text{m}$

③ 选用 2 个料仓存贮，则需要麦芽仓直径为 7.55m、高度为 15.10m。

2. 糖化锅的计算

（1）每次糖化需要物料为 5154.03kg，则每次糖化添加水：

$$5154.03\text{kg} \times 4.5 = 23193.135\text{kg}$$

则可计算出每次糖化醪液的物料总重：

$$5154.03\text{kg} + 23193.135\text{kg} = 28347.165\text{kg}$$

（2）糖化醪液的容重比为 1065kg/m^3，糖化锅系数 0.8，则糖化锅的体积：

$$28347.165\text{kg} \div 1065\text{kg/m}^3 \div 0.8 = 33.27\text{m}^3$$

（3）一般糖化锅的直径与高度比为 2∶1，根据圆柱体体积公式可知：

$V = 33.27\text{m}^3$，则可求得 $H = 2.2\text{m}$，$D = 4.4\text{m}$

3. 过滤槽的计算

据现代啤酒生产中麦糟层厚度一般为 40～42cm，干法粉碎的混合原料形成麦糟以 1.6m^3/t 计，过滤槽的直径与高度比以 2∶1 计，麦糟层厚度 = 投料量×麦糟产率÷过滤槽过滤面积，则可计算出：

过滤槽过滤面积 = 5.15403t×1.6m^3/t÷0.42 = 19.63m^2

过滤槽的直径 $D = (19.63\text{m}^2 \div \pi)^{1/2} = 2.5\text{m}$

过滤槽的高度 $H = 2.5\text{m} \div 2 = 1.25\text{m}$

4. 煮沸锅的计算

每次糖化得热麦汁的量为 36169.87L，煮沸锅的直径与高度比以 2∶1 计，煮沸锅系数 0.8，则可计算出：

（1）煮沸锅的高度 $H = (36.17 \div 0.8 \div \pi)^{1/3} = 2.44\text{m}$

（2）煮沸锅的直径 $D = 4.88\text{m}$

5. 回旋沉淀槽的计算

每次糖化得热麦汁的量为 36169.87L，回旋沉淀槽的直径与高度比以 2∶1 计，回旋沉淀槽系数 0.8，则可计算出：

（1）回旋沉淀槽的高度 $H = (36.17 \div 0.8 \div \pi)^{1/3} = 2.44\text{m}$

（2）回旋沉淀槽的直径 $D = 4.88\text{m}$

6. 麦汁冷却器和冰水罐的计算

采用一段冷却方式进行冷却，选用上海将星 BR121S 型进口板型可拆式板式换热器，传热系数 K 取 6000W/（m^2·℃），麦汁冷却时间为 60min，麦汁冷却温度从 98℃降至 10℃，15%酒精冷媒温度从 1℃升至 75℃，10°P 麦汁比热容为 3.858kJ/(kg·K)，热麦汁的密度为 1.084kg/L，冰水罐的高度与直径比以 1∶2 计，则可得数据：

每次麦汁冷却需要去除的热量＝每次冷却热麦汁质量×10°P 麦汁比热容×温度下降值＝36169.87L×1.084kg/L×3.858kJ/(kg·K)×88＝1.3311×10^7（kJ/次）

$\Delta t=[(98℃-75℃)-(10℃-1℃)]\div\ln([98℃-75℃)\div(10℃-1℃)]=13.14℃$

冷却面积＝$1.3311\times10^7\div(6000\times13.14)=168.84m^2$

冰水罐的尺寸：

每次麦汁冷却用冰水＝$1.3311\times10^7\div(75-1)\div4.18=43033.10$kg

冰水罐的高度 $H=(43.03\div0.8\div\pi)^{1/3}=2.6$m

冰水罐的高度 $D=2H=5.2$m

7. 发酵罐及麦汁暂存罐的计算

以旺季每天投料 6 次进行计算，考虑实际生产情况前发酵周期按 9d、后发酵 21d 计，考虑加速酵母的发酵、节约厂房投资、降低能耗、利于发酵罐的清洗和消毒，采用国际普遍使用的圆柱体锥底发酵罐进行发酵，前发酵罐直径 D 与高度 H 比为 1∶3，后发酵罐直径 D 与高度 H 比为 1∶6，后发酵罐装 3 罐前发酵液，麦汁暂存罐直径 D 与高度 H 比为 1∶2，发酵罐的系数按 0.8 计，则可计算出：

前发酵罐的直径 $D=(33.03205\times6\div0.8\div\pi)^{1/3}=4.3$m

前发酵罐的高度 $H=3D=12.9$m

每天需要前发酵罐 3 个，因此：

直径 $D=4.3m\div3=1.43$m，高度 $H=12.9m\div3=4.3$m

后发酵罐每罐装 3 罐前发酵罐的发酵液，则后发酵罐的直径：

$D=(33.03205\times6\times3\div0.8\div\pi)^{1/3}=6.2$m，后发酵罐的高度 $H=6.2m\times6=37$m

前发酵周期以 9d 计，则可得前发酵罐个数＝3×9＝27 个

后发酵周期以 21d 计，则可得后发酵罐个数＝1×21＝21 个

暂存罐按照每天暂存 1 次糖化麦汁的量计，则麦汁暂存罐直径 $D=3.0$m，高度 $H=6.0$m

8. 制冷机组的计算

（1）麦汁的冷却需要制冷的热量计算　麦汁冷却温度从 98℃降至 10℃，15%酒精冷媒温度从 1℃升至 75℃，酒精水的制冷从 25℃降至 1℃，酒精冷媒每次使用的损耗以 1%计，15%酒精水比热容 4.18kJ/(kg·K)，则可得数据：

① 每次酒精水冷却需要去除的热量＝酒精水的质量×酒精水比热容×温度下降值

＝43033.10×4.18×24＝4317080.592（kJ/次）

② 全年麦汁冷却需要去除的热量＝4317080.592×1560＝6734645723.52kJ/年

（2）麦汁的发酵需要制冷的热量计算　麦汁发酵冷却温度从 10℃降至 0℃，10°P 麦汁比热容为 3.858kJ/(kg·K)，热麦汁的密度为 1.084kg/L，麦汁发酵产生的热量和麦汁维持 0℃所需要去除的热量以麦汁冷却到 0℃需要去除的热量的 10%计算，则可得数据：

① 每年麦汁前发酵需要去除的热量＝过滤麦汁的质量×麦汁的比热容×温度下降值＝

51014995.2×3.858×10＝1968158507.1（kJ/年）

② 每年麦汁发酵需要去除的热量＝1968158507.1÷(1−10%)＝2186842785.7kJ/年

③ 发酵制冷需要冰水罐的高度 $H=[2186842785.7\div300\div10\div4.18\div1000\div0.8\div\pi]^{1/3}=4.11$m

直径 $D=4.11\times2=8.22$m

则需要 2 个直径 8.22m、高度 4.11m 的冰水罐。

（3）酵母扩培需要制冷的热量计算

酵母扩培需要制冷的热量以 10000kcal/h 计、每次纯培养共需 7d、每月一次，则可得数据：

酵母扩培需要制冷的热量＝10000×24×7×12＝20160000kcal＝20160000×4.186＝84389760kJ/年

全年需要制冷的热量＝2186842785.7kJ/年＋1968158507.1kJ/年＋84389760kJ/年＝4239391052.8kJ/年

（4）制冷机组的选择

根据全年需要制冷的热量选用上海竑友机械设备厂 HY-740A 型螺杆式冷水机组 1 台。

9. 过滤设备的计算

选用硅藻土板框式过滤机，每天过滤发酵液的量以旺季每天产发酵液的量 198192.3L 计算，每天生产 3 班次，每班生产以 7h 计算，则：

每小时的过滤量＝198192.3L÷3 班÷7h＝9437.73L/h

选用扬州润明轻工机械有限公司 TBGS/600 型、过滤能力 10.5t/h 的硅藻土板框过滤机，则需要板框过滤机台数＝9437.73L/h÷1000÷10.5t/h＝1 台

10. 过滤酒储存罐的计算

以旺季每天过滤酒 196211.52L 计，则每小时的量＝196211.52L÷3 班÷7h＝9343.41L/h

过滤酒储存罐直径 D 与高度 H 比为 1∶2、容积系数以 0.8 计，则过滤酒储存罐直径 $D=(9.34341\div0.8\div\pi)^{1/3}=1.55$m，过滤酒储存罐高度 $H=2D=3.1$m。

因此储存罐储存 1h 的过滤酒需要罐子直径 $D=1.55$m，高度 $H=2D=3.1$m。生产中按照储存 4h 的量进行设备选择。

11. 啤酒灌装线的计算

以旺季每天产啤酒 392807.7 瓶计，则每小时的量：

392807.7 瓶÷3 班÷7h＝18705.13 瓶/h

所以选择广东东莞市高臻机械设备有限公司引进德国主要设备技术的 8000 瓶/h 啤酒灌装生产线 3 条。

该淡色啤酒工厂主要设备如表 4-1 所示。

表 4-1　　啤酒工厂主要设备一览表

名称	规格型号	尺寸/mm	功率/kW	数量	单价/万元	生产厂家
麦芽仓	定制	Φ3800，H7550		2 个	30.00	哈尔滨汉德
粉碎机	JFM-8A	1150×680×1710	5.5	10 台	1.5	山东双佳
螺杆输送机	LS-1000	Φ108	1.1	10 台	0.70	江阴市昶衡

续表

名称	规格型号	尺寸/mm	功率/kW	数量	单价/万元	生产厂家
高压风力输送机	5 型	据生产需要	11	4 台	5. 30	郑州宏凯
计量仓	500 型		0. 5	10 个	1. 5	潍坊菲斯特
糖化锅	定制	$\Phi4400, H2200$	5	1 台	30. 00	哈尔滨汉德
过滤槽	定制	$\Phi2500, H1250$		1 台	32. 00	哈尔滨汉德
煮沸锅	定制	$\Phi4870, H2440$	5	1 台	26. 50	哈尔滨汉德
酒花添加器	定制	$\Phi1000, H1000$	1. 5	1 套	2. 50	哈尔滨汉德
回旋沉淀槽	定制	$\Phi4870, H2440$		1 台	24. 00	哈尔滨汉德
麦汁暂存罐	定制	$\Phi3000, H6000$		1 台	24. 00	哈尔滨汉德
板型可拆式板式换热器	B200H	780×1480×2150	75	1 台	15. 50	宁波北仑博克
酵母计量添加与麦汁充氧系统	JMTJ	2550×1300×1650	2. 2	1 套	6. 50	河南新乡中天
前发酵罐	定制	$\Phi4300, H12900$		27 个	34. 00	哈尔滨汉德
后发酵罐	定制	$\Phi6200, H37000$		21 个	34. 00	哈尔滨汉德
冰水罐	定制	$\Phi8220, H4110$		1 个	20. 00	哈尔滨汉德
冰水罐	定制	$\Phi2600, H5200$		2 个	25. 00	哈尔滨汉德
螺杆式冷水机组	HY-740A	7600×2200×2560	744	1 套	100. 0	上海竑友
酵母清洗机	HDQ32	1000×800×1000	2	3 套	8. 00	哈尔滨汉德
酵母连续培养罐	HD135	3000×2000×2000	5	1 套	22. 50	哈尔滨汉德
泵	YCB80-0. 6B	$\Phi150$	22	45 台	1. 35	沧州海川
CIP 原位清洗系统	CIP-1. 0		5. 5	2 套	30. 00	上海多源
硅藻土板框式过滤机	JZL01(400×400)	3850×800×1050		2 台	25. 00	河南新乡华宇
过滤酒暂存罐	定制	$\Phi1550, H3100$		4 个	24. 00	哈尔滨汉德
啤酒灌装生产线	8000 瓶/h		35	3 条	80	东莞高臻

思政要素解读

能力拓展

◇ 探究式学习，提高学生正确认识问题、分析问题和解决问题的能力

能够基于系统思维对设备计算及选型过程中的复杂工程问题进行调查和分析研究，分析评估相应的解决方案，能够根据不同的建厂要求设计合理有效的设备方案，体现批判性思维和创新意识。

◇ 能够运用工程语言，分析评价设备方案对社会、健康、安全等的影响，树立社会责任感

能够基于工厂设计、食品设备相关工程背景知识进行合理分析、评价设备选型方案对食品产业高质量发展、国民健康、安全生产等的影响，并理解应承担的责任和义务。

◇ 贯彻绿色可持续发展新理念，深入理解保护环境的基本国策和可持续发展战略

能够理解和评价食品工厂设备选型问题涉及的对环境和社会可持续发展的影响，树立可持续发展价值观，发挥主观能动性，深入理解保护环境的基本国策和可持续发展战略。

素养提升

◇ 结合典型案例，学习专业知识，倡导系统思维和团队协作精神

通过对案例的分析和探究，明确设备选型对产品产量、提质增效和社会安全的重要性，理解各工序衔接配合的重要性，倡导系统思维和团队协作精神。

◇ 系统学习，弘扬工匠精神，提升工程素养和解决复杂问题的能力

以实际需求为导向，通过理论与案例的结合分析在设备选型过程中探索未知、追求卓越、勇攀高峰，培养良好的工程素养，弘扬工匠精神，提高解决复杂工程问题的能力。

自学能力测试

课后作业

根据所学知识，选择一类食品加工厂，分析并撰写一份设备选型报告。

思考题

1. 食品工厂设备选型的原则是什么？
2. 食品工厂生产设备可分为哪几类？
3. 食品工厂车间设备布置的步骤是什么？
4. 罐头厂的主要设备选型包括什么？
5. 食品工厂专业设备的设计与选型的依据是什么？

CHAPTER 5

第五章 食品工厂人员定编

启发提问

◇ 人员定编在食品工厂中的作用是什么？

◇ 影响食品工厂人员定编的主要因素都有什么？

◇ 如何制定一个最优的食品工厂人员定编方案？

学习目的与要求

◇ 明晰人员定编在食品工厂设计过程中的重要性，了解这一环节对企业投资收益、地方经济发展和社会安全稳定的影响；

◇ 掌握食品工厂人员定编的重要原则，明确人员合理定编在工厂投资和经济效益因素的重要作用。

学习内容

◇ 人员定编的基本组成；

◇ 人员定编的依据；

◇ 人员定编的计算。

食品工厂人员定编在不同的市场条件下，可能有不同的配置要求。人员定编会随着社会经济和科学技术的发展而产生翻天覆地的变化，如现在自动化技术、大数据技术和人工智能技术的飞速发展，促使一些食品工厂的现代化变革，机械臂、机器人、自动化设备大大减少了车间操作人员数量，同时对计算机、智能化设备和微电机设备的管理和维修人员需求增多。

食品工厂人员定编，是在食品工厂生产、销售和管理条件下，采用现代科学的管理理论，规定食品工厂各岗位应配备的各类人员的最优人数。合理的人员定编能为食品工厂安排生产和销售、分拨生产资料提供可靠的依据；能促进食品工厂提高管理效率，合理控制生产成本，大力推行高效的现代化管理方式，积极促进低碳生产和节能减排。

人员定编实施范围应该包括食品工厂所有的部门和岗位，即包括从事生产、销售、技术、管理和服务工作的全部人员，但不包括临时性生产和工作人员，不能独立定岗的实习员工不列入定员范围。人员定编工作包括确定食品工厂经营的人数、部门人数、岗位的人数以及掌握各种技能的人员数额，以及他们之间最优的分配关系。

第一节　人员组成

食品工厂
人员组成

食品工厂人员的组成一定要进行科学合理的人员定编，对工厂所有部门和岗位进行科学规划和定员，从而实现工厂人力资源分配的合理高效。

一、人员定编的基本要求

人员定编的多少，是企业在投产后，全面达到设计指标和正常操作管理水平的标志，根据生产定员数和计划产量相比较，可得出“生产劳动率”，这是技术经济分析的一个重要指标，也是进行生产成本计算中一个重要的组成部分。

食品工厂员工人数计算在工厂设计中主要用于人员定编、生活设施（如工厂更衣室、食堂、厕所、办公室、托儿所等）的面积计算和生活用水、用汽量的计算。

人员定编的基本要求包括：

1. 科学合理

人员定编既要考虑到现实的技术组织条件，又要充分挖掘劳动潜力，尽量应用先进工艺技术，改善劳动组织和生产组织形式；既保证满足生产的需要，又避免人员的窝工浪费，尽量精简机构，减少不必要的人员，用提高生产效率和工作效率的办法来完成更多的任务。

2. 比例适当

要合理安排直接生产人员和非直接生产人员的比例关系，提高直接生产人员的比重，降低非直接生产人员比重；要正确处理基本工人和辅助工人的比例关系，做到合理安排，配备适当，根据企业发展的需要和实际可能，正确规定人员比例。此外，随着企业自动化技术水平的提升，科学水平的发展和企业经营管理要求的日益提高，企业中工程技术人员和管理人员的比重逐步提高。

二、企业员工分类

企业员工主要分为以下两类。

1. 直接生产人员

从事生产和技术工作的人员，为直接生产人员。

2. 非直接生产人员

从事管理和服务工作的人员，为非直接生产人员。

三、食品企业内部人员分类

1. 一线生产人员

一线生产人员是指直接从事生产操作的人员。食品企业一线生产人员要熟悉生产环境，了解有关规章制度，了解本企业的性质、目标、任务、宗旨等，熟悉各种岗位的操作规范，成为熟练的操作者，并且有一定的掌握新技术、适应多工种的能力。

2. 品质保证控制人员

品质保证控制人员是食品企业为保证产品质量进行检测检验的人员及进行品质控制的管理人员。要求品质保证控制人员掌握保证各种产品达到合格的生产技术和控制手段。要求他们掌握食品行业的专业知识，熟悉各类食品检测检验的方法、仪器及操作，及时了解和掌握食品行业的品质控制和保证的新技术，具有很强的责任心，能够及时掌握原料、生产及销售等各个环节产品可能出现质量问题的情况，对出现的质量问题能够分析原因，及时给管理人员提出调整方案。

3. 产品研发人员

产品研发人员是食品企业从事新产品开发、产品更新换代的人员。要求产品研发人员具有食品专业的完整的、宽厚的知识结构，时刻了解和掌握食品行业的发展动态；及时掌握食品工业的新技术、新设备；具有综合运用知识的能力，要求他们思路敏捷，对新技术新设备的接受和运用能力极强。同时要求他们能够对食品行业的发展具有前瞻性的预测，开发的产品具有一定的技术储备，真正做到开发一代、储备一代。因此食品企业研发人员要对信息有一定的敏感性。同时要求产品研发人员要能够及时和管理人员沟通，能够让管理人员接受新产品开发的意见并及时把新产品推向市场。

4. 管理人员

管理人员是指从事食品企业生产经营管理的人员，要求食品企业管理人员应具备一定的食品科学与工程专业知识，了解食品行业的发展方向，能够及时准确地做出本企业发展的决策。同时应具备合作精神，能赢得人们的合作，愿意与人一起工作；具有决策才能，能根据事实而非依据想象进行决策，具有高瞻远瞩的能力；具有较强的组织能力，能够发挥部署的才能，善于组织人力、物力和财力；能够精于授权，善于应变，做到大权独揽、小权分散，抓住大事，把小事分给下署；勇于承担责任，对上级、下级、产品、用户及整个社会有高度责任心；敢于求新，对新事物、新环境、新观念有敏锐的感受能力；敢于承担风险，对企业发展中不景气的风险敢于承担，有改变企业面貌、创造新局面的雄心和信心。

5. 营销人员

营销人员是产品走向市场的媒介。要求营销人员了解食品企业产品的性能，对其营养功能、保健功能有一定了解，这样可以在推销时更具有说服力；如一些企业要求他们的营销业务人员需要有生产线上经历，一些企业要求新入职员工要去车间实习一段时间，有些企业甚至从企业内部选拔营销人员，这就是让销售人员对自己的产品和公司非常熟悉。要求营销人员了解消费者的消费需求、消费动机、消费心理；要求营销人员对市场上的同类产品有一定熟悉和了解，能够和本企业产品进行对比，知道自己产品的优势；要求营销人员对一定区域的市场熟悉，熟悉当地人们的消费习惯，对产品的可能接受程度有充分认知。

综合来看，要从实际出发，服从食品企业生产经营活动的客观需要，既要做到合理分工，发挥工人专长，又要避免因分工过细而造成人力资源利用不足。在机构设置方面，要求机构精简，管理层次少，做到人有其事，事有其责，杜绝相互推诿，提高办事效率。

人员定编工作要求做到先进合理，要符合高效率、满负荷、充分利用工时的原则。一个新建企业，在一开始就要做好这项工作。在现代社会中，由于定员不合理后期辞退员工，会影响员工的情绪，这样会使企业陷入两难境地。所以选择科学的人员定编方法对企业的健康发展很重要。

案例分享

下面是一例某啤酒企业发展成现代化国际食品企业的蜕变之路。改革开放以来，我国的食品企业获得了飞速的发展，2001 年我国加入 WTO（世界贸易组织），国内的食品供需平衡被打破，从而导致食品生产企业进行重新洗牌，一些国内知名食品企业在做大做强方面遇到了瓶颈，尤其是人员定岗定编方面遇到了重大挑战，食品企业要做大做强必须进行现代化转型。2003 年，某啤酒企业引进国际先进的人力资源管理模式 e-HR 系统，对该企业的人员管理进行优化，完善内部岗位的选人、用人和人员激励制度，同时与国外知名企业美国某公司进行合作，进一步完善企业内部人员的管理。该企业首先对人力资源管理部门各职能模块的管理制度和工作流程进一步完善和细化，同时，对子公司和区域分公司实行“关注内部人才培养和机制运行”的人力资源管理模式，使该企业人员定岗定编高效运转起来。其次，在员工的选用方面，某啤酒企业采用“对外扩招，对内广造”和“外部选聘职业化、内部选聘日常化”的机制。该企业为了打造专精尖的高标准专业人才，采用三级培训体系，进一步提升每个岗位员工的专业能力。同时建立动态的三级核心人才库，促进这些核心人才更好的为公司创造经济价值，把他们所创造的管理理念、战略思维、方法与工作技能，对团队和组织文化影响与培育等无形资产进行传承和发扬。最后，某啤酒企业完善人员的激励和约束机制，充分做到了“能者上、庸者下”，进一步增强了该企业的活力。某啤酒企业通过一系列的现代化人员管理变革，使企业更高效的运转起来，从而真正的让人事管理部门蜕变成先进的选人用人理念和制度现代化人力资源管理部门。

第二节　人员定编的依据

不同类型的工厂有不同的人员定编方式，以生产为主的工厂，销售外包或者归到营销公司负责，我们就采用重生产、轻销售的模式。以销售为主的工厂，生产只占很少部分或代工来完成，我们人员定编要以销售为主。生产和销售并重的工厂，我们要采取偏销售，重生产，以销定产，产销并重的模式来完成人员定编。此外，人员定编还与工厂的自动化程度和成本控制有关，尤其近年来，随着国内经济的飞速发展和人口出生率的下降，导致用工成本上升，也间接推动食品工厂自动化进程。

食品工厂人员定编的依据

一、人员定编的依据

食品工厂人员定编应在企业性质、规模、生产组织结构等明确后再进行，其主要依据有以下几种：①依据计划产品品种、数量和需求时间而制定工厂和车间的生产计划；它是根据市场的需求来制定相应的产品生产计划，由该产品的品种、数量和交货时间来确定生产人员的安排，同时采购、仓储、物流等辅助部门人员来共同完成这项生产计划；②劳动定额、产量定额、设备维护定额及服务定额等；③依据生产方式、班次等制定的工作制度；④员工出勤率；⑤全厂各类人员的规定比例数。

二、人员定编遵循的原则

人员定编遵循的原则

食品工厂设计为实现劳动定员水平的先进合理，必须遵循以下原则。

（1）定员必须以企业生产经营目标为中心　科学定员应保证整个生产过程连续、协调进行，人员保持适中。人员过少，难以实现经营目标；人员过多，则增加了人力成本，导致收益不能最大化。因此，定员必须以企业和生产经营目标及保证这一目标实现所需的人员为依据。

（2）定员必须以精简、高效、节约为目标　在保证企业生产经营目标的前提下，追求效率，并最大限度地节约成本。

（3）各类人员的比例关系要协调　一般来说，应扩大基层直接生产人员的比例，压缩管理等非直接经营人员的比例。因此，在编制定员时，应处理好这些比例关系。

（4）要做到人尽其才，人事相宜　定员问题不只是单纯的数量问题，而且涉及人力资源的质量，以及不同劳动者的合理使用。要做到这一点，一方面要认真分析、了解劳动者的基本状况，包括年龄、体质、性别、文化和技术水平；另一方面要进行工作岗位分析，即对每项工作的性质、内容、任务和环境条件等有一个清晰的认识，才能将劳动者安排到适合发挥其才能的工作岗位上，定员工作才能科学合理。

（5）要创造一个贯彻执行定员标准的良好环境　定员的贯彻执行需要有一个适宜的内部和外部环境。所谓内部环境包括企业领导和广大员工思想认识的统一，以及相应的规章制度，如企业的用人制度、考勤制度、退职退休制度、奖惩制度、劳动力余缺调剂制度等。所谓外部环境包括企业真正成为独立的商品生产者，企业的经营成果真正与员工的经济利益相联系，同时还要建立劳务市场，使劳动者有选择职业的权力，企业有选择劳动者的权力。

（6）定员标准应适时修订　在一定时期内，企业的生产技术和组织条件具有相对的稳定性，所以企业的定员也应有相应的稳定性。但是，随着生产任务的变动、技术的发展、劳动组织的完善、劳动者技术水平的提高，定员标准应作相应的调整，以适应变化了的情况。

（7）坚持以专家为主，走专业化道路的原则　劳动定员是一项专业性、技术性很强的工作，涉及业务技术和经营管理的方方面面。从事这项工作的人，应具备比较高的理论水平和丰富的业务经验。

（8）遵守法律的原则　遵守国家法律，保证人员的正常休息时间。保证员工的工作时间符合法律规定，不能为节约成本而延长员工的工作时间。

第三节　人员定编的计算

定员计算的基本原理是按生产工作量确定人数，劳动定额作为计算工作量的标准，在定员计算中起着重要作用。因此，只要有劳动定额的岗位都应该考虑使用劳动定额资料来定编。

一、劳动定员的方法

人员定编是工厂增效节能的基础，下面介绍几种常见的人员定编方法。

1. 时间定额定员

由于不同工种、不同加工对象之间不能直接比较，而时间定额是最通用的劳动消耗标准，一旦不同工种和对象的劳动量换算成时间量就能比较了。用时间定额可以计算企业所有的基本生产工人的定员数。这个方法适用于许多场合，当用来计算全厂的基本生产工人定额人数时，只要取全厂的生产任务总量；计算车间的基本生产工人定额时，生产任务取车间总量；同样，如果计算某一工种的定员人数，生产任务取该工种的总值就可以了。其余情况可以类推。

2. 产量定额定员

这种方法的计算公式与时间定额法基本相同，只是生产任务和工人的定额任务用产量定额表示。此方法有较大的局限性，只适用于劳动对象单一的场合，如生产量大并且稳定的零件制造厂，可以按零件的加工任务量计算定员，总体加和后得到全厂的基本生产工人定员人数。

3. 看管定额定员

看管定额定员是根据机器数量、开动的班次和工人看管定额计算定员人数。这种方法比较简单，适合于实施多机器看管的企业。对于实行一人一机的劳动组织方式的企业，采用这种方法不一定合理。使用这种方法的前提是生产任务必须饱满，机器没有停工时间，否则，得出的定额人数会偏大。

4. 岗位定员

岗位定员是根据工作岗位的数量、岗位的工作量、操作人员的劳动效率、劳动班次和出勤率等因素计算定员人数。按岗位定员的方法与生产量无直接关系，与生产类型有关，它适合大型联动装置的企业，如发电厂、炼油厂、炼钢厂等；也适合于无法计算劳动定额的工种和人员，例如，辅助工、机修工、后勤服务人员等。用这种方法定员很难找到计算公式，工作抽样是比较适合的一种方法。

5. 比例定员

比例定员就是按企业职工总人数或者某一类人员的总人数的某个比例计算出其他人员的定员人数。企业中的卫生保健人员、炊事人员、某些辅助工人可以采用此法定员，使用的比例数是经验数据，可以用工作抽样的方法分析比例数的准确性。

6. 业务分工定员

业务分工定员即根据组织机构、职务岗位的工作种类和工作量来确定人数。这种方法定性成分很大，主要适用于管理人员和工程技术人员的定员。这些人员的工作内容广泛，工作量不容易计算，工作效率又与每人的能力、工作态度和劳动热情有关，具体操作时有一定的难度。工作抽样也适用于处理这个问题。

企业定员是企业人员数量和构成的基本标准，企业不可能经常进行定编工作，有个较长的稳定期。但是，企业的生产量在不同季节、不同月份往往变动很大，为了保证任务和人力相匹配，在每个计划期（年计划和月计划）都需要做人员需求计划，以指导劳动力的余缺调整和补充。

二、人员定编的计算

食品工厂要根据《食品生产许可管理办法》、HACCP、良好作业规范（good manufacturing practices，GMP）的要求组织生产，对劳动者的要求越来越高，同时由于受原料供应和市场需求的影响，食品工厂呈现极强的季节性，食品企业生产的卫生条件要求也很严格，产品品类多，生产工艺的复杂，对食品企业的用工需求产生一定的影响。在食品工厂设计中人员定编过少，会导致投产后的一些生活设施不足，员工的工作负荷过高，易出现生产安全隐患，可能导致生产无法正常运行；人员定编过多，又会造成资源浪费，增加食品工厂的经营成本。

在实践中，员工的数量既不能靠经验估算，也不能靠各个工序岗位人数的简单累加。由于工厂的现代化水平不同和自动化应用程度不同，食品生产需要的用工数量也有一定的差别。自动化程度越高，生产的周期越短，产品的质量也会有一定的提升。根据产品销售的淡旺季来合理安排生产人员，一般可以参照主要的工序为基础进行计算。

合理的人员定编不仅能降低企业运转成本，也能增加劳动效率，这对于工厂劳动力的充分利用具有重要的意义，人员定编式主要分为各生产工序的人员定编和生产车间的人员定编，具体公式如下。

1. 各生产工序的人员定编

自动化程度较低的生产工序，通常指以手工作业为主时：

$$p_1(\text{人/班}) = \text{劳动生产率}(\text{人/产品}) \times \text{班产量}(\text{产品/班}) \tag{5-1}$$

式中　p_1——以手工作业为主的生产工序所需人数；有多个工序为手工作业时，应分别使用式（5-1），然后进行加和，计算出总的手工作业人员。

大多数食品工厂同类生产工序，手工作业劳动生产率是比较接近的。通常自动化程度较低的工序常发生在原料的预处理和食品加工的初始工段，如水产品加工厂生产鱼肉制品时原料鱼的去头、剔骨，虾肉产品加工的去头、去壳、去虾线等，肉类的剔骨、去皮、分割，水果的分拣、去皮和去核等。若采用人工作业质量安全较好、成本较低时，可以选用这种方式；此外工厂固定投资受限或自动化原料浪费较大时，也经常选用此种作业方式。

2. 各生产工序的人员定编

工厂的自动化程度较高的工序，即以机器作业为主时，根据设备所需的工作人员来计算，其人员需求计算公式如式（5-2）：

$$p_2(\text{人/班}) = \sum K_i M_i(\text{人/班}) \tag{5-2}$$

式中　p_2——以机器作业为主的生产工序所需人数；

K_i——相关系数，其值小于 1，系数的大小受同类设备数量、相邻设备距离以及设备操作难度、强度及环境等影响；

M_i——第 i 种设备每班所需人数。

自动化程度较高的工序，在生产方面的工作人员需求数量减少，通常在设备的维护保养方面的需求增多。此外，设备的投资也增多，为了保持生产的连续性，通常一些设备必须有一台备用，尤其是关键工序，必须有备用的设备，这就大大增加了固定投资的支出。

3. 生产车间人员定编

$$p(\text{人}) = 3S(p_1+p_2+p_3) \quad (5-3)$$

式中 3——生产班次，此为旺季时的3班制生产模式；

S——修正系数，其值小于1；

p_3——辅助工人数量，其值可通过查阅相关技术资料获得。

车间工作人员的配备取决于岗位的性质，强度大的工种，如生猪屠宰过程中吊挂和大块肉的转移，多使用男性员工；而产品的检验、化验和研发等工种应该使用具有食品专业背景的人员来完成；一些临时增加工种可以多采用临时工，这样方便生产淡旺季的工作人员的调整。

二、人员定编计算的案例

以冷冻鱼糜加工生产流水线为例对人员定编进行案例说明。

1. 工艺流程

原料预处理→采肉→漂洗→脱水→精滤→斩拌→擂溃→包装→冻结→检验→装箱→入库

2. 确定设备的生产能力和操作要求

鱼糜生产车间设备和操作人员清单如表5-1所示。

表5-1 鱼糜生产车间设备和操作人员清单

设备名称	生产能力	数量	操作人员素质要求	每台所需人数
去鱼头机	3000条鱼/h	1	技术工人	1
切分机	3000条鱼/h	1	技术工人	1
去皮机	2000条鱼/h	1	技术工人	1
采肉机	2500kg/h	1	技术工人	1
脱水机	2500kg/h	1	技术工人	1
精滤机	1200kg/h	2	技术工人	1
斩拌机	1000kg/h	2	技术工人	1
擂溃机	1500kg/h	2	技术工人	1
包装机	250包/h	2	技术工人	1

3. 生产方式的确定

鱼糜生产的具体工序和生产方式如表5-2所示。

表5-2 鱼糜车间生产工序和生产方式

工序名称	生产方式
原料预处理	由传送带送入去头机、分割机，然后进入设备中去皮和内脏，并进行清洗
采肉	由传送带送入采肉机进行自动采肉
漂洗	对采得的鱼肉进行漂洗
脱水	用传送带将漂洗后的鱼肉送到脱水机进行脱水
精滤	由精滤机对鱼肉中残留的鱼皮和鱼骨进行脱除
斩拌	由人工将精滤过后的鱼肉送入斩拌机进行细化

续表

工序名称	生产方式
擂溃	由人工将斩拌后的粗鱼糜送入擂溃机中进行擂溃，进一步磨碎鱼肉组织
包装冻结	将鱼糜包装成6~8mm厚的方块，每袋10kg，包装后放入周转箱，立即进行速冻
装箱入库	将冻结好的鱼糜制品装箱，每箱2袋，由运输设备搬运入库

4. 班产量的计算

根据产品生产方案和实际生产条件，可以计算出班产量。这个产量只是一个中位数，人员需求是按最大班产量来计算，这才能使生产需求和人员定岗达到动态的平衡。鱼糜生产车间的班产量主要由斩拌机的产能所决定。若每班生产8h，则：

班产量=2（台）×1000kg/h（1台）×8h/班=16000kg=16t。

5. 各工序人员需求的计算

鱼糜车间工序具体人员数量和素质需求如表5-3所示。

表5-3 鱼糜各生产工序人员数量需求依据和具体要求

工序名称	计算依据	人数	性别	文化程度	主要职责
原料预处理	式(5-1)，劳动生产率为0.00375人/箱	3	男	普通工人	操作原料处理机械，对原料鱼进行去头、切分、去内脏、去皮
采肉	式(5-2)，相关系数 $M_1=0.5$	2	女	中职以上	采肉机的操作、保养
漂洗	式(5-2)，相关系数 $M_2=0.5$	1	女	普通工人	漂洗工序的维护和清洗
脱水	式(5-2)，相关系数 $M_3=0.5$	1	女	中职以上	脱水机的操作、保养
精滤	式(5-2)，相关系数 $M_4=0.5$	2	男	普通工人	精滤机的操作、保养，并将加工好的物料转运至斩拌工序
斩拌	式(5-2)，相关系数 $M_5=0.5$	2	男	中职以上	协助将精滤后的料装进斩拌机，对斩拌机操作、保养
擂溃	式(5-2)，相关系数 $M_6=1$	1	男	中职以上	协助将斩拌后的料装进擂溃机，擂溃机的操作、保养
包装	式(5-2)，相关系数 $M_7=1$	1	男	中职以上	内包装机的操作、保养
冻结	式(5-1)，劳动生产率为0.0025人/箱	2	男	中职以上	将包装好的产品装入速冻箱进行速冻
检验	辅助生产人员，对产品质量进行检查	1	女	大学本科以上	检验产品是否合格
装箱	式(5-1)，劳动生产率为0.0035人/箱	3	男	中职以上	手工装箱、封箱
入库	辅助生产人员，转运叉车	1	女	中职以上	运输产品入库

6. 生产车间人员需求的计算

由表5-3数据代入式（5-1）、式（5-2）、式（5-3）可分别计算出 p_1、p_2、p_3。

$$p_1 = p_{装箱} + p_{原料} + p_{冻结} = 3+3+2 = 8(人/班)$$

$$\begin{aligned} p_2 &= p_{采肉} M_1 + p_{漂洗} M_2 + p_{脱水} M_3 + p_{精滤} M_4 + p_{斩拌} M_5 + p_{擂溃} M_6 + p_{包装} M_7 \\ &= 2\times0.5+1\times0.5+1\times0.5+2\times0.5+2\times0.5+1\times1+1\times1 \\ &= 6(人/班) \end{aligned}$$

此外，由于车间管理和调配的需求，增加3名对各工序均熟练人员，参与车间管理和临时填补各工位临时空缺。故 p_3 为：

$$p_3 = p_{检验} + p_{入库} + p_{管理} = 1+1+3 = 5(人/班)$$

考虑到车间生产时，工人上厕所、喝水和吃饭不停机，修正系数 S 取1。一般禁渔期单班生产，在捕鱼期，生产旺季时每天实行3班生产，因此，车间的劳动力总人数 p 为：

$$p = 3S(p_1+p_2+p_3) = 57(人/d)$$

食品工厂劳动生产率的高低，主要取决于原料形状、大小、新鲜度、成熟度、工人操作的熟练程度和设备的机械化程度等，制定产品方案时就应考虑全面，对方案执行中出现的特殊情况，可以进一步完善产品方案。另外，在编排产品方案时，尽可能地用单班产量来调节劳动力，使每班所需工人人数基本相同。对于季节性强的产品，在高峰期允许使用临时工，为保证高峰期的正常运转，生产骨干应为对生产操作熟练的正式工。在日常生产时，熟练的正式工需维持一定的比例。

知识扩展

SC是食品企业生产许可证的简称，它是2015年10月1日开始执行，正式取代以前的QS，2015年10月1日至2018年10月1日，SC和QS是可以共存的，这是为照顾企业消耗原有已经印刷的包装。当食品企业新成立或者所生产的品类是新增的时需要申办SC证。2022版SC食品工厂申证过程中对从业人员有一定的规定，在新证审查包含3个子项，占比9分（总分100分），三个子项分别为：①应当配备专职或兼职食品安全管理人员和食品安全专业技术人员，并明确其职责，人员要求应当符合有关规定。②应当制定和实施职工培训计划，根据岗位需求开展食品安全知识及卫生培训，做好培训记录。食品安全管理人员上岗前应当经过培训，并考核合格。③应当建立并执行从业人员健康管理制度，明确患有国务院卫生行政部门规定的有碍食品安全疾病的或有明显皮肤损伤未愈合的人员，不得从事接触直接入口食品的工作。从事接触直接入口食品工作的食品生产人员应当每年进行健康检查，取得健康证明后方可上岗工作。

HACCP小组人员的能力应满足本企业食品生产经营专业技术要求，并由不同部门的人员组成，应包括卫生质量控制、产品研发、生产工艺技术、设备设施管理、原辅料采购、销售、仓储及运输部门的人员，必要时，可请外部专家参与。小组成员应具备与企业的产品、过程、所涉及危害相关的专业技术知识和经验，并经过适当培训。

HACCP要求食品工厂应对员工健康进行管理，明确健康标准，以降低食品安全风险。对于患有传染性疾病或对食品安全有直接影响的食品生产/经营人员，不应让其进入任何食品处理区域，并及时向上级报告。对于某些疾病，应适当考虑在返回工作岗位前获取体检合格证明。必要时，应将有伤口的人员分配到他们不会直接接触食品的地方工作。如果允许受伤人员继续工作，应采取适当措施，对受伤人员伤口进行处理，并防止防护用品或医疗用品污染食品。应每年对食品安全有直接影响的生产/经营人员进行健康检查，保留记录。

GMP 要求食品工厂管理组织应采取一切合理的措施和预防手段以保证人员符合以下要求。

(1) 疾病控制　经体检或监督观察，凡是患有或表现出患有疾病、开放性损伤（包括疖子或感染性创伤），或其他可能成为食品、食品接触面或食品包装材料的微生物的非正常污染源的员工，在消除上述病症之前，均不得参与可能会造成污染的作业。并应告诫职工，发现上述疾病，须向其上级报告。

(2) 清洁卫生　凡是在工作中直接接触食物、食物接触面及食品包装材料的员工，在其当班时应遵守卫生规范，保障食品免受污染。保持清洁的方法包括但不限于：①穿适合作业的外套，防止食物、食物接触面或食品包装材料受到污染；②保持好个人的清洁卫生；③开始工作之前，每次离开工作间之后，以及在双手可能已经弄脏或受到污染的任何其他时间，均须在合适的洗手设施上，彻底洗净双手（如要预防不良微生物的污染，则还需消毒）；④除去不牢靠的、可能掉入食品、设备或容器中的首饰和其他物品；除去手工操作食品时无法彻底消毒的手饰。如果无法除去手饰，可以用一块完整且清洁卫生的物料把手饰包盖起来，有效地防止手饰等对食品、食品接触面或食品包装材料的污染；⑤如果手套用于食品加工中，其须处于完整、清洁卫生的状态，并应该用非渗透性的材料制成；⑥需要时，须适当地佩戴发网、束发带、帽子、胡须套、或其他有效的须发约束物；⑦不要将衣物或其他个人物品存放在食品暴露的地方或在设备及用具冲洗的地方；⑧将以下行为，如吃东西、嚼口香糖、喝饮料或吸香烟等，限制在食品暴露区域或设备及用具清洗区域以外；⑨采取其他必要的预防措施，防止食品、食品接触面或食品包装材料受到微生物或异物（包括但不限于：汗水、头发、化妆品、烟草、化学物及皮肤用药品）的污染。

(3) 教育与培训　负责监督卫生或食品污染的人员应当受过基础教育或具有经验，或两者皆备，这样才能保障生产出卫生和安全的食品。食品操作和监管人员应当在食品加工技术及食品保护原理方面受过适当的培训，而且应当熟知不良的个人卫生及不卫生操作的危险性。

(4) 监管　应明确地责成称职的监管人员监督全体员工，务必使他们遵守本章的一切规定。

思政要素解读

能力拓展

◇ 案例教学，理解经济发展中劳动力的作用，提高食品工程中的人力资源管理能力

通过食品企业人员定编案例的分析与学习，能够采用科学方法对复杂形势下人员定编的问题进行研究，提高食品工程中的人力资源管理能力。

◇ 提高职业技能，培养职业道德，理解企业运行中高素质劳动力的重要作用

熟悉人员定编在企业发展中的重要作用，理解劳动力、生产力与企业提质增效的关系，理解科技是第一生产力的内涵，提高劳动者的职业技能和职业道德。

◇ 理解劳动法，模范遵守国家劳动相关法律法规

理解国家有关法律中对劳动强度、劳动安全与卫生、劳动保护和劳动纪律等的有关规定，理解劳动法，模范遵守法律法规。

素养提升

◇ 培养职业道德和规范人员布局素养，遵守国家法律法规

能够采用科学方法对复杂形势下人员定编的问题进行研究，包括用工成本上升、劳动权益意识增强、人员流失等。学会合理协调招不到人和留不住人的问题，尤其是一些工作强度较高、操作环境较恶劣的工种，不仅待遇要有保障，而且对工人退休后期的健康要进行一定的补偿。不能以薪资的诱惑而盲目增加劳动强度，有些工厂通过招 2 个人来完成 3 个人的工作量，来增加工人的收入，这种方法长久来看是不可取的。我们可以适当地对一些劳动强度较高的工种实行自动化，如目前大部分企业对产品的装箱和转运采用机械臂和自动化的转运车来完成。

自学能力测试

思考题

1. 影响食品企业人员定编的因素有哪些？
2. 人员定编与人力资源管理关系有哪些？
3. 如何促进人员定编的合理推进？

CHAPTER 6

第六章 食品工厂车间布置设计

启发提问

◇ 车间布置设计包括哪些内容？

◇ 开展车间布置设计需要做好哪些准备工作？

◇ 设备都只能布置在室内吗？哪些设备更适合露天布置？

◇ 车间布置图需要体现哪些信息？如何规范地绘制车间布置图？

学习目的与要求

◇ 明晰车间布置设计的任务，了解这一环节对企业投资收益、地方经济发展和社会安全稳定的影响；

◇ 掌握车间布置设计的一般原则，熟悉厂房布置设计和设备布置的要求，并能将相关设计原则和要求熟练用于判断车间布置设计的合理性和规范性；

◇ 掌握车间布置图绘制的步骤和方法，能够结合生产工艺，利用绘图软件，绘制一组符合设计规范和工艺要求的车间布置图。

学习内容

◇ 车间布置设计的任务和原则；

◇ 车间建筑（厂房）和设备布置设计的要求；

◇ 车间布置设计的步骤和方法。

第一节 概　　述

一、车间布置设计的任务

生产车间布置设计概念和核心依据

车间布置设计的任务主要包括：

① 确定车间火灾危险类别，爆炸和火灾危险性场所的等级，卫生、洁净度等级等；

② 确定车间结构类型及主要尺寸，并对生产区、辅助区、行政生活区位置进行布局；

③ 确定车间所有设备在车间建筑平面和空间的相对位置，使各设备间的连接与排列符合工艺流程要求；

④ 确定各车间之间的相互联系。

二、车间布置设计的重要性

一般食品工厂车间布置设计包括工艺设计和非工艺设计（包括土建、采暖、通风、给排水、供电、供汽等），其中工艺设计的好坏直接影响到全厂生产和技术的合理性，并且与建厂费用、产品成本、产品质量、劳动强度等有密切关系，所以车间布置设计在整个工厂设计中占有很重要的地位。

（1）车间布置不合理会影响生产的正常运转。如设备的操作维修不便；人流、货流紊乱；引起成品污染；动力介质不正当损失；增加输送物料的能耗；增加建筑和安装费用等。

（2）车间布置设计是一项涉及面广、复杂而细致的设计内容。要求工艺设计人员要了解生产操作、设备维修和安装知识，而且要具备一定的土建、电力、自控仪表、质量控制等其他专业的基本知识。在布置时，要提出不同的方案，进行比较，以取得一个最佳方案。

总之，车间布置设计是以工艺为主导，并在其他专业密切配合下完成的，它是工艺设计的重要组成部分。合理的车间布置有助于生产作业正常、顺利进行，提高生产管理效率，有效避免经济损失。

三、车间布置设计的依据

车间布置设计的核心依据

车间布置设计必须在充分调查的基础上，提出多种方案并比较，方能确定最终设计方案。因此，掌握必要的资料作为设计和选择依据以供参考，这些资料包括：

① 生产工艺流程图；

② 物料衡算数据及物料性质，包括原料、半成品、成品、副产品的数量及性质；“三废”的数量及处理方法；

③ 设备资料，包括设备的外形尺寸、重量、支撑形式、保温情况及其操作条件，设备一览表等；

④ 公用系统耗用量、供排水、供电、供热、供冷、压缩空气、外管资料等；

⑤ 土建资料和劳动安全、防火、防爆、卫生标准等资料；

⑥ 车间生产对通风、空调、空气净化、加工作业温度等的要求；

⑦ 车间组织及定员资料；

⑧ 厂区总平面布置，包括本车间与其他生产车间、辅助车间、生活设施的相互关系，厂内人流、物流的情况与数量等；

⑨ 国家、行业有关方面的规范资料。

四、车间布置设计的原则

车间布置
设计的原则

一般食品工厂车间布置设计应该满足技术先进、经济合理、节省投资、操作维修方便，以及设备排列简洁、紧凑、整齐、美观的要求，对于涉及冷链食品、GMP 的食品企业，除了要遵循车间布置设计的一般原则外，还应遵循食品冷链物流卫生规范、GMP、洁净厂房设计规范等相关管理规范。

1. 车间布置应符合生产工艺的要求

车间布局充分考虑生产效率，保证各个生产车间、各工序间的相互配合，按照工艺流程走向确定各个车间的位置及车间内布局，缩短原料及成品的运输距离，人流、物流通道分开并保持通畅，避免或减少产品的交叉污染，同时充分利用高位差布置设备以节省动力消耗。总之，车间布置设计首先应满足生产、卫生方面的要求，其次还应满足总体设计的要求。

2. 车间布置应符合生产操作的要求

（1）每一个设备要考虑满足其安装、作业、检修所需的空间位置。例如，设备及其附属装置所占用的位置、设备检修拆卸的空间位置、设备与周边设备及建筑物间的安全距离等。

（2）设备布置应考虑为操作工人能管理多台或多种设备创造条件。同类型设备或操作性质相似的设备应尽量集中布置，以便统一管理，集中操作，方便维修及部件的互换。例如，发酵罐阵列，泵成组布置等，另外，设备的自动测量仪表、阀门也应集中布置，以便于工人集中控制、操作。

（3）设备布置不宜过挤或过松，宜尽量对称紧凑，排列整齐，充分利用空间。设备间距的设计应充分考虑操作的要求、运输管理的便利，以及安全生产的要求。车间内应留有堆放原料、中间品、成品、“三废”、包装材料等加工相关物料的空地及其运输通道或运输装备。具有运动机械的设备，还应考虑设置安全防护装置的空间位置。

（4）要考虑相同设备或相似设备互换使用的可能性和方便性，充分发挥设备的使用价值和潜力。

3. 车间布置应符合设备安装、检修的要求

首先，应根据设备大小及结构预留设备安装、检修及拆卸所需要的空间和面积。其次，应满足设备可按需进出车间的要求。根据设备的搬动频率，将经常搬动的设备布置在大门或安装孔附近，且门洞宽度至少比设备最大宽度多 0.5m，对于很少整体搬出的设备，可设置安装洞，待设备运入后再行砌封。此外，对于跨越楼层的设备，楼面上还需设置有盖板或无盖板的吊装孔，无盖板吊装孔周围还应设置可拆卸栏杆；对于固定安装的跨楼层设备，可在对应楼层外墙设置安装洞，由安装洞口运入后再行砌封。最后，出于对设备检修、拆卸以及运

送物料对起重运输装置的需要，可以根据使用要求设计布置永久性或临时性起重运输设备。

4. 车间布置应符合厂房建筑的要求

笨重设备或运转时会产生很大振动的设备，应布置在厂房的底层；对于有剧烈振动的设备，其操作台不得与建筑物的柱子、墙连在一起；在设备布置时，要避开建筑的柱子以及主梁，不可布置在建筑物的沉降缝或伸缩缝处。如果设备必须吊装在柱子或梁上，则应提前将设备荷重及吊装方式告知土建专业人员；厂房操作台应统一考虑，避免平台支柱凌乱重复，影响车间美观、生产作业和检修；对于在厂房的大门或楼梯旁布置的设备，其安装位置不可影响开门和行人出入；对于较高设备，在不严重影响工艺流程顺序的原则下应集中布置，从而简化厂房结构，节约厂房体积，同时可利用建筑有利条件，如天窗的空间，安装较高设备。

5. 车间布置应符合节约建设投资的要求

对于可露天或半露天布置的设备，尽量采用露天或半露天设计，如发酵罐、空气净化设备、贮槽等，露天设备可加盖防晒、防雨棚，从而减少建筑面积，节约厂房建筑费；低层建筑具有设计、施工和安装设备简单、费用低、动力消耗少、操作维修方便等特点，因此厂房尽量采用非高层化设计，除非在场地特别紧张的地方才考虑高层建筑；工艺管道集中布置，对于供汽、供气、供电的设备应尽量靠近负荷中心，尽可能缩短设备间管线，减少管线投资和节约能耗；尽量采用一般的土建结构，非必要时尽量少用或不用特殊的土建结构；设备的操作面尽可能与通道安排在同一侧。

6. 车间布置应符合安全、卫生和防腐蚀的要求

首先，食品工厂车间卫生是正常生产的首要环节，因此在车间布置设计时，必须考虑车间卫生要求，满足《工业企业设计卫生标准》《洁净厂房设计规范》等相关规定。其次，要为工人操作创造良好的安全卫生条件，注意车间的采光、通风、采暖、降温等设施，充分考虑生产卫生和劳动保护。其中热量散发大、气味重或有腐蚀性介质的工段应单独布置。此外，对于易燃易爆车间要考虑方便工人疏散和防火灭火措施，在设计中必须保证符合我国政府部门制定的相关管理规定，如《建筑设计防火规范》《爆炸和火灾危险环境电力装置设计规范》等；对于产生腐蚀性介质的设备，其基础、设备周围地面、墙、柱都要采取防护措施；对于潮湿、易发霉的工段应采用防霉措施，如菌种培养、发酵车间，其内墙面及顶棚宜平整，地面应做不小于1/100的排水坡度，合理布置排水管网并采用耐磨、防滑的材料铺贴。

7. 车间布置应符合生产发展的要求

根据生产企业发展规划，考虑未来发展的需要与可能，车间内应留有增加产量。

第二节　一般车间布置设计

一、车间布置设计概述

1. 车间布置设计的内容

车间布置设计的内容可分为厂房布置和设备布置。厂房布置是对整个车间的厂房和各个

组成部分，按照它们在生产和生活中所起的作用进行合理的平面布置和安排；设备布置是根据生产流程情况及各种有关因素，把各种工艺设备在一定的区域内进行排列。车间布置的关键是设备布置。

2. 车间布置设计的程序

① 收集有关的基础设计资料；

② 确定车间的防火等级；

③ 确定车间的洁净等级；

④ 初步设计：建筑结构设计与设备布置；

⑤ 施工图设计。

车间布置
设计流程

3. 车间组成

一般食品工厂的车间由生产区、辅助生产区和生活行政区共三部分组成。其中生产区主要包括原料工段、生产工段、成品工段、回收工段、控制室等；辅助生产区主要包括通风空调室、变配电室、控制系统、化验室、机修间，以及包装材料的清洁、暂存间等；生活行政区包括车间办公室、会议室、更衣室、休息室、浴室以及卫生间等。

对于洁净车间，其车间组成除了上述功能分区外，还增加了人员、物料的净化室和净化通道。

4. 车间布置设计的形式

车间布置形式可采用集中式或分离式。集中式布置形式的特点是将车间的生产区、辅助生产区和行政生活区集中布置在一栋厂房内。分离式布置形式则将车间的一部分或几部分分散布置在几栋独立的单体厂房中。

一般来说，对于生产规模较小且生产特点（如防火防爆等级、毒害程度等）无显著差异的车间，常采用集中式布置形式；而对于生产规模较大，或各工段的生产特点有显著差异的车间，则多采用分离式布置形式。

5. 车间布置设计应考虑的因素

① 车间布置设计应最大限度地满足工艺生产和设备维修的要求；

② 车间布置设计应充分有效地利用本车间的建筑面积和建筑体积，以利于车间内部各区域之间的协调；

③ 车间布置设计应为将来的发展和厂房扩建留有余地；

④ 车间布置设计应符合劳动安全与工业卫生设计相关的规范和规定；

⑤ 车间布置设计应与总体设计相配合，力求做到与其他相关车间的连接方便，布置紧凑，运输距离短。例如，车间与厂区的供水、供电、供热（蒸汽）和管理部门之间的协调、配合，以节约动力运输和能源消耗成本；

⑥ 车间布置设计应避免人流和物流交叉；

⑦ 车间布置设计应充分考虑建厂地区的气象、地质、水文等条件，注意对车间工艺布置的特殊要求；

⑧ 车间布置设计应征求和了解其他专业对车间工艺布置的特殊要求。

6. 车间布置设计的成果

新建项目的车间布置设计一般包括两阶段设计，即初步设计阶段和施工图设计阶段。其中初步设计阶段的主要成果是初步设计阶段的车间平面布置图和立面布置图；施工图设计阶段的主要成果是施工阶段的车间平面布置图和立面布置图。

二、车间建筑（厂房）布置设计

1. 厂房布置设计的任务与要求

厂房布置设计通常包括平面布置和立面布置两方面的设计任务。

（1）厂房的平面布置　厂房的平面布置任务主要是确定厂房面积和柱网布置（跨度和柱距），包括生产区域的划分、生产线的组织、厂房面积的组成。

厂房平面布置的要求主要包括：

① 合理规划厂房出入门口、通道、楼梯和过桥的位置；

② 统筹考虑各种地下建筑物和构筑物，如排水沟、电缆沟、设备管道的地沟、地坑等；

③ 合理安排厂房内车间的功能分区，以节约基建工程量，并避免与建筑物基础及设备基础发生矛盾；

④ 厂房平面布置应力求规整，根据生产过程的特点和要求，有些工序需留足必需的储存、堆放面积；

⑤ 可在露天布置的设备应考虑露天或半露天建筑设计，以节约基建投资。

（2）厂房的立面布置　厂房的立面布置即空间布置，其任务主要是确定厂房的高度和层数。厂房立面布置应力求简单，避免层数过多和层高过高，此外，厂房的立面布置应注意整齐、美观。

食品工厂设计厂房的立面有单层、多层或单层与多层相结合的形式，主要根据生产工艺特点、工艺设备布置要求决定，另外也要满足建筑上采光、通风等各方面的要求。

2. 厂房布置方法

（1）建筑整体布置　在进行厂房布置设计时，首先确定生产车间的基本组成部分及每个车间的具体要求，如防火等级、洁净等级、冷间（空调房）温湿度要求等；并根据生产管理要求，确定生产辅助设施、生活行政福利设施相关的非生产区车间组成，如化验室、配电室、通风空调室、办公室、更衣室、卫生间等。最终形成初步设计阶段的厂房建筑轮廓，如总长、总宽、层高等。

根据上述车间组成和建筑设计要求，以及厂区地形、地质等条件，确定厂房建筑结构。例如，根据单层或多层厂房，以及内廊设计，确定厂房的跨度与柱距；根据承重结构的材料，确定选用砖混结构、钢筋混凝土结构，或轻钢结构等厂房结构。砖混结构一般用于小型厂房建筑或一般贮藏、运输等建筑中；钢筋混凝土结构应用更普遍，一般主要生产车间（如发酵车间、包装车间、蒸馏车间等）都采用此类结构；轻钢结构由于建筑物的柱、梁和屋架都由各种形状的型钢组合连接而成，因此主要用于大跨度、大面积单层厂房，经济柱距 8m 左右，跨度 9~60m，具有工厂化制作，现场安装，施工速度快，造价相对便宜的优点，缺点是防火防爆方面尚存不足。

（2）生产区布置

① 生产车间：按照生产管理与加工工艺要求，根据工段和厂房建筑要求设计将一般生产车间、冷加工车间、热加工车间、洁净车间等不同类型的生产车间集中或单独布置，并确定各车间位置和尺寸面积。

一般生产车间（如化验室、药品的外包装工段等）对洁净等级不作要求；一般生产车间设计既要考虑车间内部各区域之间的协调，又要考虑车间与厂区的供水、供电、供热（蒸汽）和管理部门之间的协调，使之密切配合，成为一个有机的整体。

与一般生产车间不同的是，热加工车间（如消杀车间、烟熏车间等）的生产过程中会产生不少烟尘与热量，因此，在厂房设计阶段要把排烟与散热作为重点，建议采用自然通风为主，机械通风为辅的设计方针。此外，设计师还要综合考虑厂房内外对环境的影响。热加工厂房以窄长的单跨厂房最为常见，从而最大程度利用自然通风。如果厂房面积过大，建议采用联跨结构。至于厂房内的热源布置，如果厂房内部风压不大，热源最好正对排风口布置，以便减少紊乱气流。在厂房设计的剖面设计阶段，建议增大单跨厂房的低侧窗面积，增高侧窗面积，利用高低差来通风换气。如果要设天窗，一定要有足够的高度。在温暖地区，建筑以开敞式或半开敞式为佳。

食品工厂中涉及冷冻冷藏工艺的主要有预冷、冷加工、速冻、冷包装、低温冷藏等环节，相关工段的车间设计称为冷加工间设计。冷加工间的温度一般要求为 8～14℃，此温度范围一方面可保证食品不会因环境温度太高而变质，另一方面可使房间内的工作人员不会太冷，保证工作环境的舒适性。冷加工间的建筑形式有保温板和土建两种，墙体与常规空调房相似，多采用砖混瓷砖贴面墙体。食品企业冷加工车间多为轻型冷加工间，其加工件较轻，但数量大、品种多，且对生产的连续性要求较高，因此，在车间设计阶段要注意使运输路线与设备布置更灵活，可将车间设计成大柱网形式，以便于布置不同方向的流水线。为了适应生产工艺变更，可在厂房内设置轻型活动隔墙。其他关于冷加工间的设计要求可参考 GB 50072—2021《冷库设计标准》。

洁净车间的布置设计见本章第三节。

此外，针对建筑防火防爆等方面的设计要求，需根据 GB 50016—2014《建筑设计防火规范》关于生产的火灾危险性分类和 GB 55037—2022《建筑防火通用规范》关于工业建筑防火技术要求，在厂房平面布置、建筑结构设计以及生产工艺布置设计中采取相应的防火、防爆措施。

② 控制室：控制室是生产操作人员通过自动化工具对生产过程实施集中监视、控制的核心区域，控制室设计不仅要考虑仪表及其他自动化工具（如计算机等）正常可靠的运行，还必须为操作人员创造适宜的工作环境，同时作为参观采访的重要场所，控制室的设计应反映企业生产过程操作控制水平，具体设计要求可参阅行业标准 HG/T 20508—2014《控制室设计规范》。

（3）非生产区布置　辅助生产区和行政生活区统称为非生产区，非生产区布置既要考虑车间的整体布局，又要与生产区相适应，非生产区应布置于生产区的上风向。对于规模较小的车间，非生产区可集中布置在车间的一个区域内。

知识扩展

1. 食品冷链与冷链食品

食品冷链由冷冻加工、冷冻贮藏、冷藏运输及配送、冷冻销售四个方面构成。依据 QB/T 5284—2018《冷冻食品术语与分类》，冷链是为保持食品品质，从加工、贮藏、流通销售的全过程始终处于所规定的低温状态的物流过程。2020 年 10 月 13 日，国家卫生健康委员会、国家市场监督管理总局发布 GB 31605—2020《食品安全国家标准　食品冷链物流卫生规范》，2021 年 3 月 11 日起实施，这是首个食品冷链物流强制性国家标准。其中，食品冷链物流是指以温度控制为主要手段，使食品从出厂后到销售前始终处于所需温湿度范围内的物流工程。

冷冻加工：包括肉禽类、鱼类和蛋类的冷却与冻结，以及在低温状态下的加工作业过程；也包括果蔬的预冷；各种速冻食品和乳制品的低温加工等。

冷冻贮藏：包括食品的冷却储藏和冻结储藏，以及水果蔬菜等食品的气调贮藏，它是保证食品在储存和加工过程中的低温保鲜环境。

冷藏运输：包括食品的中、长途运输及短途配送等物流环节的低温状态。在冷藏运输过程中，温度波动是引起食品品质下降的主要原因之一，所以运输工具应具有良好性能，在保持规定低温的同时，更要保持稳定的温度，远途运输尤其重要。

冷冻销售：包括各种冷链食品进入批发零售环节的冷冻储藏和销售，随着大中城市各类连锁超市的快速发展，其逐渐成为完整的食品冷链中不可或缺的重要环节。

冷链食品是指易发生腐败变质的食品，包括食品原料、经过加工的食品或半成品、特殊的生物制品等，常见的冷链食品分类如表 6-1 所示。

表 6-1　冷链食品分类

类别	范　围
肉及肉制品	畜、禽、兽类及其制品(生鲜、冻肉、熟食等)
水产及其制品	水产动物肉类及其制品(鲜鱼、冻鱼等)
水果及其制品	新鲜水果及其干品、速冻水果
蔬菜及其制品	新鲜蔬菜、食用菌及其干品、速冻蔬菜
乳及乳制品	生鲜乳、乳制品
冷冻饮品	冰淇淋、冰棒等冷冻饮料
速冻调制食品	包括速冻面米制品、速冻调理制品等
蛋及蛋制品	鲜蛋、冰蛋、蛋制品
豆制品	冻豆腐、豆腐皮等
方便食品	包括冷链即食食品和冷链预制食品*

注：*冷链即食食品即消费者可直接入口食用的冷链食品；冷链预制食品即消费者经加热后可直接食用的冷链食品。

2. 冷链食品温度控制要求

冷链食品在生产、加工、运输过程中，由于环境变换、交接需要，温度会有起伏波动，所以需要统一操作规范，对各环节进行温度控制。

冷冻食品冷链名义基准温度为-18℃以下，运输过程温度的回升限度为-15℃，并要求尽快降至-18℃。冷藏车装载货物前，车厢内温度应预冷到-10℃以下。冷冻食品温度超过-12℃，拒收。冷冻陈列柜上货后要保持-15℃以下，短时间温度回升不得高于-12℃。

冷藏食品冷链名义基准温度为 4℃以下，冻结点以上。运输、商品交接、食品品温回升温度限度均为 7℃（个别果蔬除外）。冷藏陈列柜短时间温度回升不得高于 10℃。冷藏陈列柜外部空气温度不超过 24℃，相对湿度 55%。

冷冻与冷藏食品预包装环境温度以实际情况 15℃以下为宜。

冷链食品运输环节所用车辆须配备温控记录仪来记录环境温控，用于存放冷链食品的冷库同样需要建立详细的温控信息记录。温控监测记录包括环境温度和产品温度，产品溯源时可以通过查验环境温度和产品温度来进行追溯。

三、设备布置设计

1. 设备布置的任务与要求

设备布置的任务主要是把车间内的各种设备按照工艺流程要求加以定位，除了主机设备外，还包括附属设备，工艺管道，检修设备，最终确定工艺设备的空间位置以及管道、电气仪表管线的走向和位置，从而为进一步确定建筑物的平面尺寸和立面尺寸提供依据。

设备布置的要求包括：

（1）设备排列顺序的要求　设备排列顺序应尽量与工艺流程一致，尽可能利用工艺过程使物料自动流送，避免物料交叉往返。如果车间是多层建筑，要设有垂直运输装置，计量设备常布置在最高层，主要加工设备或反应器常布置于中层，储槽及重型设备则布置在最底层。特殊设备可按相同类型设备作适当集中，务必使生产过程占地最少、生产周期最短、操作最方便。同时，连接设备的工艺管道应尽量集中布置，力求管线最短、转弯最少且布置整齐。

（2）设备排列方法的要求　设备排列方法可根据厂房宽度和设备尺寸来确定。例如，厂房宽度<9m 的车间内宜将设备布置在厂房的一侧，另一侧作为操作位置和通道；厂房宽度在 12~15m 的车间，车间内设备可分两排集中布置在厂房中间，也可将两排设备分别布置在厂房两边；对于厂房宽度>18m 的车间，可在中间留出 3m 左右的通道，两边分别布置两排设备，每排设备各留出 1.5~2m 的操作位置。

（3）设备安全距离与定位尺寸的要求　设备要与厂房建筑的主要柱网相对定位，设备与设备之间也要相对定位，上述定位尺寸应满足设备安全距离要求。设备的安全距离无统一规定，一般根据设备大小、车间布置要求、设备连接管线的多少、管径粗细、检验的频繁度等因素，再结合生产经验来决定安全距离。表 6-2 介绍的安全距离数据供一般设备布置时参考。

表 6-2　设备的安全距离与要求

项目	净安全距离/m	其他要求
泵之间	小型泵 0.75~1.2 中型泵 1.5~2.1 大型泵 1.5~2.7	单独布置基座； 基础标高 0.15m
计量罐之间	0.4~0.6	
贮罐/槽之间	0.4~0.6	
换热器之间	>1	
塔之间	1.0~2.0	
离心机周围通道	>1.5	
过滤机周围通道	0.8~1.0	
反应罐	顶部传动装置距离天花板>0.8 底部与人行道间距 1.8~2.0 卸料口至离心机间距 1.0~1.5	若搅拌轴拆装困难， 酌情增大距离

续表

项目	净安全距离/m	其他要求
起吊装置最高点与货物间距	>0.4	
往复运动设备部件与墙面间距	>1.5	
回转机械设备	离墙距离>0.8~1.0	
	相同设备间距>0.8~1.2	
工艺设备与道路间距	>1.0	
操作台与墙面间距	有柜门，>柜门宽度+0.4	
	有座椅，>0.65	
	需拆装面板，>面板宽度+0.3	
立式设备与墙面间距	站立操作，>0.5~0.7	
	蹲下操作，>0.8	
走廊/通道	>1.0	双人并行

（4）设备操作空间要求　一方面，应根据设备的大小、结构和安装方式，留出设备安装、检修和拆卸所需的面积和空间，例如，凡通过楼层的设备应在楼面的适当位置设置吊装孔；可直接悬挂在楼面或操作台上的釜式反应器、塔器、蒸发器等，应在楼面或操作台预留出设备孔。另一方面，在布置设备时还要考虑设备安装、检修、拆卸以及运送物料所需的起重运输设备，设置永久性起重运输设备或考虑安装临时起重设备所需的空间和面积，并预埋吊钩。同时考虑设备的水平和垂直运输通道，以便设备能顺利进出车间，并达到相应安装位置。除此之外，设备布置应考虑设备生产运行时，其他专业对布置的要求。例如，生产操作所需位置和运输通道所占空间，以及堆放一定数量的原料、半成品、成品和包装材料所需的面积和空间。此外，还应考虑多品种生产时设备的灵活调动，并留有相当的余地，以便更换设备。

（5）土建要求　对于重型设备以及在运转中产生较大振动的设备要有一段间隔，不得与建筑物的柱墙连在一起，且尽可能置于厂房的底层；设备布置应避开厂房的沉降缝或伸缩缝；穿过楼面的各种孔道必须避开房梁与立柱；厂房内的操作台高度尽可能取同一标高，避免平台支柱的零乱或重复。

（6）安全、卫生及环保要求　布置设备应尽可能使操作人员位于设备和窗之间，让操作人员背光操作，便于读取仪表和有关数据；设备沿墙布置时，注意不要影响门窗的开启，不得妨碍厂房的采光和通风，特别高大的设备要避免靠窗布置，以免影响采光。在防火防爆区域内，设备选型应符合防火防爆要求，要采取措施防止各种静电放电和着火的可能性。此外，还需考虑相应的环保设施，避免环境污染；凡是加工利用腐蚀性介质的设备，其基础及设备附近的地面、墙、梁、柱等建筑物、构筑物都要采取相应的防护措施，必要时可加大设备与墙、梁、柱等建筑物、构筑物之间的距离；对运转时会产生剧烈震动和噪声的设备，应采取相应的减震降噪措施；对于可以设在室外的设备，应尽可能设在室外，上面可加盖简易棚。

2. 设备布置的形式

常见的设备布置形式包括室内布置、露天布置和半露天布置。在车间布置设计中，许多大型设备如大型贮罐、精馏塔、吸收塔、凉水塔、喷淋式冷却器等都可考虑露天或半露天布置。而易受气温影响的设备，以及装有精密度极高仪表的设备或温度不允许有显著变化的设备应尽量布置在室内。在实际设计中，不同的设计人员对同样数量和大小的设备在同一厂房内布置，可以设计出多种不同的布置结果，但任何一种布置设计都应与主要生产流程顺序相一致，力求生产路线短捷，无交叉迂回情况。常见的设备室内布置形式如图 6-1 所示，可根据生产工艺的特点和物料输送的要求布置流水线走向。

图 6-1　不同流水线走向的设备布置形式

设备露天布置或半露天布置是近年来设备布置的一个趋势，其不仅可以减少建筑面积和基建投资，而且有利于通风、防火、防爆和防毒。

适用于露天或半露天布置的设备应满足以下三个条件之一：

① 生产中不需要经常看管或人工操作、自动化程度高或受气候影响小的设备，辅助设备，如大型贮罐、发酵罐、高位水槽、气柜等。

② 需要大气调节温度、湿度的设备，如凉水塔、空气冷却器等。

③ 有爆炸危险的设备，如甲类气体压缩机、液化烃设备等，露天布置后可降低厂房的耐火等级。

3. 常见设备的布置方法

（1）贮罐、贮槽　大型贮罐通常设置贮罐区，集中布置；小型贮罐常按工艺流程与其他设备按序布置。贮罐间距离应满足安装、操作和修理要求及有关设计防火规范或规定。

卧式贮罐一般直接布置在地面、楼面或操作台上；立式贮罐可根据其操作高度要求布置在地面、楼面或操作台上，也可穿过楼面或操作台悬挂于楼面或操作台上。易挥发性液体贮罐布置于室外时，上方应设置喷淋冷却装置。

根据操作和检修需要，单个贮罐可设置爬梯，并考虑是否设平台；多个贮罐集中布置，顶部可设联合平台。贮罐附件如液位计、仪表、进出料管等尽可能布置于贮罐的一侧，另一侧作为通道和检修之用。

立式贮罐的定位尺寸可按贮罐外壁或中心线取齐；卧式贮罐的定位尺寸可按支座基础中心线或封头切线取齐。图 6-2 为立式、卧式贮罐立面布置设计的定位尺寸标注方法，图 6-3

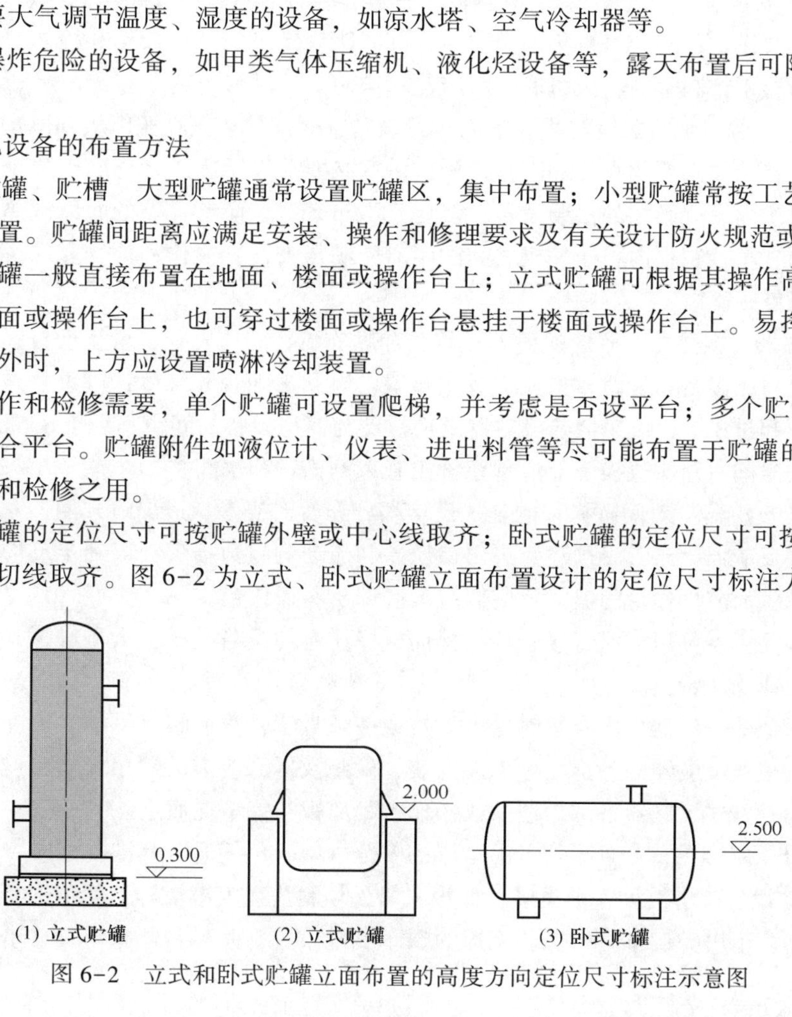

图 6-2　立式和卧式贮罐立面布置的高度方向定位尺寸标注示意图

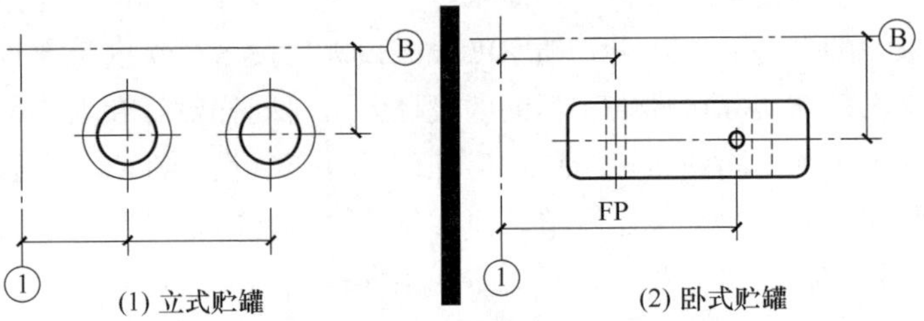

图 6-3　立式和卧式贮罐平面布置的定位尺寸标注示意图

为立式、卧式贮罐平面布置设计的定位尺寸标注方法。

（2）流体输送设备

① 泵：数量少时，可置于抽吸设备附近；数量多时尽可能集中布置，可排成一列或两列；泵与泵、泵与墙及泵列之间的距离应符合要求；每列泵的配管和阀门应排成一条直线，管道应避免跨越泵或电动机；泵的基础应高出地面 150mm；不常使用的泵可置于室外，但应采取相应维护措施；重量较大的泵机电机，考虑安装、检修、拆卸所需起吊设施和空间。

② 风机：安装位置应便于操作和检修；考虑运转时产生振动和噪声的影响；鼓风机房内设置必要的吊装设备；多台风机集中布置时，其间距应满足安装、操作和检修要求，且监控仪表宜集中布置于控制室内；风机取气口应与污染源保持足够距离。

③ 压缩机：位置尽量靠近与之相连的工艺设备，管道禁止压在压缩机和电动机上方；设置单独基座，并采取必要的减震和隔振措施；采取必要消声措施或将压缩机置于专门压缩机房内；压缩机房内设置必要的吊装设备；多台集中布置时，应有良好的通风散热条件，监控仪表宜集中布置于控制室内；压缩机之间的距离应满足安装、操作和检修要求；取气口应与污染源保持足够距离。

（3）换热器　换热器布置应遵循缩短管长和顺应流程的原则；尽量就近布置于与其紧密相连的工艺设备；多台布置时常按流程成组布置，以利于配管和维修；可重叠布置，相互支承，但最多不超过 3 层；换热器与换热器及换热器与其他设备的间距不小于 0.6m；应预留清除管内污垢的空间，浮头式换热器应预留抽出管束的面积和空间。

（4）釜式反应器　对间歇操作的釜式反应器，布置时要考虑进出料方便；对多台串联操作的连续釜式反应器，布置时须注意进出口压差和流动的阻力损失，以确定反应器间适宜的位差；悬挂在楼面或操作台的釜式反应器应设底部出料操作台。

小型釜式反应器可用支座直接悬挂在楼面或操作台的设备孔中；大型或振动较大的用支脚支承在楼面或操作台上。

相同或相似的反应器集中布置时尽可能排成一条直线，管道阀门尽可能布置在一侧。

带搅拌的釜式反应器的上部应考虑设安装、检修及拆卸所需的起吊设备，应留有抽出搅拌轴所需空间；釜式反应器下部距地面或操作台距离视具体情况而定。

易燃易爆反应器在布置时必须考虑足够的安全措施，包括泄压及排放方向。

（5）塔类设备　塔类设备种类多，如板式塔、填料塔、喷淋塔等，其中以板式塔和填料塔较为常见。多个塔类设备可按工艺流程的顺序成排布置，并尽可能按塔筒中心线取齐，参考立式贮罐。

大型塔类设备一般布置在室外，用裙座直接安装于基础上；小型塔类设备既可布置在室内，支承于楼板或操作台上，也可布置在室外，用框架支承。

塔附属设备的框架和接管常布置在一侧，另一侧则作为布置塔的空间；塔四周分成配管区、通道区，配管区专门布置管道、阀门和仪表；通道区布置走廊、楼梯和人孔等，人孔朝向应一致，其中心距平台距离不小于 1.2m；每个人孔处均应设操作台，两座以上的塔集中布置时，设置联合平台，方便维修和操作；大型塔设备顶部常设吊柱，用于吊装填料、塔盘等零部件。

中小型精馏塔，塔顶冷凝器和回流罐可置于塔顶，靠重力回流。大型精馏塔，回流罐置于低处，用泵打回流；再沸器应紧邻塔身安装，以减小阻力降，小型虹吸式再沸器可直接安装于塔身接出的托架上，釜式再沸器要设置支架安装；塔底与再沸器相连的气相管中心与再沸器管板的距离不能太大，以免热虹吸不好。

塔的安装高度须考虑塔釜泵的吸入压头、虹吸式再沸器的吸入压头、自然流出的压头及管道、阀门仪表的压头损失；用泵抽出塔釜接近沸点的釜液时，塔的安装高度应高些，以免釜液在吸入管路内闪蒸。

4. 设备布置设计的步骤

（1）熟悉掌握有关图纸、资料　在进行设备布置设计前，通过有关图纸资料（工艺流程图、厂房建筑图、设备一览表等），熟悉工艺过程的特点、设备的种类和数量、设备的工艺特性和主要尺寸、设备安装高低位置的要求、厂房建筑的基本结构等情况，以便着手设计。

（2）确定厂房的整体布置（分离式或集中式），并确定车间组成及功能分区，同时根据设备的形状、大小、数量确定厂房的轮廓、跨度、层数、柱距等。

（3）认真考虑设备布置的原则，绘制设备布置草图　从第一层的平面布置入手，先绘出厂房外形轮廓，再在轮廓内进行设备排列和布置；在进行设备布置时，可先列出几个设计方案，反复评比后选出较理想的方案，绘出设备草图。

（4）绘制正式设备布置图　根据设备布置草图，考虑以下因素加以修改：总管排列的位置，做到管路短而顺；检查各设备基础大小，设备安装、起重、检修的可能性；设备支架的外形、结构，常用设备的安全距离；外管及上、下水管进、出车间的位置；操作平台、局部平台的位置大小等。总之，按照设备布置的基本要求逐一修改核定，最终得到正式设备布置图。

第三节　洁净车间布置设计

一、洁净车间及其洁净区域划分

1. 洁净车间的概念

洁净车间，又称无尘车间、净化车间或洁净室，是指将一定空间范围内的空气微粒、微生物、有害气体等污染物排除，并将室内温湿度、洁净度、室内气压、空气流通速度、气流分布，以及噪声震动、照明、静电等参数控制在某一需求范围内，所给予特别设计的房间。

2. 洁净区域划分

GMP 是药品、食品生产质量管理的基本准则。GMP 标准是一套适用于制药、食品等行业的强制性标准，要求企业从厂房、设施、设备以及与产品生产、包装运输、质量控制等相关的洁净环境达到国家规定的要求。GMP 定义的空气洁净等级划分和产品相关生产过程对洁净度的要求详见第十一章。表 6-3 列举了常见的各类型食品工厂不同加工控制环节的洁净度要求。

表 6-3　　不同类型食品工厂加工环节的洁净度要求

加工类型	洁净度要求	控制环节
酿造、发酵	10000	防止酱油等发酵产品腐败
乳制品、生食品	100000	防止酸乳酪等变质
食肉加工	10000	火腿、香肠
搅拌/糊状食品	10000	搅拌后备烤的肉丸、肉糜等半成品制冷时防止细菌污染

按照洁净等级要求的不同，厂房内区域可划分为一般生产区、准清洁区和洁净区。

一般生产区对洁净等级不作要求，常作为一般的原料、成品、工具储存区域，包装成品转运区域等，也可以是原料、成品裸露风险较低的区域，如外包装室、原辅料仓库、包装材料仓库、外包装车间、成品仓库等。

准清洁区对空气洁净度要求次之，一般洁净等级为 10 万级或低于 1 万级，如原料处理、包材处理、包装、缓冲间（拆包间）、一般生产加工车间、非即食食品的内包装间等成品处理但不直接裸露的区域。

清洁区是卫生环境标准最高，对人员、环境要求较高，必须经过消毒和更衣才可以进入的区域，例如，原料、成品裸露的处理区域，以及食品的冷加工间、即食食品的冷却间、待包装即食食品的储存间、即食食品的内包装间等区域。

食品工厂不同生产区域和空气洁净度要求如表 6-4 所示。

表 6-4　　食品加工生产区域及空气洁净度要求

生产区域	空气洁净度	生产工段
清洁生产区	1000~10000	易腐或即食型成品(半成品)的冷却及储存、调整、内包装等
准清洁生产区	100000	加工、加热处理等
一般生产区	300000	前处理、原料保管、仓库等

二、洁净车间布置设计的原则与要求

1. 洁净车间布置设计原则

洁净车间布置是药品、食品生产企业工程设计中体现 GMP 的成败关键，GMP 车间设计应遵循的基本原则是：车间应按生产工艺流程及所要求的空气洁净等级进行合理布局，防止污染或交叉污染。

一般来说，食品加工过程是原料—半成品—成品，加工车间须按照产品的加工进程顺序进行布局，即从非清洁到清洁环节过渡，不允许在加工流程中出现交叉和倒流。清洁区与非清洁区之间要采取相应的隔离措施，以便控制彼此间的人流和物流，例如，洁净等级要求不同的车间之间设置气闸、风淋、传递窗等，从而避免产生交叉污染。

另外，同一洁净等级的车间尽可能集中布置在一起，以利于通风和空调的布置；并且同一车间及相邻车间之间的生产操作不得相互妨碍；有洁净级别要求的房间应保持正压，洁净度不同的区间应保持不低于 4.9Pa 的压差；洁净区的温度和湿度应与生产及工艺要求相适应，温度一般控制在 18~24℃，相对湿度控制在 45%~65%为宜。

此外，加工过程使用的设备和器具，尤其是接触食品、药品的机械设备、操作台、容器等，一方面要符合生产工艺布局的要求，另一方面要便于生产过程的卫生管理，同时还要便于日常维护和清洁；设备与建筑物之间要保留一定的距离和空间，以便设备维护人员和清洁人员的出入。

2. 洁净车间布置设计要求

洁净车间的布置设计不仅要遵守一般厂房的设计规范和规定，还要遵守洁净厂房的设计规范和规定，具体要求包括：

（1）对于建筑整体结构的布置，应尽量减少建筑面积，节约基建成本；合理布置有洁净等级要求的房间；管道尽可能暗敷；建筑内部结构应易于维护、清洁或消毒，应采用适当的耐用材料建造；车间应设置安全出口，洁净厂房耐火等级不低于二级，安全出口不少于 2 个。

（2）对于人员净化室、生活室及卫生通道的布置，应考虑设计进入洁净生产区的人员净化程序，设置净化通道和净化设施，例如，盥洗室内应设洗手、烘干和消毒设备；在万级洁净区的入口处应设置空气吹淋室，在十万级洁净区的入口处既可设置空气吹淋室，也可设置气闸室。

（3）对于物料净化室的布置，应考虑设计进入洁净生产区的物料净化程序，设置物料净化通道和净化设施，例如，在物料进入车间的入口处可设置一个外包装清洁室；物料净化出入口应独立设置，物料的传递路线应短捷，并避免与人员净化路线的交叉；在洁净区前应设缓冲室，凡进入洁净区的物料可在缓冲室内刷除外表面的灰尘污染，并用消毒水擦洗消毒。然后在设有紫外灯的传递窗口内消毒、传入洁净区；生产过程中的废弃物应设置专用传递设施，其出口不应与物料进口共用一个气闸室或传递窗；多层厂房的货梯应布置在一般生产区或准清洁区内，而不能布置在洁净区内；若将货梯布置在准清洁区内，则电梯出入口处均应设置缓冲室，缓冲室应对洁净区保持负压状态。

（4）对于通风与排风设计，冷却车间和内包装工段的净化车间，宜采用机械管道进风，管道上装有空气滤清器，进风口距离地面 2m 以上，其他功能车间采用自然进风；门窗应闭合严密，表面平滑、防吸附、不渗透，并易于清洁、消毒；排风口应远离风口处，并设置防护罩；窗户如设置窗台，其结构应能避免灰尘积存且易于清洁；可开启的窗户应装有易于清洁的防虫害窗纱，安装设计要求参考 GB 14881—2013《食品安全国家标准　食品生产通用卫生规范》，有效防止杂物、蚊虫等污染。

（5）对于给排水设计，若生产用水是市政自来水，工厂需经过 2μm 反渗透膜进一步处理；地面应使用无毒、无味、不渗透、耐腐蚀的材料建造，地面的结构应满足排污和清洗的需要，地漏应安装在更衣室、操作车间和其他需要清洁和排水的车间。

对于洁净车间内设备的布置及安装，有以下特殊要求：

① 洁净室内仅布置必要的工艺设备以尽可能减少建筑面积，洁净车间的净高一般可控制在2.6m以下，带有搅拌器的厂房净高应考虑搅拌轴的安装和检修高度；

② 对于多层洁净厂房，若电梯能满足所有设备的运送，则不设吊装孔。当设备不能从门窗的留孔进入时，可考虑将间隔墙设置成可拆卸的轻质墙。对外形尺寸特大的设备可采用安装墙或安装门，并布置在车间内走廊的终端；

③ 洁净室内设备一般不采用基座；必须采用时，宜采用可移动的砌块水磨石光洁基础块；

④ 设备的安装位置不宜跨越洁净等级不同的房间或墙面；必须跨越时，应设置密封隔断装置；

⑤ 易污染或散热大的设备应尽可能布置在洁净车间外，必须布置在室内时，应布置在排风口附近；

⑥ 对于粉尘和噪声较大的工序，车间应按工艺流程的顺序分成若干独立的小室，分别布置各工序设备，并采用消声隔音装置，以改善操作环境；

⑦ 有特殊要求的仪器、仪表，应布置在专门的仪器室内，并有防止静电、震动、潮湿或其他外界因素影响的设施；

⑧ 物料烘箱、干燥灭菌烘箱、灭菌隧道烘箱等设备宜采用跨墙布置，即将主要设备布置在非洁净区或控制区，待烘物料或器皿由此区加入，以墙为分隔线，墙的另一面为洁净区，烘干后的物料或器皿由该区取出。显然，设备的门应能双面开启，但不允许同时开启；设备既具有烘干功能，又具有传递窗功能。

GMP车间的建设要求内容多、范围广，针对不同产品和剂型，其要求各不相同，具体可参照《药品生产质量管理规范》《医药洁净厂房设计规范》、ISO 14644、GMP实施指南等。

案例分享

洁净车间布置举例

图6-4是某泡腾片工厂车间布置图，整个车间面积为$60\times38=2280m^2$，主要考虑了同一GMP车间及相邻车间之间的生产操作不得相互妨碍、同一洁净等级的车间尽可能集中布置的特点，同时对洁净度要求、消防要求、外部参观巡视的方便度以及未来发展空间进行多维度考虑；结合洁净车间布置要求，最终形成了下列车间布置图，阴影区的洁净度为十万级，其他区域为非洁净区，主要为外包装车间、辅机房、观光走廊和行政生活区。

由于泡腾片生产原辅料多为粉剂，因此，为避免交叉污染，对粉尘产生量较大的车间进行单独布置，分成若干独立的小室，每个小室中设置了1~2台设备；为尽量保证物流走向的不重复，将主要生产设备按所在车间进行了“回”字型布局。

物流出入主要在生产车间西侧，在整个厂区布局中靠近仓库，方便运输，厂房内物料运输主要通过小推车进行，因此将主要生产车间的出入口设置为双开门，以方便进出；此外，物料进入洁净区前设置了缓冲区、除尘间。

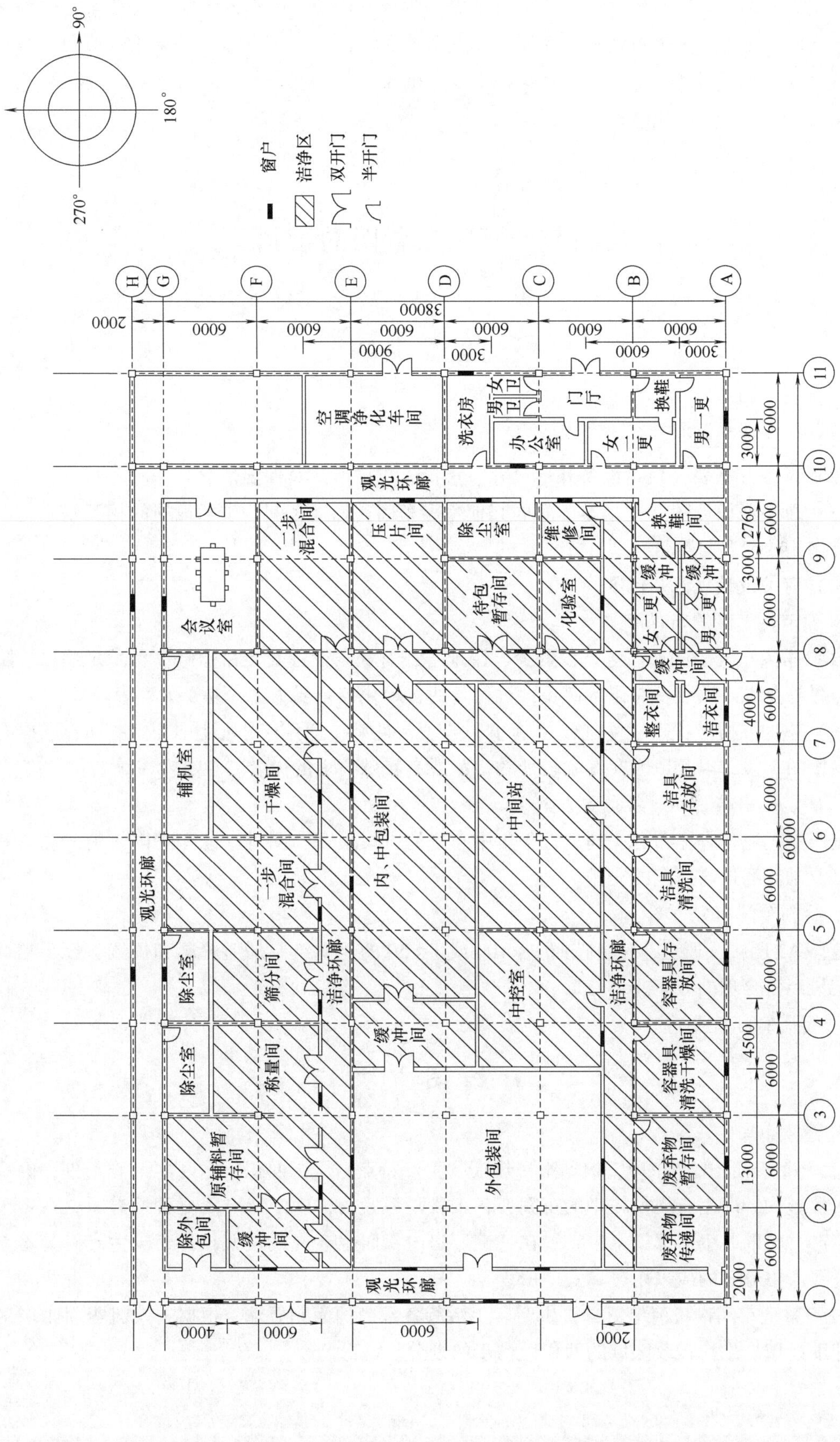

图6-4 泡腾片工厂车间布置设计

人流出入在生产车间东侧，避免与物流交叉而造成污染，生产人员需经过两次换鞋和更衣步骤进入洁净区，主要通过洁净环廊到达各个车间。出于安全考虑，人流通道的两端都设计了多个疏散门，门外开，便于紧急情况下人员疏散。

第四节　车间布置图的绘制

一、绘图步骤

1. 准备资料

（1）工艺流程图；

（2）设备一览表（包括设备外形尺寸、重量、支撑形式及保温情况）；

（3）总平面设计图（包括本车间同其他生产车间、辅助车间、生活设施的相互联系，厂内人流物流的情况与数量）；

（4）有关设计规范和标准。

2. 确定各工段的布置形式

（1）露天布置　优点：建筑投资少、用地省；有利于设备安装和检修；易满足通风、防火、防爆等要求。缺点：操作条件差，对设备的自动化控制要求高，易受大气影响等。

（2）室内布置　优点：受气候影响小，劳动条件好，适用于小型加工设备、间歇操作、操作频繁的工段，以及厂区在气温较低的地区或有特殊要求的设备。缺点：建筑造价较高。

3. 确定厂房布置和设备布置方案

按照工艺流程有序布置、同类设备集中布置的方案展开，同时注意车间内人流、物流和通道以及维修场地与空间的安排。

4. 绘制车间布置草图

选择 A3 图幅，厂房、设备按照 1∶100 或 1∶50 的比例绘制外形轮廓和位置，经反复调整确定最经济合理的方案。

5. 绘制车间布置图。

二、绘图方法

1. 整体布局

（1）确定车间整体布局，根据生产规模、生产特点、厂区面积、厂区地形等条件，确定厂房布置形式。即生产规模较小的车间，各工段联系紧密，生产特点无显著差异时，可将车间的生产、辅助、生活部门集中布置在一幢厂房内；而生产规模较大，各工段生产有显著差异，需要严格分开的应采用分离式厂房。

（2）整理车间设备清单，分析生产、生活等各部门的面积要求，根据工艺流程对生产区域、辅助区域、生活行政区域的面积做初步的划分。

（3）分析设备清单，明确轻的、可移动的设备，以及几个产品公用的、某一产品专用的设备等。对笨重的、固定的和专用的设备，应尽量排布在车间四周；而轻的、可移动的设备，宜布置在车间的中间，以便于在更换产品时调换设备。

（4）根据该车间在全厂总平面中的位置，确定车间建筑物的结构形式、朝向和跨度；用坐标纸按厂房建筑设计的要求，绘制厂房建筑平面轮廓草图（比例 1∶100，必要时也可用 1∶200 或 1∶50），画好生产车间的长度、宽度和柱子以及大体上的区域位置。

2. 厂房立面布置

食品工厂建筑物按照厂房的层数分类，可以分为单层厂房、多层厂房和层次混合的厂房三大类，厂房高度主要由工艺特点和设备布置要求决定，充分考虑设备高低、安装位置、检修要求及安全卫生等各方面要求。一般生产厂房每层高度 4~6m，最低层高不宜低于 3.2m，由地面到顶棚凸出构件底面的高度（净空高度）为 2~6m。厂房的高度也要尽可能符合建筑模数的要求。

单层厂房在工业厂房中应用较广，有利于水平方向布置工艺流水线，对运输量大、设备加工产品笨重的生产有较好的适应性。但是，单层厂房占地面积大，道路和管网较长。

厂房地面标高一般比室外地面高出 150mm，以防止雨水流入车间。此外，对于有高温、有毒气体厂房，应适当加高建筑物的层高或设置天窗，以利于自然通风、采光及散热。

3. 厂房平面布置

厂房的平面布置通常按照生产车间的组成和工艺要求，以及建筑本身的合理性综合考虑，力求简单，为设备布置的可变性、灵活性创造有利条件。

食品工厂厂房外形多采用长方形，即 I 型长条布置，该布置形式具有节约用地、有利于设备排列、缩短管线、便于设置进出口等优点，而且施工难度小、施工快、造价低。

若 I 型长条布置导致厂房的总长过长，在总平面图布置上有困难时，则应根据地形和生产的需要，考虑采用 L 型、T 型、U 型、E 型等布置，但需要充分考虑采光、通风、交通等因素。任何一种厂房布置形式都要考虑厂房安全出入口，一般不应少于两个。

此外，厂房具体尺寸的设计应根据《厂房建筑统一化基本规则》的相关规定确定。

对于单层厂房，建筑宽度不宜超过 30m；对于总宽<18m 的厂房，跨度的建筑模数为 3m 的倍数；总宽>18m 以上时，跨度建筑模数为 6m 的倍数。目前单层工业厂房多采用钢筋混凝土排架结构设计，常为单跨，厂房中央无立柱，跨度可超过 30m，高度可达 20~30m。一般厂房柱距 6~9m，跨度 20~24m 是最经济的。

对于多层厂房，建筑宽度不宜超过 24m；推荐常用厂房建筑宽度有 9、12、14.4、15、18、24、30m 等；多层厂房宽度为 6m 时，可不设柱子，跨度为 9m 以上时，厂房中间需要立柱，两柱间距离为跨度，常用跨度为 6m。对于建筑宽度为 12、14.4、15、18m 的厂房，跨度常按照 6-6、6-2.4-6、6-3-6、6-6-6 的形式设计。目前在多层厂房中应用最为广泛的建筑结构为框架结构，由横梁和立柱组成，他们形成多层多跨框架。

一般来说，厂房的短边，即总宽，常为 2 跨或 3 跨；厂房的长边，即总长，则根据生产规模及工艺要求决定。

4. 车间办公室、控制室、质量检查室以及福利设施的设计标准

（1）车间办公室　按车间值班的最大班的管理和技术人员总人数以及 $4m^2$/人的使用面

积计算，建筑平面系数65%。

（2）车间控制室　不宜与变压器室、动力机房、化学药品室相邻；与办公室、操作工值班室、生活间、工具间相邻时，应以墙隔开；应有较好的视野，从各个角度都能看到所控制的设备；仪表盘和控制箱成排布置，盘后要有安装和维修的通道，通道宽度不小于1m，操作台与墙之间至少应有2~3m的间距，以供人员通行。

（3）会议室　会议室可兼作休息室，供交接班、用餐时使用，面积按最大班人数以及1.2m^2/人的使用面积计算，建筑平面系数65%。

（4）质量检查室　根据检测分析试验工作的需要，应安放检验仪器桌和分析桌、药品柜和上下水具以及检测人员制表、统计用办公桌和资料柜，一般可根据实际布置决定用房面积，建筑平面系数65%。

（5）更衣间　宜设在靠车间进口处，供上下班工人使用。随着食品生产卫生安全管理要求的提高，一般出口食品工厂要求二道更衣，工人进入车间要提供每人一格的密闭保管橱柜以放置私人物品，在一道更衣间将个人外衣、鞋脱下，换上拖鞋后进入二道更衣间，换上进入车间的工作服、工作鞋，再进入洗手、消毒程序。因此，更衣间的使用面积一般可按3m^2/人计算，建筑平面系数65%。

（6）车间浴室　按最大班人数每10人设一个淋浴器，单人淋浴器按使用面积5m^2计算，建筑平面系数65%。

（7）车间卫生间　厕所便池蹲位数量应按最大班人数计，男卫生间每40~50人设一个，女卫生间每30~35人设一个，厕所建筑面积按每个蹲位2.5~3.0m^2计算。

5. 车间建筑绘制注意问题

（1）厂房的进出口位置　应考虑与总平面图中其他建筑的联系，物料出入口尽量靠近产品、原料仓库，大门宽度要比最大设备宽出0.2m以上，当设备太高、太宽时，可与土建专业协商，预留安装孔解决，当需要有运输设备进出厂房时，厂房必须有一个门的宽度比满载的运输设备宽出0.5m，高出0.4m以上。人员进出通道应短捷，方便出入，大门开向朝外，厂房内各车间门的宽度、高度、开向应充分考虑卫生、安全、工艺等方面的要求，并设计安全通道/门。一般情况下，车间主要通道宽2.4m，净空2.7m；人行道、狭窄通道一般为0.75m，净空2.2~2.5m。常见的门规格如表6-5所示。

表6-5　不同门的规格尺寸

类型	规格（宽×高）/mm	用途
单扇门	1000×2200，1000×2700	
双扇门	1500×2200，1500×2700，2200×2700	
车间大门	2000×2400，3000×2400	电瓶车或手推车门
	3000×3000，4000×3000	汽车门

（2）厂房窗户　分为侧窗和天窗两类，工业厂房常用钢窗或塑钢窗，常用窗宽以300mm为扩大模数进位，有1200、1500、1800、2400直至6000mm等8种；窗高以600mm为扩大模

数进位，有 1200、1800、2400、3000 直至 4800mm 等 7 种。侧窗窗台高度根据工人作业方式设计，工人坐着工作时，窗台的高度一般为 0.8~0.9m；工人立着工作时，窗台高度可取 1~1.2m。天窗主要用于满足大跨或多跨厂房中的采光、通风、排热等需求。对于不适合开窗要求的厂房可人工采光，照明可用日光灯、聚光灯，局部操作区要求采光强的，可将光源吊近操作台面。

（3）多层厂房的楼梯位置　一般布置在建筑物的出入口附近，可以根据生产要求设计楼梯形式，如单跑、双跑、三跑及双分、双合等形式。出于安全疏散和车间内交通运输方便，大型厂房应设置 2 个楼梯，并根据其使用情况分为主楼梯、辅助楼梯和消防楼梯。主楼梯宽度一般为 1500~1650mm，坡度 30°；辅助楼梯宽度为 1000~1200mm，坡度 45°；安全出入口楼梯的个数、宽度、坡度、结构形式应符合安全防火疏散和使用的要求。

（4）重型设备或震动性设备　如压缩机、大型离心机等，尽量布置在底层，在必须布置在楼上时，应布置在梁上。一般情况下，避免出现设备绘制在立柱位置。

案例分享

年产 1 万 t 海参果味饮料工厂车间绘图举例

《年产 1 万 t 海参果味饮料工厂车间布置设计》是某大学本科生的项目设计成果，该项目的设计说明、总平面设计及工艺流程图见参考文献 7。图 6-5 为项目设计的车间布置图。由图可见车间建筑结构（厂房）布置基本合理，符合生产工艺卫生要求。厂房建筑结构为三层框架结构，总长 28m，总宽 16m，层高为 5.1m。厂房同一洁净等级区集中布置在三个楼层，其中果汁生产线在第三层，海参酶解液生产线位于第二层，最后的混合调配、杀菌及灌装线位于第一层，在各个楼层之间留有专门的原料暂存车间，在车间布置上也留有成品或半成品的堆放位置，此分布可以充分保证物料运输的连续性和顺序性，以及尽可能利用高位差，减少动力输送，且避免物料往复运输带来交叉污染。

图 6-6 为各车间设备布置图，由图可见设备在布置安装时，完全避开了主梁和柱子，避开了建筑物的伸缩缝处，符合厂房建筑要求。在设计时，将大多数设备布置在厂房北侧，靠近观光走廊，既易于厂外人员观光浏览，也使得生产线短捷，符合工艺生产要求。设备的自动测量仪表也尽量集中，如三楼的控制室也有体现。此外，每个楼层的每个车间均留有设备安装口和设备检修位置，符合设备安装或维修要求。出于安全、卫生的考虑，厂房内人流、物流通道分离设计，并设有专门的消防通道和安全门，且各车间采光良好，符合安全规范。在人流通道内设有严格的消毒更衣措施，并有缓冲间，保证卫生要求规范。考虑未来发展的需求，主要生产车间都留有空余，为将来增添设备和管线的场地。

知识扩展

建筑制图专业术语

跨度：跨度就是在“进深”方向的柱距，例如，建筑平面设计图上，按设计图标注的相邻两纵向定位轴线的间距，就称为跨度。

柱距：沿厂房平面长轴方向两根柱子轴线之间的距离。

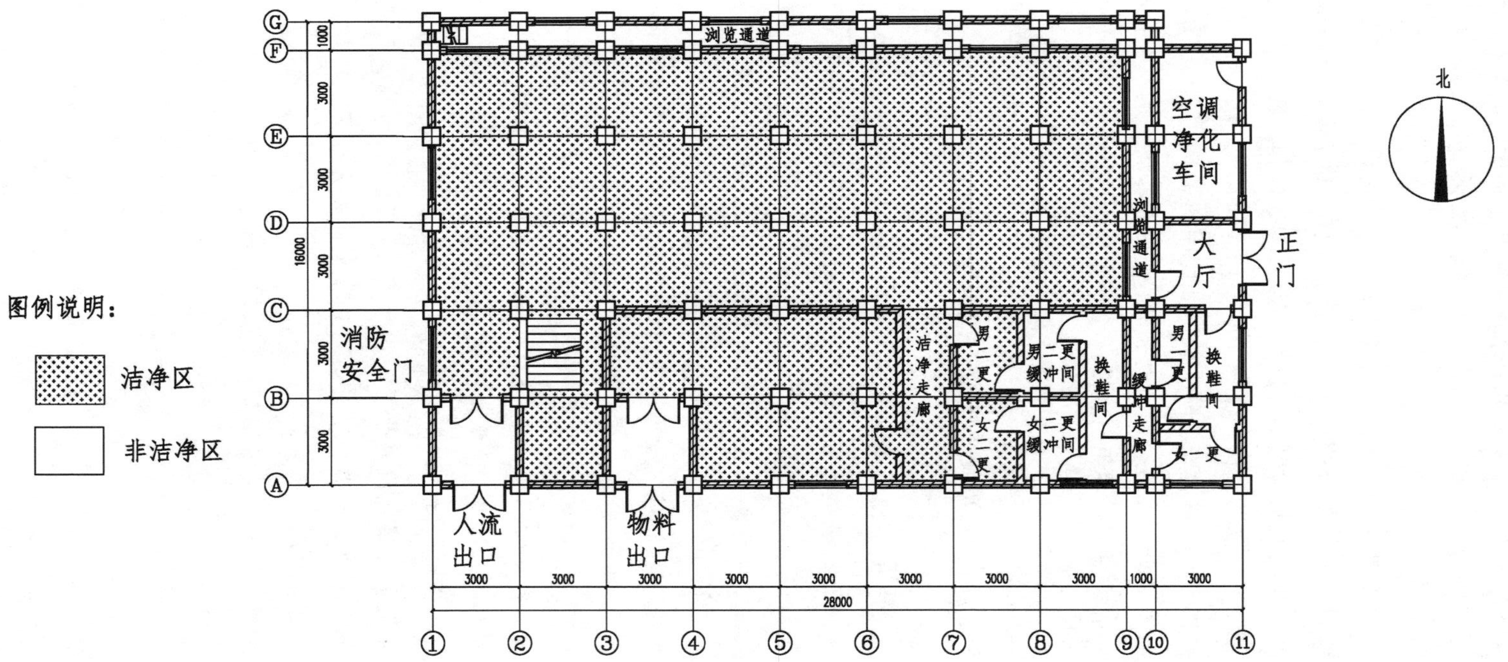

设计说明：

1. 图中尺寸均以毫米计，标高按照米计。
2. 厂房结构：厂房主体采用钢架结构，应参照结构设计规范《最新钢结构设计实用手册》和 GB50017—2003《钢结构设计规范》。
3. 墙体采用50mm厚的夹心彩钢板，墙外厚25mm，墙内厚25mm 。
4. 柱均为600mm×600mm钢筋混凝土结构。

年产1万吨海参果味饮料的工厂车间布置图		比 例	1:100	图 号 01
		件 数		
制 图		重 量		共1张 第1张
描 图				
审 核				

图 6-5　年产 1 万 t 海参果味饮料工厂车间布置图

定位轴线：定位轴线是用来确定建筑物主要结构构件位置的基准线。纵向定位轴线是平行于建筑物长度方向的定位轴线，用来确定纵向墙体、柱、梁、基础等的位置；横向定位轴线是平行于建筑物宽度方向的定位轴线，用来确定横向墙体、柱、梁、基础等的位置。

柱网：柱子的纵向和横向定位轴线垂直相交，在平面上排列所构成的网格线，是用来表示厂房跨度和柱距的。

变形缝：伸缩缝（温度缝）、沉降缝和抗震缝的总称。

建筑模数：建筑施工为了适应建筑工业化的需要，建筑构件实行定型化、标准化、预制化，规定了建筑物的基本尺度，任何房屋的尺寸都必须是基本尺寸的倍数。这个基本尺度的单位称作模数 M°，基本的模数 $M^{\circ}=100\text{mm}$。

思政要素解读

能力拓展

◇ 探究式学习，提高车间布置设计能力

能够采用科学方法对车间布置与设计过程中的复杂工程问题进行研究，理解和掌握车间布置设计的全周期和全流程方案设计要素，能够全面评估研究和设计方案，体现批判性思维和创新意识。

◇ 能够熟练运用工程语言，理解车间布置相关技术标准体系，树立社会责任感

能够基于相关工程背景知识进行满足安全、卫生和防腐蚀要求的食品加工车间布置，评价车间安全、卫生设计与布置对社会、健康、安全、法律以及文化的影响，理解车间布置相关技术标准体系，并理解应承担的责任和义务。

素养提升

◇ 结合典型案例，了解专业使命，提高社会责任感

通过对案例的分析和探究，明确车间布置设计对生产经济效益和环境效益，以及社会安全的重要性，了解专业使命，提高社会责任感。

◇ 学创系统，提升工程素养，弘扬工匠精神

以实际需求为导向，通过理论与案例的结合分析，养成在车间布置设计过程中统筹兼顾、攻坚克难、追求卓越的良好工程素养，弘扬大国工匠精神。

自学能力测试

课后作业

根据所学知识，选择一类食品加工厂，撰写车间布置设计说明书，结合设计内容绘制车间布置图。

思考题

对图 6-7 中两台泵的定位尺寸分别进行平面和立面布置的标注。

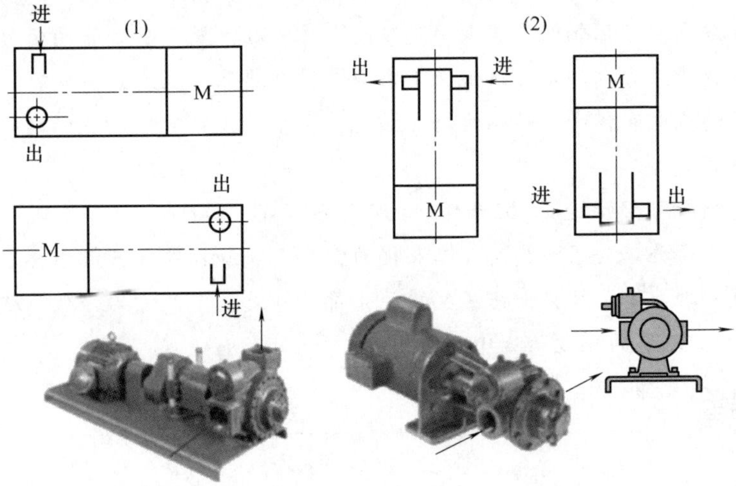

图 6-7

CHAPTER 7

第七章 管道设计与布置

启发提问

◇ 管道设计与布置在食品工厂设计中的重要性?
◇ 管道设计与布置包括哪些任务与内容?
◇ 选择管道的材质、种类、尺寸应考虑哪些因素?

学习目的与要求

◇ 了解管道设计与布置在食品工厂设计过程中的重要性，掌握管道设计与布置的主要内容、所需资料和方法步骤;

◇ 掌握管道设计标准化相关的基本参数，如公称直径和公称压力；了解管道材料、管道附件、管道连接的种类;

◇ 掌握给水和蒸汽管道的计算方法，能够科学计算和选择合理的管道;

◇ 了解制冷系统管道的计算和泵的选择;

◇ 掌握生产车间水、汽总管的确定方法;

◇ 掌握管道安装与检验的基本内容和方法。

学习内容

◇ 管道设计与布置的任务与步骤;
◇ 管道设计的标准化;
◇ 管道材料的选择;
◇ 给水、蒸汽和制冷系统管道的计算和选择;
◇ 生产车间水、汽总管的确定;
◇ 管道附件、标识;
◇ 管道安装与试验。

管道系统是食品工厂生产过程中必不可少的部分。蒸汽、水、气体以及流体物料等，通常都要用管道来输送。此外，部分设备与设备之间的连接也需要依靠管路组成一条连续化生产作业线。由于管道系统的设计对工艺的要求很高，如物料的性质、物料的流量、流送的位置，都与工艺的设计密不可分，所以管道布置是否合理，不仅直接关系到建设指标是否先进合理，也关系到生产操作能否正常进行，以及厂房各车间布置的整齐美观、通风采光良好等问题。因此，在食品工厂的工艺设计过程中，特别在施工图设计阶段，工作量最大、花时间最多的就是管道设计。

管道设计与布置

第一节　管道设计与布置的任务与资料

一、管道设计与布置的任务

车间管道布置设计的任务：把车间布置固定后的设备用管道连接起来，使之形成一条完整连贯的生产工艺流程。因此，要求确定各个设备的管口方位和各个管段（包括阀件、管件和仪表）在空间的具体位置以及它们的安装、连接和支撑方式等。车间内布置的设备是单独、孤立的单体设备，只有通过工业管道的联结，才能满足生产设备对物料的供需要求，组成完整连贯的生产工艺流程。因此，工业管道是生产工艺流程中不可分割的组成部分，也是车间设计中的重要内容之一。在进行车间设备布置设计时，要考虑管道安装的要求和原则。在进行车间管道布置设计时，为了满足管道安装的要求，对设备布置有时需要进行适当的调整，特别是要确定设备安装的管口方位。

车间管道布置合理、正确，管道运转才能顺畅，设备运转才能顺畅，还能使整个车间或工段，甚至整个工厂的生产操作富有成效。因此，在车间布置设计时，设备布置与管道布置是相辅相成的，共同组成一个工艺流程的生产整体。

车间管道中有些管道输送的介质有腐蚀性，有的容易沉积堵塞管道，有的含有害气体，有的有冷凝液体产生。因此，在管道的布置和安装设计中，除了把设备与设备之间联结起来外，为了保证生产流程的通畅顺利，还要考虑和满足一定的特殊技术要求。管道布置设计是一项比较繁杂的设计任务，有的设计单位专门设立管道工程设计室（组），简称配管专业。一般中小单位，管道设计由工艺设计人员完成。

二、管道设计与布置的资料和文件

在进行管道设计时，设计者应事先收集和掌握以下资料：

① 工艺流程图；

② 车间平面布置图和立面布置图；

③ 重点设备总图，并标明流体进出口位置及管径；

④ 物料计算和热量计算（包括管路计算）资料；

⑤ 工厂所在地地质资料（主要是地下水位和冻结深度等）；

⑥ 地区气候条件；

⑦ 厂房建筑结构；

⑧ 其他（如供水系统技术参数、锅炉房蒸汽压力等）。

管道设计工作应完成以下图纸和说明书：

① 管道配置图，包括管道平面图，重点设备的管道立面图和管道透视图；

② 管道支架及特殊管件制造图；

③ 施工说明，其内容为施工中应注意的问题、各种管道的坡度、保温的要求、不同管架的说明等。

第二节　管道设计与布置的步骤

管道设计与布置的步骤

管道设计与布置包括如下步骤。

（1）选择管道材料　根据输送介质的化学性质、流动状态、温度、压力等因素，经济合理地选择管道的材料。

（2）选择介质的流速　根据介质的性质、输送的状态、黏度、成分，以及与之相连接的设备、流量等，参照有关表格数据，选择合理经济的介质流速。

（3）确定管径　根据输送介质的流量和流速，通过计算、查图或查表，确定合适的管径。

（4）确定管壁厚度　根据输送介质的压力及所选择的管道材料，确定管壁厚度。实际上在给出的管材表中，可供选择的管壁厚度有限，按照公称压力所选择的管壁厚度一般都可以满足管材的强度要求。在进行管道设计时，往往要选择几段介质压力较大，或管壁较薄的管道，进行管道强度的校核，以检查所确定的管壁厚度是否符合要求。

（5）确定管道连接方式　管道与管道间、管道与设备间、管道与阀门间、设备与阀门间都存在着连接方式问题，有等径或不等径连接。可根据管材，管径，介质的压力、性质、用途，设备或管道的使用检修状态等，确定连接方式。

（6）选择阀门和管件　介质在管内输送过程中，有分、有合、转弯、变速等情况。为了保证工艺的要求及安全，还需要各种类型的阀门和管件。根据设备布置情况、生产工艺及安全等要求，选择合适的弯头、三通、异径管、法兰等管件和各种阀门。

（7）选择管道的热补偿器　管道在安装和使用时往往存在温差，冬季和夏季使用也有较大温差。为了消除热应力，首先要计算管道的受热膨胀长度，然后考虑消除热应力的方法：当热膨胀长度较小时，可通过管道的转弯、支管、固定等方式自然补偿；当热膨胀长度较大时，应从波形、方形、弧形、套筒形等各种热补偿中选择合适的热补偿形式。

（8）选择管道保温方式　绝热形式、绝热层厚度及保温材料的选择。根据管道输送介质的特性及工艺要求，选定绝热的方式：保温、加热保护或保冷。然后根据介质温度及周围环境状况，通过计算或查表确定管壁温度，进而由计算、查表或查图确定绝热层厚度。根据管道所处环境（振动、温度、腐蚀性）、管道的使用寿命、取材的方便及成本等因素，选择合适的保温材料及辅助材料。需要提及的是，应当计算出热力管道的热损失，为其他设计组提供资料。

（9）管道布置　首先根据生产流程，介质的性质和流向，相关设备的位置、环境、操作、安装、检修等情况，确定管道的敷设方式——明装或暗设。其次在管道布置时，垂直面和水平面的排布、管间距离、管与墙的距离、管道坡度、管道穿墙及穿楼板、管道与设备连接等各种情况，要符合有关规定。

（10）计算管道的阻力损失　根据管道的实际长度、管道相连设备的相对标高、管壁状态、管内介质的实际流速，以及介质所流经的管件、阀门等来计算管道的阻力损失，以便校核检查选择泵、设备及管道等前述各步骤是否正确合理。当然计算管道的阻力损失，不必所有的管道全部计算，可以选择几段典型管道进行计算。当出现问题时，可以改变管径，或改变管件、阀门，或重选泵等输送设备或其他设备的能力。

（11）选择管架及固定方式　根据管道本身的强度、刚度、介质温度、工作压力、线膨胀系数，投入运行后的受力状态，以及管道的根数，车间的梁、柱、墙壁、楼板等土木建筑结构，选择合适的管架及固定方式。

（12）确定管架跨度　根据管道材质、输送的介质、管道的固定情况及所配管件等因素，计算管道的垂直荷重和所受的水平推力，然后根据强度或刚度条件确定管架的跨度。也可通过查表来确定管架的跨度。

（13）选定管道固定用具　根据管架类型和管道固定方式选择管架附件，即管道固定用具。所选管架附件如是标准件，可列出图号；非标准件则需绘出制作图。

（14）绘制管道图　管道图包括平、剖面配管图、透视图、管架图和工艺管道支吊点预埋件布置图等。

（15）编制管材、管件、阀门、管架及绝热材料综合汇总表。

（16）选择管道的防腐蚀措施，选择合适的表面处理方法和涂料、涂层顺序，编制材料及工程量表。

第三节　管道设计的标准化

为便于设计选用和互换，有利于成批生产和降低生产成本，国家有关部门制定了管子、法兰和阀门等管道用零部件的尺寸标准，其标准化的最基本参数就是公称直径和公称压力。

（1）公称直径　公称直径又称通称直径、公称通径。管子、法兰和阀门等的公称直径，就是为了使管子、法兰和阀门等的连接尺寸统一，将管子和管道零部件的直径加以标准化后的直径。公称直径以 DN 表示，其后附加公称直径的尺寸。例如，公称直径为 100mm，用 DN100 表示。

管子的公称直径是指管子的名义直径，多数情况下公称直径既不是管子内径，也不是它的外径，而是与管子的外径相近又小于外径的一个数值。只要管子的公称直径一定，管子的外径也就确定了，而管子的内径则根据壁厚不同而不同。如 DN150 的无缝钢管，其外径都是 159mm，常用壁厚有 4.5mm 和 6.0mm，则内径分别为 150mm 和 147mm。

设计管道时应将初步计算所得的管子直径调整到相近的标准管子直径，以便按标准选择。

在铸铁管和一般钢管中，由于壁厚变化不大、DN 数值较简单，用起来也方便，所以采用 DN 叫法。但对于管壁变化幅度较大的管道，一般就不采用 DN 的叫法了。无缝钢管就是一个例子，同一外径的无缝钢管，它的壁厚有好几种规格，这样就没有一个合适的尺寸可以代表内径。所以，一般用“外径×壁厚”表示。如外径为 57mm、壁厚为 4mm 的无缝钢管，可采用“$\Phi 57\times 4$”表示。

对于法兰或阀门来说，它们的公称直径是指与它们相匹配的管子的公称直径。例如，公称直径为 200mm 的管法兰，或公称直径为 200mm 的阀门，指的是连接公称直径为 200mm 的管子用的管法兰或阀门。管路的各种附件和阀门的公称直径，一般都等于管件和阀门的实际内径。

目前管子直径的单位除用毫米（mm）表示外，有的用英制表示，其单位为英寸（in）。如 1in 管就是 DN26。

（2）公称压力　公称压力又称通称压力。在制定管道及管道用零部件标准时，只有公称直径这样一个参数是不够的，公称直径相同的管道、法兰或阀门，它们能承受的工作压力是不同的，它们的连接尺寸也不一样。所以要把管道及所用法兰、阀门等零部件所能承受的压力，也分成若干个规定的压力等级，这种规定的标准压力等级就是公称压力。公称压力以 PN 表示，其后附加公称压力的数值。例如，公称压力为 25×10^5Pa，用 PN25 表示。公称压力的数值，一般指管内工作介质温度在 0～120℃范围内的最高允许工作压力，一旦介质温度超出上述范围，则由于材料的机械强度随温度的升高而下降，因而在相同的公称压力下，其允许的最大工作压力应适当降低。

在管道设计时，所选择管子及管件可耐受的公称压力必须大于或等于实际工作的最大压力。在选择管道及管道用的法兰或阀门时，应把管道的工作压力调整到与其接近的标准公称压力等级，然后根据 DN 和 PN 就可以选择标准管道及法兰或阀门等管件，同时，可以选择合适的密封结构和密封材料等。

按照现行规定，低压管道的公称压力分为 2.5、6、10、16（$\times 10^5$Pa）4 个压力等级，中压管道的公称压力分为 25、40、64、100（$\times 10^5$Pa）4 个压力等级，高压管道的公称压力分为 160、200、250、300（$\times 10^5$Pa）4 个压力等级。

第四节　管道材料的选择

常用管材的选择

在进行管道设计时，不仅需要计算管道的尺寸、压力，还需要根据输送介质的温度、压力、腐蚀性等因素，以及结合食品卫生要求选择所用管道材料。常用管道材料有金属管和非金属管两大类，金属管有普通碳钢、合金钢、不锈钢、铜、铝、铸铁等材料，非金属管包括玻璃钢、聚乙烯、聚氯乙烯、胶等。食品工厂常用的管道材料有以下几种（表 7-1）。

表 7-1 常用管材

介质名称	介质参数	适用管材	备注
蒸汽	p<784.8kPa	焊接钢管	
蒸汽	p=883~1275.3kPa	无缝钢管	
热水、凝结水	p<784.8kPa	焊接钢管	
压缩空气		紫铜管、塑料管	
压缩空气	p<784.8kPa	焊接管	DN80 以上
压缩空气	p>784.8kPa	无缝钢管	
给水、煤气	—	镀锌焊接钢管	DN150 以上
给水、煤气	埋地	铸铁管	
排水	—	铸铁管、石棉水泥管	
排水	埋地	铸铁管、陶瓷管、钢筋混凝土管	
真空	—	焊接钢管	
果汁、糖液、奶油	—	不锈钢管、聚氯乙烯管	
盐溶液	—	不锈钢管	
氨液	—	无缝钢管	
酸、碱液	0.92~0.96		

（1）钢管

① 无缝钢管：材料为碳钢，用于输送有较大压力的物料、蒸汽、压缩空气等。如果输送介质的温度超过 435℃ 则须用合金钢管。在同等输送能力要求下，根据输送介质压力大小的不同，可选用不同壁厚的钢管。

根据无缝钢管的制造工艺，无缝钢管分热轧和冷拉（冷轧）两种。热轧无缝钢管的外径为 32~600mm，壁厚 25~50mm；冷拉钢管外径为 4~150mm，壁厚 1~12mm。管道尺寸标注方法为“外径×壁厚”，例如 Φ45×3.5 表示钢管外径为 45mm，壁厚为 3.5mm。

② 电焊钢管：电焊钢管有螺旋焊接钢管和钢板卷管两种类型。

a. 螺旋电焊钢管。用碳钢板条材料卷制后连续螺旋焊接而成，用于大口径（>Φ200mm）、低温低压管道，壁厚 6~8mm，按公称直径标注。

b. 钢板卷管。用碳钢板材料经卷制后直缝焊接而成，用于大口径（>Φ600mm）、低温低压管道，壁厚 8~12mm，按公称直径标注，一般由安装单位在现场制作。

③ 水煤气钢管：材料是碳钢，有普通和加厚两种。根据镀锌与否，分镀锌（白铁管）和不镀锌两种（黑铁管），用于低温低压的水管。普通管壁厚为 2.75~4.5mm，加厚管壁厚为 3.25~5.5mm。可按普通或加厚管壁厚和公称直径标注。

④ 不锈钢管：若输送有腐蚀性的介质，且介质温度和压力较高，或食品卫生要求高的管道，可用不锈钢管（含镍、铬、钼，可耐 800~950℃ 高温），例如，酸法糖化管道、啤酒大发酵罐的管道、乳品或果汁等输送管道。对于有腐蚀性，但压力不太高的，也可用内衬橡胶的钢管和铸铁管。

（2）铸铁管 用于室外给水和室内排水管线，也可用来输送碱液或浓硫酸，埋于地下或管沟。用砂型离心浇铸的普压管，工作压力低于 735kPa（7.5kg/cm^2），高压管工作压力高于

980kPa（$9.8kg/cm^2$）。

接口为承插式的铸铁管，内径为675～500mm，壁厚7.5～200mm。用砂型立式浇铸的铸铁管也有低压（工作压力<441kPa）、普压（工作压力<750kPa）和高压（工作压力<1000kPa）三种，壁厚9.0～30.0mm。铸铁管用公称直径标注。

高硅铸铁管、衬铅铸铁管为输送腐蚀介质用管道，公称直径DN10～400。

（3）有色金属管

① 铜管与黄铜管：多用于制造换热设备，也用作低温管道、仪表的测压管线或传送有压力的流体（如油压系统、润滑系统），通常不用于食品物料的输送。当输送介质的温度大于250℃时，不宜在较大压力下使用。

② 铝管：由铝材拉制而成的无缝管，常用于输送浓硝酸、醋酸等物料，或用作换热器，但铝管不能抗碱。在温度大于160℃时，不宜在较高压力下操作，极限工作温度为200℃。

铜管、黄铜管和铝管的规格标注均为“外径×壁厚”。

（4）非金属管　非金属材料的管道种类很多，常用的有硅酸盐、塑料、石墨、工业橡胶以及其他非金属衬里等材料。

① 硅酸盐材料管：有陶瓷管、玻璃管、钢筋混凝土管、石棉水泥管等。它们的优点是耐腐蚀性能好，缺点是能耐受的压力低、性脆易碎。

钢筋混凝土管、石棉水泥管用于室外排水管道，管内试验压力：混凝土管0.3×10^5Pa（$0.3kg/cm^2$）；重型钢筋混凝土管1×10^5Pa（$1kg/cm^2$）。混凝土管$\Phi75\sim450mm$，厚度25～67mm；轻型钢筋混凝土管$\Phi100\sim1800mm$，厚度25～140mm；重型钢筋混凝土管$\Phi300\sim1550mm$，厚度58～157mm，按公称内径标注。近年来，给水管道用内径500～1000mm的预应力钢筋混凝土管日益增多，工作压力可达6×10^5Pa（$6kg/cm^2$）。

② 塑料管：输送温度在60℃以下的腐蚀性介质可用硬聚氯乙烯管、聚氯乙烯管或聚氯乙烯卷管（用板料卷制焊接）。市售硬聚氯乙烯管的公称直径DN6～400，壁厚6～12mm，按“外径×壁厚”标注。常温下轻型管材的工作压力不超过2.5×10^5Pa，重型管材（管壁较厚）工作压力不超过6×10^5Pa。

除硬聚氯乙烯管以外，塑料管还有软聚氯乙烯塑料、酚醛塑料、尼龙1010管、聚四氟乙烯管等材料制成的管材。

③ 橡胶管：能耐酸碱，抗蚀性好，且有弹性可任意弯曲。橡胶管一般用做临时管道及某些管道的挠性件，不作为永久性管道。

第五节　给水管道的计算与选择

一、给水管道的计算

1. 确定管径 D

（1）计算法　计算法是在确定流量及流速的情况下，先计算出管子内径的理论值，然后再按管子规格进行选择。

因为
$$Q=F\times v=\frac{\pi}{4}\times D^2\times v \tag{7-1}$$

所以
$$D=\sqrt{\frac{Q}{\frac{\pi}{4}\times v}}\approx 1.128\sqrt{\frac{Q}{v}} \tag{7-2}$$

式中 D——管道设计断面处的计算内径，m；

Q——通过管道设计断面的水流量，m^3/s；

F——管道设计断面的面积，m^2；

v——管道设计断面处的水流平均速度，m/s。

对于 DN<300mm 的钢管和铸铁管，考虑到日后管子内壁的锈蚀、沉垢等情况，应加 1mm 作为管内径，而后再查管子的规格，选用最相近的管子。

在设计时，若选用的流速 v 过小，则需较大的管径，管材用量一次性投资费用大；若设计时选用的流速 v 较大，则管道的压头损失太大，动力消耗大，能源浪费。因此，在确定管径时，应选取适当的流速。根据工业长期实践的经验，找到了不同介质较为合适的常用流速（表 7-2）。

表 7-2 管道输送常用流速

介质名称	管径/mm	流速/(m/s)
给水、冷冻水	DN15~50	0.5~1.0
	DN50 以上	0.8~2.0
	蛇盘管	<0.1
自流凝结水	DN15~18	0.1~0.3
压缩空气	<DN50	10~15
煤气	DN25~50	≤4.0
	DN70~100	≤6.0
余压冷凝水	DN15~20	≤0.5
	DN25~32	≤0.7
	DN40~50	≤1.0
	DN70~80	≤1.6
饱和蒸汽	DN15~20	10~15
	DN25~32	15~20
	DN40	20~25
	DN50~80	20~30
	DN100~150	25~30
真空	DN15~40	<8.0
	DN50~100	<10
车间风管	干管	8~12
	支管	2~8
车间排水	暗沟	0.6~4.0
	明沟	0.4~2.0

表 7-3　钢管（水、煤气管）水力计算表

（单位：流量 q_v 为 L/s，公称直径 DN 为 mm，流速 v 为 m/s，单位管长的水头损失 i 为 mm/m）

q_v	DN15		DN20		DN25		DN32		DN40		DN50		DN70		DN80		DN100	
	v	i	v	i	v	i	v	i	v	i	v	i	v	i	v	i	v	i
0.05	0.29	28.4																
0.07	0.41	51.8	0.22	11.10														
0.10	0.58	98.5	0.31	20.80														
0.12	0.70	137	0.37	28.80	0.23	8.59												
0.14	0.82	182	0.43	38	0.26	11.30												
0.16	0.94	234	0.50	48.5	0.30	14.30												
0.18	1.05	291	0.56	60.10	0.34	17.60												
0.20	1.17	354	0.62	72.70	0.38	21.30	0.21	5.22										
0.25	1.46	551	0.78	109	0.47	31.80	0.26	7.70	0.20	3.92								
0.30	1.76	793	0.93	153	0.56	44.20	0.32	10.70	0.24	5.42								
0.35			1.09	204	0.66	58.60	0.37	14.10	0.28	7.08								
0.40			1.24	263	0.75	74.80	0.42	17.90	0.32	8.98								
0.45			1.40	233	0.85	93.20	0.47	22.10	0.36	11.10	0.21	3.12						
0.50			1.55	411	0.94	113	0.53	26.70	0.40	13.40	0.23	3.74						
0.55			1.71	497	1.04	135	0.58	31.80	0.44	15.90	0.26	4.44						
0.60			1.86	591	1.13	159	0.63	37.20	0.48	18.4	0.28	5.16						
0.65			2.02	694	1.22	185	0.68	43.10	0.52	21.5	0.31	5.97						
0.70					1.32	185	0.74	49.50	0.56	24.6	0.33	6.83	0.20	1.99				
0.75					1.41	214	0.79	56.20	0.60	28.3	0.35	7.70	0.21	2.26				
0.80					1.51	246	0.84	63.20	0.64	31.4	0.38	8.52	0.23	2.53				
0.85					1.60	279	0.90	70.70	0.68	35.1	0.40	9.63	0.24	2.81				
0.90					1.69	354	0.95	78.70	0.72	39.0	0.42	10.70	0.25	3.11				

续表

q_v	DN15		DN20		DN25		DN32		DN40		DN50		DN70		DN80		DN100	
	v	i	v	i	v	i	v	i	v	i	v	i	v	i	v	i	v	i
0.95					1.79	394	1.00	86.90	0.76	43.1	0.45	11.80	0.27	3.42				
1.00					1.88	437	1.05	95.70	0.80	47.3	0.47	12.90	0.28	3.76	0.20	1.64		
1.10					2.07	528	1.16	114	0.87	56.4	0.52	15.30	0.31	4.44	0.22	1.95		
1.20							1.27	135	0.95	66.3	0.56	18	0.34	5.13	0.24	2.27		
1.30							1.37	159	1.03	76.9	0.61	20.80	0.37	5.99	0.26	2.61		
1.40							1.48	184	1.11	88.4	0.66	23.70	0.40	6.83	0.28	2.97		
1.50							1.58	211	1.19	101	0.71	27	0.42	7.72	0.30	3.36		
1.60							1.69	240	1.27	114	0.75	30.40	0.45	8.70	0.32	3.76		
1.70							1.79	271	1.35	129	0.80	34	0.48	9.69	0.34	4.19		
1.80							1.90	304	1.43	144	0.85	37.80	0.51	10.70	0.36	4.66		
1.90							2.00	339	1.51	161	0.89	41.80	0.54	11.90	0.38	5.13		
2.0									1.59	178	0.94	46	0.57	13	0.40	5.62	0.23	1.47
2.2									1.75	216	1.04	54.90	0.62	15.50	0.44	6.66	0.25	1.72
2.4									1.91	256	1.13	64.50	0.68	18.20	0.48	7.79	0.28	2.0
2.6									2.07	301	1.22	74.90	0.74	21	0.52	9.03	0.30	2.31
2.8											1.32	86.90	0.79	24.10	0.56	10.30	0.32	2.63
3.0											1.41	99.80	0.80	27.40	0.60	11.70	0.35	2.98
3.5											1.65	136	0.99	36.50	0.70	15.50	0.40	3.93
4.0											1.88	177	1.13	46.80	0.81	19.80	0.46	5.01
4.5											2.12	224	1.28	58.60	0.91	24.60	0.52	6.20
5.0											2.35	277	1.42	72.30	1.01	30	0.58	7.49
5.5											2.59	335	1.56	87.50	1.11	35.80	0.63	8.92

6.0	1.70	104	1.21	42.10	0.69	10.50
6.5	1.84	122	1.31	49.40	0.75	12.10
7.0	1.99	142	1.41	57.30	0.81	13.90
7.5	2.13	163	1.51	65.70	0.87	15.80
8.0	2.27	185	1.61	74.80	0.92	17.80
8.5	2.41	209	1.71	84.40	0.98	19.90
9.0	5.55	234	1.81	94.60	1.04	22.10
9.5			1.91	105	1.10	24.50
10.0			2.01	117	1.15	26.90
10.5			2.11	129	1.21	29.50
11.0			2.21	141	1.27	32.40
11.5			2.32	155	1.33	35.40
12.0			2.42	168	1.39	38.50
12.5			2.52	183	1.44	41.80
13.0					1.50	45.20
14.0					1.62	52.40
15.0					1.73	60.20
16.0					1.85	68.50
17.0					1.96	77.30
20.0					2.31	107

（2）查表法　给水钢管（水、煤气管）水力计算表（表 7-3）中有 Q（又称 q_v）、DN、v、i 四个参数，只要知道其中任意 3 个数值，就可从表中查到剩余一个需要求解的参数。该表是按清水、水温为 10℃，并且考虑了垢层厚度为 0.5mm 的情况算得。水的黏滞性与水的温度呈负相关的关系，故 i 与水温也为负相关。但因自来水温与 10℃ 相差不大，故一般不考虑这项微小的影响。

2. 阻力计算

（1）沿程水头损失 h_1（m）　水在沿着管子计算内径（D）和单位长度水头损失（i，又称水力坡度）不变的匀直管段全程流动时，为克服阻力而损失的水头，称为沿程水头损失 h_1（m）。

当 $v \geqslant 1.2$m/s 时：

$$h_1 = i \times L = \left(0.00107 \times \frac{v^2}{D^{1.3}}\right) \times L \tag{7-3}$$

或

$$h_1 = \left(0.001735 \times \frac{Q^2}{D^{5.3}}\right) \times L \tag{7-4}$$

式中　i——单位管长的水头损失，mm/m；

Q——流量，m^3/s；

L——管长，m；

v——流速，m/s；

D——管子的计算内径，m。

当 $v < 1.2$m/s 时：

$$h_1 = i \times L = \left[0.000912 \times \left(1 + \frac{0.867}{v}\right)^{0.3} \times \frac{v^2}{D^{1.3}}\right] \times L \tag{7-5}$$

或

$$h_1 = K \times \left(0.001756 \times \frac{Q^2}{D^{5.3}}\right) \times L \tag{7-6}$$

式中　Q、i、L、v、D 同前，K 为修正系数（表 7-4）。

表 7-4　不同流速时的修正系数 K 值表

v/(m/s)	0.20	0.25	0.30	0.35	0.40	0.45	0.50	0.55	0.60
K	1.41	1.33	1.28	1.24	1.20	1.175	1.15	1.13	1.115
v/(m/s)	0.65	0.70	0.75	0.80	0.85	0.90	1.0	1.1	≥1.20
K	1.10	1.085	1.07	1.06	1.05	1.04	1.03	1.015	1.00

（2）局部水头损失 h_2（m）　水流经过断面面积或方向发生改变，从而引起速度发生突变的地方（如阀、缩节、弯头等）时，所损失的水头称为局部水头损失 h_2（m）。局部水头损失可通过局部阻力系数 ξ 来计算，此法称为精确算法；水头损失计算也可用沿程水头损失乘一个经验系数的方法，这叫概略算法。概略算法较简便，在工程计算中用得较多。

① 精确算法：

$$h_2 = \sum \xi \times \frac{v^2}{2g} \tag{7-7}$$

式中　ξ——局部阻力系数（表 7-5）；

v——流速，m/s；

g——重力加速度，$9.81m/s^2$。

② 概略算法（常用）

生活给水管网：

$$h_2=(20\%\sim30\%)h_1 \tag{7-8}$$

式中　h_1——沿程水头损失，m。

生产给水管网：

$$h_2=20\%\times h_1 \tag{7-9}$$

消防给水管网：

$$h_2=10\%\times h_1 \tag{7-10}$$

生活、生产、消防合用管网：

$$h_2=20\%\times h_1 \tag{7-11}$$

（3）总水头损失 H_2（m）　水在流动过程中，用于克服阻力而损耗的（机械）能，称为总水头损失。

① 精确算法：

$$H_2=h_1+h_2=i\times L+\sum\xi\frac{v^2}{2g} \tag{7-12}$$

② 概略算法：

$$H_2=h_1+h_2=h_1+(0.1\sim0.3)h_1=(1.1\sim1.3)h_1 \tag{7-13}$$

表 7-5　　　　　　　　　　局部阻力数据

接头配件、附件名称	图 例	阻力系数
三通	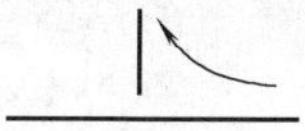	2
合流三通	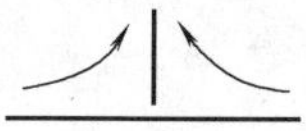	3
分流三通	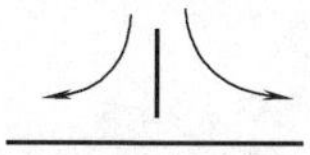	1.5
顺流三通	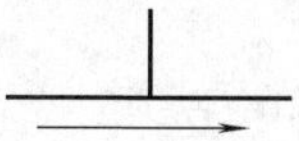	0.05～0.1
带镶边的管子入口	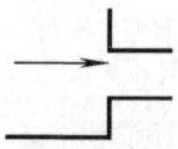	0.5
带固甲边的管子入口	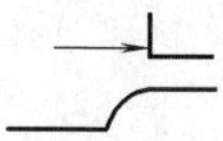	0.25
入水箱的管子出口	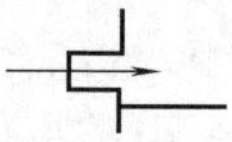	1
扩张大小头	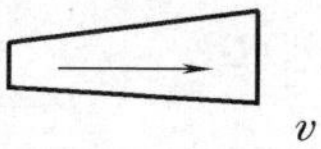	0.073～0.91（v 按大管计）

续表

<table>
<tr><th>接头配件、附件名称</th><th>图 例</th><th>阻力系数</th></tr>
<tr><td>收缩大小头</td><td>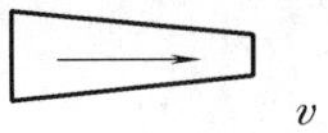</td><td>0.24(v 按小管计)</td></tr>
<tr><td>90°普通弯头</td><td>R/d=1
R/d=2
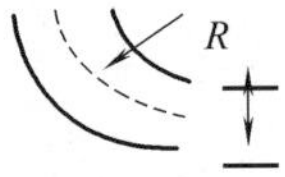</td><td>0.08
0.48</td></tr>
<tr><td>闸门</td><td>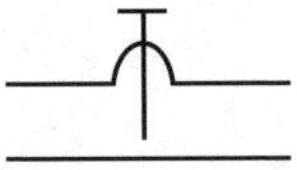</td><td><table><tr><td>d</td><td>50</td><td>70</td><td>100</td><td>150</td></tr><tr><td>ξ</td><td>0.47</td><td>0.27</td><td>0.18</td><td>0.08</td></tr></table></td></tr>
<tr><td>普通球阀</td><td>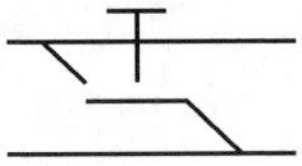</td><td>3.9</td></tr>
<tr><td>开肩式旋转龙头</td><td>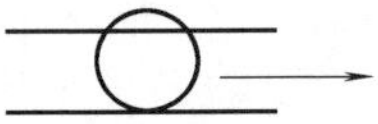</td><td>1.0</td></tr>
<tr><td>逆止器</td><td>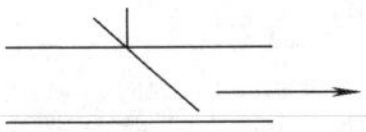</td><td>1.3~1.7</td></tr>
<tr><td>突然扩大</td><td>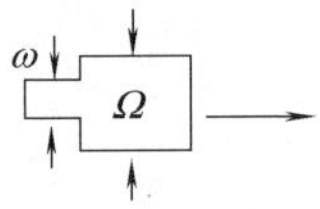</td><td>$\xi=\left(\frac{\Omega}{\omega}-1\right)^2$</td></tr>
<tr><td>突然收缩</td><td>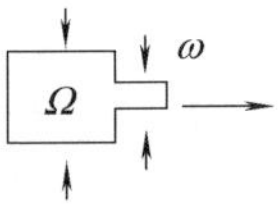</td><td>0~1.5</td></tr>
</table>

二、水泵的选择

水泵的选择是根据流量 Q 和扬程 H 两个参数进行的。

(1) 流量的计算　① 无水箱时，设计采用秒流量 Q。② 有水箱时，采用最大小时流量计算。

(2) 扬程 H 的计算

$$H=H_1+H_2+H_3+H_4 \tag{7-14}$$

式中　H_1——几何扬程，从吸水池最低水位至输水终点的净几何高差；

H_2——阻力扬程，为克服全部吸水、压水、输水管道和配件之总阻力所耗的水头；

H_3——设备扬程，即输水终点必需的流出水头；

H_4——扬程余量（一般采用 2~3m）。

第六节　蒸汽管道的计算与选择

水和蒸汽的最大差别是：水的可压缩性很小，而蒸汽的可压缩性很大。$1m^3$ 水在任何压力下，只要在 4℃时其质量基本上是 1t；而 $1m^3$ 蒸汽的质量则随蒸汽的压力大小而变化，所以，同一管道、同一流速，在不同蒸汽压力下，每小时流过的蒸汽质量不同。

表 7-6 中列出 6 种压力下的流量和阻力，其流速范围为 20~40m/s。可以看出：在不同蒸汽压下，虽然管道和流速相同，但流量和阻力都不同。例如，在 588kPa（$6kg/cm^2$）表压下的 32×3.5 管道，在流速为 20m/s 时，流量为 0.13t/h；当在 883kPa（$9kg/cm^2$）下，流速仍为 20m/s 时，流量却为 0.18t/h。两种压力下的阻力分别为 970Pa/m 及 1350Pa/m。

（1）有关蒸汽管阻力计算的公式

① 在相同压力下，流速 v 与流量 Q 及阻力 i 的关系：

$$Q_1 = \frac{v_1}{v_2} \times Q_2 \tag{7-15}$$

$$i_1 = \left(\frac{v_1}{v_2}\right)^2 \times i_2 \tag{7-16}$$

【例 1】 89×4 的蒸汽管道，在 588kPa 表压下，当流速为 20m/s 时的流量为 1.34t/h，阻力为 220Pa/m。试问流速在 40m/s 时的流量和阻力各为多少？

解：

$$Q_1 = \frac{40}{20} \times 1.34 = 2.68\ (t/h)$$

$$i_1 = \left(\frac{40}{20}\right)^2 \times 220 = 880\ (Pa/m)$$

则流速在 40m/s 时的流量和阻力分别为 2.68t/h 和 880Pa/m。

② 流速相等、管径不同时，流量与管道半径的关系：

$$Q_1 = \left(\frac{d_1}{d_2}\right)^2 \times Q_2 \tag{7-17}$$

式中　d_1，d_2——两根不等径管道的直径，m 或 mm；

Q_1，Q_2——两根等径管道中的蒸汽流量，m^3/h 或 t/h。

③ 管径、流速相同，不同的压力下，流量和阻力变化的计算：

$$Q_1 = \frac{P_1 + 98}{P_2 + 98} \times Q_2 \tag{7-18}$$

式中　P_1，P_2——两根等径管道中的蒸汽表压，kPa；

Q_1，Q_2——两根等径管道中的蒸汽流量，m^3/h 或 t/h。

$$i_1 = \frac{P_1 + 98}{P_2 + 98} \times i_2 \tag{7-19}$$

表 7-6 饱和水蒸气管阻力计算表

钢管外径×壁厚/mm	流量/(t/h)，阻力/(10Pa/m 管长)	69kPa(0.07MPa) 时流速/(m/s)						147kPa(0.15MPa) 时流速/(m/s)						294kPa(0.3MPa) 时流速/(m/s)					
		20	24	28	32	36	40	20	24	28	32	36	40	20	24	28	32	36	40
32×3.5	蒸汽流量 Q	0.03						0.05						0.08					
	阻力 i	2.5						27						57					
38×3.5	蒸汽流量 Q	0.05						0.07						0.12					
	阻力 i	20						28						44					
45×3.5	蒸汽流量 Q	0.08	0.09	0.11				0.11	0.13	0.16				0.17	0.21	0.24			
	阻力 i	11	16	22				22	32	44				35	50	68			
57×3.5	蒸汽流量 Q	0.13	0.16	0.19				0.19	0.23	0.27				0.30	0.36	0.42			
	阻力 i	10	15	21				15	22	30				20	34	46			
73×4	蒸汽流量 Q	0.23	0.27	0.32	0.36	0.41	0.45	0.33	0.39	0.46	0.52	0.59	0.66	0.51	0.61	0.71	0.81	0.91	1.02
	阻力 i	8	11	15	19	24	30	11	15	21	27	35	43	17	24	33	43	54	67
89×4	蒸汽流量 Q	0.35	0.42	0.50	0.57	0.64	0.71	0.51	0.61	0.71	0.82	0.92	1.02	0.79	0.95	1.10	1.26	1.42	1.57
	阻力 i	6	8	11	15	19	23	8	12	16	21	27	33	13	18	25	33	41	51
108×4	蒸汽流量 Q	0.54	0.65	0.75	0.86	0.97	1.08	0.78	0.93	1.09	1.24	1.49	1.55	1.20	1.44	1.68	1.93	2.16	2.40
	阻力 i	4	6	8	11	14	17	6	9	12	16	20	25	10	14	19	25	31	39
133×4	蒸汽流量 Q	0.84	1.01	1.18	1.34	1.50	1.68	1.21	1.45	1.69	1.94	2.19	2.42	1.87	2.24	2.62	3	3.37	3.74
	阻力 i	2	5	7	9	11	13	5	7	9	12	15	19	7	11	14	19	24	30
159×3.5	蒸汽流量 Q	1.21	1.45	1.69	1.94	2.18	2.42	1.75	2.1	2.44	2.79	3.14	3.50	2.70	3.24	3.78	4.32	4.85	5.40
	阻力 i	3	4	5	7	9	11	4	6	8	10	12	16	6	9	12	15	19	24
219×6	蒸汽流量 Q													5.14	6.16	7.20	8.22	9.25	10.28
	阻力 i													4	6	8	10	13	16
273×8	蒸汽流量 Q													7.92	9.51	11.10	12.66	14.23	15.82
	阻力 i													3	4	6	8	10	12

续表

钢管外径×壁厚/mm	流量/(t/h)，阻力/(10Pa/m管长)	588kPa(0.6MPa)时流速/(m/s)						833kPa(0.9MPa)时流速/(m/s)						1177kPa(1.2MPa)时流速/(m/s)					
		20	24	28	32	36	40	20	24	28	32	36	40	20	24	28	32	36	40
32×3.5	蒸汽流量 Q	0.13						0.18						0.23					
	阻力 i	97						135						174					
38×3.5	蒸汽流量 Q	0.20						0.27						0.35					
	阻力 i	75						105						134					
45×3.5	蒸汽流量 Q	0.29	0.35	0.41				0.41	0.49	0.58				0.53	0.67	0.74			
	阻力 i	58	84	115				82	117	160				106	152	207			
57×3.5	蒸汽流量 Q	0.51	0.61	0.71				0.71	0.86	1.00				0.92	1.10	1.29			
	阻力 i	39	57	77				56	80	109				72	103	141			
73×4	蒸汽流量 Q	0.86	1.04	1.21	1.38	1.55	1.72	1.21	1.45	1.69	1.93	2.18	2.42	1.55	1.86	2.18	2.48	2.80	3.30
	阻力 i	28	41	56	73	92	114	40	57	78	102	129	159	51	73	100	130	165	204
89×4	蒸汽流量 Q	1.34	1.61	1.88	2.14	2.41	2.68	1.88	2.26	2.46	3.01	3.38	3.76	2.42	2.91	3.39	3.87	4.36	4.48
	阻力 i	22	31	43	56	71	87	30	44	60	78	99	122	39	57	77	100	127	157
108×4	蒸汽流量 Q	2.04	2.45	2.86	3.26	3.68	4.08	2.86	3.44	4.00	4.57	5.15	5.72	3.68	4.42	5.16	5.88	6.27	7.36
	阻力 i	16	24	32	42	53	66	23	33	45	59	75	92	30	43	58	76	96	119
133×4	蒸汽流量 Q	3.18	3.82	4.46	5.08	5.73	6.36	4.46	5.36	6.25	7.14	8.04	8.72	5.72	6.86	8.01	9.15	10.30	11.44
	阻力 i	13	18	25	32	41	50	18	25	34	45	57	70	22	32	44	58	73	90
159×3.5	蒸汽流量 Q	4.58	5.5	6.41	7.33	8.25	9.16	6.44	7.44	9.02	10.30	11.60	12.68	8.28	9.94	11.60	13.24	14.90	16.56
	阻力 i	10	14	20	26	32	40	14	20	28	36	46	57	18	26	36	47	59	73
219×6	蒸汽流量 Q	8.71	10.45	12.20	13.92	15.70	17.41	12.24	14.70	17.14	19.6	12.02	24.48	15.72	18.88	22.00	25.09	28.3	31.44
	阻力 i	7	9	13	17	21	26	9	13	18	24	30	37	12	17	23	30	38	47
273×8	蒸汽流量 Q	13.48	16.18	18.88	21.59	24.21	26.98	18.9	22.66	26.45	30.22	34.02	37.80	24.40	29.30	33.42	39.10	43.90	48.80
	阻力 i	5	7	10	13	17	20	7	10	14	18	23	29	9	13	18	24	30	37

【例 2】 32×3.5 蒸汽管道，在表压 588kPa，流速 20m/s 时，流量为 0.13t/h，阻力为 970Pa/m，试问蒸汽表压在 883kPa，流速为 20m/s 时的流量和阻力各为多少？

解：表压为 883kPa 时的流量 Q_1 为：

$$Q_1=\frac{883+98}{588+98}\times 0.13=0.188\ (t/h)$$

表压为 883kPa 时的阻力 i_1 为：

$$i_1=\frac{833+98}{588+98}\times 970=1.386\text{kPa}$$

（2）利用饱和水蒸气管阻力计算表选择管径

案例分享

现需要选一条蒸汽管道，其通过的蒸汽表压力为 588kPa，流量为 2t/h，输送路程为 50m，允许降低压力 49kPa，试问管径应选多大？

解：假定局部阻力占沿程阻力的 100%，则可按 50m 的 1 倍（即 100m）管长来计算每米允许的压力降（即每米管子所允许的阻力大小）。由题中可知，输送路程的允许压力降为 49kPa，即允许压力降为 50kPa。由此可得管道每米允许阻力为 500Pa/m。

查表 7-6，在蒸汽压为 588kPa 的一组里，查满足流量为 2t/h、阻力在 500Pa/m 左右的管径。在表中查得，89×4 管道在流速 32m/s 时，其流量为 2.14t/h、阻力为 560Pa/m，这与本题要求很接近，所以选 89×4 的无缝钢管。

第七节　制冷系统管道的计算及泵的选择

冷库制冷系统管道把制冷机器与设备连接起来，使液体和蒸汽制冷剂在系统内循环流动。管子要具有一定的抗拉、抗压、抗弯的强度，并能耐腐蚀。

一、制冷系统对管道的总阻力要求

制冷系统管道的液体和气体制冷剂是在一定的压力下流动的。随着流动速度的加快，它在管道内的摩擦阻力就会增加。对于液体制冷剂来说，在流动过程中会引起蒸发；对气体制冷剂来说，则引起气体过热。这都会直接降低有效的制冷量，或者增加制冷循环的功率消耗。所以，在系统管道设计中，视管内制冷剂的温度不同，规定了允许的压力损失总和，即总阻力 $\sum\Delta P$。

① 吸入管道允许的总阻力 $\sum\Delta P$，不应超过下列数值：

a. 蒸发温度-40℃时，3900Pa；

b. 蒸发温度-33℃时，4900Pa；

c. 蒸发温度-28℃时，5900Pa；

d. 蒸发温度-15℃时，12000Pa。

② 排汽管道允许的总阻力（$\sum\Delta P$）不超过 14700Pa。

③ 冷凝器与储液桶之间的液体管道总阻力（$\sum\Delta P$）不超过 1170Pa。

④ 储液桶与调节站之间的液体管道总阻力（$\sum\Delta P$）不超过 24000Pa。

⑤ 盐水管道允许的总阻力（$\sum\Delta P$）不超过 49000Pa。

二、管道的选择

管道系统的管径由制冷剂的流量（或热负荷）、摩擦阻力（压力降）和流体流速决定。在管道系统中，制冷剂的流动速度参阅表 7-7 和表 7-8。

表 7-7　　氨制冷剂在管道内的允许流动速度

管道名称	允许流速/(m/s)	管道名称	允许流速/(m/s)
回气管、吸入管	10~16	冷凝器至高压储液桶的液体管	<0.6
排气管	12~25	冷凝器至膨胀阀的液体管	1.2~2.0
氨泵供液的进液管	0.1~1.0	高压供液管	1.0~1.5
氨泵的回液管	0.25	低压供液管	0.8~1.4
重力供液、氨液分离器至液体分配站的供液管	0.2~0.25	自膨胀阀至蒸发器的液体管	0.8~1.4

表 7-8　　F-12、F-22 制冷剂在管道内的流动速度

制冷剂	吸入管(5℃饱和)	排气管	冷管	
			冷凝器到储液桶	储液桶到蒸发器
F-12、F-22	5.8~20	10~16	0.5	0.5~1.25
氯甲烷	5.8~20	10~20	0.5	0.5~1.25

可以根据管长（包括局部阻力在内的管子当量长度）和每小时耗冷量，从有关图表中查出制冷系统中各部分的管径。

1. 氨系统管道

（1）排气管　氨气在排气管中的压力损失对能量的影响较小，但对制冷压缩机需用功率有较大的影响。由于排气比容较小，故所用的管径也小。氨气在排气管中的压力损失相当于增加用电量 1%。

（2）吸入管　吸入管中的压力损失，直接影响制冷压缩机的能量。蒸发温度越低，允许的压力损失越小。这个压力损失的数值，相当于饱和蒸发温度差 1℃ 及制冷压缩机制冷量降低 4%的能量。

（3）供液管　供液管可分为两个管段：自冷凝器至膨胀阀之间的供液管段是高压供液管，自膨胀阀至冷却设备之间的供液管段是低压供液管。

① 高压供液管：氨液在管内流速为 1~1.5m/s。这部分管道的直径一般选用直径 20~38mm。自冷凝器至高压储液桶的管段，氨液在管内的流速小于 0.6m/s。这部分管道直径一般选用直径 32~57mm。冷凝器与高压储液桶的均压管道，一般选用直径 18~25mm。

② 低压供液管：氨通过膨胀阀降低压力后向冷却设备供液的管段，都属于低压供液管。

供液管按照其供液方式的不同可分为以下几种。

a. 直接膨胀供液式的液管：一般供液管的管径采用直径 20~30mm。

b. 重力供液式的液管：重力供液式的液管连接冷却设备必须自下而上流出。液体通过冷却排管的阻力，是靠液位差的静压来克服的。所以，重力供液的排管每一通路的允许管长受压差所限制。排管的总长度也要适应这个条件，才能起到有效的作用。

c. 氨泵供液式的液管：氨泵供液式的液管有进液管和出液管，直径的大小要与氨泵进出口直径相适应。

氨泵的进液管从低压循环储液桶接出时，应尽可能为直管，要求液体进泵时流速为 0.5~0.75m/s，以减少氨液由于摩擦引起汽化，从而影响泵的正常工作。氨泵的出液管是供给冷却设备氨液的液管，有从泵直接向冷却设备供液者，也有将出液管接至液体分调节站，然后由分调节站向各冷却设备供液者。在冷库制冷系统中，大都使用后者。氨泵出液管至分调节站的管段，其管径一般采用直径 45~57mm 的管子，而自分调节站至冷却设备的管段采用直径 32~38mm 的管子。每个通路管子长度一般不超过 350m。

（4）热氨管　热氨管专门供给冷却设备冲霜和低压设备加压用的高压氨气。为避免将润滑油带进冷却系统，高压氨气先通过油氨分离器，将油蒸气分离后，再供给冷却设备。因此，热氨管有的从油分离器与冷凝器之间的管道中接出。如需设热氨站，可在高压排出管加接油分离器，使油分离，之后再去热氨站。

热氨管管径，用于冲霜的采用直径 38~57mm 管子，用于加压的采用直径 25~38mm 的管子。

一般供冷却设备冲霜的热氨管，为了避免进入设备前热氨温度下降，都要包敷石棉隔热层。

（5）排液管　排液管是把冷却设备中存在的氨液与热氨气进入冷却设备后冷凝的液体一起排至排液桶或低压循环储液桶的管道。在冷库制冷系统中，这种液管大部分是从液体分调节站接出，通常采用的管径为直径 32~38mm。

（6）放油管　放油管是供设备放油时，将油排进集油器，然后从集油器放出之用。放油管直径一般采用 25~32mm。

（7）盐水管　在盐水系统中，盐水管道大部采用镀铬钢管，以防盐水的腐蚀。盐水从盐水冷却器输出，通过盐水泵输送到冷却设备，然后再由冷却设备返回至盐水冷却器，整段管道一般采用公称直径为 DN40~50 的镀锌管。

（8）冷却水管和冲霜水管　制冷压缩机用的冷却水管公称直径为 DN15~25，冷凝器用的冷却水管的公称直径为 DN50~150。

冲霜水管一般管径为直径 57~108mm（或公称直径 DN50~100）的管子。

（9）其他管道

① 安全管：一般采用直径 25~28mm 管子。

② 均压管：一般采用直径 25mm 管子。

③ 冷凝器的放空气管：一般采用直径 25~32mm 管子。

④ 降压管：放空气器、集油器、排液桶上的降压管，一般使用直径 25~57mm 的管子。

⑤ 抽气管：连接在氨泵供液管段上的抽气管，一般采用直径 25mm 的管子。

2. 氟利昂系统管道

（1）排气管　氟利昂排气管管径的选择原则与氨一样，要把排气管中压力损失控制在相当于饱和冷凝温度差为 0.5℃这样的压力损失，即 F-12 的压力损失为 11.768×10^3Pa，F-22 的压力损失为 19.6133×10^3Pa。

（2）吸入管　吸入管中的压力损失直接影响制冷压缩机的能量。一般认为吸入管中的压力损失控制在相当于饱和蒸发温度差 1℃较为合适。吸入管压力损失如表 7-9 所示。

表 7-9　　相当于饱和蒸发温度差 1℃的氟利昂压力损失

饱和蒸发温度/℃	相当于饱和蒸发温度差 1℃的压力损失/Pa	
	F-12	F-22
-40	2.942×10^3	4.903×10^3
-30	4.413×10^3	6.865×10^3
-20	5.884×10^3	9.807×10^3
-10	7.845×10^3	12.749×10^3
0	9.807×10^3	16.671×10^3
10	12.749×10^3	20.594×10^3

（3）供液管

① 高压供液管：一般认为高压供液管中的压力损失控制在相当于饱和蒸发温度差 0.5℃比较适当。冷凝器与储液桶之间的均压管管径如表 7-10 所示。

表 7-10　　均压管管径

公称直径/mm		DN15	DN20	DN25	DN32	DN40	DN50
最大能量/（MJ/h）	F-12	502.4	1005	1675	2931	3977	6699
	F-22	628	1256	2093	3768	5024	8374

② 低压供液管：热力膨胀阀的低压供液管中不可避免地带有大量的气体，故属于两相流动，阻力比纯液体大得多，此阻力可按高压供液管的阻力乘以表 7-11 中的倍数计算。

表 7-11　　热力膨胀阀后低压供液管的阻力倍数

膨胀阀前的液温/℃	蒸发温度/℃	阻力倍数		膨胀阀前的液温/℃	蒸发温度/℃	阻力倍数	
		F-12	F-22			F-12	F-22
30	10	24	12	40	10	19	17
	0	21.5	18.5		0	29	24.5
	-10	33.5	28.5		-10	43	35.5
	-20	52	43.5		-20	61	51
	-30	76.5	64		-30	93	77

低压供液管管径的大小，可按供液的通路长度和每个通路负荷来决定。氟利昂系统的每个通路允许长度取决于允许压力损失，对 F-12 一般宜控制在饱和蒸发温度降 2℃以内；F-22 一般控制在饱和蒸发温度降 1℃以内。按这个条件算出允许通路长度或允许负荷。

三、氨泵的选择计算

选择氨泵时的计算内容包括流量和扬程两部分。

1. 氨泵的流量计算

$$Q=\frac{n\times G\times v}{\gamma} \tag{7-20}$$

式中 Q——氨泵的流量，m^3/h；

n——氨循环倍数，$n=5\sim6$；

G——系统所需的制冷量，J/h；

v——氨液比容，m^3/kg；

γ——氨液的汽化潜热，J/kg。

2. 氨泵扬程的计算

氨泵的排出压力应能克服管件、管道和高度上的各项阻力。有的设计单位为了保证氨泵能稳定输液，考虑增加一些余量，余量一般为74~98kPa。

（1）先计算出管子长度和管件的当量长度，然后计算阻力损失。

管件的当量长度换算公式为：

$$I=n\times A\times d_1 \tag{7-21}$$

式中 I——管件的当量长度，m；

n——该管件的个数；

A——折算系数（表7-12）；

d_1——管子内径，m。

表7-12 折算系数 A 的数值

管件	折算系数	管件	折算系数
45°弯头	15	角阀全开	170
90°弯头	32	扩径 $d/D=1/4$	30
180°小弯头	75	扩径 $d/D=1/2$	20
180°小型弯头	50	扩径 $d/D=3/4$	17
三通向上	60	缩径 $d/D=1/4$	15
三通向下	90	缩径 $d/D=1/2$	12
球阀全开	300	缩径 $d/D=3/4$	7

注：d—小管子外径，m；D—大管子外径，m。

（2）各项阻力所引起的总压力损失：

$$\Delta P=\Delta P_1+\Delta P_2+\Delta P_3 \tag{7-22}$$

式中 ΔP——总压力损失，Pa；

ΔP_1——沿程阻力损失，Pa；

ΔP_2——局部阻力损失，Pa；

ΔP_3——液位升高导致的压力损失，Pa。

$$\Delta P_1+\Delta P_2=\lambda\times\frac{L}{d_1}\times\frac{\omega^2}{2}\times\rho \tag{7-23}$$

式中 λ——摩擦阻力系数，氨液的摩擦阻力系数为0.035；

L——管子长度（包括局部阻力的当量长度在内），m；

d_1——管子内径，m；

ω——氨液的流速，m/s；

ρ——氨液的密度，kg/m³，$\rho=680\text{kg/m}^3$。

$$\Delta P_3=\rho+H+g \tag{7-24}$$

式中　ρ——氨液的密度，kg/m³；

H——输液高度，m；

g——重力加速度，9.8m/s²。

第八节　生产车间水、汽总管的确定

总管管径的确定可按两种方法进行：一种是根据生产车间耗水（或耗汽等）高峰期时的消耗量来计算管径；另一种是按生产车间耗水（或耗汽等）高峰时同时使用的设备及各工种的管径截面积之和来计算。目前一般采用后一种方法，其优点是计算简单方便，余量较大，比较适合工厂的生产实际情况。

其具体做法是，根据产品的方案，分别做出各产品在生产过程中用水（或用汽等）的操作图表，看哪一个产品在哪一个时段用水（或用汽等）的设备最多、耗量最大。而设备上的进水管管径是固定的。所以，进入生产车间的水管或蒸汽管的总管内径，其平方值应等于高峰期各同时用水或用汽之管道内径的平方和。根据算出的内径再查标准管型即可。厂区总管也可按此法进行计算。

第九节　管道布置图

管道布置图又称管道配制图，是表示车间内外设备、机器间管道的连接和阀件、管件、控制仪表的安装情况的图样。施工单位根据管道布置图进行管道、管道附件及控制仪表等的安装。

管道布置图根据车间平面布置图及设备图来进行设计绘制，它包括管道平面图、管道立面图和管道透视图。在食品工厂设计中一般只需绘制管道平面图和透视图。管道布置图的设计程序是根据车间平面布置图，先绘制管道平面图，再绘制管道透视图。如厂房为多层建筑，须按层次（如一楼、二楼、三楼等）或按不同标高分别绘制平面图和透视图，必要时再绘制立面图，有时立面图还需分若干个剖视图来表示。剖切位置在平面图上用罗马数字明显地表示出来，而后用Ⅰ-Ⅰ剖面、Ⅱ-Ⅱ剖面等绘制立面图。

根据实物和图纸的大小，管道图图样比例可选用1∶20、1∶25、1∶50、1∶100、1∶200

等。设备和建筑物用细实线画出简单的外形或结构，而管线不管粗细，均用粗实线的单线绘制；也有将较大直径的管道用双线表示，其线型的粗细与设备轮廓线相同。管线中管道配件及控制仪表，应按规定符号表示。管道平面图上的设备需进行编号，编号应与车间平面布置图相一致。管道平面图上还应标明建筑物地面或楼面的标高，建筑物的跨度和总长，柱的中心距，管道内的介质及其压力，管道规格，管道标高，管道与建筑物之间在水平方向的尺寸，管道间的中心距，管件和计量仪器的具体安装位置等主要尺寸，有些尺寸也可在施工说明书上加以说明。尺寸标注方式是：水平方向的尺寸引注尺寸线，单位为 mm；高度尺寸可用标高符号或引出线标注，单位为 m。

一、管道布置图的基本画法

（1）不相重合的平行管线的画法如图 7-1 所示。

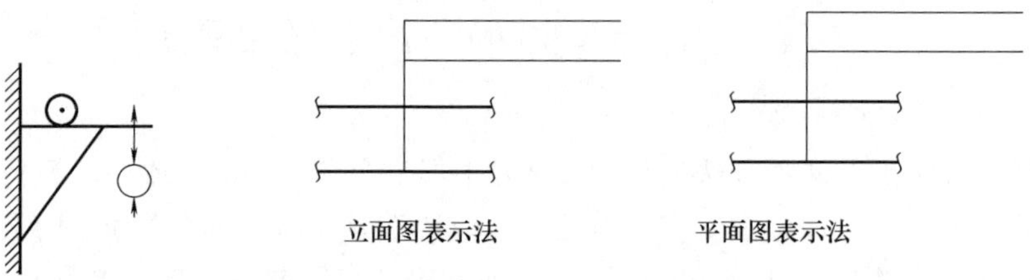

图 7-1　不相重合的平行管线画法

（2）上下重合（或前后重合）的平行管线，在投影重合情况下一般有两种表示方法：在管线中间断出一部分，中间这一段表示下面看不见的管子，而两边长的代表上面的管子，这种表示方法已很少使用，因为如果有 4~5 根甚至更多的管子重合在一起时，很难用此方法清楚地表达；另一种表示方法是重合部分只画一根管线，而用引出线自上而下或由近而远地将各重合管线标注出来，该方法较为方便明确，故在食品工厂设计中用得较多（图 7-2）。

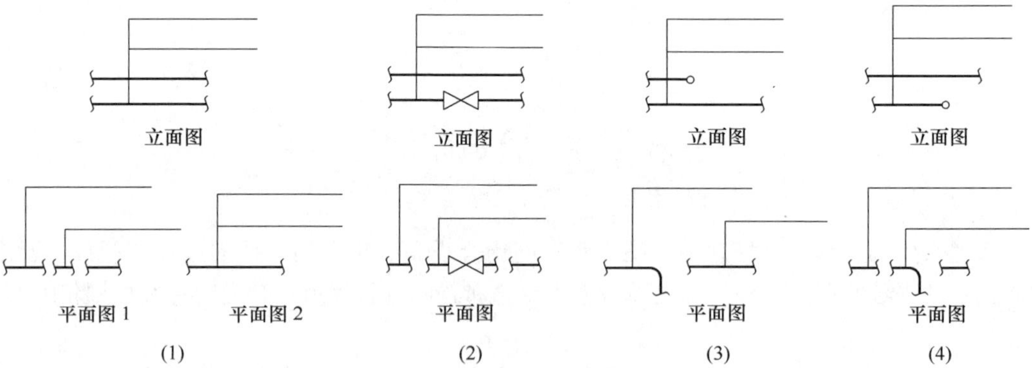

图 7-2　重叠管道的表示方法

（3）立体相交的管路画法　离视线近的能全部看见的画成实线，而离视线远的则在相交部位断开（图 7-3）。

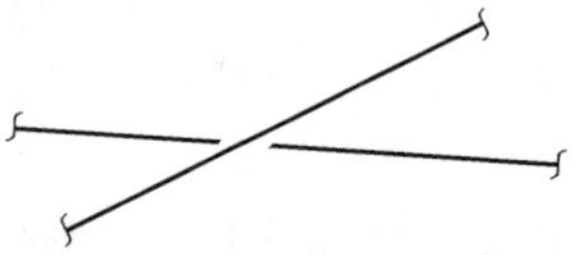

图 7-3　立体相交管道的画法

（4）90°弯头向上、弯头向下、三通向上、三通向下等管件符号的画法如表 7-13 所示。

表 7-13　　管件符号

管件名称	符号	管件名称	符号
90°弯头		自动截门	
40°弯头		减压阀	
正三通		压力调节阀	
异径接头		密闭式弹簧安全阀	
内外螺纹接头		开放式弹簧安全阀	
连接螺母		密闭式重锤安全阀	
活接头		开放式重锤安全阀	
丝堵		水分离器	
管帽		疏水器	
弧形伸缩器		油分离器	
方形伸缩器		滤尘	
放水龙头		喷射器	
实验室用龙头		注水器	
阀闸		冷却器	
截止阀		离心水泵	
直角截门		温度控制器	
旋塞		温度计	
三通旋塞		压力表	
升降式止回阀		自动记录压力表	
旋启式止回阀		流量表	
直角止回阀		自动记录流量表	
直角止回截门	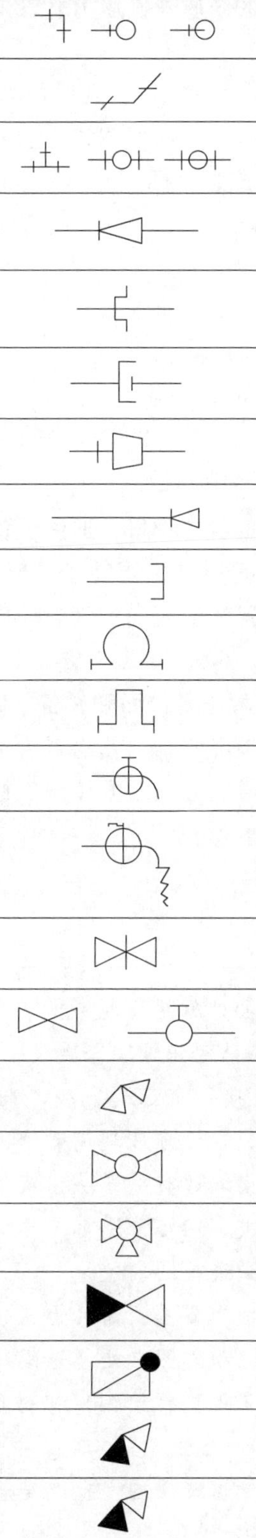	文氏管流量表	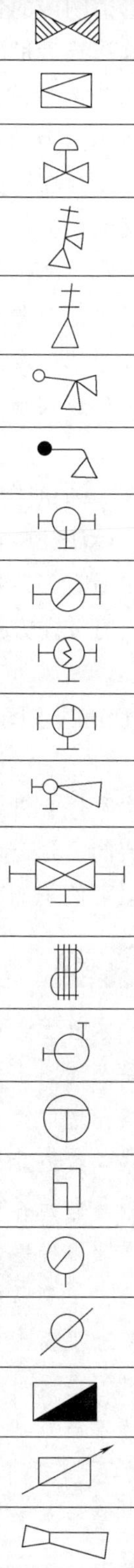

二、管道图的标注方法及含义

对管道图中的各条管道，均应标注出管道中的介质及其压力、管道的规格和标高，这样才能正确指导管道的施工。

以图 7-4 为例，管道标注中的“3”表示介质压力大小，其单位为 kg/cm^2，本例中“3”代表介质压力为 $3kg/cm^2$；“S”代表管道中的介质为水；“DN50”表示公称直径为 50mm 的管子，“+4.000”表示管子的标高为正 4m。所以该管路标注的含义为：公称直径为 50mm 的管路，通过 $3kg/cm^2$ 压力的自来水，离标高为“0”（地坪）的安装高度为 4m。

图 7-4　管道标注

有了管道布置图的基本画法和标注方法，就可以把我们的设计思想、设计意图通过图纸的形式表示出来，由施工人员进行安装施工。管道平面图和管道透视图的基本画法如下。

① 管道平面图的画法：用细实线画出厂房平面和设备外形，标注柱网轴线编号和柱距尺寸，标出设备所有管口，加注设备位号和名称；用粗单实线画出所有工艺物料管道和辅助管道，用规定符号画出管件、管架、阀门和仪表控制点，在管道上方或左方按规定标注管道，并在适当位置注明流向、管道坡度，标明接口点，说明注意事项。

② 管道透视图的画法：画出地平线或室内地坪、各楼面和设备基础及设备外形，标出设备所有管口，加注设备位号和名称；用粗单实线画出所有工艺物料管道和辅助管道，用规定符号画出管件、管架、阀门和仪表控制点，在管道上方或左方按规定标注管道，并在适当位置注明流向、管道坡度，标明接口点，说明注意事项。

用以下例子加以说明。

案例分享

有一水管管道由车间北面进入东北墙角，车间外管道埋地敷设，其标高为-0.5m。进车间后沿东北墙角上升，到了 3m 处有一个三通，一路沿东墙朝南敷设，另一路向上至 4m 处有一弯头沿北墙向西。在向西管道的一个地方，再接一个三通，一路向南，而后有一弯头向下，一路继续沿北墙向西，而后也有一弯头向下。在沿东墙朝南管道的一个地方，也有一个三通，一路向西并有一个弯头向下，一路继续向南墙边有一弯头沿南墙向西，然后有一弯头使管道向北，经一定距离，而后管道向下，在离地坪 2.5m 处有一弯头使管道向东，最后又有一弯头，使管道向下，试做出管道平面图和管道透视图。

做管道平面图前必须先用细实线画出车间平面布置图，而后再根据设备和工艺的需要来进行设计。在这个例子中，没有车间平面布置图。为作图方便，先画一个长方形，以表示车间建筑的平面轮廓，而后再根据文字叙述的设计意图进行绘制，并将管道标注清楚，最后得出如图 7-5 所示的管道平面图。

有了管道平面图，就可画管道透视图。所谓管道透视图，也就是管道的立体图。一般情况下，管道透视图上不画设备，更不画房屋的轮廓线。

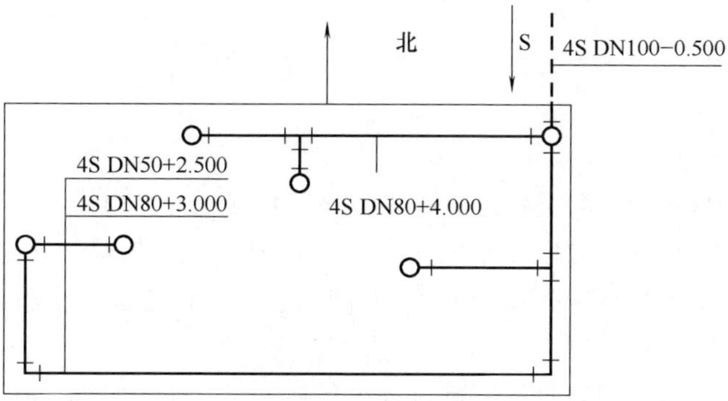

图 7-5　管道平面图

管道透视图中有 X、Y、Z 三个立体坐标轴［图 7-6（1）］。一般把房屋的高度方向看作 Y 轴，房屋开间方向（即房屋长度方向）看作 X 轴，房屋的进深方向（即房屋宽度方向）看作 Z 轴。在画管道透视图时，Z 轴方向可以与 X 轴成 45°，也可以成 30°或 60°。X 轴和 Z 轴方向的投影反映实长（即变形系数取 1）。所谓变形系数，即轴测轴单位长度与实长的比值。X 轴与 Z 轴的管线，变形系数可选 1/2、1/3 或 3/4 的，而初学画管道透视图的人，Z 轴的变形系数可取为 1。在画管道透视图时，可先将车间的长、宽、高按比例画成一个立体空间，而后根据管道的高度和靠哪垛墙走，就顺着进行绘制，然后擦去车间立体空间轮廓线，即得管道透视图。根据管道平面图，按上述方法绘制便得到图 7-6（2）的管道透视图。

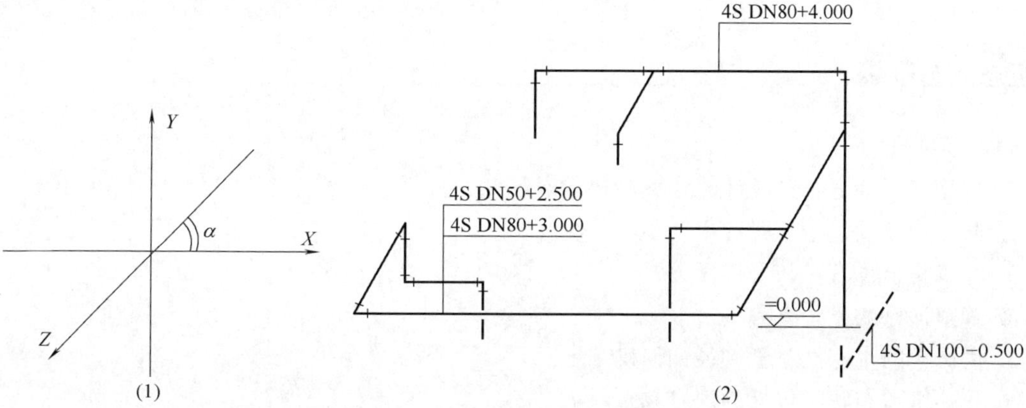

图 7-6　透视图坐标与管道透视

三、计算机在管道布置设计中的应用

目前利用计算机进行配管设计已经广泛应用于国内外的设计院。目前国内的多数设计院仍使用 AUTOCAD 和 DRAWPIPE 等软件进行工程管道设计。计算机辅助配管专用软件主要有 Rebis 公司的 AUTOPLANT（包括二维管道绘制软件 DRAWPIPE、三维模型软件 DESIGNER）、Intergraph（鹰图）公司的 PDS（PLANT-DESIGN SYSTEM）及其升级版 SmartPlant3D 等软件。其中 DESIGNER、PDS 和 SmartPlant 3D 是三维设计软件，能直接制作管道三维模型，自动生成平面图，抽取管段图，生成各种材料表等，是管道设计和布置的发展趋势。

思政要素解读

能力拓展

◇ 探究式学习，提高分析食品制造过程中复杂工程问题的能力

能够基于食品科学与工程的相关原理、知识对管道设计中的复杂工程问题进行分析研究，包括给水和蒸汽管道的计算和选择，生产车间水、汽总管的确定；提高对食品生产加工领域中复杂工程问题的分析能力。

◇ 基于问题导向，提高解决食品制造过程中复杂工程问题的能力

以实际管道设计及布置问题为导向，能够掌握并运用高等数学、食品工程原理及食品工厂设计等知识理论与实际案例相结合的分析方法，针对具体管道类型制定多种设计及布置方案，并能分析评价获得有效结论，提高对食品制造过程中复杂工程问题的解决能力。

素养提升

◇ 能够熟练运用工程语言，培养工匠精神，增强职业理想，践行职业道德

熟悉食品专业相关领域的技术标准体系和法律法规，掌握管道设计、布置、安装及试验时的标准化、规范化流程及操作，在解决复杂工程问题过程中培养实事求是、攻坚克难、一丝不苟、精益求精等工匠精神，增强职业理想和社会责任感，能够在食品工程实践中理解并遵守食品行业职业道德规范，履行相应责任。

自学能力测试

思考题

1. 食品工厂管道布置设计的任务和要求有哪些？
2. 简述管道设计与布置的主要步骤。
3. 什么是公称直径和公称压力？
4. 管道连接的方式有哪些？
5. 生产车间水、汽总管管径如何确定？
6. 简述管道布置图包括的内容和绘制方法。
7. 管道安装与试验时应注意哪些问题？

CHAPTER 8

第八章 辅助部门

启发提问

◇ 食品工厂的辅助部门分为哪几类，各包括哪些内容？
◇ 不同食品原料对其接收站要求的异同点是什么？
◇ 食品工厂设置中心实验室的目的是什么？
◇ 一般食品工厂的化验室主要由哪几部分组成？
◇ 食品工厂的仓库总体上有哪几类？

学习目的与要求

◇ 了解食品加工厂所需要的主要辅助设施；
◇ 理解辅助设施在加工厂中的地位和作用；
◇ 掌握中心实验室、化验室、仓库、工厂运输、机修车间等辅助设施的设计方法。

学习内容

◇ 食品工厂辅助设施的分类；
◇ 生产性辅助设施的主要内容；
◇ 生产性辅助设施的设计方法。

从工厂组成的角度来说，除物料加工所在场所（即生产车间）以外的其他部门或设施，都可称为辅助部门，就其所占的空间大小来说，它们往往占着整个工厂的大部分。对食品工厂来说，仅有生产车间是无法生产的，还必须有足够的辅助设施，这些辅助设施可分为三大类。

辅助部门的定义　辅助部门的分类

（1）生产性辅助设施　生产性辅助设施主要包括：原材料的接收和暂存；原料、半成品和成品检验；产品、工艺条件的研究和新产品的试制；机械设备和电气仪器的维修；车间内外和厂内外的运输；原辅材料及包装材料的贮存；成品的包装和贮存等。

（2）动力性辅助设施　动力性辅助设施主要包括：给水排水、锅炉房或供热站、供电和仪表自控、采暖、空调及通风、制冷站、废水处理站等。

（3）生活性辅助设施　生活性辅助设施主要包括：办公楼、食堂、更衣室、厕所、浴室、医务室、托儿所（哺乳室）、绿化园地、职工活动室及单身宿舍等。

以上三大部分属于工厂设计中需要考虑的基本内容。此外，尚有职工家属宿舍、子弟学校、技校、职工医院等，一般作为社会文化福利设施，可不在食品工厂设计这一范畴内，但也可考虑在食品工厂设计中。以上三大类辅助部门的设计，依其工程性质和工作量大小来决定专业分工。通常第一类辅助设施主要由工艺设计人员考虑，第二类辅助设施则分别是由相应的专业设计各自承担，第三类辅助设施主要由土建设计人员考虑。因此，本章作为工艺设计的继续，着重叙述生产性辅助设施。

第一节　原料接收站

生产性辅助部分

食品工厂生产的第一环节是原料的接收。原料的接收大多数设在厂内，也有的需要设在厂外，不论厂内厂外都需要有一个适宜的卸货、验收、计量、及时处理装置、车辆回转和容器堆放的场地，并配备相应的计量装置（如地磅、电子秤）、容器和及时处理配套设备（如制冷系统）等。由于原料品种繁多，性状各异，它们对接收站的要求也不相同，同时食品原料多为易腐败变质生物原料，因此，验收后需要及时进行处理，否则会发生品质下降，直接影响后面的生产工序。无论哪一类原料，对原料的基本要求是一致的：原料应新鲜、清洁、符合加工工艺的规格要求；应未受微生物、化学物和放射性物质的污染（如无农残污染等）；定点种植、管理、采收，建立经权威部门认证验收的生产基地（有机食品、绿色食品、无公害食品原料基地），以保证加工原料的安全性，这是现代化食品加工厂必须配套的基础设施。原料接收部门依据原料分类可分为：肉类接收站、蔬菜类接收站、水果类接收站、水产类接收站等。

一、肉类原料

食品生产中使用的肉类原料，不得使用非正规屠宰加工厂加工或没有经过专门检验合格的原料。不论是冻肉或新鲜肉，来厂后首先检查有无检验合格证。对具有检验合格证的原料，经计量验收，即可直接进入冷库贮藏。

二、蔬菜原料

蔬菜原料因其品种、性状相差悬殊，对接收站的情况要求比较复杂。它们进厂后，除需进行常规验收、计量以外，还得采取不同的措施，如考虑蘑菇之类护色的护色液的制备和专用容器。由于蘑菇采收后要求立即护色，因此，蘑菇接收站一般设于厂外，蘑菇的漂洗要设置足够数量的漂洗池。芦笋采收进厂后应一直保持其避光和湿润状态，如不能及时进车间加工，应将其迅速冷却至4~8℃，并保证从采收到冷却的时间不超过4h，以此来考虑其原料接收站的地理位置。青豆（或刀豆）要求及时进入车间或冷风库，或在阴凉的常温库内薄层散堆，当天用完。番茄原料由于季节性强，到货集中，生产量大，需要有较大的堆放场地。若条件不许可，也可在厂区指定地点或路边设垛，上覆油布等防雨淋、日晒措施。蔬菜原料在预处理完毕后，应尽快进行下一道生产工序，以确保产品的质量。

三、水果原料

水果原料种类较多，根据不同的原料性质，可采取不同的处理方法，接收站的配备要求也不相同。有些水果肉质娇嫩，加工的新鲜度要求特别高，如杨梅、葡萄、草莓、荔枝、龙眼等。这些原料进厂后，需要及时对它们进行分选并尽快进入生产车间，减少在外停留时间，特别要避免雨淋日晒。因此，最好放在有助于保鲜而又进出货方便的原料接收站内。

另一些水果，如苹果、柑橘、桃、梨、菠萝等进厂后并不要求及时加工，相反刚采收的原料还要经过不同程度的后熟期（如阳梨、甜瓜还需要人工催熟），以改善它们的质构和风味。因此，它们进厂后，或进常温仓库暂时储存，或进冷风库长期贮藏。但在进库之前，必须要进行适当的挑选和分级，也要考虑足够的场地。

四、水产原料

水产品容易腐败，其新鲜度对产品的质量影响很大。水产品接收时，要对原料进行新鲜度、农药残留等污染物的标准化检验。新鲜鱼进厂后必须及时采取冷却保鲜措施，常用的有加冰保鲜法，或散装或装箱，其用冰量一般为鱼重的40%~80%，保鲜期3~7d，冬天还可延长。此法的实施，一是要有非露天的场地，二是要配备碎冰设备。另一种适用于肉质鲜嫩的鱼虾、蟹类的保鲜法，是冷却海水保鲜法，其保鲜效果远比加冰保鲜法好。此法的实施需设置保鲜池和制冷机，使池内海水（可将淡水人工加盐至2.5~3.0°Bé）的温度保持在-1.5~-1℃。保鲜池的大小按鱼水比例7∶3、容积系数0.7考虑。此外，水产品冷却保鲜措施还包括微冻保鲜和冻藏保鲜等方式。近年来，流体冰保鲜技术也开始在水产品冷却保鲜中得到应用，流体冰是一种可流动的微粒，与传统的冰种相比，冷却速度快5倍。而且流体冰冰粒细小圆滑，可迅速填充到海鲜的任何缝隙，快速密封包围产品且不伤害其表面，极大限度地抑制细菌繁衍，长时间保持海鲜的新鲜度、品味及品质。相比之下，流体冰保鲜时间比传统冰保鲜时间可延长2h。

五、收　奶　站

收奶站一般设在厂外奶源比较集中地区，也可设在厂内。收奶站的收奶半径宜在10~20km，新收的原料乳必须在12h内运送到厂。收奶站必须配备制冷设备和牛奶冷却设备，使原料乳冷却至4℃以下。收奶站以每日收两次奶，日收奶量20t以下为宜。随着乳制品加工技术和规模的发展，收奶半径有的在几十千米甚至100km以上，这主要视交通状况、运输能力来确定。如果收奶站设在厂内，原料乳应迅速冷却，及时加工。

六、粮食原料

对入仓粮食应按照各项标准严格检验。对不符合验收标准的，如水分含量大、杂质含量高等，要整理达标后再接收入仓；对出现过发热、霉变、发芽的粮食不能接收入仓。

入仓粮食要按照不同种类、不同水分、新陈、有虫无虫分开贮存，有条件的应分等贮存。除此之外，对于种用粮食要单独贮存。

第二节　中心实验室

食品工厂设置中心实验室的目的，总的来说是为了工厂更新产品、改进加工技术、增加技术储备，从而获取较佳的经济效果。中心实验室的功能相当于小型研究所，但它能更紧密结合本厂的生产实际，所起的作用更为明显。

一、中心实验室的任务

（一）供加工用的原料品种的研究

同一名称的果蔬原料，不一定所有的品种都能进行加工，如柑橘、桃、番茄这些人们常见的果蔬。它们有的品种只宜鲜吃，不宜加工；有的虽可加工，但品质不佳；有的品种虽佳，但经种植多年后，品质退化，这都需要对原有品种进行定向改良或培育出新型品种。定向改良和培育新品种的工作，要与农业部门协作进行，厂方着重进行产品加工性状的研究，如成分的分析测定和加工性能的试验等，目的在于鉴别改良后的效果，并指出改良的方向。

（二）制定符合本厂实际的生产工艺

食品生产过程是一个多工序组合的复杂过程。每一个工序又各涉及若干工艺条件。为找到一条最适合于本厂实际的工艺路线，往往要进行反复的试验摸索。凡本厂未批量投产和制定定型工艺的产品，在投入车间生产之前，都需经过小样试制，而不能完全照搬外厂的工艺直接投产。这是因为同一种原料，产地不同，季节不同，其性质和加工特性往往差异较大。再者，各厂的设备条件、工人的熟练程度、操作习惯等也不尽相同。就罐头而言，它的产品花色繁多，按部颁标准编号的就有六七百种之多，每个厂一年中生产的品种都是有限的，为了适应市场需求情况的变化和原料构成情况的变化，需不断更换产品品种，因此，对这些即将投产的品种，先通过小样试验，制定出一套符合本厂实际的工艺，是非常必要的。

（三）开发新产品

近年来，新的食品门类不断涌现，如婴儿食品、老年食品、运动员食品、功能性食品、疗效食品、保健食品等，这些新兴的食品门类，现在还不够充实，需要做大量艰苦的开发工作，中心实验室可在其中发挥作用。

（四）解决生产中出现的技术问题

食品产品在生产过程中出现异常情况时，由于食品原料的特殊性，往往需要通过对产品进行分析检测来查找异常问题的原因，寻求解决的方案。

（五）制定产品标准

产品标准在食品工厂的生产中起到重要作用，是组织生产、出厂检验、贸易（交货）、技术交流、仲裁和质量监督检查的依据。中心实验室根据企业的情况，可采用国家标准或行业标准，也可制定自己的企业标准。

（六）其他

中心实验室的任务还包括原辅材料综合利用的研究，新型包装材料的试用研究，某些辅助材料的自制，“三废”治理工艺的研究等。此外，中心实验室还应随时掌握国内外的技术发展动态，搜集整理先进的技术资料，并综合本厂的实际加以推广应用。

二、中心实验室的装备

中心实验室一般由研究工作室、分析室、保温室、细菌检验室、样品间、资料室及试制工场等组成。如罐头厂的中心实验室在仪器方面，除配备一定数量的常用仪器外，最好能配备一套罐头中心温度测定仪和自动模拟杀菌装置。在设备方面，可配备一些小型设备，如小型夹层锅、手动封罐机、小型压力杀菌锅以及电冰箱、真空泵、空压机等，动力装接容量大体为 DN50 的水管、DN40 的蒸汽管、20kW 左右的电源，并需事先留有若干电源插座。

三、中心实验室对土建的要求

（一）中心实验室的位置

中心实验室原则上应在生产区内，也可单独或毗邻生产车间，或安置在由楼房组成的群体建筑内。总之，要与生产密切联系，并使水、电、汽供应方便。

实验室外部环境要求：远离灰尘、烟雾、噪声和震动源，远离有害气体，远离生活区、锅炉房与交通要道。

（二）中心实验室的面积

中心实验室的总建筑面积主要包括使用面积和辅助建筑面积（过厅、走廊、墙体横截面积等）。总面积可由建筑面积利用系数估算得到。

建筑面积利用系数 φ=各实验室与辅助实验室使用面积之和/总建筑面积。

对食品企业单独设立的中心实验室，φ 为 0.5~0.7。

（三）开间、进深与层高

（1）开间　我国实验室的开间一般采用 3.0m、3.3m、3.6m 三种开间模数，这是因为实验室的中央实验台和侧式边实验台宽度一般为 1.2~1.8m，设有工程管网的该类实验台宽度不小于 1.4m，靠墙侧式边实验台的宽度一般为 0.6~0.9m，设有工程管网的靠墙侧式边实验台宽度不小于 0.75m，两个实验台之间的距离为 1.2~1.8m。这样的开间均能满足上述的需要。

（2）进深　实验室的进深主要取决于以下五个方面。

① 根据实验性质确定的每个实验人员所需要的实验台长度；

② 考虑实验台的布置方式的影响，如相同长度的岛式实验台比半岛式实验台所需要的进深大；

③ 考虑实验台的端部是否布置研究人员的办公室；

④ 考虑通风柜的布置方式影响，如通风柜平行窗户布置比垂直窗户布置的进深大；

⑤ 考虑采光通风方式的影响。

综合上述五个方面的因素，中心实验室进深一般在 6.0~9.0m。即 6.0m、7.0m、8.0m、

9.0m 四种进深。

（3）层高　一般采用 3.6~3.9m，但洁净实验室本身的净高比一般实验室的净高要低，这是由于洁净实验室节约空调冷量以及采用人工照明等原因，一般净高为 2.5m 左右。小试、中试设备等一般放底层，且由于需设大型的仪器设备，故层高比楼层略高，具体高度应视其设备安装使用要求的尺寸、管道走向及吊顶布置等具体情况而定。

（四）门窗、地面和墙裙

一般实验室的地面可采用水磨石地，墙壁喷涂浅色防潮涂料或水泥墙面外涂浅色油漆，墙裙的高度为 1.2~2.0m。窗户要能防尘。

对一些特殊实验室，有一些特殊建筑要求。对温度和湿度要求较高的实验室，如精密仪器室，可装双层门窗及空调装置；地面可用水磨石地或防静电地板，不可使用地毯，因为地毯容易积聚灰尘，还容易产生静电。对有恒温、恒湿要求的实验室，则应为无窗建筑；对化学分析室，门应该向外打开，大实验室应设 2 个出口，以便于发生意外时人员的撤离。

（五）通风系统

实验室的通风不仅要保证新鲜空气的引入，而且还要注意灰尘、废气及其他测试过程中产生的有害副产品的排出问题。

实验室的通风方式有两种，即局部排风和全室通风。局部排风是在产生有害物质后立即就近排出，一般采用通风柜进行局部排风。通风柜在工作场所的配置数量依实验室类型而定，差别较大。一般化学实验室按每位研究者 1 台通风柜，生物实验室每 6~10 位研究者共用 1 台通风柜，食品加工实验室可能整个部门设 1 台通风柜。

通风柜设计时的指导思想如下：

① 应根据实验性质和实验室工艺要求，选择通风柜类型，确定通风柜数量。综合考虑各项因素，确定通风柜排风系统和补风系统形式，确定通风房和通风竖井的位置。

② 应以安全、实用、有效、经济为原则，使有害气体尽快就近排走，不致污染环境和对操作者产生毒害，并使实验中的气态污染物全部控制在通风柜以内。

③ 应与工艺和建筑专业结合，合理确定通风柜在实验室的位置。通风柜应设置在受气流干扰少的地方，尽量远离门口、送风口和人员频繁往来通道，避免无组织气流对通风柜排风流场形成干扰。

④ 应远离精密仪器，避免通风柜排风影响仪器操作。

通风柜平行于穿堂风时，其前端距门边应保持 1m 的距离；通风柜垂直于穿堂风时，其近端距门边应保持 lm 的距离，相向布置的通风柜之间应保持 3m 的净距。对有些实验室不能使用局部排风，或者局部排风满足不了要求时，应采用全室通风。

（六）给排水设计

给水管道和排水管道的布置和敷设，设计流量和管道计算，管材、附件的选择等，除应按现行的《建筑给水排水设计标准》的规定执行外，还应达到以下要求。

实验室给水管道和排水管道，应沿墙、柱、管道井、实验台夹腔、通风柜内衬板等部位布置。不得布置在遇水会迅速分解、引起燃烧、爆炸或损坏的物品旁，以及贵重仪器设备的上方。

室内、外消防设计，应符合现行有关防火规范的规定。

1. 给水

中心实验室的用水包括蒸馏水、中试生产用水、一般化验用水和生活辅助用水等。供水要保证必需的水压、水质和水量，应该满足仪器设备正常运行的需要；用水量可按实验室定员估算，也可按水龙头数量估算。按实验室定员估算，每人按每天150~200L水计；按水龙头数量估算，每个水龙头（规格DN15）按0.1L/s估算耗水量。每间实验室应该设立总阀门，且应该在易于操作的位置。实验室化验龙头及其他卫生器具给水的额定流量、当量、支管管径和流出水头，应符合现行的《建筑给水排水设计标准》的规定。

实验仪器的循环冷却水水质应满足各类仪器对水质的不同要求。

凡进行强酸、强碱、剧毒液体的实验并有飞溅爆炸可能的实验室，应就近设置应急喷淋设施。当应急眼睛冲洗器水头大于1m时，应采取减压措施。

下行上给式的给水横干管宜敷设在底层走道上方或地下室顶板下，上行下给式的给水横干管宜敷设在顶层管道技术层内或顶层走道上方，不结冻地区可敷设在屋顶上。

恒温、恒湿实验室，其给水管道穿墙和楼板处应采取密封措施。

从给水干管引入实验室的每根支管上，应装设阀门。

无菌室和放射性同位素的操作间，去污室的水龙头，应采用脚踏开关、肘式开关或光电开关。

无菌室和放射性同位素的去污室等，应有热水供应。热水水量、水温、水压应按工艺要求确定。无菌室和放射性同位素实验室还应配有热水淋浴装置。

2. 排水

排水系统选择，应根据污水的性质、流量、排放规律并结合室外排水条件确定。排出有毒和有害物质的污水，应与生活污水及其他废水废液分开。对于较纯的溶剂废液或贵重试剂，宜在技术经济比较后回收利用。

污水及废水的最大小时流量和设计秒流量，应按工艺要求确定。

凡含有毒和有害物质的污水，均应进行必要的处理，符合国家排放标准后，方可排入城市污水管网；酸、碱污水应进行中和处理。中和后达不到中性时，应采用反应池加药处理；凡含有放射性核素的废水，应根据核素的半衰期长短，分为长寿命和短寿命两种放射性核素废水，并应分别进行处理。

（七）供电设计

实验室建筑的用电负荷分级及供电要求，应根据重要性及中断供电在政治、经济、科学实验工作上所造成的损失或影响程度按现行的《供配电系统设计规范》的规定执行。

电设备要由总开关控制，烘箱、高温炉等电热设备应有专用插座、开关及熔断器。24h用电设备，如冰箱、培养箱，需要单独供电。大型精密仪器室的供电电压应稳定，一般允许电压波动范围为±10%，必要时配备稳压电源等附属设备。

城市电网电源质量不能满足用电要求时，应根据具体条件采用相应的电源质量改善措施（如滤波、屏蔽、隔离、稳压、稳频及不间断供电等措施）。

实验室建筑按具体要求，可设置实验室工作接地、供电电源工作接地、保护接地、实验室特殊防护接地及防雷接地。

实验室工作接地的接地电阻值，应按实验仪器、设备的具体要求确定。无特殊要求时，不宜大于4Ω；供电电源工作接地及保护接地的接地电阻值不应大于4Ω；实验室特殊防护接地电阻值按具体要求确定；防雷接地电阻值应符合现行的《智能建筑防雷设计规范》的规定。

各种接地宜共用一组接地装置，无特殊要求时，接地电阻值不宜大于1Ω。如防雷接地需单独设置，应按现行的《智能建筑防雷设计规范》的规定采取防止雷击措施。

实验室的工作接地与接地装置宜单点连接。使用性质不同的实验室共用一组接地装置时，宜分别引接地线与接地装置连接。由接地装置引入室内的接地干线宜采用绝缘导线（电缆）穿钢管敷设。

由实验室接地点至接地装置的引线长度不应为$\lambda/4$及$\lambda/4$的奇数倍，λ应按式（8-1）计算：

$$\lambda = 3\times10^{8}f \tag{8-1}$$

式中 λ——波长，m；

f——实验室接地仪器、设备工作的主频率，Hz。

实验室保护接地宜采用等电位连接措施。

（八）采光与照明

实验室的照明照度应合理，工作面上的平均照度标准应符合表8-1要求。

表8-1 照度标准

房间名称	平均照度/lx	工作面及高度/m	备注
通用实验室	100,150,200	实验台面0.75	一般照明
生物培养室	150,200,300	工作台面0.75	宜设局部照明
天平室	100,150,200	工作台面0.75	宜设局部照明
精密仪器室	100,150,200	工作台面0.75	一般照明
研究工作室	100,150,200	工作台面0.75	宜设局部照明
设计室、绘图室、打字室	200,300,500	桌面0.75	宜设局部照明

实验建筑用房一般照明的照度均匀度，按最低照度与平均照度之比确定，其数值不宜小于0.7。采用分区一般照明时，非实验区和走道的照度，不宜低于实验区照度的1/5～1/3。采用一般照明加局部照明时，一般照明不宜低于工作面总照度的1/3，不应低于50lx。

实验室（除暗室外）不宜用裸灯。通用实验室宜采用开启或带格栅直配光型灯具。开启型灯具效率不宜低于0.7，带格栅型灯具效率不宜低于0.6，实验室灯具格栅、反射器不宜采用全镜面反射材料。

通用实验室宜采用荧光灯，层高大于6m的实验室宜采用高强气体放电灯。对识别颜色有要求的实验室，宜采用高显色性光源。电磁干扰要求严格的实验室，不宜采用气体放电灯。潮湿、有腐蚀性气体和蒸汽、火灾危险和爆炸危险等场所，应选用具有相应防护性能的灯具。

重要实验场所应设置应急照明，应急照明的设置应符合现行的《建筑照明设计标准》《建筑设计防火规范》的规定。暗室、电镜室等应设单色（红色或黄色）照明。入口处宜设工作状态标志灯。生物培养室宜设紫外线灭菌灯，其控制开关应设在门外并与一般照明灯具的控制开关分开设置。照明负荷宜由单独变压器、单独配电装置或单独回路供电，应设单独开关和保护电器。照明配电箱宜分层或分区设置。大面积照明场所宜分段、分区设置灯控开关。

（九）通信端口

随着现代信息技术的发展，科学研究过程中，信息的及时获得成为科学研究的重要部分。因此，通信端口的设计也非常重要。对于规定与电信服务商提供的设施进行连接的标准，应遵从执行这些标准。与计算机设备和网络的连接，应与电器插座的要求一致。在规划此设备空间时，应考虑到将来可能扩展这种设施。

第三节　化　验　室

人们习惯上称食品厂的检验部门为化验室。它的职能是对产品和有关原材料进行卫生监督和质量检查，确保这些原材料和最终产品符合国家卫生法和有关部门颁发的质量标准或质量要求。化验室与中心实验室在业务上有联系，但工作重点不同。化验室是工厂的检测机构，而中心实验室是工厂产品的研发机构。一般来说，化验室由工厂的质量管理部门负责，而中心实验室由工厂的技术管理部门负责。所以，在设计时要根据分工范围和工作条件确定其设置的内容。

一、化验室的任务及组成

化验室的任务可按检验对象和项目来划分。根据检验对象不同，化验室的任务可分为：原料检验、半成品检验、成品检验、包装材料检验、各种添加剂检验、水质检验、环境监测等；化验室检验项目一般有：感官检验、物理检验、化学检验、微生物检验等。

化验室的组成一般是按检验项目来划分的，它分为：感官检验室、物理检验室、化学检验室、空罐检验室、精密仪器室、细菌检验室（包括预备室，即消毒清洗间、无菌室、细菌培养室、镜检室等）、储藏室等。

二、化验室的装备

化验室配备的大型用具主要有双面化验台、单面化验台、药品柜、支承台、通风橱等。有关常用仪器及设备参阅表 8-2。

表 8-2　　化验室常用仪器及设备

名称	型号	主要规格
普通天平	TG601	最大称量 1000g，感量 5mg
分析天平	TG602	最大称量 200g，感量 1mg
精密天平	TG328A	最大称量 200g，感量 0.1mg
微量天平	WT2A	最大称量 20g，感量 0.01mg

续表

名称	型号	主要规格
水分快速测定仪	SC69-02	最大称量 10g,感量 5mg
精密扭力天平	JN-A-500	最大称量 500g,感量 1mg
电热鼓风干燥箱	101-1	工作室:350mm×154mm×450mm 温度:10~300℃
液体密度天平	P_2-A-5	测定相对密度范围 0~2,误差±0.0005
电热恒温干燥箱	202-1	工作室:350mm×450mm×450mm 温度:室温+10~300℃
电热真空干燥箱	DT-402	工作室:350×400mm 温度:室温+10~200℃
超级恒温箱	DL-501	温度范围低于 95℃
霉菌试验箱	MJ-50	温度(29±1)℃;相对湿度 97%±2%
离子交换软水器	PL-2	树脂容量 31kg,流量 $1m^3/h$
去湿机	JHS-0.2	除水量 0.2kg/h
自动电位滴定计	ZD-1	测量范围 pH 0~14;0~±1400mV
火焰光度计	630-C	钠 10mg/L,钾 100mg/100mL
晶体管光电比色计	JGB-1	有效光密度范围 0.1~0.7
携带式酸度计	29	测量范围 pH 2~12
酸度计	HSD-2	测量范围 pH 0~14
生物显微镜	L3301	总放大 30~1500 倍
中量程真空计	ZL-3 型	交流便携式,测量范围 13.3×10^{-7}~13.3Pa
箱式电炉	SRJX-4	功率 4kW,工作温度 950℃
高温管式电阻炉	SRJX-12	功率 3kW,工作温度 1200℃
马弗炉	RJM-2.8-10A	功率 2.8kW,工作温度 1000℃
电冰箱	LD-30-120	温度-30~-10℃
电动搅拌器	立式	功率 25kW,200~3200r/min
高压蒸汽消毒器		内径 Φ600×900,自动压力控制 32℃
标准生物显微镜	2X	放大倍数 40~1500
光电分光光度计	72	波长范围 420~700nm
光电比色计	581-G	滤光片 420nm、510nm、650nm
阿贝折射仪	37W	测量范围 1.3~1.7
手持糖度计	TZ-62	测量范围 0~50%;50%~80%
旋光仪	WXG-4	旋光测量范围±180°
小型电动离心机	F-430	转速 2500~5000r/min
手持离心转速表	LZ-30	转速测量范围 30~12000r/min
旋片式真空泵	2X	极限真空度 1.33×10^{-2}Pa
旋片式真空泵	2X-3	极限真空度 6.65×10^{-2}Pa,抽气速率 4L/s

表中所列供选用时参考。此外，有条件的还可补充下列仪器设备：组织捣碎机、气相色谱仪、洛氏硬度计、窗式空调器、紫外线灯等。

三、化验室对土建的要求

化验室可为单体建筑，也可合并在技术管理部门。在建筑上要求通风、采光良好，卫生整洁。平面布置以物理检验室、化学分析室为主体。清洗消毒及培养基制备等小间应考虑机械排气方便，一般置于下风向。精密仪器间不宜受阳光直射。无菌室的要求比较特殊，一般需要设立两道缓冲走道，在走道内设紫外线消毒。为防止高温季节工作室闷热，应安装空调器。由于用电仪器较多，在四周墙壁上应多设电源插座。化验室内上下水管的设置一定要合理、通畅。自来水的水龙头要适当多安装几个，除一般洗涤外，大量的蒸馏、冷凝实验也需要占用专用水龙头（小口径，便于套皮管）。除墙壁角落应设置适当数量水龙头外，实验操作台两头和中间也应设置水管。化验室水管应有自己的总水闸，必要时各分水管处还要设分水闸，以便于冬天开关防冻，或平时修理时开关方便，并不影响其他部门的工作用水。

化验室的实验操作台面最好涂以防酸、防碱的油漆，或铺上塑料板或黑色橡胶板。橡胶板更适用一些，既可防腐，玻璃仪器倒了也不易破碎。天平室要求安静、防震、干燥、避光、整齐、清洁。精密仪器室要求与机械传动、跳动、摇动等震动大的仪器分开，要避免各种干扰。药品贮藏室最好为不向阳的房间，室内要干燥、通风。

第四节　仓　　库

仓库是保管、存储物品的建筑物和场所的总称。食品工厂是物料流量较高的一种企业，仅原辅材料、包装材料和成品这 3 种物料，其总量就等于成品净重的 3~5 倍，而这些物料在工厂的停留时间往往以星期或月为单位计算。因此，食品厂的仓库在全厂建筑面积中往往占有比生产车间更大的比例。作为工艺设计人员，对仓库要有足够的重视。如果考虑不当，工厂建成投产后再找地方扩建仓库，就很可能造成总体布局紊乱，以致流程交叉或颠倒。一些老厂之所以布局较乱，问题就在于仓库与生产车间的关系未能处理好。所以，在设计新厂时，务必要对仓库给予全面考虑。在食品工厂设计中，仓库的容量和在总平面中的位置一般由工艺人员考虑，然后提供给土建专业。

（一）食品工厂仓储的特点

1. 负荷的不均衡性

如一些以果蔬产品为主的工厂，由于产品的季节性强，果蔬成熟短期内，各种物料高度集中，仓库出现超负荷，淡季时仓库又显得空余；一些节日性食品，如月饼、元宵，在节日期间销售量大，节日过后，销售量大大减少。这些，都导致仓库的负荷曲线呈现剧烈起伏状态。

2. 贮藏条件要求高

总的来说，食品工厂的仓库要确保食品卫生，要求防蝇、防鼠、防尘、防潮，有的需要低温环境，有的还需要恒温环境。

3. 决定库存期长短的因素较为复杂

特别是以生产出口产品为主的工厂，成品库存期的长短常常不决定于生产部门的愿望，而决定于产品在国际市场上的销售渠道是否畅通。国内销售的产品，其库存期也在很大程度上受市场因素的影响。另外，还有在生产中出现的不可预料情况，例如，包装材料因生产计划临时改变而被迫存放延期等，这些都需要在安排仓库的容量时予以考虑。

（二）仓库的类别

食品仓库按不同的分类特征，可分为如图 8-1 所示的类别。

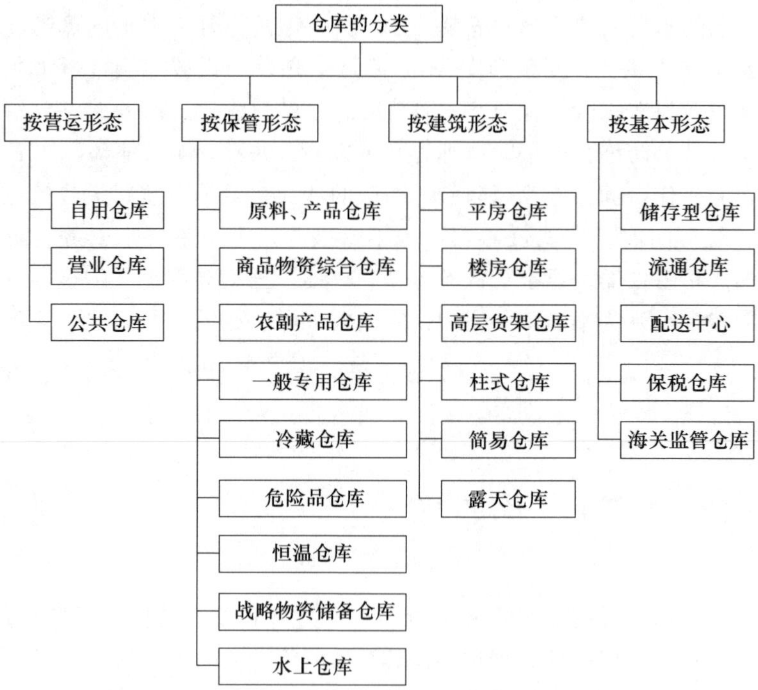

图 8-1　食品仓库分类

（三）仓库容量的确定

对某一仓库的容量，可按式（8-2）确定：

$$V=WT \tag{8-2}$$

式中　V——仓库应该容纳的物料量；

W——单位时间（日或月）的物料量；

T——存放时间（日或月）。

这里，单位时间的物料量应包括同一时期内存放于同一仓库内的各种物料的总量。时间 T 则需要根据具体情况合理地选择确定。现以几个主要仓库为例加以说明。

1. 原料仓库的容量

从生产周期的角度考虑，只要有两三天的储备量即可。但食品原料多来源于初级农产品，农产品有较强的季节性，有的采收期很短，原料进厂高度集中，这就要求仓库能有较大的容量。但究竟需要多大容量，还得根据原料本身的贮藏性能，维持贮藏条件所需要的费用，是否考虑增大班产规模等因素，做综合分析比较后确定，不能一概而论。

2. 不耐储的原料库

一些容易老化的蔬菜原料，如芦笋、蘑菇、刀豆、青豆等，它们在常温下贮藏的时间很短，对这类原料库存时间 T 只能取 1~2d，即使在冷风库贮藏（其中蘑菇不宜冷藏）的贮藏期也只有 3~5d。对这类产品，较多采用增大生产线的生产能力，增开班次来解决。

3. 较耐储的果蔬原料库

另一些果蔬原料比较耐贮藏，存放时间 T 可取较大值。如苹果、柑橘等。在常温下可存放几天至十几天，如果设置冷风库，在进库前拣选处理得好，可存放 2~3 个月。然而，存放时间越长，损耗就越大，动力消耗也越多，在经济上是否合算要进行比较，以便决定一个合理的存放时间。需注意的是，以果蔬为主的罐头厂，在确定冷风库的容量时，要仔细衡算其利用率，因为果蔬原料贮藏期短，季节性又强，库房在一年中很大一部分时间可能是空闲的。一种补救办法是按高低温两用库设计，在果蔬淡季时改放肉禽原料；另一种补救办法是吸收社会上的储存货源（如蛋及鲜果之类），以提高库房的利用率。

4. 冷藏库

储存冷冻好的肉禽和水产原料的冷藏库，其存放时间可取 30~45d。冷藏库的容量也可根据实践经验，直接按年生产规模的 20%~25%来确定。

5. 包装材料库

包装材料的存放时间一般可按 3 个月的需要考虑，并以包装材料的进货是否方便来增减，如建在远离海港或铁路地区的罐头厂或乳品厂，马口铁仓库或其他包装材料的进货次数最少应考虑半年的存放量，以保证生产的正常进行。此外，如前所述，由于生产计划的临时改变，事先印制好的包装材料可能积压下来，一直要放到第二年，因此，在确定包装材料的容量时，对这种情况也要做适当的考虑。

6. 成品库

成品的存放时间与成品本身是否适于久藏及销售周期长短有关，如乳品厂的瓶装消毒牛奶，在成品库中仅停留 9h，而奶粉则可按 15~30d 考虑，饮料可考虑 7~10d。至于罐头成品，从生产周期来说，有 1 个月的存放期就够了，但因受销售情况等外界因素的影响，宜按 2~3 个月的量或全年产量的 1/4 考虑。

7. 保温库

罐头保温库的存放时间可按保温时间的长短再加上抽验和包装时间加以确定。果蔬类罐头 25℃保温 5d，肉禽水产罐头 37℃保温 7d。抽样检验和揩听、贴标、装箱的时间为 2~3d。

（四）仓库面积的确定

仓库容量确定以后，仓库的建筑面积可按式（8-3）确定：

$$F=F_1+F_2=V/dK+F_2 \tag{8-3}$$

式中　F——仓库的建筑面积，m^2；

F_1——仓库库房的建筑面积，m^2；

F_2——仓库的辅助用房建筑面积（如楼梯间、电梯间、生活间等），m^2；

V——货物的质量，kg；

d——单位库房面积可堆放的物料净重，kg/m^2；

K——库房面积利用系数，一般取 0.6~0.65。

关于 d 值的求取，进一步说明如下。

首先，单位库房面积储放的物料量指物料的净重，没有计入包装材料重量。同样的物料，同样的净重，因其包装形式不同，所占的空间也随之不同。比如，某一果蔬原料箱装或箩筐装，所占的空间就不一样。即使同样是箱装，其箱子的形状和充满度也有关系。所以，在计算时要根据实际情况而定。

其次，货物的堆放高度与楼板承重能力及堆放方法有关。楼板承重能力也给货物堆放的高度以相应的限制。这里顺便指出，在确定楼板负荷时，绝不能只算物料的净重，而应按毛重计。在楼板承重能力许可情况下，机械堆装要比人工堆装装得更高，如铲车托盘，可使物料堆高 3.0~3.5m，人工则只能堆到 2.0~2.5m。

最后，单位库房面积可堆放的物料净重决定于物料的包装方式、堆放方法以及楼板的承重能力，最好不要依靠纯理论计算，而要依靠实测数据。

（五）食品工厂仓库对土建的要求

1. 果蔬原料库

果蔬原料如果是短期储藏一般用常温库，可采用简易平房，仓库的门应方便车辆的进出。如果是较长时间的储藏，则采用冷风库。冷风库的温度视物料而定，耐藏性好的可以在冰点以上，库内的相对湿度以 85%~90%为宜（有条件的厂对果蔬原料还可以采用气调储藏、辐射保鲜、真空冷却保鲜等）。应考虑到果蔬原料比较松散娇嫩，不宜受过多的装卸。果蔬原料的储存期短，进出库频繁，故冷风库一般建成单层平房，或设在多层冷库的底层。

2. 肉禽原料库

肉禽原料的冷藏库温度为-18~-15℃，相对湿度为 5%~10%，库内采用排管制冷，避免使用冷风机，以防物料干缩。

3. 罐头保温库

罐头保温库一般采用小间形式，以便按不同班次、不同规格分开堆放，保温库的外墙应按保温墙设计建造，并不宜开窗，小间的门应能密闭，空间不必太高，2.8~3m 即可，每个单独小间应配设温度自控装置，以自动保持恒温。

4. 成品库

要考虑进出货方便，地坪或楼板要结实，每平方米要求能承受 1.5~2.0t 的荷载。为提高机械化程度可使用铲车。托盘堆放时，需考虑附加荷载。

5. 空罐及其他包装材料仓库

仓库要防潮、去湿、防晒，窗户宜小不宜大。库房楼板的设计荷载能力，随物料容重而定。物料容重大的如罐头成品库之类，宜按 1.5~2t/m^2 考虑；容重小的如空罐仓库，可按 0.8~1t/m^2 考虑。介于这两者之间的按 1.0~1.5t/m^2 考虑。如果在楼层使用机动叉车，还得由土建设计人员加以核定。

（六）仓库在总平面布置中的位置

仓库在全厂建筑面积中占了相当大的比重，那么它们在总平面中的位置就要经过仔细考虑。生产车间是全厂的核心，仓库的位置只能是紧紧围绕这个核心合理地安排。但是，作为生产的主体流程来说，原料仓库、包装材料库及成品仓库显然也属于总体流程的有机部分。

工艺设计人员在考虑工艺布局的合理性和流畅性时，绝不能只考虑生产车间内部，还应把着眼点扩大到全厂总体上来。如果只求局部合理，而在总体上不合理，所造成的矛盾或增加运输的往返，或影响厂容，或阻碍工厂的远期发展。因此，在进行工艺布局时，一定要通盘考虑。考虑的原则前文已介绍，但在进行工厂设计时，往往还必须视具体情况而定。比如，原料仓库在厂前区好还是别的区好，人流、货流挤压在一起是否太杂，原料的进厂和卸货是否会影响到厂容、卫生和厂前区的宁静等，诸如此类的因素需权衡比较。

（七）现代化仓库管理

现代社会中，市场经济环境下，仓库是市场与现代企业之间商品流通的重要转移和仓储的必需基础设施。仓库作为食品工厂的重要组成部分，除了必须具有满足生产要求的库房面积和库房结构外，还必须实施现代化的仓库管理，充分利用仓库空间，保证仓库作业优化，以适应现代物流的要求。

仓储的管理长期以来都是采用传统的人工管理方式，主要表现为人工填写各种票据、汇总各种账册、编制各种报表。人工管理仓库，不仅工作量大、效率低，而且差错率高，经常会发生账物不符或账账不符的情况，造成经济损失。20 世纪 60 年代末期，仓储技术开始了新一代的技术革新，由平面储存、低层储存向高层储存发展，立体仓库应运而生，实现了作业和管理的高度机械化和自动化。同时计算机技术进入到仓储管理中，实现了信息化的仓储管理，逐步向现代化的仓储技术方向发展。

仓储现代化主要是装卸自动化、机械化，仓储管理科学化，运输配送等各个主要环节全面采取先进适用的技术手段和科学的管理方法，以期物资流通效率高、费用省、周转快、效益好。目前国内外建造的自动化仓库主要的组成部分有：①库房，大跨度、高空间的建筑物，单跨建筑可达 1000~2000m^2；②货物存放系统，即各种结构形式的高层货架；③货物存取系统，主要由巷道式堆垛机来完成；④货物传送系统，通常有机械传送带、机械传动或液压传动的出入库输送机；⑤货物整理系统，通常由起重机、叉车等装卸机械组成；⑥控制与管理系统，通常由功能不一的计算机系统构成。此外，还有供电、空调、报警、消防、计量、通信、传感等系统。

仓储现代化的关键就是现代化仓库管理模式的建立和现代化仓库管理系统的应用。现阶段，在仓库系统的内部，企业一般依赖于一个非自动化的、以纸张文件为基础的系统来记录、追踪进出的货物，以人为主体实施仓库内部的管理。对于整个仓储区而言，人为因素的不确定性，导致劳动效率低下，人力资源严重浪费。同时，随着货物数量的增加以及出入库频率的剧增，这种模式的运行效率急剧下降。而现有已经建立的计算机管理的仓库管理系统，随着商品流通的加剧，也难以满足仓库管理实时性的要求，因此，仓储管理的信息化是现代化仓库管理的趋势。随着信息技术不断发展，尤其是信息网络化的应用，仓储信息处理越来越复杂，信息数据量也更为庞大，来源分布广而复杂。如果仍采用手工收集数据，会大大增加信息采集人员和信息输入人员数量，降低信息正确率和信息系统的执行效率。为了实现信息的快速准确输入，在现代仓储管理中已广泛应用条形码技术。条形码能够快速、高质量打印，能够被各类扫描器快速、准确识别，生产厂家采用条形码标志其产品，在生产、库存、发货、销售、售后环节采集产品信息，利用计算机网络收集不同分布的产品跟踪数据，建立数据采集和跟踪管理信息系统。运用自动识别技术这一组带将产品注上唯一标志“条形码”，贯穿于整个物流链中，为客户提供准确无误的订货、配送服务，同时让企业及时了解库存情况，建立最优库存配备，降低库存积压，充分利用仓库空间，确保仓库作业最优化。从而保障了企业在激烈的市场竞争中以低成本、高效率及优质服务处于有利地位。应用先进的计算机网络通信技术改变仓库管理模式，实现仓库管理的自动化已经成为仓库管理的必然。

现代化的仓库管理系统是以商品条形码技术为核心，充分应用无线网络通信技术、地理信息系统和无线手持电脑终端，结合 C/S 和 B/S 体系结构，建立的自动化实时仓库管理系统。

（1）现代化仓库管理的功能　现代化仓库管理系统要求具备以下基本功能。

① 库房的出入库管理：对库房的出入库严格进行管理，应用条形码技术达到前端应用与后台的实时联系，把出错率降至最低。

② 实时货位查询和货位动态分配、管理：通过扫描商品的条形码可以实时查询其存储的货位，同时基于货位库存信息分配货位或动态定义货位。

③ 人力、物力资源动态综合分配：可以基于出入库商品的批量，动态地分配人力、物力资源，充分利用资源，提高系统的运行效率，减少资源的浪费。

④ 仓库系统综合盘点功能：可以定期对整个仓库系统进行全面的盘点，产生差异表，便于复盘验证。

⑤ 仓库内部随机抽查盘点功能：可以分仓库、分区、分货位进行随机抽查，也可以针对特定类抽查。

（2）现代化仓库管理系统建立的条件　针对现代化仓库管理系统的需求，从技术角度而言，系统的建立必须满足以下条件。

① 实时数据采集：由于人员操作的流动性，必须采用无线网络技术和无线手持电脑终端。

② 商品条形码化：条形码是商品的唯一标志，现代商业管理（包括仓库管理系统）的基础是商品的条形码化。

③ 货位规范化、条形码化：现代化的仓库管理必须借助条形码技术建立货位管理规范。因此，现代化仓库管理系统硬件上由终端、服务器、网络打印机等组成。其中手持式条形码终端可对货位和货物相应的物品号进行扫描，并键入该物品的数量，然后将条形码终端中采集到的数据通过通信接口传给服务器。而服务器中的软件包括了数据库系统和仓库管理软件，可按照常规和用户自行确定的优先原则来优化仓库的空间利用和全部仓储作业。对上，服务器通过电子数据交换（SDI）等电子媒介，与企业的计算机主机联网，由主机下达收货和订单的原始数据。对下，服务器通过无线网络、手持终端、条形码系统和射频数据通信（RFDC）等信息技术与仓库的管理人员联系。通过网络系统和上下位机的相互作用，传达指令，反馈信息，更新数据库，并生成所需的条形码标签和单据文件。另外，系统中还配置了条形码打印机，以便打印各种标签。

现代化仓库管理系统的实现可以大幅提高仓储运作与管理的工作效率，大幅度减少现有模式中查找货位信息的时间（经检测可以缩短 2/3 左右），提高查询和盘点精度（精确度可以达到 99.95%以上），大大加快出、入库单的流转速度，增强了处理能力。同时，现代化仓库管理系统的实现还能够减少人力资源浪费，由于采用了人力资源动态综合分配，经统计可以减少人员 20%左右，最重要的是提高了人员的利用率，减少了不必要的耗费。因此，现代化仓库管理系统可以满足现代物流管理模式下仓库管理系统的需求，是食品工厂仓库发展的必然趋势。

第五节 商品运输

(一) 厂外运输

进出厂的货物，大多通过公路或水路运输。公路运输网密度大、分布面广，在时间方面的机动性也比较大，同时，固定设施简单，车辆购置费用一般也比较低，因此，在食品工厂的运输上使用广泛。公路运输设备视物料情况，一般采用载重汽车，而对冷冻物品要采用保温车或冷藏车（带制冷机的保温车），鲜奶原料最好使用奶槽车。

水路运输的运载能力大、成本低、能耗少、投资省，但受自然条件的限制，如海洋与河流的地理分布及其地质、地貌、水文与气象等，此外，由于水路运输时间长，对于鲜活农产品，容易在运输过程中发生腐败变质。一般来说，水路运输需要利用社会的运输力量，但工厂还应配备常用的装卸机械。

(二) 厂内运输

厂内运输主要是指车间外厂区的各种运输。由于厂区道路较窄小，转弯多，许多货物有时还直接进出车间，这就要求运输设备轻巧、灵活、装卸方便。常用的有电瓶叉车、电瓶平板车、内燃叉车以及各类平板手推车、升降式手推车等。当然，随着大型现代化工厂的崛起，机械化程度高的运输设备也越来越多地穿梭于厂内。

(三) 车间运输

车间内运输与生产流程往往融为一体，工艺性很强，如输送设备选择得当，将有助于生产流程更加完美。下面按输送类别并结合物料特性介绍一些输送设备的选型原则。

1. 垂直输送

随着生产车间采用多层楼房的形式日益增加，物料的垂直运输量也越来越大。垂直运输设备最常见的是电梯，它的载重量大，常用的有1t、1.5t、2t，轿厢尺寸可任意选用2m×2.5m，2.5m×3m，3m×3.5m等，可容纳大尺寸的货物甚至轻便车辆，这是其他输送设备所不及的。但电梯也有局限性，如它要求物料另用容器盛装；它的输送是间歇的，不能实现连续化；它的位置受到限制，进出电梯往往还得设有较长的输送走廊；电梯常出故障，且不易及时修好，影响生产正常进行。因此，在设置电梯的同时，还可选用斗式提升机、罐头磁性升降机、真空提升装置、物料泵等。

2. 水平输送

车间内的物料流动大部分呈水平流动，最常用的是带式输送机。输送带的材料要符合食品卫生要求，用得较多的是胶带或不锈钢带、塑料链板或不锈钢链板，而很少用帆布带。干燥粉状物料可使用螺旋输送机。包装好的成件物品常采用滚筒输送机，笨重的大件可采用起升电瓶铲车或普通铲车。此外，一些新的输送方式也在兴起，输送距离远，且可以避免物料的平面交叉。

3. 起重设备

车间内的起重设备常用的有电动葫芦、手拉葫芦、手动或电动单梁起重机等。

第六节 维修工程

(一) 机修车间

1. 机修车间的任务

食品工厂的设备有定型专业设备、非标准专业设备和通用设备。机修车间的任务是制造非标准专业设备和维修保养所用设备。维修工作量最大的是专业设备和非标准设备的制造与维修保养。由于非标准设备制造比较粗糙，工作环境潮湿，腐蚀性大，故每年都需要彻底维修。此外，空罐及有关模具的制造、通用设备易损件的加工等工作量也很大。所以，食品厂一般都配备相当的机修力量。

2. 机修车间的组成

中小型食品厂一般只设厂一级机修，负责全厂的维修业务。大型厂可设厂部机修和车间保全两级机构。厂部机修负责非标准设备的制造和较复杂设备的维修，车间保全则负责本车间设备的日常维护。机修车间的组成因食品厂类型的不同而存在差异，一般由机械加工、冷作及模具煅打等几部分组成。铸件一般由外协作解决，作为附属部分，另外，机修车间还包括木工间和五金仓库等。但食品厂一般不设铸锻工段，往往利用代加工完成铸锻要求，它与生产车间应当保持适当的距离，使其与生产车间保持既不互相影响，又联系方便的相互位置，而有些设有锻压工段的机修车间，应安置在厂区的偏僻角落为宜。

3. 机修车间的常用设备

机修车间的常用设备如表 8-3 所示。

表 8-3 机修车间的常用设备

型号名称	性能特点	加工范围/mm	总功率/kW
普通车床 C127	适于车削各种旋转表面及公、英制螺纹，结构轻巧，灵活简便	工件最大直径 Φ270，工件最大长度 80	1. 5
普通车床 C616	适于各种不同的车削工作，本机床床身较短，结构紧凑	工件最大直径 Φ320，工件最大长度 500	4. 75
普通车床 C20A	精度较高，可车削 7 级精度的丝杆及多头蜗杆	工件最大直径 Φ400，工件最大长度 750~2000	7. 625
普通车床 CQ6140A	可进行各种不同的车削加工，并附有磨铣附件，可磨内外圆铣链槽	工件最大直径 Φ400，工件最大长度 1000	6. 34
普通车床 C630	属于万能性车床，能完成不同的车削工作	工件最大直径 Φ650，工件最大长度 2800	10. 125
普通车床 CM6150	属于精密万能磨床，只许用于精车或半精车加工	工件最大直径 Φ500，工件最大长度 1000	5. 12

续表

型号名称	性能特点	加工范围/mm	总功率/kW
摇臂钻床 Z3025	具有广泛用途的万能型机床,可以作钻、扩、镗、绞、攻丝等	最大钻孔直径 Φ25,最大跨距 900	3.125
台式钻床 ZQ4015	可以作钻、扩、铰孔加工	最大钻孔直径 Φ15,最大跨距 193	0.6
圆柱立式钻床	属于简易万能立式钻床,易维修,体小轻便,并能钻斜孔	最大钻孔直径 Φ15,最大跨距 400~600	1.0
单注坐标镗床 T4132	可加工孔距相互位置要求极高的零件,并可作轻微的铣削工作	最大加工孔径 Φ60	3.2
卧式镗床 T616	适用于中小型零件的水平面、垂直面、倾斜面及成型面等	最大刨削长度 500	4.0
牛头刨床 B665	适用于中小型零件的水平面、垂直面、倾斜面及成型面等	最大刨削长度 650	3.0
弓锯床 G72	适用于各种断面的金属材料的切断	棒料最大直径 Φ200	1.5
插床 B5020	用于加工各种平面、成型面及链槽等	工件最大加工尺寸长 480×高 200	3.0
万能外圆磨床 M120W	适用于磨削圆柱形或圆锥形工作的外圆,内孔端面及肩侧面	最大磨削直径 Φ200 最大磨削长度 500	4.295
万能升降台铣床 57-3	可用圆片铣刀和角度成型、端面等铣刀加工	工作台面尺寸 240×810	2.325
万能工具铣床 X8126	适于加工刀具、夹具、冲模、压模以及其他复杂小型零件	工作台面尺寸 270×700	2.925
万能刀具磨床 MQ025	用于刀磨切削工具,小型工件以及小平面的磨削	最大直径 Φ250,最大磨削长度 580	6.75
卧轴矩台磨床 M720A	用砂轮的周边磨削工件的平面,用砂轮的端面磨削工件的槽和凸缘的侧面	磨削工件最大尺寸 630×200×320	4.225
轻便龙门刨床 BQ2010	用于加工垂直面、水平面、倾斜面以及各种导轨和 T 型槽等	最大刨削宽厚 1000,最大刨削长度 3000	6.1
落地砂轮机 S3SL-50	磨削刀刃具之用及对小零件进行磨削去毛刺等	砂轮直径 Φ350	1.5
焊接变压器 BX1-330	焊接 1~8mm 低碳钢板	电流调节范围 160~450A	21.0
焊接发电机 AX-320-1	使用 Φ3~7mm 光焊条可焊接或堆焊各种金属结构及薄板	电流调节范围 45~320A	12

4. 机修车间对土建的要求

机修车间对土建一般无特殊要求。但对需要安装行车或吊车的机修车间，要考虑厂房的高度，使吊车离地面不小于 6m。同时，机修车间在厂区的位置应与生产车间保持适当的距离，使它们既不互相影响而又联系方便。锻打设备则应安置在厂区的偏僻角落为宜。

（二）电的维修

电的维修主要是对食品企业生产和生活用电设备和电路的维护、检修和保养，食品工厂电的维修由电工组完成，其工作场地一般设在用电设备较为集中的生产区内，但不能设在人员通道和易燃、可燃物品旁。有些企业电维修部门就设在配电房，有些企业电维修部门和机修部门共同归属一个部门。

电的维修的工具及仪表主要有：试电笔、手电钻、电烙铁、喷灯、拉具、冲击电钻、螺丝刀、铁钳、扳手、万用表、摇表、钳形电流表和转速表等。

（三）其他维修

1. 仪表及自动控制系统维修

现代化生产企业，自动化程度高，仪表和自动控制系统的维修也是重要的工作，因此，一些工厂设立仪表维修班，但大部分企业该项工作由电的维修人员兼任。

2. 管道维修

管道是食品工厂设备连接的主要组成部分，乳品厂、饮料厂等企业管道几乎遍布全厂，因此，一些企业设立管道班组，负责全厂管道的维修、保养工作。

第七节　其他辅助设施

食品工厂的其他生活性辅助设施包括工厂管理机构、食堂、更衣室、浴室、厕所、医务室、停车场等。

1. 工厂管理机构

食品工厂的行政管理机构一般集中设于办公楼中，并应布置在靠近人流入口处，其面积与管理人员数及机构的设置情况有关。

办公楼建筑面积的估算可采用式（8-4）：

$$F=\frac{Gk_1A_1}{k_2}+B \tag{8-4}$$

式中　F——办公楼建筑面积，m^2；

G——全厂职工总人数；

k_1——全厂办公人数比，一般取 8%~12%；

k_2——建筑系数，65%~69%；

A_1——每位办公人员使用面积，5~7m^2/人；

B——辅助用房面积，根据需要决定，m^2。

2. 食堂

食堂在厂区中应布置在靠近工人出口处或人流集中处，其服务距离不宜超过 600m。食堂主要由餐厅和厨房两部分组成，其座位数和建筑总面积可由式（8-5）、式（8-6）计算。

食堂座位数的确定：

$$N=\frac{0.85M}{CK} \tag{8-5}$$

式中　N——座位数；

M——全厂最大班人数；

C——进餐批数；

K——座位轮换系数，一、二班制为 1.2。

食堂建筑面积的计算：

$$F=\frac{N(D_1+D_2)}{K} \tag{8-6}$$

式中　F——食堂建筑面积，m^2；

N——座位数；

D_1——每座餐厅使用面积，$0.85 \sim 1.0m^2$；

D_2——每座厨房及其他面积，$0.55 \sim 0.7m^2$；

K——建筑系数，82%～89%。

3. 更衣室

为适应食品工厂对卫生的要求，更衣室应分别设在生产车间或部门内靠近人员进出口处。更衣室内应设个人单独使用的三层更衣柜，衣柜尺寸 500mm×400mm×1800mm，以分别存放衣物鞋帽等。更衣室使用面积应按工人总人数及平均每人 $0.5 \sim 0.6m^2$ 计算。对需要二次更衣的车间，更衣间面积应加倍设计计算。

4. 浴室

为保证食品工厂的卫生条件，从事直接生产食品的工人应在上班前洗澡。因此，浴室多应设在生产车间内，与更衣室、厕所等形成一体。特别是生产肉类产品、乳制品、冷饮制品、蛋制品等车间的浴室，应与车间的人员进口处相邻接，此外，还有其他车间或部门的人员淋浴，厂区也应设置浴室。浴室淋浴器的数量按各浴室使用最大班人数的 6%～9%计，浴室建筑面积按每个淋浴器 $5 \sim 6m^2$ 估算。

5. 厕所

食品工厂内较大型的车间，特别是生产车间的楼房，应考虑在车间附近设厕所，以利于生产工人的方便卫生。厕所便池蹲位数量应按最大班人数计，男厕所每 40～50 人设一个，女厕所每 30～35 人设一个。厕所建筑面积按 $2.5 \sim 3m^2$/蹲位估算。

6. 医务室

为了保证食品工厂的卫生和安全，医务室需要负责公司内员工常见病的诊治及健康宣讲，为企业员工做好健康监护、初级保健工作，提高员工发生工伤时的急救处理。食品工厂医务室的面积和组成如表 8-4 所示。

表 8-4　　食品工厂医务室的面积和组成

组成	工厂人数		
	300～1000	1000～2000	2000 以上
候诊室	1 间	2 间	3 间
医疗室	1 间	3 间	4～5 间
其他	1 间	1～2 间	2～3 间
面积/m^2	30～40	60～90	80～130

思政要素解读

能力拓展

◇ 提高设计工程方案能力

能够针对食品制造加工过程中复杂工程问题的解决方案，设计满足特定需求的食品加工辅助设施和辅助部门，并能够在设计环节中体现创新意识，考虑社会、健康、安全、法律、文化以及环境等多元要素。

◇ 了解并深入贯彻环境和可持续发展方针

能够理解和评价食品工厂辅助部门和辅助设施涉及的对环境和社会可持续发展的影响，树立可持续发展价值观，发挥主观能动性，着眼大局，深入贯彻环境保护的主体思想。

素养提升

◇ 结合案例，学习知识，践行职业道德规范

通过对案例的分析和探究，深刻认识食品工厂辅助部门在食品工厂工艺设计中的重要性，了解系统工程中各部门之间的相互关系与存在必要性，提高科学素养和社会责任感，深刻践行行业职业道德规范。

自学能力测试

思考题

1. 食品工厂辅助部门主要由哪几部分组成？其主要作用有哪些？
2. 食品工厂辅助设施分为哪三大类？每类包括哪些主要设施？
3. 不同种类的产品在接收站时应遵循的原则和注意事项有哪些？列举几种代表性的产品加以说明。
4. 原料验收站应具备什么条件，才能满足对原料质量的保证？
5. 食品工厂中心实验室的任务是什么？它一般由哪几部分组成？其主要设备有哪些？
6. 食品工厂化验室的任务是什么？它的组成有哪些？
7. 食品工厂仓库位置的特点有哪些？其容量如何确定？并举例说明。
8. 食品工厂仓库面积的确定应考虑哪些主要因素？如何确定？
9. 举例说明食品工厂对土建的要求。
10. 常用食品工厂运输设备有哪些？其选型原则如何？
11. 食品工厂机修车间的任务、组成和常用设备分别是什么？

CHAPTER 9

第九章 公用系统

启发提问

◇ 公用系统包括哪些内容，在食品工厂设计流程中所处的地位是什么？

◇ 食品工厂对公用系统的要求是什么？

◇ 如何评价给排水、供电、供汽和制冷设计布局是否合理？

◇ 给排水设计过程中应考虑哪些问题，使给排水满足生产工艺和生活需要？

◇ 食品工厂的生产车间配电有哪些要求，设计时应注意哪些问题？

◇ 食品工厂使用蒸汽有哪些要求，应如何布置锅炉房？

◇ 食品工厂冷库由哪几个部分组成，设计时应考虑哪些问题？

◇ 公用系统设计中如何体现节能减排？

学习目的与要求

◇ 明晰公用系统的组成及其在食品工厂中的重要性；

◇ 掌握公用系统设计的原则，理解食品工厂对公用系统设计的要求；

◇ 掌握给排水、供电、供汽和冷库的要求及设计，能够评价相关的给排水、供电、供汽和冷库设计布局是否合理；

◇ 理解公用系统对食品企业生产经营和节能减排的影响。

学习内容

◇ 公用系统概述；

◇ 给排水系统；

◇ 供电及自控系统；

◇ 供汽系统；

◇ 采暖与通风系统；

◇ 制冷系统。

公用系统是指与全厂各部门、车间、工段有密切关系，且为这些部门所共有的一类动力辅助设施的总称。食品工厂公用系统一般包括给排水、供汽、供电和自控、采暖与通风、制冷等工程，是与食品生产工艺相辅相成，密切相关的辅助工程设施，是保证工厂正常运转不可或缺的重要组成部分。食品工厂设计是个系统工程，公用系统的设计需要考虑与前面章节中的工艺设计、设备选型、生产车间布置设计及管道设计等环节的有机衔接。公用系统的专业性较强，各有其内在深度，本章仅从工艺设计人员需要掌握的有关公用工程设计的基本原理及基本规范的角度，对公用工程的设计做简单介绍。

公用系统

第一节 概 述

一、公用系统的主要内容

食品工厂的公用系统一般包括给排水、供电及自控、供汽、采暖与通风、制冷这五项工程，这些工程专业性强，分别属于不同的工程类别，食品工厂设计中，这五项工程一般分别由 5 个专业工种的设计人员来承担。公用系统的设计应根据食品工厂的产品类别、厂址、规模和投资额度等来具体分析。食品工厂种类繁多，不同工厂公用系统的配置有所不同，不一定每个工厂设计都包括上述 5 项工程。一般情况下，不同规模和产品类别的食品工厂都应配备给排水、供电和自控、供汽设施；为了节省工程投资，有些小型工厂可能不设置制冷系统或采暖设施，有些厂房或车间的采暖和空调，制冷和通风两项不一定同时具备；由于原料和产品保存的需要，水（肉）产品加工厂、奶制品工厂、果汁加工厂等工厂一般都建有冷库。

二、公用系统工程区域划分

公用工程根据专业性质的不同可划分为给排水、供电和自控、供汽、采暖和通风、制冷等。这是设计院的内部分工，从设计的外部分工还常常涉及工程的区域划分。根据区域位置的不同，公用工程可划分为厂外工程、厂区工程和车间内工程。

公用系统工程区域划分

（一）厂外工程

厂外工程主要为给排水、供电等工程中水源、电源的落实以及厂外管线的敷设等，其属于市政工程性质，主要依赖当地政府和相关部门对资源的调配和施工安装，一般由当地专门的市政规划设计或施工部门负责设计比较切合当地实际。

厂外工程涉及的外界因素较多，与城市规划局、市政工程局、市场监督管理局以及环保、消防、供水、供电、卫生、农业等部门都有一定的关系。所以在设计公用系统时，要收集相关资料进行前期调研，先与这些部门联系，最好先由筹建单位与有关部门沟通，初步达成供水、供电、环保等意向性协议，在这些问题初步落实之后，再开展设计工作。

厂外工程的费用比较高，所以如厂址选择在“三通一平”等市政工程基本完成的产业园区，可大幅度减少厂外工程费用。如果独立建厂缺乏配套，水源、电源离所选定的厂址较远，则会增大投资，显然不合理，选择厂址时其厂外管线的长度最好能控制在2~3km内。

（二）厂区工程

厂区工程是指在厂区范围内、生产车间以外的公用设施，包括给排水系统中的水池、水塔水泵房、冷却塔、外管线、消防设施；供电系统中的变配电所、厂区外线及路灯照明；供热系统的锅炉房、烟囱、煤场及蒸汽外管线；制冷系统的冷冻机房及外管线；环保工程的污水处理站及外管线等。这些工程的设计一般由负责整体项目的专业设计院的有关设计小组分别承担。

（三）车间内工程

车间内工程主要是指生产车间内有关设备及管线的安装工程。如风机、水泵、空调机组、电气设备及制冷设备的安装，包括水管、汽管、冷冻管、风管、电线、照明等。其中水管和蒸汽管与生产设备密切相关，一般由工艺设计人员负责设计，其他仍归属专业工种承担。

公用系统对食品工厂设计的要求

三、公用系统对食品工厂设计的要求

公用系统与食品工厂的稳定运行和经济效益密切相关，因此，公用系统的设计必须满足生产需要，符合卫生安全要求，并且运行可靠，费用经济。

（一）满足生产需要

食品生产一般有淡旺季之分，水、电、汽等的用量存在极其显著的季节不均匀性，公用设施的负荷变化非常明显。因此，要求公用设施的容量对负荷的变化要有足够的适应性，既能满足工厂以设计最大产能运行时的要求，也能调整到低负荷以适应淡季开工不足的状况。如何才能具备这种适应性？不同的公用设施有不同的原则。例如，对于供水系统，须按生产高峰季节产品生产的需水总量来确定它的设计能力，使其具备足够的适应性。如果供水量满足不了高峰季节的生产需要，往往造成原料积压或延长加工时间，从而造成产品质量隐患，或者造成无法按时完成订单导致违约风险；至于供水能力较大在淡季时是否造成浪费倒不重要，因为水的计费只跟实际消耗量有关，淡季用量少可少付费。对于供电和供汽设施，一般需考虑组合式结构，即不要搞单一变压器或单一锅炉，而是设置多台变压器或锅炉，以便有不同的能力组合，适应不同的负荷变化。为了确定合理的组合，最好要根据全年的季节变换画出负荷曲线，以求得最佳组合。

（二）符合卫生安全要求

工厂生产的食品必须经检验合格，满足相关食品卫生要求才能上市销售。由于食品生产的原材料或半成品不可避免地要和水、蒸汽等直接或间接接触，因此，要求生产用水的水质必须符合卫生部门规定的生活饮用水的卫生标准，直接用于食品的蒸汽应不含危害健康或污染食品的物质。制冷系统中氨制冷剂对食品安全卫生是有害的，氨蒸发系统应严防泄漏。公用设施在厂区的位置是影响工厂环境卫生的重要因素。如锅炉房位置、锅炉的型号、烟囱的高度、运煤出灰的通道、污水处理站的位置、污水处理的工艺流程等，都必须设计合理，符合食品加工的卫生要求。

（三）运行可靠、经济合理

运行可靠是指供应的数量和质量要有可靠而稳定的参数。例如，不仅要保障水的数量参数，还要保证水的质量参数。在工厂制水系统中，原水的水质往往随季节波动较大，一般秋冬季节质量较好，春夏季节雨水多水质较差，洪水期更差，但也有的地方水源流量小，秋冬枯水期污染物质浓度大，水质反比春夏季差。因此，要根据具体情况，因地制宜采取各种相应措施，使最后送到生产车间的水质始终符合食品生产的水质要求。又如供电，有些地方电网供电可能经常出现局部停电或者错峰用电现象，严重影响正常生产秩序，这就应该考虑设置自备电源以摆脱被动局面。

公用系统参数的稳定也非常重要，如水压、水温、电流、电压、蒸汽压、冷库或空调的温度、湿度等，稳定的参数有利于保障工厂的平稳运行。如果参数不稳定，轻则影响生产的正常进行，重则造成安全事故和重大损失。

设计公用系统时，要考虑到经济的合理性。进行设计时，要根据生产需要，从实际出发，正确收集和整理设计原始资料，进行多方案的比较，并注意处理好近期的一次性投资和长期的经常性费用的关系，选择投资最少、经济效益最好的设计。

第二节　给排水系统

在食品工厂中，水与其他生产原料一样至关重要。食品工厂普遍用水量大，对水质要求高，排水量大，且排出的废水会污染环境造成环保压力，因此，给排水系统的设计在食品工厂设计中占有非常重要的位置。给排水系统设计的质量好坏，将直接影响到食品工厂的基建投资、生产经营管理、产品质量、成本核算等方面。

一、设计内容及所需的基础资料

（一）设计内容

整体项目的给排水设计包括：取水及净化工程，厂区及生活区的给排水管网，车间内外给排水管网，室内卫生工程，冷却循环水系统，消防系统等。

（二）设计所需基础资料

给排水系统设计前期调研和资料收集非常重要，大致需要收集如下资料。

（1）各用水部门对水量、水质、水温的要求及负荷的时间曲线。

（2）建厂所在地的气象、水文和地质资料。当给水水源为地下水时，应根据水源地地下水的开采现状，了解已有地下水取水构筑物的运行情况和运行参数，分析地下水长期观测资料，了解枯水季节单井、渗渠、泉室的供水能力及地下水水质全分析报告等；当给水水源为地表水时，应了解水源地地表水的水文地质资料，特别是取水河、湖的详细水文资料（包括原水水质分析报告）。

（3）当采用城市自来水供水时，应了解厂区周围市政自来水网的现状（水网形式、供水管数量、管径、水压等），以及有关的协议或拟接进厂区的市政自来水管网状况。

（4）厂区和厂区周围地质、地形资料（包括外沿的引水和排水路线现状）。

（5）当地废水排放和公安消防的有关规定。

（6）当地管材供应情况。

二、食品工厂用水分类及对水质的要求

（一）食品工厂用水分类

食品工厂的用水大致可分以下几类。

（1）产品用水　直接作为产品（如矿泉水）、产品组分或者作为产品原料的溶解、浸泡、稀释、灌装等的产品用水，这些一般属于特殊生产用水，对水质有特殊要求。

（2）生产用水　除了产品用水之外直接用于工艺生产中的用水，一般指与生产原料直接接触，如原料的清洗与加工，产品的杀菌、冷却，工具器皿的清洗等的用水。

（3）锅炉用水　为了防止锅炉结垢和腐蚀，保持蒸汽品质良好，需要经过专门处理。

（4）生活用水　工厂人员的日常生活用水及淋浴用水。

（5）冷却循环补充水。

（6）绿化用水。

（7）消防用水，此部分用水量仅用于校核管网计算，不属于正常水量。

（二）各类用水的水质要求

各类用水有不同的水质要求。各类用水水质标准的某些项目指标列于表9-1中。

表9-1　各类用水水质标准

项目	生活饮用水	清水类罐头用水	饮料用水	锅炉用水
pH	6.5~8.5			>7
总硬度(以 $CaCO_3$ 计)/(mg/L)	<250	<100	<50	<0.1
总碱度/(mg/L)			<50	
铁/(mg/L)	<0.3	<0.1	<0.1	
酚类/(mg/L)	<0.05	无	无	
氧化物/(mg/L)	<250		<80	
余氯/(mg/L)	0.5	无		

一般生产用水和生活用水的水质必须满足GB 5749—2022《生活饮用水卫生标准》。产品用水和锅炉用水属于特殊生产用水，必须在符合《生活饮用水卫生标准》的基础上给予进一步处理。以上特殊用水，一般由工厂自设一套处理系统进行处理，处理的方法视水质具体情况可选择精滤、离子交换、电渗析、反渗透等。

冷却水（如制冷系统的冷却用水）和消防用水，在理论上，其水质要求可以低于生活饮用水标准，但在实际上，由于冷却水往往循环使用，用量不大，为便于管理和节省一些投资，大多食品工厂并不另设供水系统。

三、全厂性用水量的计算

（一）生产用水量

生产用水包括工艺用水、锅炉用水和制冷机房冷却用水。

食品工厂的工艺用水量，可根据工艺专业的产品水单耗、小时变化系数、日产量分别计算出平均小时用水量、最大小时用水量和日用水量。

锅炉用水可按锅炉蒸发量的 1.2 倍计算，小时变化系数取 1.5。配置锅炉房进口管径时，一般要考虑锅炉房水处理离子交换柱的反冲洗瞬间流量。

制冷机冷却水循环量取决于热负荷和进出水温差。一般情况下，取 t_2（出水温度）≤36℃，t_1（进水温度）≤32℃。冷却循环系统的实际耗水量（即补充水量）可按循环量的5%计。

（二）生活用水量

生活用水量的多少与当地气候，人们的生活习惯以及卫生设备的完备程度有关，生活用水量标准按最大班次的工人总用水量计算。

根据食品工厂的特点，生活用水量相对生产用水量小得多。在生产用水量不能精确计算的情况下，生活用水量可根据最大班人数按下式估算：

$$生活最大小时用水量=(最大班人数\times70)/1000(m^3/h)$$

（三）消防用水量

消防设备一般附有加压装置，消防用水对水压的要求不太严格，但必须根据工厂面积、防火等级、厂房体积和建筑消防标准而保证供水量的要求。食品工厂的室外消防用水量为10~75L/s，室内消防用水量以 22.5L/s 计。由于食品工厂的生产用水量一般较大，在计算全厂总用水量时，可不计消防用水量，在发生火警时，可通过调整生产和生活用水来加以解决。

（四）其他用水量

厂区道路、广场、绿化等区域的浇洒用水，可按面积以一定范围计算；汽车冲洗用水量，按汽车数量及沾污程度及冲洗方式等来确定，管网漏失水量和其他不可预见水量之和，可按日用水量 10%~15%计。

四、水源的选择

由于用水量大，对水质要求高，食品工厂水源的选择是确定厂址的关键因素之一。选择经济合理、水质符合要求，水量又能确保供应的水源，在食品工厂设计工作中至关重要。通常可利用的水源主要有自来水、地下水和地面水，各种水源的优缺点比较如表 9-2 所示。

表 9-2　各种水源的优缺点比较

水源类别	优点	缺点
自来水	装接技术简单，一次性投资省，上马快，水质可靠	水价较高，经常性费用大
地下水	可就地直接取用，水质稳定，且不易受外部污染。水温低，且基本恒定。取水构建物简单，一次性投资不大，经常性费用低	水中矿物质和硬度可能过高，甚至有某种有害物质，抽取地下水会引起地面沉降
地面水	水中溶解物少，经常性费用低	净水系统技术管理复杂，构筑物多，一次性投资大，水质水温随季节变化大

水源的选择，应根据当地的具体情况进行技术经济比较后综合考虑确定，应充分考虑水量充足可靠，原水水质符合要求，取水、输水、净化设施安全、经济和维护方便，具有施工条

件。如果工厂在城镇区域或者政府产业园区，当地自来水供应有保障，一般优先考虑采用自来水；如果工厂远离城镇需要自制水，则应尽可能首先考虑地面水，但需要设置专门的取水构筑物和水处理设施；如果当地的地下水比较丰富且符合卫生要求，则宜考虑采用地下水。

五、给水系统

给水系统是由取水、输水、水质处理和配水等设施以一定的方式组合成的总体。常见的给水系统有自来水给水系统、地下水给水系统和地面水给水系统。

（一）自来水给水系统

自来水给水系统示意图如图 9-1 所示。

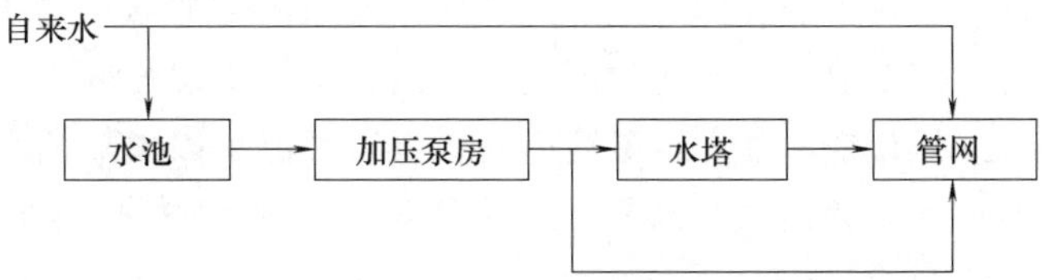

图 9-1　自来水给水系统示意图

（二）地下水给水系统

地下水给水系统示意图如图 9-2 所示。

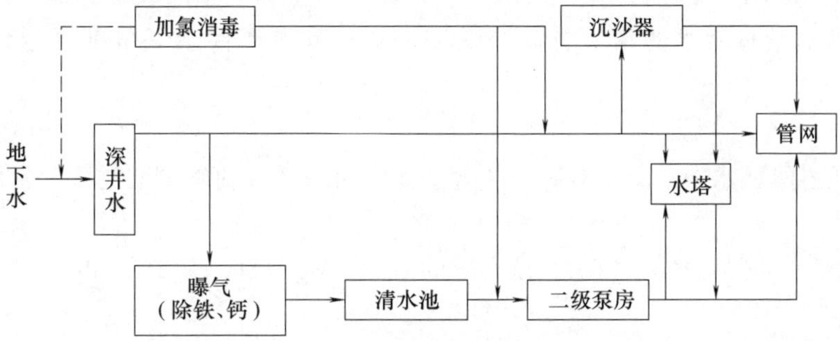

图 9-2　地下水给水系统示意图

（三）地面水给水系统

地面水给水系统示意图如图 9-3 所示。

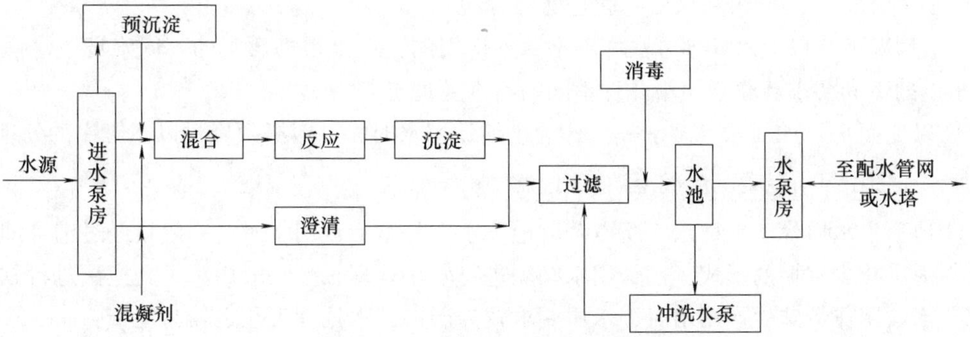

图 9-3　地面水给水系统示意图

(四) 给水处理

给水处理就是根据原水水质和不同用水要求，采用适当的处理方法，使之达到各种用水的水质标准，其目的主要是除去水中的悬浮杂质、有色物质、胶体物质、可溶性盐类、病菌及其他有害成分，以满足各类用水要求。食品工厂水处理系统可以分为原水净化处理系统和水质深度处理系统两部门，常用的处理方法有以下几种。

1. 自然沉淀

采用沉淀的方法除去水中较大颗粒的杂质，具体方法是使水在沉淀池中停留较长时间，以达到沉淀澄清的目的。

2. 混凝沉淀、过滤澄清

在水中加混凝剂，使水中的胶体物质与细小的、难以沉淀的悬浮物质相互凝聚，形成较大的易沉绒体后，再在沉淀池和澄清池中沉淀和澄清，使水由混浊变澄清。常用的混凝剂为硫酸铝、硫酸亚铁、三氯化铁。原水经沉淀后还要进行过滤，以去除细小悬浮物质和有机物等。将水通过装有滤料的过滤池或过滤器，利用滤料与水中细微杂质间的吸附、筛滤作用，使水质得到澄清。

3. 消毒

生产用水和生活饮用水还需进行消毒，通过物理或化学的方法杀死水中的致病微生物。通常的物理消毒方法有加热、紫外线、超声波和放射线等；化学方法主要采用氯、臭氧、高锰酸钾及重金属离子等药剂，其中氯消毒法，即在水中加适量的液氯和漂白粉，是目前普遍采用的方法。消毒后水的菌落总数等微生物指标和游离性余氯量都可达到生活饮用水标准。

4. 软化

软化是通过降低水中钙、镁等离子的含量，进而降低水的硬度的过程。常用软化方法有下列几种。

① 加热法：加热到100℃以上，使水中的 Ca^{2+}、Mg^{2+} 形成 $CaCO_3$、$Mg(OH)_2$ 和石膏沉淀而除去。

② 药剂法：在水中加石灰和苏打，使 Ca^{2+}、Mg^{2+} 生成 $CaCO_3$ 和 $Mg(OH)_2$ 而沉淀。

③ 离子交换法：使水和离子交换剂接触，用交换剂中的 Na^+ 或 H^+ 把水中的 Ca^{2+}、Mg^{2+} 交换出来。

此外，当水中铁、锰等离子含量超过水质标准时，还需要进行除铁、锰等离子的处理。

5. 针对不同用水要求和水质的联合处理方法

一般情况下，以上水处理方法并不是单独使用的，而是根据原水的不同水源、水质及生产对水质的不同要求，联合使用几种不同的给水处理工艺。

① 以地面水（如河水、湖水等）作为生活饮用水时，一般必须经过以下工序的处理：

原水→[预沉]→[混凝沉淀或澄清]→[过滤]→[消毒]

② 地下水水质优于地面水，所以若以地下水作为生活饮用水时，一般只经过消毒即可。

③ 为了减少水垢的形成，锅炉用水必须进行软化处理，且一般用离子交换法进行软化。

④ 当被用作特殊生产用水时，水质要求较为严格，水处理工艺也较为复杂：

生活用水→[机械过滤]→[电渗透或反渗透]→[阳离子交换器]→[阴离子交换器]→

混合离子交换器→紫外线或超滤杀菌→特种用水

6. 清水池

处理后的清水储存在清水池中。清水池的有效容积，可根据生产用水、生活用水、消防用水和水处理构筑物自用水（如快滤池的冲洗用水）的调节贮存量等加以确定，清水池的个数或分格数至少为两个，并能单独工作和泄空。

六、配水系统

水塔以下的给水系统统称为配水系统（配水工程）。配水系统一般包括清水泵房、调节水箱、水塔和给水管网等。

（1）清水泵房和水塔　清水泵房又称二级水泵房，其从清水池吸水，增压送到各车间，以完成输送水量和满足水压要求。水泵的组合根据用水规律来决定，并配置备用水泵，以保证不间断供水。水塔是用于储水和配水的高耸结构，用来保持和调节给水管网中的水量和水压。

（2）给水管网　室外给水管网主要由输水干管、支管、配水管网、闸门及消防栓等组成，布置形式有枝状和环状两种，如图 9-4 所示。小型食品工厂的配水系统，一般采用枝状管网。大中型厂生产车间，一个车间的进水管往往分几路接入，故多采用环状管网，以确保供水正常。

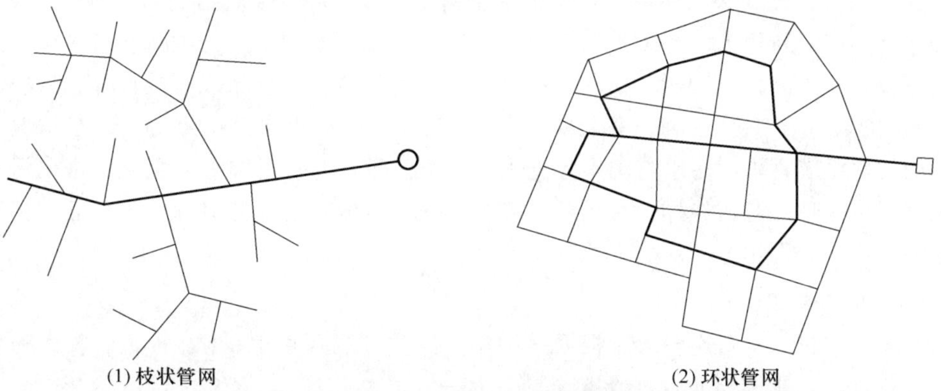

(1) 枝状管网　　(2) 环状管网

图 9-4　枝状管网和环状管网

枝状管网从水厂泵站或水塔到用户的管线布置成树枝状，当管网中任一段管线受损坏时，在该管段之后的所有管线都会断水，所以枝状管网的供水可靠性较差。另外，在枝状管网的末端，因用水量小，管内水流缓慢甚至停滞，因此，水质容易变差，有出现浑水和红水的可能。

环状管网由于管线连接成环状，当任一段管线损坏时，可以关闭附近的阀门使其和其余管线隔开，然后进行检修，水还可从另外管线供应用户，断水的地区可以缩小，从而增加供水可靠性，但是环状管网的造价比枝状管网高。

室外给水管线通常采用铸铁管埋地敷设，管径的选择应恰到好处，太大了浪费管材，太小了压头损失大，动力消耗增加，为此，管内流速应控制在经济合理的范围内。对于管道的压力降一般控制在 66.65Pa/100m 以内为宜。

输水管道和给水管网需设置分段检修用阀门，并在必要位置上装设排气阀、进气阀和泄水阀。有消防给水任务的管道直径不小于100mm，消防栓间距不大于120m。管网上的水压必须保证每个车间或建筑物的最高层用水的自由水头不小于6m，对于水压有特殊要求的工段或设备，可采取局部增压措施。

室内管网由进户管、水表接点、干管、支管和配水设备组成，有的还配有水箱和水泵。室内管网布置形式有上行式、下行式和分区式三种，具体采用何种方式，由建筑物的性质、几何形状、结构类型、生产设备的布置和用水点的位置决定

七、冷却水循环系统

食品工厂的制冷机房、车间空调机房及真空蒸发工段等常需要大量的冷却水。为减少全厂总用水量，通常设置冷却水循环系统和降温系统。循环系统里面冷却水可以反复使用，水经换热器后温度升高，由冷却塔或其他冷却设备将水温降下来，再由泵将水送往所需的工艺或设备，如此冷却水可以不断重复使用。降温系统主要有冷却池、喷水池、自然通风冷却塔和机械通风冷却塔等，为提高效率和节省用地，广泛采用机械通风冷却塔（代表产品有圆形玻璃钢冷却塔），这种冷却塔冷却效果好、体积小、重量轻、安装使用方便，且只需补充循环量的5%～10%的新鲜水，这对水源缺乏或水费较高且电费不变的地区特别适宜。

八、排水系统

根据《中华人民共和国环境保护法》和《基本建设项目环境保护管理办法》以及其他相应的环境标准，新建工厂必须贯彻“三废”治理和综合利用工程与项目同时设计、同时施工、同时投入使用的“三同时”方针。按照排出污水的性状，食品工厂排水可分为生产污水（被严重污染）、生产废水（被轻微污染）、生活污水、生活废水和雨水等。一般情况下，食品工厂的排水系统宜采用污水与雨水分流排放系统，即采用两个排水系统分别排放污水和雨水。根据污水处理工艺的选择，有时还要将污水按污染程度再细分成高、中、低三套排水系统，清浊分流，分别排至污水处理站分质处理。

（一）排水量计算

食品工厂的排水量普遍较大，根据《中华人民共和国环境保护法》，生产废水和生活污水需经过处理达到排放标准后才能排放。

生产废水和生活污水的排放量可按生产和生活最大小时给水量的85%～90%计算。

雨水量按式（9-1）计算：

$$W=q\varphi F \tag{9-1}$$

式中 W——雨水量，kg/s；

q——暴雨强度（可查阅当地有关气象、水文资料），kg/(s·m^2)；

φ——径流系数，食品工厂一般取0.5～0.6；

F——厂区面积，m^2。

（二）有关排水设计要点

工厂的安全卫生是食品工厂的头等要事，而排水设施和排水效果的好坏又直接关系到工厂安全卫生状况的优劣，因此，工厂设计时对排水工程要高度重视。排水工程的设计内容包括排水管网和污水处理与利用两部分。排水设计的要点如下：

（1）生产车间的室内排水（包括楼层）宜采用无盖板的明沟，或采用带水封的地漏，

明沟要有一定的宽度（200~300mm）、深度（150~400mm）和坡度（>1%），车间地坪的排水坡度宜为 1.5%~2.0%。

（2）在进入明沟排水管道之前，应设置格栅，以截留固体杂物，防止管道堵塞，垂直排水管的口径应比计算选大 1~2 号，以保持排水通畅。

（3）生产车间的对外排水口应加设防鼠装置，宜采用水封窨井，而不用存水弯，以防堵塞。

（4）生产车间内的卫生消毒池、地坑及电梯坑等，均需考虑排水装置。

（5）车间的对外排水尽可能考虑清浊分流，其中对含油脂或固体残渣较多的废水（如肉类和水产加工车间），需在车间外，经沉淀池撇油和去渣后，再接入厂区下水管。

（6）室外排水也应采用清浊分流制，以减少污水处理量。

（7）食品工厂的厂区污水排放不得采用明沟，而必须采用埋地暗管，若不能自流排出厂外，须采用排水泵站进行排放。

（8）厂区下水管不宜用渗水材料砌筑，一般采用高密度聚乙烯（HDPE）增强缠绕结构的壁管（现基本不用混凝土管），其管顶埋深度一般不宜小于 0.7m。由于食品工厂废水中含有固体残渣较多，为防止淤塞，设计管道流速应大于 0.8m/s，最小管径不宜小于150mm，同时每隔一段距离应设置窨井，以便定期排除固体污物。

九、消防系统

食品工厂的建筑物耐火等级较高，生产性质决定其发生火警的危险性较低。食品工厂的消防给水宜与生产、生活给水管合并，室外消防给水管应为环形管网，水量按 15L/s 考虑，水压应保证当消防用水量达到最大且水枪布置在任何建筑物的最高处时，水枪充实水柱仍不小于 10m。室内消火栓的配置，应保证两股水柱每股水量不小于 2.5L/s，保证同时到达室内的任何部分，充实水柱长度不小于 7m。

第三节　供电及自控系统

供电及自动控制系统在食品工厂的总体设计中是个不可或缺的辅助部分，对于工业企业来说，没有电力供应就没有生产。

一、供电及自控设计的内容和所需基础资料

（一）设计内容

整体项目的供电及自控设计主要包括以下内容：①厂区的外线供电系统；②全厂的变配电工程；③车间内设备的配电系统；④厂区及室内的照明系统；⑤生产线、工段或单机的自动控制；⑥弱电通信系统；⑦防雷接地及电气安全；⑧电器及仪表的防护维修等服务部门。设计时需要明确供电负荷类型、用电总量、供电线路进户方位方式、供电房位置等内容。

（二）设计所需基础资料

供电及自控设计需要的基础资料有：①全厂用电设备清单和用电要求，包括用电设备名称、规格、容量和特殊要求；②供用电协议和有关资料，给电电源及其有关技术数据，供电线路进户方位和方式、量电方式及量电器材划分，供电费用，厂外供电器材供应的划分等；③自控对象的系统流程图及工艺要求。

二、供电要求及相应措施

食品工厂供电要求和相应措施如下：

（1）有些食品工厂如罐头工厂、饮料工厂、乳品工厂等生产的季节性强，用电负荷变化大，因此大中型工厂宜设 2 台变压器供电，以适应负荷的剧烈变化。

（2）食品工厂的机械化水平提高，用电设备逐年增加，因此，要求变配电设施的容量或面积要留有一定的余地。

（3）食品工厂的用电性质属三类（Ⅲ类）负荷，一般采取单电源供电，但由于停电将可能导致大量食品的变质和报废，故供电不稳定的地区在有条件时，可采用双电源供电。

（4）为减少电能损耗和改善供电质量，厂内变电所应接近或毗邻负荷高度集中的部门。当厂区范围较大，必要时可设置主变电所及分变电所。

（5）食品生产车间水多、汽多、湿度高，所以，供电管线及电气应考虑防潮。

三、负荷计算

为了合理设计选择变配电设备及供电系统中各组成元件，需要根据用电设备的容量对有关电力负荷进行统计计算。食品工厂的用电负荷计算一般采用需要系数法：

$$P_j = K_x P_e \tag{9-2}$$

$$Q_j = P_j \tan\varphi \tag{9-3}$$

$$S_j = P_j / \cos\varphi = \sqrt{P_j^2 + Q_j^2} \tag{9-4}$$

式中 P_j——最大计算有功负荷，kW；

K_x——用电设备的需要系数；

P_e——用电设备的装接容量的总和，kW；

Q_j——最大计算无功负荷，kW；

S_j——最大计算负荷，kW；

$\cos\varphi$，$\tan\varphi$——用电负荷的平均自然功率因素及其正切值。

表 9-3 是部分食品工厂车间及部门的用电技术数据。按照公式计算出全厂用电负荷后，便可确定变压器的容量，一般考虑变压器的容量为 1.2 倍于全厂总计算负荷。

表 9-3　　部分食品工厂车间及部门的用电技术参数

车间或部门	需要系数 K_x	$\cos\varphi$	$\tan\varphi$
乳制品车间	0.6~0.65	0.75~0.8	0.75
实罐车间	0.5~0.6	0.7	1.0
番茄酱车间	0.65	0.8	0.75

续表

车间或部门		需要系数 K_x	$\cos\varphi$	$\tan\varphi$
空罐车间	一般	0.3~0.4	0.5	1.73
	自动线	0.4~0.5		
	电热	0.9	0.95~1.0	0.33
冷冻机房		0.5~0.6	0.75~0.8	0.88~0.75
冷库、仓库		0.4	0.7	1.0
锅炉房		0.65	0.8	0.75
照明		0.8	0.6	1.33

四、工厂照明

良好的照明是保证工厂安全生产、提高劳动生产率和改善工人生产环境的必要条件。合理的照明设计应符合“安全、舒适、经济、美观”的原则。相关设计要求如下：

（1）车间和其他建筑物的照明电源应与动力线分开，并应留有备用回路。

（2）生产车间的照明主要采用日光灯和白炽灯，当车间的空间净高超过6m时，可采用高压水银灯或碘钨灯。当采用高压水银灯时，必须与至少相同容量的白炽灯混用。

（3）潮湿和水汽大的工段，应考虑防潮措施；防爆车间的灯具还应考虑防爆灯具。

（4）安装检修使用的移动灯具及操作人员容易接触到的照明灯应采用低压（36V或者24V）照明。

（5）路灯一般采用80~125W的高压水银或110W的高压钠灯，且宜集中在传达室控制。

（6）大面积车间的照明灯具的开关宜分批集中控制。

工厂照明涉及到照度及公立密度应根据GB 50034—2013《建筑物照明设计标准》的规定选取，按照我国现行能源消费水平，食品工厂各类车间或工段的最低照明度要求如表9-4所示。

表9-4　　食品工厂最低照明要求

部门名单	光源	最低照度/lx
主要生产车间		
一般	日光灯	100
精细操作工段	日光灯	150
包装车间		
一般	日光灯	100
精细操作工段	日光灯	150
原料库、成品库	白炽灯或日光灯	50
冷库	防潮灯	10
其他仓库	日光灯	10
锅炉房、水泵房	日光灯	50
办公室	日光灯	60
生活辅助间	日光灯	30

第四节 供 汽 系 统

供热是食品工厂动力供应的重要组成部分。工厂供热途径通常有两种，一是自行设置锅炉供热；二是热电站或供热中心供热。其中以后者较为理想，可节省锅炉设备的投资，热效益高，能节约能源，降低供热的成本。然而同时能满足工厂要求又靠近热电站或供热中心有时是不现实的，因此，大多数食品工厂需要自行设置锅炉产生热蒸汽供热。

供汽设计的主要内容有：

（1）确定供应全厂生产、采暖和生活用汽量；

（2）确定供汽的汽源；

（3）按蒸汽消耗量选择锅炉；

（4）按所选锅炉的型号和台数设计锅炉房；

（5）锅炉给水及水处理设计；

（6）配置全厂的蒸汽管网等。

一、食品工厂的用汽要求

食品工厂使用蒸汽的部门主要有生产车间（如原料处理、配料、热加工、发酵、成品杀菌等）和辅助生产车间（如综合利用、罐头保温库、试制室、洗衣房、浴室、食堂等部门）。

在用汽压力方面，以蒸汽作为热源的热风干燥、高温油炸、真空熬糖等操作要求较高的压力[$(8\sim10)\times10^5$Pa]，其他环节用汽压力大都在7×10^5Pa以下，有的只要求$(2\sim3)\times10^5$Pa。因此，使用时需减压到适宜的用汽压力，以确保用汽安全。

二、锅炉容量的确定

锅炉的额定容量是全厂各用汽量的总和，并考虑15%的富余量，可按式（9-5）确定。

$$Q=1.15\times(0.8Q_c+Q_s+Q_z+Q_g) \tag{9-5}$$

式中 Q——锅炉额定容量，t/h；

Q_c——全厂生产用的最大蒸汽耗量，t/h；

Q_s——全厂生活用的最大蒸汽耗量，t/h；

Q_z——锅炉房自用蒸汽量，t/h，一般取Q的5%~8%；

Q_g——管网热损失，t/h，一般取Q的5%~10%。

由于食品工厂生产的季节性较强，用汽负荷波动较大，为适应这种情况，食品厂的锅炉台数不宜少于2台，并尽可能采用相同型号的锅炉。

三、锅炉房在厂区的位置

烧煤锅炉烟囱排出的气体中，含有大量的灰尘和煤屑，从而造成环境污染。同时，煤堆场也容易对环境带来污染。所以，从工厂的角度考虑，锅炉房在厂区的位置应选在对生产车间影响最小的地方，并且必须符合国家对安全、防火、卫生等方面有关规定。锅炉房位置的选择，应综合考虑以下几方面的因素。

（1）应处在厂区和生活区常年主导风向的下风侧，以减少烟灰对厂区环境的污染，使生产车间污染系数最小；

（2）应尽可能靠近用汽负荷中心，这样可缩短蒸汽管路，节约管材，减少压力降和热损失，并且也简化了管路系统的设计、施工与维修；

（3）附近应有足够的面积，便于燃料的储运和灰渣的排除，同时留有扩建的余地；

（4）锅炉房与相邻建筑物的间距应符合防火规程和卫生标准；

（5）锅炉房的朝向应考虑通风、采光、防晒等方面的要求。

四、锅炉房的布置和对土建的要求

锅炉机组原则上应采用单元布置，即每只锅炉单独配置鼓风机、引风机、水泵等附属设备。烟囱及烟道的布置应力求使每只锅炉的抽力均匀并且阻力最小。烟囱离开建筑物的距离，应考虑到烟囱基础下沉时，不致影响锅炉房基础。锅炉房采用楼层布置时，操作层楼面标高不宜低于4m，以便出渣和进行附属设备的操作。

锅炉房大多数为独立建筑物，不宜和生产厂房或宿舍连接在一起。在总体布置上，锅炉房不宜布置在厂前区或主要干道旁，以免影响厂容整洁，锅炉房属于丁类生产厂房，其耐火等级为1~2级。锅炉房应结合门窗位置，设有通过最大搬运体的安装孔。锅炉房操作层楼面荷重一般为1.2t/m^2，辅助间楼面荷重一般为0.5t/m^2，载荷系数取1.2。在安装震动较大的设备时，其门向外开。锅炉房的建筑应避免采用砖木结构，应采用钢筋混凝土结构，当屋面自重大于120kg/m^2时，应设气楼。

五、锅炉的选择

锅炉型式的选择，要根据全厂用汽负荷的大小、负荷随季节变化的曲线、所要求的蒸汽压力以及当地供应燃料的品质，并结合食品厂的要求与锅炉的特性，按照高效、节能、操作和维修方便等原则加以确定。

食品工厂用的锅炉燃烧方式应优先考虑链条炉排，特别避免采用易造成粉尘飞扬影响环境卫生的沸腾炉和煤粉炉。选用的锅炉应有较高的热效率和较低的燃料消耗、基建和管理费用，并能够经济有效地适应热负荷的变化需要。对于连续生产的工厂，一般设置备用锅炉一台；同一锅炉房中，应尽量选择型号、容量、参数相同的锅炉。

六、烟囱及烟道除尘

锅炉的通风是为了提供炉膛燃料燃烧所需的空气，同时将燃烧产生的烟气及时排出炉外。通风的方式可采用自然通风或机械通风，自然通风是利用烟囱的抽吸力将烟气排出，一般仅适用于小型锅炉；机械通风是利用机械方式，如用鼓风机将空气送入燃烧室或引风机将烟气排出。

锅炉烟囱的口径和高度首先应满足锅炉的通风。即烟囱的抽力应大于锅炉及烟道的总阻力，并有20%的余量。其次，烟囱的高度还应满足大气环境保护及卫生的要求。烟尘与二氧化硫在烟囱出口处的允许排放量与烟囱的高度相关，根据GB 13271—2014《锅炉大气污染物排放标准》，不同装机容量下燃煤锅炉房烟囱的最低允许高度如表 9-5 所示。新建锅炉大气污染物排放限值如表 9-6 所示。

烟囱的材料以砖砌为多，它取材容易，造价较低，使用期限长，不需经常维修。但若高度超过 50m 或在 7 级以上的地震区，最好采用钢筋混凝土烟囱。

表 9-5　　燃煤锅炉房烟囱最低允许高度

锅炉房装机总容量 /MW/(t/h)	<0.7	0.7~1.4	1.4~2.8	2.8~7	7~14	≥14
	<1	1~2	2~4	4~10	10~20	≥20
烟囱最低允许高度/m	20	25	30	35	40	45

表 9-6　　新建锅炉大气污染物排放限值

污染物项目	限值/(mg/m^3)			污染物排放监控位置
	燃煤锅炉	燃油锅炉	燃气锅炉	
颗粒物	50	30	20	
二氧化硫	300	200	50	
氮氧化物	300	250	200	烟囱或烟道
汞及其化合物	0.05	—	—	
烟气黑度(林格曼黑度/级)		≤1	—	烟囱排放口

《中华人民共和国大气污染防治法》规定，向大气排放粉尘的排污单位，必须采取除尘措施。锅炉烟气中带有飞灰及部分未燃尽的燃料和二氧化硫，不但给锅炉机组受热面及引风机造成磨损，还增加大气环境污染。为此，在锅炉出口与引风机之间应装设烟囱气体除尘装置。一般情况下，可采用锅炉厂配套供应的除尘器。但要注意，当采用湿式除尘器时，应避免由于产生废水而导致公害转移的现象。

七、锅炉的给水处理

锅炉属于特殊的压力容器。水在锅炉中受热蒸发成蒸汽，原水中的矿物质则留在锅炉中形成水垢。当水垢严重时，不仅影响到锅炉的热效率，还将严重影响到锅炉的安全运行。因此，锅炉制造工厂一般都结合生产锅炉的特点，提出给水的水质要求，如表 9-7 所示。

表 9-7　　锅炉给水水质要求

项目				给水			
锅炉类型	蒸气压/MPa	平均蒸发率/[kg/(m^2·h)]	有否过滤器	总硬度/mmol	含氧量/(mg/L)	含油量/(mg/L)	pH
锅壳锅炉	≤1.3	<30		<0.5		<5	>7
		>30		<0.35		<5	>7
自然循环水管炉及有水冷壁的火管炉	≤1.3		无	0.1	0.1	<5	>7
			有	<0.035	<0.05	<2	>7
	1.4~2.5		无	0.035	0.05	<2	>7
			有	<0.035	<0.05	<2	>7

一般自来水均达不到上述要求，因此，需要因地制宜地进行软化处理。所选择的软化方法必须保证锅炉的安全运行，同时又保证蒸汽的品质符合食品卫生要求。水管一般采用炉外化学处理法。炉内水处理法（防垢剂法）在国内外也有采用。炉外化学处理法以离子交换软化法用得最广，并可以买到现成设备——离子交换器。离子交换器使水中的钙、镁离子被置换，从而使水得到软化。对于不同的水质，可以分别采用不同形式的离子交换器。

八、煤和灰渣的贮运

煤场存煤量可按 25~30d 的煤耗量考虑，粗略估算每 1t 煤可产 6t 蒸汽。煤场一般为露天堆场，也可建一部分干煤棚。煤场的转运设备，根据锅炉房的规模选用人工翻斗车推车、装载机、铲车、皮带输送机等运输工具。将煤渣运至灰渣场，多台锅炉时可选用框链出渣机、刮板出渣机、耐热胶带输送机等机械设备。渣场的贮量一般按不少于 5d 的最大渣量考虑。

第五节　采暖与通风系统

为了改善工人的工作环境条件，或者为了满足某些产品的生产工艺要求，防止建筑物发霉，改善工厂卫生条件等，食品工厂设计过程中要进行采暖和通风等辅助工程设计。采暖与通风设计的内容包括：车间或辅助室的冬季采暖、夏季空调降温，某些产品生产过程中的干燥或保温，设备或工段的排气和通风，以及某些物料的风力输送，洁净车间的空气净化等。采暖与通风工程的服务对象既涉及人，也涉及产品、设备和厂房。

一、采　　暖

（一）采暖标准

按照国家相关标准规定，凡日平均温度≤5℃的天数历年平均为 90d 以上的地区，为集中采暖地区。我国日平均温度≤5℃的天数为 90d 的等温值线基本上是以淮河为界的，在等温值线以北的地区为集中采暖地区，但也不能一概而论，而要根据具体情况分别对待。如有的车间热加工较多，车间温度比室外温度高得多，即使在等温值线以北的地区也可以不用考虑人工采暖。反之，有些生产辅助室和生活室，如浴室、更衣室、医务室、女工卫生室等，由于使用或卫生方面的要求，即使在等温值线以南地区，也需考虑采暖。

采暖的室内计算温度是指通过采暖应达到的室内温度（采暖标准）。当生产工艺无特殊要求时，按照《工业企业设计卫生标准》的规定，冬季车间内工作地点的空气温度应符合表 9-8 的规定。另外，当生产工艺有特殊要求时，采暖温度则应按工艺要求来确定，如果蔬罐头的保温间为 25℃，肉禽水产类罐头的保温间为 37℃。

（二）采暖方式

食品工厂的采暖方式有热风采暖和散热器采暖等几种，具体采暖方式的确定一般根据车间单元体积大小来定。当单元体积>3000m^3 时，以热风采暖为好，在单元体积较小的场合，多半采用散热器采暖方式。热风采暖时，工作区域风速 0.15~0.3m/s，热风温度 30~50℃，送风口高度一般不要低于 3.5m。

表 9-8　　冬季车间的空气温度

分类	空气温度/℃	
	轻作业	重作业
每人占用面积<50m² 时	≥15	≥12
每人占用面积为 50~100m² 时	≥10	≥7
每人占用面积>100m² 时	局部采暖	—

注：食品生产车间普遍比较潮湿，采暖温度宜略高于该表数值 1~2℃。

食品工厂采暖用热媒一般为蒸汽或热水。如生产工艺用汽量远远超过采暖用汽量时，则车间采暖一般选择蒸汽作为热媒，蒸汽的工作压力要求在 200kPa 左右。如采用热水作为热媒时，根据工艺要求热水温度可选择 90℃、110℃、130℃等。

（三）采暖耗热计算

精确计算热耗量的公式比较繁复，在此不再赘述。概略计算热耗量可采用式（9-6）：

$$Q=PV(T_n-T_w) \tag{9-6}$$

式中　Q——耗热量，kJ/h；

P——热指标，kJ/(m²·h·K)，有通风车间 $P\approx1.0$，无通风车间 $P=0.8$；

V——房间体积，m³；

T_n——室内计算温度，K；

T_w——室外计算温度，K。

二、通风与空调

通风过程就是将含有有害物质的浑浊空气，经过处理达到排放标准，从室内排至室外，再将符合卫生要求的新鲜空气送入室内，以达到改善生产和生活环境的目的。通风可以有效控制有害物质和因素对环境的影响和破坏，改善室内空气环境，保障生产人员的身体健康，保证产品质量。

根据空气流动的动力不同，通风系统可分为自然通风和机械通风两大类。自然通风是依靠室内空气温度差（密度差）所造成的热压或室外风力造成的风压来促使空气流动，进行通风换气，从而改善室内空气环境，它不需要专门的动力装置。

机械通风也被称为人工通风，是依靠通风机产生的压力差使空气流动进行换气。风机的压力和风量可根据需要选择，确保通风量，还可以控制空气的流动方向和速度，满足各种通风的需要。

（一）通风与空调的一般规定

1. 优先考虑自然通风

为节约能耗和减少噪声，工厂设计时应尽可能优先考虑自然通风。为此，要从建筑间距、朝向、内隔墙、门、窗和汽楼的设置等方面加以考虑，使其有利于自然通风。自然通风的不足之处是自然进入室内的空气无法进行预处理，因此，在采用自然通风时，也要从卫生角度考虑，防止外界有害气体或粉尘的进入。此外，从室内排出的空气如果含有粉尘或有害气体，由于没有净化处理，可能会对环境造成污染。另外，自然通风还会受到气候条件的限制和影响，通风效果不稳定。

2. 自然通风达不到应有的要求时采用机械通风

当夏季工作地点的气温超过当地夏季通风室外计算温度 3℃时，每人每小时应有的新鲜空气量为不少于 20~30m³/h，而当工作地点的气温大于 35℃时，应设置岗位吹风，吹风的风速轻作业为 2~5m/s，重作业为 3~7m/s。另外，在有大量蒸汽散发的工段，不论其气温高低，均需考虑机械通风。

3. 空调车间的温湿度要求

空调车间的温湿度要求随产品性质或工艺要求而定。现按食品工厂的特点提出车间温湿度要求如表 9-9 所示，供参考。

表 9-9　食品工厂有关车间的温湿度要求

工厂类型	车间或部门名称	温度/℃	相对湿度/%
罐头工厂	鲜肉凉肉间	0~4	>90
	冻肉解冻间	冬天 12~15	>95
		夏天 15~18	>95
	分割肉间	<20	70~80
	腌制间	0~4	>90
	午餐肉车间	18~20	70~80
	一般肉禽、水产车间	22~25	70~80
	果蔬类罐头车间	25~28	70~80
乳制品工厂	巴氏杀菌乳灌装间	22~25	70~80
	炼乳装罐间	<20	>70
	乳粉包装间	22~25	<65
	冷饮包装间	22~25	>70
糖果工厂	软糖成型间	25~28	<75
	软糖包装间	22~25	<65
	硬糖成型间	25~28	<65
	硬糖包装间	22~25	<60

4. 空气的净化

食品生产的某些工段，如固体饮料的包装间、粉碎间及某些食品的无菌包装等，对空气的卫生要求特别高，空调系统的送风要考虑空气的净化。常用的净化方式是对进风进行过滤。

（二）全面通风和局部通风

根据通风的作业范围不同，通风系统可分为全面通风和局部通风两大类。

全面通风就是对整个车间或房间进行通风换气，目的在于稀释室内有害物质的浓度，消除余热、余湿，使空气达到卫生标准和满足生产要求。在使用自然通风或机械通风的同时，也可以使用全面通风。散发热湿有害物质的车间或气体房间，当不能采用局部通风或者采用局部通风仍达不到卫生要求时，应辅以全面通风或者采用全面通风。

局部通风是在有害物产生的地点直接将它们捕集起来，经过净化处理排至室外，以控制有害物向室内其他地方扩散；或将新鲜空气送向局部地点。局部通风需要特定的机械装置，是排热、排湿、排尘、防毒最有效的方法，可以用最小的风量获得最好的通风效果。

食品生产的热加工工段，有大量的余热和水蒸气散发，造成车间温度升高，湿度增加，并引起建筑物的内表面滴水、发霉，严重影响劳动环境和卫生。为此，对这些工段需要采取局部通风措施，以改善车间条件。

局部通风应根据工艺生产设备的具体情况和使用条件，并视所产生有害物的特性，来确定有组织的自然通风或机械通风。

小范围的局部通风一般采用排气风扇，但排气风扇的电动机是在湿热气流下工作的，易出故障。故较大面积的工段或温度湿度较高的工段，常采用离心风扇排风。因离心机的电动机基本上在自然气流状态下工作，运转比较可靠。

有些设备如烘箱、烘房、排汽箱、预煮机等，可设专门的封闭排风管直接排出室外；有些设备开口面积大，如夹层锅、油炸锅等，不能接封闭的风管，可加设伞形排风罩，然后接风管排出室外。但对于易造成大气污染的油烟气或其他化学性有害气体，宜设立油烟过滤器等装置，进行处理后，再排入大气。

局部通风的设计原则如下：

① 在散发有害物质（指有害蒸汽、气体或粉尘）的场合，为了防止有害物污染室内空气，必须结合工艺设置局部通风系统；

② 宜将同时运转，生产流程相同，粉尘性质相同，而且互相距离不大的扬尘设备的吸风点合并为一个系统；

③ 需排除腐蚀性气体的系统的设计，应选择防腐蚀型风机；

④ 排除高温、高湿气体时，为了防止结露，应对排风管及通风净化设备进行保温。

（三）空调

空气调节是利用人工的方法使车间或封闭空间的空气温度、湿度、洁净度和气流速度等状态参数达到特定要求的技术过程。空调调节系统是指以空气调节为目的，对空气进行处理、输送、分配并控制其参数的所有设备、管道及附件、仪器仪表的总称。食品工厂的空气调节通常按 GB 50019—2015《工业建筑供暖通风与空气调节设计规范》的规定进行设计，同时要满足不同食品工厂及不同车间的环境要求。

1. 空调系统的分类与选择

空调系统按照负荷的介质、设备的集中程度、空气来源、系统的用途不同有多种分类方法。根据设备的集中程度不同，空调系统可分为局部式、集中式和混合式三类。

局部式（即空调机组）空调系统主要优点是：土建工程量小，易调节，上马快，使用灵活。其缺点是：一次性投资较高，噪声也较大，不适于较长风道。

集中式空调系统主要优点是：集中管理、维修方便、寿命长、初投资和运行费较省，能有效控制室内参数。

混合式空调系统介于上述两者之间，既有集中，又有分散。

集中式空调系统常用在空调面积超过 400～500m^2 的场合，空调房间内一般应维持正压，以保持车间卫生。

选择空调系统时，要根据建筑物的用途、规模、使用特点、室外气象条件、冷湿负荷变化情况和参数要求等因素，通过多方面的比较来确定。在满足使用要求的前提下，尽量做得一次投资省、系统运行经济和能耗小。

2. 车间空气调节的基本要求和土建要求

① 要满足生产车间或辅助室恒温、恒湿的基本要求。

② 在空调车间布置方面，要尽可能减少邻室外的围护结构，需要空调的车间尽可能集中，以减少邻室对空调车间的影响。

③ 车间建筑需满足气流组织、风管布置等方面的要求。

④ 空调车间屋顶、墙、楼板、地坪等导热系数 K 值要达到空调车间的要求。

⑤ 在窗的要求方面，空调车间应尽量避免东西向窗，尽可能减少窗面积，外窗应设双层窗，南向窗户还应有遮阳措施。

⑥ 在车间内部装饰方面，整洁度较高时，可设吊平顶。平顶材料应不易吸潮和长霉，墙面要求不易积灰，保持清洁。

第六节　制冷系统

制冷系统（工程）是食品工厂特别是水产或肉类加工厂的一个重要组成部分。生产过程中原辅材料、半成品及成品的贮藏保鲜，成品加工时的冷却降温、冷冻、速冻，以及车间的空气调节等均离不开制冷工程。制冷工程包含的内容繁杂，一般由专业的制冷设计人员负责完成设计，但是，工艺设计人员要按照生产工艺的要求，对制冷系统的设计提供工艺上的具体要求，并为制冷系统设计人员提供冷场所、冷负荷、温度要求等具体参数和资料，以作为制冷系统设计的依据。

人工制冷的原理和方法有多种，从经济观点着眼，目前大量采用的是氨压缩制冷，因氨具有良好的热力性质、价格便宜等优点。但氨有毒、易燃，应特别注意系统的密封性，防止对食品的污染造成食品安全事故。同时，制冷系统需要有较庞大的冷却冷藏辅助设备，给设备及厂房的布置带来了一定的困难，这些是氨制冷系统的不足。氟利昂压缩制冷系统在这方面较氨优越，故一些场地紧张而要求高的场合多采用氟利昂压缩制冷。

一、冷库的分类与容量计算

1. 食品冷库的分类

食品冷库（冷藏库）按结构形式可分为土建式冷藏库和装配式冷藏库。土建式冷藏库主要为钢筋混凝土结构，可分为单层和多层冷库，隔热材料主要是聚氨酯泡沫塑料、稻壳、软木等。装配式冷藏库主体结构为轻钢材料，维护结构为预制复合隔热板组合，隔热材料主要是聚氨酯、聚苯乙烯泡沫塑料。

食品冷库按使用性质可分为生产性、分配性和零售性冷库。生产性冷库主要建在食品产地附近、货源较集中的产区或渔业基地。鱼、虾、肉、禽、蛋、果蔬等食品送入冷库进行冷加工，经过短期冷藏后即运往各个销售地区。其特点是冷却、冻结和冷藏能力较大。大城市的肉类加工厂就属于这种冷库。

分配性冷库主要建设在大中城市、水陆交通枢纽及人口较集中的工矿区、食品集散地，专门贮存经过冷加工的食品级新鲜果蔬、禽蛋、水产品等，以调节食品淡旺季节，保证市场供应及中转运输之用。其特点是有较大的冷藏容量，并有适当的冻结能力和屠宰加工能力，进出货物比较集中。各大城市的水产品冷藏库就属于分配性冷库。

零售性冷库一般建设在工矿企业或者城市的大中型超市、副食品商店、菜市场内，供临时贮存零售食品用，直接服务于消费者，一般库存量小，贮存期短。

2. 冷库的组成

冷库是一个建筑群，由主体建筑和辅助建筑两部分组成。主体建筑包括高温冷藏间、低温冷藏间等冷藏间和冷却间、冻结间和制冰间等冷加工间；辅助建筑包括装卸站台、穿堂、楼梯、电梯等生产辅助用房，制冷机房、变配电室、水泵房等生产附属用房，以及办公室、休息室等生活辅助用房。

3. 库容量计算

食品工厂的冷库属于生产性冷库，其容量主要围绕生产的需要来确定。冷库的总库容量包括冷库内所有的冷却物冷藏间、冻结物冷藏间及储冰间的库容量。对于罐头食品工厂，全厂冷库的容量可按年生产规模的15%~20%考虑。确定冷库中各种库房的容量可参考表9-10。

表9-10　食品工厂各种库房的贮存量

库房名称	温度/℃	贮藏物料	库房容量要求
高温库	0~4	水果、蔬菜	15~20d需要量
低温库	<-18	肉禽、水产	30~40d需要量
冰库	<-10	自制机冰	10~20d的制冰能力
冻结间	<-23	肉禽类副产品	日处理量的50%
腌制间	-4~0	肉料	日处理量的4倍
肉制品库	0~4	西式火腿、红肠	15~20d产量

容量确定后，冷库建筑面积的大小取决于物料品种、堆放方式及冷库的建筑形式。其中，肉类冻藏的堆放定额通常按堆高3m、每立方米实际堆放体积可放0.375t冻肉片计算，也可采用式（9-7）计算：

$$S=P/(0.375a\times H) \tag{9-7}$$

式中　S——库房净面积，m^2；

P——拟定的仓库容量，t；

a——面积系数，0.37~0.75；

H——堆货高度，m。

果蔬原料的堆放定额因品种和包装容器不同而异，如表9-11所示。

表9-11　果蔬原料包装方式及堆放定额

果蔬名称	包装方式	有效体积堆放量/(t/m^2)
苹果、梨	篓装	0.24
	木箱装	0.32
柑橘	篓装	0.26
	木箱装	0.34

续表

果蔬名称	包装方式	有效体积堆放量/(t/m^2)
洋葱	木箱装	0.34
荔枝	木箱装	0.25
卷心菜	篓装	0.20

利用上述定额和设定的堆放高度（堆放高度取决于堆放方法），可以计算出货物实际所占的面积或体积，这些面积或体积与建筑面积或建筑体积的关系如表 9-12 所示。

表 9-12　不同建筑形式的建筑面积（或体积）与使用面积（或体积）的关系

建筑形式	建筑面积	使用面积	建筑体积	使用体积
组合	1	0.63	1	0.42
楼层	1	0.65	1	0.64

【例】 某厂拟建贮藏 2000t 肉类冻藏库，试计算库房建筑面积。

解： 按肉类堆放定额，每立方米堆放 0.375t，设堆高为 3m，则每单位有效面积可堆放 0.375×3=1.125（t/m^2）。假设该冷库为楼层结构，面积系数取 0.65，则得库房建筑面积：

$$F=2000/(1.125\times0.65)=2735(m^2)$$

二、冷库总耗冷量 Q_0 计算概要

耗冷量是制冷工艺设计的基础资料，无论是库房制冷设备的设计还是机房制冷压缩机的配置，都要以耗冷量作为依据。冷库的耗冷量受冷加工食品的种类、数量、温度，冷库温度，大气温度，冷库结构等多方面因素的影响。

冷库耗冷量计算比较繁杂，下面简要介绍耗冷量的经验数据和估算数值，具体计算方法参见制冷技术相关书籍和资料。

（一）计算原则

冷库总耗冷量的计算以夏季为基准。夏季库外空气计算温度按式（9-8）确定：

$$T_H=0.4T_p+0.6T_m \tag{9-8}$$

式中　T_H——库外空气计算温度，K；

T_p——当地最热月的日平均温度，K；

T_m——当地极端最高气温，K。

（二）冷库总耗冷量 Q_0 的计算

$$Q_0=Q_1+Q_2+Q_3+Q_4 \tag{9-9}$$

式中　Q_1——冷库围护结构的耗冷量，kJ/h；

Q_2——物料冷却、冻结耗冷量，kJ/h；

Q_3——室内换气通风耗冷量，kJ/h；

Q_4——库房运行管理耗冷量，kJ/h。

1. 冷库围护结构的耗冷量 Q_1 的计算

$$Q_1=PF \tag{9-10}$$

式中　P——围护结构单位面积（m^2）的冷耗量，kJ/h，一般取 42~50kJ/h；

F——围护结构的面积，m^2。

关于 Q_1 计算的两点说明如下：

（1）围护结构单位面积的耗冷量取 42～50kJ/h 是一个经验数据，在冷库设计时，即据此计算围护结构绝热层的厚度。

（2）在计算压缩机的冷负荷时，如果高峰负荷不在夏季，Q_1 可降低。

库温≤-10℃时，取 Q_1 的 80%。

库温≤0℃时，取 Q_1 的 60%。

库温≤5℃时，取 Q_1 的 50%。

库温≤12℃时，取 Q_1 的 30%。

但在计算库房的冷却设备时，Q_1 值不打折扣。

2. 物料冷却、冻结耗冷量 Q_2 的计算

$$Q_2=\frac{G(i_1-i_2)}{Z}+\frac{g(T_1-T_2)C}{Z}+\frac{G(g_1+g_2)}{2} \tag{9-11}$$

式中 G——冷库进货量，kg；

i_1、i_2——物料冷却冻结前后的比焓，kJ/kg；

Z——冷却的时间，h；

g——包装材料质量，kg；

T_1，T_2——进出库时包装材料的温度，K；

C——包装材料的比热容，kJ/(kg·K)；

g_1，g_2——果蔬入库、出库时相应的呼吸热，kJ/(kg·h)。

关于 Q_2 计算的几点说明：

（1）在计算冷却间和冻结间的制冷设备时，考虑到物料开始冷却时的热负荷较大，应按 Q_2 计算值的 1.3 倍计算。

（2）冻结物进库量按冻结能力或按本库容量的 15%取其较大者计算。

（3）果蔬进货量按旺季最大平均到货量减去最大加工量或按本库容量的 10%取其较大者计算。

3. 室内换气通风耗冷量 Q_3 的计算（需要换气的冷风库才需进行此项计算）

$$Q_3=3V\Delta i/Z \tag{9-12}$$

式中 V——通风库房体积，m^3；

Δi——室内外空气的焓差，kJ/m^3；

Z——通风机每天工作时间，h。

4. 库房运行管理耗冷量 Q_4 的计算

$$Q_4=Q_{4a}+Q_{4b}+Q_{4c}+Q_{4d} \tag{9-13}$$

式中 Q_{4a}——照明耗冷量，kJ/h；

（每平方米库房耗冷量数值：冷藏间 4.18kJ/h；操作间 16.7kJ/h。）

Q_{4b}——电动机运转耗冷量，kJ/h；$Q_{4b}=3594\times N$，N 为电动机核定功率，kW；

Q_{4c}——开门耗冷量，kJ/h；

Q_{4d}——库房操作人员耗冷量，kJ/h。

$$Q_{4d}=1256\times n \tag{9-14}$$

式中　n——库内同时操作人数，一般 $n=2\sim4$。

说明：在计算压缩机冷负荷时，还得加上管道耗冷量，直接冷却时，加70%，盐水冷却时，加12%。

另外，由于冷藏间使用条件变化较大，为简便计，可按式（9-15）估算 Q_4：

$$Q_4=(0.1-0.4)\times Q_1 \tag{9-15}$$

对应大型冷库取0.1，中型冷库取0.2~0.3，小型冷库可取0.4。

三、制冷系统和制冷设备

按照不同的标准和特点，制冷系统有不同的分类。按照装置形式的不同可分为蒸汽压缩式、吸收式、蒸汽喷射式、吸附式、热电式、膨胀式等制冷系统，其中蒸汽压缩式制冷系统又可分为活塞式、离心式、螺杆式、滑片式等；按照压缩比形式可分为单级压缩制冷系统、双级压缩制冷系统、多级压缩制冷系统和复叠式制冷系统等；按照冷却方式的不同可分为直接制冷系统、间接制冷系统等。

目前生产中所使用的制冷设备基本上都是蒸汽压缩式制冷循环，且单级蒸汽压缩式制冷循环应用最广，蒸汽喷射式制冷系统主要用于空气调节。溴化锂吸收式制冷循环是目前最常用的吸收式制冷方式。

直接制冷系统是将制冷机组的蒸发器装设在制冷装置的箱体或建筑物内，利用制冷剂的蒸发直接冷却其中的空气，靠冷空气冷却需要冷却的物体，其优点为降温速度快，可获得较低的温度，操作方便，耗电量小。缺点是无缝钢管用量大，制冷剂消耗量较大。

间接制冷系统是靠制冷机蒸发器中制冷剂的蒸发，使载冷剂（例如盐水）冷却，再将载冷剂输入制冷装置的箱体或建筑物内，通过换热器冷却其中的空气或物体。间接制冷系统有以下优点：①可以将制冷剂循环系统集中在机房或一个很小的范围内，使制冷系统的管道和接头大大减少，便于密封和系统检漏；②可以使制冷剂的充注量大大减少，特别是在大容量、集中供冷的装置中采用间接制冷便于解决冷量的控制和分配问题；③便于机组的安装及运行管理；④载冷剂系统的安装较容易，发生事故的危险性小。间接制冷系统的缺点是系统复杂，耗电量较大，盐水对管道的腐蚀性大，维修费用较高。

制冷设备包括压缩机、冷凝器、节流阀、蒸发器、制冷辅助设备及一些控制器件。在为冷库配套设备时要经过相应的计算，进行设备的选型。制冷设备的选型包括的内容很多，具体选型计算方法和选型原则参见制冷技术相关书籍和手册。

在氨泵系统中，由贮液器来的高压氨液经调节阀流至低压循环筒，氨液由氨泵从循环筒输送至蒸发排管，在排管内吸热蒸发，再回流至循环筒。氨泵的流量以5倍蒸发量计，或以耗冷量计，每4000kJ/h配氨泵流量25~30L/h。氨泵进出液管的流速分别为0.375m/s和0.75m/s，以此决定所配管径的大小。

四、氨压缩机的选择

（一）各种温度的确定

（1）冷凝温度 t_k

$$t_k=(t_{w1}+t_{w2})/2+(5\sim7) \tag{9-16}$$

式中　t_{w1}，t_{w2}——冷凝器冷却水的进水温度、出水温度，K。

（2）过冷温度　在有过冷器的制冷系统中，需定出过冷温度。在逆流式过冷器中，氨液出口温度（即过冷温度）比进水温度高2~3K。

（3）蒸发温度 t_0　当以空气为冷却介质时，蒸发温度取低于空气温度7~10K，当以盐水或水为冷却介质时，蒸发温度低于介质温度5K。

（4）压缩机允许的吸气温度，随蒸发温度不同而异，如表9-13所示。

表9-13　压缩机允许吸气温度　单位：K

蒸发温度	273	268	263	258	253	248	243
允许吸气温度	274	269	266	263	260	257	254

（5）压缩机排气温度 t_p

$$t_p = 2.4(t_k - t_0) \tag{9-17}$$

式中　t_k——冷凝温度，K；

t_0——蒸发温度，K。

（二）选择计算的一般原则

（1）选择的压缩机应对不同蒸发温度下的机械冷负荷分别给予满足。

（2）当冷凝压力与蒸发压力之比 $p_k/p_0<8$ 时，采用单级压缩机；当 $p_k/p_0>8$ 时，采用双级压缩机。

（三）氨压缩机的选择

氨压缩机产品出厂时都有该厂设备的制冷能力曲线图，该图可按所设定的蒸发温度 t_0 和冷凝温度 t_k 查出相应的每立方米理论容积产冷量 q_{vh}，然后根据计算出的机械冷负荷 Q_0 算出所需氨压缩机的理论容积 V_h：

$$V_h = Q_0 / q_{vh} \tag{9-18}$$

查氨压缩机的技术性能表，选择合适者采用。

五、冷库设计概要

冷库规划设计的内容和基本要求详见GB 50072—2021《冷库设计规范》，下面概括性地介绍一些内容。

（一）冷库建筑的特点

冷库建筑提供冷却、冻结及贮藏各类加工产品的空间，属于仓储类的工业建筑，所以不同于一般的工业建筑，冷库建筑有其自身的特点。

作为冷加工场所，冷库建筑受生产工艺流程和运输条件的制约，并应能满足设备布置的要求。

作为一种仓储手段，冷库建筑内要堆放大量的货物，又要装置或通行各种装卸运输设备，所以要求冷库的结构坚固并具有较大的承载力。为考虑制冷设备的安装，多采用无梁楼板。

为避免库温波动，确保冷藏间要求的温度和湿度条件，除了通过制冷方法获得冷量外，还必须尽可能减少库内冷量的损耗。为此要在冷库的围护结构（如地坪、屋顶、墙壁等）中合理地设置隔热保温层和隔汽防潮层，同时减少门窗的数量。

冷库建筑的结构物大都处于低温潮湿的环境中，有时还经受着周期性的冻融循环。这就要求冷库建筑材料和各种构件要有足够的强度和抗冻能力。

为了防止地基和地坪的冻鼓而导致上部建筑物的变形和破坏，还需采用相应的防冻措施，以保证冷库建筑在低温高湿使用条件下的安全性和耐久性。

（二）冷库建筑的基本要求

鉴于冷库建筑的上述特点，在考虑其结构的构造和建筑材料时，应符合以下几点要求。

（1）所有的结构及构件，均应根据冷库低温高湿的使用条件采取必要的防潮、防腐和防锈措施。

（2）冷库的库房、穿堂以及冷却水塔、水池，应按高湿度作用的结构物考虑。如采用钢筋混凝土结构时，钢筋的保护层厚度应按规范规定的厚度增加10mm以上。

（3）冷库的主体建筑，如采用钢筋混凝土框架结构，外作砖墙围护且墙体和框架分开时，为保护墙体的稳定，框架与墙体应做必要的拉结。

（4）冷库温度伸缩缝应与沉降缝相结合，构造宜采取并列支柱以便于隔热处理。

（5）冷库内凡与低温空气接触及有冻融循环的部分，一律采用不低于425号的普通硅酸盐水泥，不准采用抗冻性差的水泥；冷库库房和穿堂采用混凝土结构时，混凝土等级应≥C20（其中C表示混凝土，20表示立方体抗压标准强度为20Pa）；冻结间的混凝土强度等级应≥C30，上述混凝土的水灰比应>0.6。施工浇捣时应注意密实性和养护工作，以防止出现裂缝。

（6）冷库主体建筑用砖的强度等级，内墙应≥MU10；外墙应≥MU7.5；内墙用的砌筑砂浆强度应≥M5水泥砂浆，外墙应≥M2.5的混合砂浆。

（7）冷库内钢筋混凝土的受力钢筋要优先采用3号（A3）钢和16号锰钢（16Mn）两种钢筋，其焊接用的电焊条，要求用碱性低氢型焊条，焊接3号钢用T426型焊条，焊接16号锰钢用T506型焊条。

（8）低温库内的柱子、锚系构件都应进行“冷桥”处理。内隔墙必须砌在地坪的钢筋混凝土层面上，不允许穿过隔热层。库房的冷却设备与建筑物相连接的各支吊点应设置在保温层内，以免冷桥的产生或对建筑物的破坏。

（9）对于温度较低的库房，当地坪的隔热层不足以防止地坪下的土壤冻结时，要采用架空、埋设通风管、蛇形热油管、电热防冻管等措施。

（三）冷库库址的选择原则

选择库址要根据冷库的性质、规模、建设投资、发展规划等条件，结合拟选地点的具体情况，审慎从事，择优确定。冷库库址的选择一般应考虑以下基本条件。

（1）经济依据　要考虑原材料供应、生产协作、货运、销售市场等方面是否具备建库的有利条件。冷库应根据其使用性质，在产地、货源集中地区或主要消费区选址，力求符合商品的合理流向。在总体布局上，应尽量选在城镇附近。

（2）交通运输　选址附近应具有便利的水陆交通运输条件，以利于货源调入和调出。

（3）区域环境　库址周围应有良好的卫生环境，冷库的卫生防护距离必须符合GBZ 1—2010《工业企业设计卫生标准》的规定。此外还需了解本地区的水利规划，避免选在大型水库（包括拟建者）的下游及受山洪、内涝或海潮严重威胁的地段。

（4）地形地质　选址时应对库址的地形、地质、洪水位、地下水位等情况进行认真调查或必要的勘测分析。

（5）水源　冷库是用水较多的企业，水源是确定库址的重要条件之一。故库址附近必须保证有充裕的水源。

（6）电源　冷库供电属于第二类负荷，需要有一个可靠的、电压较稳定的电源。选址时应对当地电源及其线路供电量做详细了解，并应与当地电力部门联系，取得供电证明。

（7）其他　要了解附近有无热电厂和其他热源可以利用；附近有无居民点、公用生活设施、中小学，工人上下班交通是否方便等。

（四）冷库总平面设计

冷库总平面设计必须注意以下几点：

（1）具备库址的地质资料图、设计任务书（包括任务、性质、规模）等各种技术资料。

（2）冷库总平面布置必须满足生产工艺的要求，保证生产流程的连续性，应将所有的建筑物、道路、管线等按生产流程进行联系和组合，尽量避免作业线的交叉和迂回运输。

（3）多方案比较，充分论证和造价分析，设计时要比较全库分区是否合理，生产区、原料区、生活区应划分明确，库区的竖向设计是否合理，工程技术管网设计是否合理。

冷库总平面设计的基本原则如下：

（1）冷库的平面体形最好接近正方形，以减少外部围护结构。

（2）高温库房与低温库房应分区布置（包括上下左右），把库温相同的布置在一起，以减少绝缘层厚度和保持库房温湿度相对稳定。

（3）采用常温穿堂，可防止滴水，但不宜设室内穿堂。

（4）高温库因货物进出较频繁，宜布置在底层。

（五）库房的层高和楼面负荷

单层冷库的净高不宜小于5m，为了节约用地，1500t以上的冷库应采用多层建筑，多层冷库层高，高温库不小于4m，低温库不小于4.8m。

楼面的使用荷载一般可考虑表9-14所列的标准。

表9-14　各类库房的标准载荷

库房名称	标准荷载/(kg/m²)	库房名称	标准荷载/(kg/m²)
冷却间、冻结间	1500	穿堂、走廊	1500
冷藏间	1500	冰库	900×堆高(m)
冻藏间	2000		

（六）保温隔热设计

保温隔热材料应选择体积质量小、导热系数小、吸湿性小、不易燃烧、不生虫、不腐烂、没有异味和毒性的材料。常见的隔热保温材料主要有炭化软木、稻壳、聚苯乙烯泡沫塑料、聚氨酯泡沫塑料、膨胀珍珠岩、矿渣棉及其制品等。

目前，冷库墙体隔热层的施工方式，主要有采用夹层墙、采用预制隔热嵌板、墙体上现场喷涂聚氨酯3种方式，这3种方式各有优缺点，要根据实际情况合理选择。

地坪绝缘：由于承受荷载，低温库多采用软木，高温库可采用炉渣。

外墙绝缘：多采用砻糠或聚苯乙烯泡沫塑料。

冷库门绝缘：采用聚苯乙烯泡沫塑料。

绝缘层的厚度应该按有关计算满足要求。

（七）隔汽设计

冷库隔汽防潮层的有无及其质量对于冷库围护结构的隔热性能起着决定性作用。由于库外空气中的水蒸气分压与库内的水蒸气分压有较大的压力差，水蒸气就由库外向库内渗透。为阻止水蒸气的渗透，应设有良好的隔汽层。如隔汽层不良或有裂缝，蒸汽就会渗入绝缘材料中，使绝缘层受潮结冰以致破坏，从而影响库温，甚至可能造成整个冷库的破坏。

在设计隔汽防潮层时要注意隔汽防潮层必须设在绝热层的高温侧；对于低温侧比较潮湿的地方，其外墙和内墙隔热层两侧均应设防潮层；低温侧选用渗透阻力小的材料，以便及时排除或多或少存在于绝缘材料中的水分。屋顶隔汽层采用三毡四油，外墙和地坪采用二毡三油，相同库温的内隔墙可不设隔汽层。

案例分享

广东湛江某水产加工龙头企业的自动化立体智能冷库

冷库是水产加工企业的重要设施，为了适宜工厂超大规模快速出入库需要，保证产品质量，改善劳动条件，该企业根据工业4.0的设计思路，建设了两个无人作业的自动化立体冷库，储存量高达1万t，储存温度在−22℃。自动化立体冷库包括高层货架、堆垛机、出入库输送系统、机械手、自动化控制系统等部分，仓库内景如图9−5所示。该自动化立体智能冷库共使用14台双立柱直道式双深位堆垛机进行出入库作业，堆垛机采用双立柱结构支承形式，额定载重1300/1100kg。出入库输送设备布置在立体库的一端，可同时进行出入库作业。整个出入库输送设备主要由链式输送机、辊式输送机以及顶升移载机组成，满足整个堆垛机操作的入库、出库和拣选、回库使用。成品库整体面积4522m^2，库内共设9条巷道，货架36排，每排42列，每列7层，共10764个垛位；入库效率：106托/h（约43t）；出库效率：80托/h（约32t）。原料库整体面积1381m^2，库内共设5条巷道，货架19排，每排22列，每列7层，共2937个垛位；入库效率：72托/h（约36t）；出库效率：50托/h（约25t）。

在软件配置上，共集成了出入库电控系统、上位计算机调度监控系统和仓库管理系统。出入库电控系统实行集中控制并自动调度出入库输送设备的运行，实时接受上位调度监控系统的作业指令和将运行状态上报监控系统；上位计算机调度监控系统负责调度指挥堆垛机与出入库输送系统有序运行，并实时动画显示设备运行状态，记录设备报警信息；仓库管理系统实现对物料与货位的综合管理及其信息储存，并通过专门开发的接口程序与企业资源管理系统（ERP）无缝联接。

自动化立体冷库作业流程如下：

产品进入自动化立体仓库前，首先经过ABB堆垛机器人，该设备完全替代了人工作业，堆垛机器人最大可抓取30kg产品，且一台堆垛机器人能同时满足2条产线的堆垛作业，码垛后的产品经过缠膜机缠膜后便输送到立体库内。库内包括高层货架、双深位堆垛机、输送线等。出货时双深位堆垛机自动将货物取出并输送出库至拆垛机器人，拆垛机器人搭配了3D视觉识别系统，此时3D视觉识别系统会启动拍照，识别该托盘的货物垛型、数量、高度，并将信号传输到机械手。机械手根据信息内容将货物有条理地进行拆垛。

图 9-5　自动化立体智能冷库内景图

思政要素解读

能力拓展

◇ 探究式学习，提高分析及研究问题能力

能够基于科学原理并采用科学方法对公用系统设计过程中的复杂工程问题进行研究，包括给配水、供电及自控、供汽、制冷等相关数据收集和处理，工艺、经济信息分析与综合获得有效的公用系统建设方案。

◇ 能够熟练运用工程语言，树立社会责任感

能够基于相关工程背景知识进行合理分析，评价公用系统解决方案对社会、健康、安全、法律以及文化的影响，并理解应承担的责任和义务。

◇ **了解并深入贯彻环境和可持续发展方针**

能够理解和评价公用系统问题涉及的对环境和社会可持续发展的影响，树立可持续发展价值观，发挥主观能动性，着眼大局，深入贯彻环境保护的主体思想。

素养提升

◇ **结合典型案例，认识专业使命，提高社会责任感**

通过对案例的分析和探究，明确公用系统对投资回收和社会安全的重要性，重视公用系统选择的合理性和可持续发展性，认识到工厂设计者促进产业升级和经济社会发展的职责和义务。

◇ **博学笃志，启发拓展，深入理解贯彻党政方针**

通过对相关国家标准知识的扩展说明，明确其制订的意义，从标准内容到制订过程，了解党和国家为维护人民生命财产健康所付出的努力，塑造爱国、自信、文明、敬业、诚信的价值观。

◇ **学创系统，提升工程素养和解决复杂问题的能力**

以实际需求为导向，通过理论与案例的结合分析，在公用系统设计过程中探索未知、追求真理、勇攀高峰，培养良好的工程素养，提高解决复杂工程问题的能力。

自学能力测试

思考题

1. 什么是公用系统，食品工厂设计中公用系统指的是哪些工程？
2. 食品工厂对公用系统的基本要求有哪些？
3. 给排水设计包括哪些内容？设计中应考虑哪些问题？
4. 食品工厂的水源一般有哪几种？各有何优缺点？如何正确选择水源？
5. 食品工厂排水应考虑哪些因素？如何确定总排水量？
6. 食品工厂的供电要求有何特点？针对这些特点应采取怎样的应对措施？
7. 食品工厂设计师如何确定锅炉的容量？锅炉房在厂区的位置应如何确定？
8. 简述食品工厂通风的意义及常用的通风方法和基本要求。
9. 冷库的规划设计应该从哪些方面考虑？

CHAPTER 10

第十章 食品工厂总平面设计

启发提问

◇ 工厂总平面设计在食品工厂设计流程中所处的地位是什么？

◇ 工厂总平面设计的基本原则和要求都有什么？

◇ 工厂总平面设计的内容有哪些？

◇ 工厂总平面设计的方法和步骤是什么？

学习目的与要求

◇ 明晰工厂总平面设计在食品工厂设计过程中的重要性，掌握食品工厂总平面设计的原则、方法、形式、步骤，以及总平面布置的技术经济指标和有关参数，通过课程设计、毕业设计等形式综合运用，初步具备食品工厂总平面设计和规划能力；

◇ 掌握食品工厂总平面设计的工程语言及总平面布置图绘制的基本方法，达到能运用简洁的文字、清晰的图表和工程制图表达设计思想的能力，通过设计说明书和设计图纸实现设计意图的表达；

◇ 通过课堂学习、课程讨论、课程设计、毕业设计等过程培养和锻炼研究能力、表达能力和团队合作精神。

学习内容

◇ 食品工厂总平面设计定义；

◇ 食品工厂总平面设计内容；

◇ 食品工厂总平面设计原则；

◇ 食品工厂总平面设计的实例解析。

总平面设计是食品工厂设计的重要组成部分，它是根据食品工厂的各个部分，包括各建（构）筑物、堆场、运输路线、工程管网等组成内容及使用功能要求，结合厂址条件及有关技术要求，协调研究建筑物、构筑物及各项设施之间的相互空间和平面关系，正确处理工厂建筑群、交通运输、管路管线、绿化区域等布置问题，充分利用地形，节约场地，使人员、设备与物料的移动能够密切有效地配合，从而保证各区域功能明确、布局合理、协调一致、管理方便、生产协调、互不干扰，并与四周建筑群相互协调组成有机整体。一个优秀的食品工厂总平面设计，不仅要满足建设项目生产规模，而且还要具有最简化和便捷的生产流程，能量消耗较少，最能有效地利用建设场地和空间，投资较少，生产环境良好。因此，总平面设计是否合理，不仅与建厂投资、生产管理、安全生产、降低成本直接相关，还会对工厂科学管理和高效生产带来重大影响。

第一节　总平面设计定义

食品工厂总平面设计定义

工厂总平面设计是在选定厂址后进行的，根据工厂的生产性质、规模和生产工艺流程等要求，对厂区内所设置的一定数量的生产车间、辅助设施和生活用房等不同使用功能的建（构）筑物按生产工艺、管理、生活等方面的要求，并结合用地条件进行科学全面地布局，这个过程称为工厂的总平面设计。

科学合理地进行全厂总平面布置，不仅能使基建工程既省又快地完成，而且为工厂投产后的生产经营也打下了重要基础。否则，就可能使一个食品工厂建设项目的总体布置变得分散、紊乱，造成盲目建设，这样既影响生产和生活的合理组织，又影响建设的经济效果和建设速度，也失去了建筑群体的统一与完整。

第二节　总平面设计内容

食品工厂总平面设计内容

一、总平面设计的内容

总平面设计是将全厂不同使用功能的建筑物、构筑物按整个生产工艺流程，结合用地条件进行科学布局，使建筑群组成一个有机整体。食品工厂总平面设计的内容包括平面布置和竖向布置两大部分。

（一）平面布置

平面布置是根据生产工艺流程的要求，先进行厂区划分，然后合理分布用地范围内的建筑物、构筑物及其他工程设施在水平方向相互间的位置关系。

食品工厂的主要建筑物、构筑物根据它的使用功能可分为：生产车间，如榨汁车间、奶粉车间、实罐车间、饼干车间、饮料车间、综合利用车间等；辅助车间（部门），如中心实验室、化验室、机修车间等；仓库，如原材料库、成品库、包装材料库、各种堆场等；动力设施（部门），如发电间、变电所、锅炉房、冷机房和真空泵房等；供排水设施，如水泵房、水处理设施、水井、水塔、废水处理设施等；全厂性设施，如办公室、食堂、医务室、厕所、传达室、围墙、宿舍、自行车棚等。

食品工厂中各建筑物、构筑物在总平面布置图中的相互关系，可以用图解法来说明分析，图 10-1 是生产区各主要使用功能的建筑物、构筑物在全厂总平面布置图中的示意图。

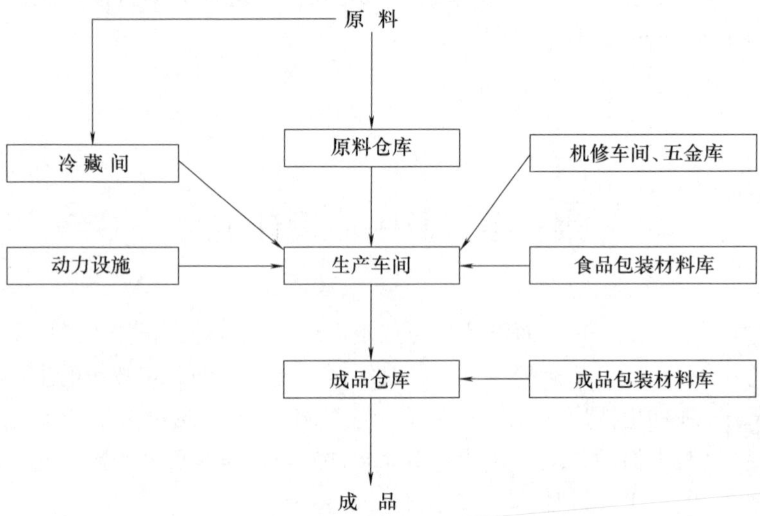

图 10-1　主要使用功能的建筑物、构筑物在全厂总平面布置图中的示意图

由图 10-1 可以看出，食品工厂总平面设计一般围绕生产车间进行排布，也就是说生产车间是食品工厂的主体建筑物，一般把生产车间布置在中心位置，其他车间、部门及公共设施都围绕主体车间进行排布。不过，以上仅仅是一个比较理想的典型，实际上由于地形地貌、周围环境、车间组成以及数量上的不同，都会影响工厂总平面布置。

1. 厂区划分

（1）厂前区　基本上属于行政管理及后勤职能部门等有关设施（食堂、医务所、车库、俱乐部、大门传达室、商店等）。

（2）生产区　主要车间厂房及其毗连紧密的辅助车间厂房和少量动力车间厂房（水泵房、水塔或冷冻站等）。其应处在厂址场地的中部，也是地势地质最好的地带。

（3）厂后区　主要是原料仓库、露天堆场、污水处理站等。

2. 建筑物、构筑物的布置位置

建筑物、构筑物的布置应严格符合食品卫生要求和现行国家规程、规范规定，尤其遵守《食品质量安全市场准入审查通则》《出口食品生产企业卫生要求》中食品生产加工企业必备条件、《建筑设计防火规范》中的有关条文。各建筑物、构筑物应相互衔接，并符合运输线路及管线短捷、节约能源等原则。

知识扩展

《食品质量安全市场准入审查通则》中《食品生产加工企业必备条件现场核查表》是给企业颁发食品生产许可证前必须填写的主要文书之一，厂区应具备具有与生产经营的食品品种、数量相适应的食品原料处理和食品加工、包装、储存等场所，保持该场所环境整洁，并与有毒、有害场所及其他污染源保持规定的距离。

生产车间的布置应按工艺生产过程的顺序进行配置，生产线路尽可能做到径直和短捷，但并不是要求所有生产车间都安排在一条直线上。如果这样安排，当生产车间较多时，势必形成一长条，从而使仓库、辅助车间的配置及车间管理等方面带来困难和不便。为使生产车间的配置达到线性的目的，同时又不形成长条，可将建筑物设计成T形、L形或U形。

主生产车间建筑物的布置位置：①考虑布置在生产区的中心地带；②其所在位置应当地势平坦，地耐力超过（$1.5\sim2)\times10^5N/m^2$；③其朝向应当正面朝阳或偏南向布置；④生产车间布置位置应以直通生活区和厂大门为宜。

辅助车间建筑物等的布置位置：①辅助车间建筑物等的位置应靠近其服务的主车间厂房或其服务对象的等距离处；②可布置在厂区左侧或右侧处动力车间（包括锅炉房、冷冻站、空压站、变电所等）的上风向。生产区的相关车间及仓库可组成联合厂房，也可形成各自独立的建筑物。仓库的位置应尽量靠近相应的生产车间和辅助车间，并应靠近运输干线（铁路、河道、公路）。应根据贮存原料的不同，选定符合防火安全所要求的间距与结构。

动力设施如锅炉房应尽可能布置在使用蒸汽较多的地方，这样可使管路缩短，减少压力和热能损耗。在其附近应有燃料堆场，煤、灰场应布置在锅炉房的下风向。煤场周围应有消防通道及消防设施。所以，动力车间建筑物的布置：①应尽量靠近其服务的具体部门，可以大部集中布置在厂区左侧或右侧，少数也有布置在生产区内的；②应布置在厂区的下风向。

行政管理部门包括工厂各部门的管理机构、公共会议室、食堂、保健站、托儿所、单身宿舍、中心实验室、车库、传达室等，一般布置在生产区的边缘或厂外，最好位于工厂的上风向位置，通称厂前区。行政管理部门建筑设施的总体布置位置：①应集中在厂前区；②多设置在工厂的大门处临近两侧；③办公大楼可正对着入口并且附以大型花池绿化及侧旁美化，兼具体现厂址方位朝向的作用。

3. 平面布置的其他方面

（1）运输设计　合理组织用地范围内的交通运输线路的布置，即人流货流分开，避免往返交叉，布置合理。根据总平面设计的要求，厂区道路必须进行统一的规划。厂区道路一般采用水泥或者沥青路面，以保持清洁，从道路的功能来分，一般可分为人行道和车行道两类。人行道、车行道的宽度，车行道路的转弯半径以及回车场、停车场的大小都应按有关规定执行。在厂内道路布置设计中，厂区道路应按运输量及运输工具情况决定其宽度，在各主要建（构）筑物与主干道、次干道之间应有连接通道，这种通道的路面宽度应能使消防车顺利通过。运输货物道路应与车间间隔，特别是运煤和煤渣的车，一般道路应为环形道，道路两旁有绿化。

有关厂区道路主要技术经济指标列于表10-1中。在厂区道路布置时，还应考虑道路与建（构）筑物之间的距离（表10-2）。

（2）管线综合设计　食品工厂的工程管线较多，除各种公用工程管线外，还有许多物料输送管线。了解各种管线的特点和要求，选择适当的敷设方式，与总平面设计有密切关系。处理好各种管线的布置，不但可节约用地，减少费用，还可为施工、检修及安全生产带来很大的方便。因此，在总平面设计中，对全厂管线的布置必须予以足够重视。

表 10-1　　有关厂区道路主要技术经济指标

指标名称	汽车道	电瓶车道
路面宽/m		
城市型		
单车道	3.5	2.0
双车道	6.0~6.5	3.5
公路型		
单车道	3.0~3.5	2.0
双车道	5.5~6.0	3.5
车间引道宽度/m	3.4~4.0	2.0~3.5
路间宽度/m	1.0~1.5	
平曲线最小半径/m	15.0	6.0
交叉口转弯半径/m		
单车	9.0	5.0
带一辆施车	12.0	7.0
最大纵坡/%	8.0	3~4
最小纵坡/%	0.4	
车间引道最小半径/m	8.0	4.0
纵向坡度最小长度/m	50	50

注：有兽力车通过的路面，其纵坡应小于 10%。多雨和冰冻地区纵坡应小于 10%。有大量兽力车通过时，每 500m 应设一缓和坡度，其纵坡为 2%~3%，长度大于 50m。

表 10-2　　道路边缘至相邻建筑物的最小距离

相邻建筑物名称	最小距离/m
建筑物外墙面向	
面向道路一侧无出入口	1.5
有出入口，但不通行汽车	3.0
有汽车出入口	6.0~8.0
有电瓶车出入口	4.5
各类管线支架	1.0~1.5
围墙	1.5

管线布置时首先应注意满足生产使用要求，力求短捷、方便操作和施工维修。宜直线敷设，并与道路、建筑物的轴线以及相邻管线平行。干管应布置在靠近主要用户及支管较多的一侧，尽量减少管线交叉。管线交叉时，其避让原则是：小管让大管，压力管让重力管，软管让硬管，临时管让永久管。管线布置时应避开露天堆场及建筑物的扩建用地。除雨水、下水管外，其他管线一般不宜布置在道路以下。地下管线应尽量集中共架布置，敷设时应满足一定的埋深要求，一般不宜重叠敷设。大管径压力较高的给水管应避免靠近建筑物布置。管架或地下管线应适当留有余地，以备工厂发展需要。

管线在敷设方式上常采用地下直埋、地下管沟、沿地敷设（管墩或低支架）、架空等敷设方式，应根据不同要求进行选择。

（3）绿化布置和环保设计　厂区绿化布置是总平面设计的一个重要组成部分，应在总平面设计中统一考虑。食品工厂的绿化一般要求厂房之间、厂房与公路或道路之间应有不少于15m的防护带，厂区内的裸露地面应进行绿化。绿化布置对食品厂来说，可以美化厂区、净化空气、调节气温、阻挡风沙、降低噪声、保护环境等，从而达到改善生产环境、改善劳动条件、提高生产效率等方面的作用。但绿化面积增大会增加建厂投资，所以，工厂绿化一定要因地制宜，节约投资，应与生产要求相适应，并尽量满足生产和生活的要求，力求做到整齐、经济、美观。厂区的绿化布置，宜通过各类乔木、灌木、绿篱、草坪和花卉等的有机组合与搭配，取得高低错落、疏密相间的效果。应尽可能地使厂区富有大自然的“野兴”或“园林情趣”，同时还应注意到季节变化的绿化效果。食品工厂的四周，特别是在靠马路的一侧，应有一定宽度的树木组成防护林带，起阻挡风沙、净化空气、降低噪声的作用。种植的绿化树木花草，要经过严格选择，厂内不栽产生花絮、散发种子和特殊异味的树木花草，以免影响产品质量。一般来说选用常绿树较为适宜。

环境保护是关系到国计民生的大事。工业“三废”和噪声，会使环境受到污染，直接危害人民的身体健康。所以，食品工厂总平面设计时，在布局上要充分考虑环境保护问题。

（二）竖向布置

竖向布置和平面布置是工厂布置不可分割的两个部分。竖向布置就是与平面布置相垂直方向的设计，也就是厂区建筑物、构筑物、道路、沟渠、管网等各部分地形标高的设计，使之相互协调并充分利用厂区自然地势地形，减少土石方挖填量，使运输方便和地面排水顺利。此项设计中须有土方工程图方为完整。

平面布置的任务是确定厂区建筑物、构筑物、露天仓库、铁路、道路、沟渠、码头和工程管网的坐标。竖向布置的任务则是反映它们的标高，目的是确定建设场地上的高程（标高）关系，使之相互协调，利用和改造厂区自然地势地形使土方工程量为最小，使运输方便和地面排水顺利。

竖向布置方式一般采用连续式和重点式两种。连续式又可分为平坡式布置和阶梯式布置。在食品工厂设计中，采用哪种竖向布置方式，必须视厂区的自然地形条件，根据工厂的规模、组成等具体情况确定。

连续式布置（图10-2）的场地是由连续的不同坡度的坡面组成，其特点是将整个厂区进行全部平整。因此，在平原地区（一般自然地形坡度<3%）采用连续式布置是合理的。对建筑密度较大，地下管线复杂，道路较密的工厂，一般采用连续式布置。

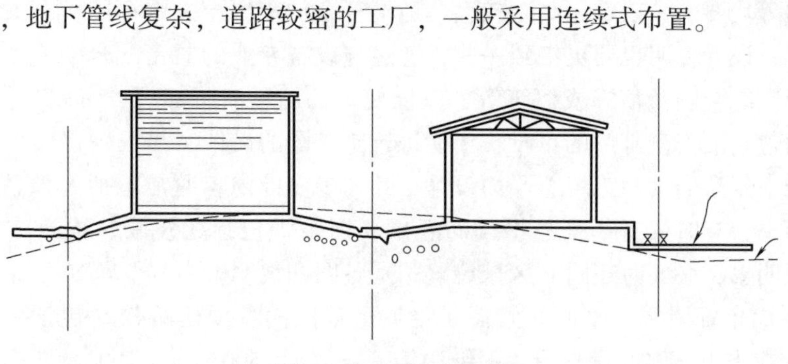

图10-2　连续式布置

重点式布置（图10-3）的场地是由不连续的不同地面标高的台地组成，其特点是仅对布置建（构）筑物的场地、道路、铁路占地进行局部平整。为此，丘陵地区在满足厂内交通和管线布置的条件下，为了减少土石方工程量，可采用这种布置。对建筑密度不大，建筑系数小于 15%，运输线及地下管线简单的工厂，一般采用重点式布置。

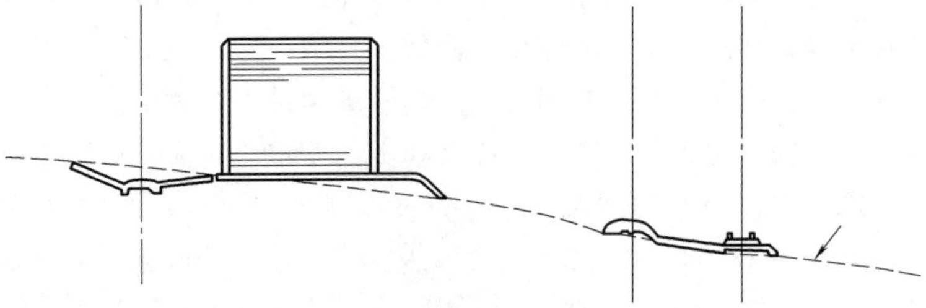

图 10-3 重点式布置

二、总平面设计阶段与方法

1. 项目立项和可行性研究阶段

本阶段总平面布置图为厂区主要建筑物、构筑物的初步排布，大的功能分区、工艺流程基本合理即可，当然再细致一些更好。

总平面设计的依据是已审批的计划任务书、厂址选择报告。其出图目的是根据任务书的要求向城市规划部门及国土部门申请用地，在规划部门根据城市规划布置划拨用地，及相应提出有关的规划要求的批准文件后，由建设单位委托设计单位进行设计。

2. 修建性详细规划设计阶段

这是总平面设计的重要阶段。其修建性详细规划设计的内容通常包括区域位置及总平面图、功能分区图、交通分析图、绿化布置图、竖向设计图、管网综合图和一份设计说明书并做出工程估算，即“六图一书”，另外，通常还要做出厂区的鸟瞰图。此阶段供招商引资和规划、市政部门审批之用。

3. 初步设计阶段

对于一般的食品工厂设计，通常将方案设计和初步设计两阶段合二为一。此阶段总平面设计作为整体方案设计的一个重要组成部分，相对于上一阶段，更加细化。厂区出入口、建筑物、构筑物、道路、回车场及物料堆场的尺寸及它们之间的间距，高差等相互的位置关系，排水方向等均要一一确定；高差较大、地形复杂的应出土方平衡图，有关技术经济指标需要详细计算，设计说明也要更细致一些；通过与设备专业的紧密配合，绘制出更准确的厂区外线图、管网综合图及估算或概算等，以供规划部门、消防部门、市政公用部门等审批。食品厂还要通过食品安全部门的审批，才能进行施工图的设计。

对于管线不复杂的食品工厂总平面设计，其初步设计内容通常包括一张总平面布置图和一份设计说明书，有时仅有一张总平面布置图，图内既包括建筑物、构筑物、道路和管线等，又包括说明书，必要时还附有区域位置图。各图和说明书内容要求如下。

（1）总平面布置图　总平面布置图是将厂区范围内各项建筑物（包括架空、地面、地下）总体布置在水平面上的投影图。图纸比例一般按 1∶500 或 1∶1000，图内应有地形等高线、原有建筑物、构筑物和将来拟建的建筑物、构筑物的布置位置和层次、地坪标高、绿化位置、道路梯级、管线、排水沟及排水方向等。在图的一角或适当位置绘制风玫瑰图和区域位置图。

风玫瑰图的原理解析

① 风玫瑰图：根据某一地区气象台观测的风气象资料，绘制出的图形称风玫瑰图，分为风向玫瑰图和风速玫瑰图两种，一般多用风向玫瑰图。风玫瑰图是一个地区，特别是平原地区风的一般情况，但地形、地物的不同会对风气候（大气环流所形成的风）起到直接影响。由地形引起的局部地区性气候，以及由错综复杂地形、地面状况对风的阻滞或加速而形成的地区性的风（又称局部地方风，如水陆风、山谷风、顺坡风、越山风、林源风、街巷风等）往往会引起局部气流的变化，使风向、风速改变，因此，在进行全厂总平面设计时，要充分注意到地方小气候的变化，需要在设计中善于利用地形、地势，综合考虑。

风向玫瑰图是根据各方向风出现的频率，以相应的比例长度，按风向中心吹描在 8 个或 16 个方位所表示的图线上，然后将各相邻方向的端点用直线连接起来，绘成的一个形式宛如玫瑰的闭合折线（图 10-4）。图中线段最长者即为当地主导风向。建筑物的位置朝向和当地主导风向有密切关系。如把清洁的建筑物布置在主导风向的上风向，把污染建筑布置在主导风向的下风向，则可避免受污染建筑散发的有害物的影响。所以，在总平面布置时，应将食品工厂的原辅材料仓库、食品生产车间等卫生要求高的建筑物布置在主导风向的上风向，把锅炉房、煤堆等污染食品的建筑物布置在下风向，以免影响食品卫生。总平面设计手册中列有我国主要城市的风向玫瑰图。在每一城市的风向玫瑰图中，以粗实线表示全年风频情况，虚线表示 6~8 月夏季风频情况，它们都是根据当地多年的全年或夏季的风向频率的平均统计资料绘制而成，需要时可查询参考。

图 10-4　风向玫瑰图

风向玫瑰图表示风向和风向频率，风向是由外缘向中心，而不是中心吹向外围；风向频率是指在一定时间内，各种风向出现的次数占总观测次数的百分比。

风速玫瑰图也是用类似于制作风向玫瑰图的方法绘制而成，其不同点是在各方位的方向线上不是按风向频率比例取点，而是按平均风速（m/s）取点。

工厂或车间所散发的有害气体和微粒对厂区和邻近地区空气的污染，不但与风向频率有关，同时也受到风速的影响。如果一个地方在各个方位的风向频率差别不大，而风向平均速度差很大时，就要综合考虑某一方向的风向、风速对其下风向地区污染的影响，其污染程度可用污染系数来表示：

污染系数＝风向频率/平均风速

上式表明：污染程度与风向频率成正比，与平均风速成反比。也就是说，某一方向的风向频率越大，其下风向受到污染机会越多，则该方向的平均风速越大，其来自上风向的有害物质很快被风带走或扩散，下风向受到污染的程度就越小。因此，从污染系数来考虑食品工厂总平面布置，就应该将污染性大的车间或部门布置在污染系数最小的方位上。

② 区域位置图：常用的比例为 1∶5000 或 1∶10000，该图附在总平面图的一角上，以反

映总平面周围环境的情况。

（2）设计说明书　设计说明书主要包括下列内容：设计依据、布置特点、主要技术经济指标和概算等，文字应简明扼要。

总平面设计的技术经济指标主要用于与国内外先进工厂指标对比，因此，可以衡量所做设计的经济性和合理性。主要技术经济指标包括：厂区占地面积，建筑物、构筑物面积，露天堆场面积，道路长度（指车行道），道路面积，围墙长度，建筑系数，土地利用系数，土方工程量，经营费用指标和投资费用指标等。

① 总平面设计的技术经济指标项目：总平面设计的技术经济指标是在总平面设计时进行估算的，作为一个控制指标，用于指导总平面设计，同时，它有时可以反映设计是否合理。目前比较重要的技术经济指标有 12 项左右（表 10-3）。

表 10-3　　总平面设计技术经济指标表

序号	项目名称	符号	单位	数量
1	厂区占地面积	A	m^2	
2	建筑物、构筑物面积	A_1	m^2	
3	堆场、露天场地、作业场占地面积	A_2	m^2	
4	道路、散水坡、管线占地面积	A_3	m^2	
5	可绿化占地面积	A_4	m^2	
6	道路总长度	LB	m	
7	围墙总长度	LW	m	
8	建筑系数 $K_1=(A_1+A_2)/A\times100\%$	K_1	%	
9	土地利用系数 $K_2=(A_1+A_2+A_3+A_4)/A\times100\%$	K_2	%	
10	绿地率 $K_4=A_4/A\times100\%$	K_4	%	
11	土方工程量	V	m^3	挖:填:
12	其他			

② 总平面设计技术经济指标意义分析：

a. 厂区占地面积。厂区占地面积 A 是指在一定生产规模前提下，工厂采取一定的工艺技术方法所需要的场地面积（包括生产区、厂前区、厂后区和两侧区）。此值越大，土地征用费和基本建筑费用越高。将生产规模（指年产量）G（t/年）与占地面积 A（m^2）相比较即得工厂生产强度 q [t/(m^2·年)]，由工厂生产强度更容易分析出其技术经济效果。工厂生产强度的计算公式为：

$$q=G/A \tag{10-1}$$

b. 建筑物、构筑物占地面积。建筑物、构筑物占地面积是指建筑物、构筑物底层轴线所包围的面积。此值（A_1）高低，说明建筑物与构筑物数量多少及建筑结构的复杂程度，从而说明建筑费用高低。现代化的食品工厂，往往都要设计高层工业厂房，以适应高新工艺技术需要。

c. 堆场、露天场地与作业场占地面积。堆场、露天场地、作业场占地面积 A_2 是原材料、燃料及成品储存作业所需要的场所面积，其值高低与原材料、燃料等的进厂方式及储存周期长短有密切关系。工厂如全年集中进料、储存周期长，势必需要较为充足的占地面积；分散进料或就地取材即可节约占地。采用立仓的露天作业场将比平仓明显节约占地，但是建筑费用较高。

d. 道路、散水坡、管线占地面积。道路、散水坡、管线占地面积 A_3 是指工厂建筑物、构筑物群之间纵横通达的空场面积，其大小取决于建筑物、构筑物占地面积 A_1 的大小及其形状，同时还与这三者的面积特性有关。

e. 建筑系数。建筑系数 K_1 是建筑物、构筑物与堆场、露天场地、作业场占地面积之和占全厂占地面积的百分率。通常控制 K_1 在 35%~50%为宜。

建筑系数 K_1(%)=(建筑物、构筑物占地面积+堆场、露天场地、作业场地占地面积)/厂区占地面积×100%=$(A_1+A_2)/A\times100\%$。

K_1 值的高低说明工厂内建筑物、构筑物的密集程度。K_1 值高说明厂内建筑密度高，相应的建筑费用就高，可能对防火、卫生与通风、采光不利；但是，车间之间联系方便，有利于生产技术管理，管线长度缩短，管材费和安装费及管线输送费较低。反之，K_1 值低说明厂内建筑密度低，相应的建筑费就低，对防火、卫生、通风、采光有利；但是对车间联系、技术管理不利，管线变长，导致管材费、安装费及管线输送费的增加。

f. 土地利用系数。土地利用系数 K_2 是建筑物、构筑物占地面积与堆场、露天场地占地面积与辅助工程占地面积之和占全厂占地面积的百分率。

辅助工程占地面积包括：铁路、道路（包括引道、人行道）管线、散水坡、绿化占地面积。

土地利用系数 K_2(%)=(建筑物、构筑物占地面积+堆场、露天场地、作业场地占地面积+辅助工程占地面积)/厂区占地面积×100%=$(A_1+A_2+A_3)/A\times100\%$。

建筑系数尚不能完全反映厂区土地利用情况，而土地利用系数则能全面反映厂区的场地利用是否经济合理；表 10-4 中摘录部分不同类型食品工厂的建筑系数及土地利用系数。

表 10-4　　部分食品厂的建筑系数和土地利用系数

工厂类型	建筑系数/%	土地利用系数/%
罐头食品厂	25~35	45~65
乳品厂	25~40	40~65
面包厂	17~23	50~70
糖果食品厂	22~27	65~80
啤酒厂	34~37	—
植物油厂	24~33	60

g. 绿地率。绿地率 K_4 是指全厂可绿化地面积 A_4 占全厂占地面积的百分率。即：

绿地率 K_4=厂区绿地面积/厂区占地面积×100%=$A_4/A\times100\%$。

式中，A_4 是指厂前区办公大楼与大门之间、厂内车间厂房底层外缘与道路网之间及厂围墙以内空地等面积。合理的绿地率 K_4 是现代化食品工厂总平面设计不可少的技术经济指标之一。绿地率不合理，则工厂的环境无法保证。目前，绿地率控制在 10%~15%左右为宜。

绿地率不等同于绿化覆盖率（绿化系数）。绿地率是规划指标，是绿化用地占总土地面积的比例，而绿化系数是绿化垂直投影面积之和与占地面积的百分比，即：

绿化系数=厂区绿化覆盖面积/厂区占地面积×100%。

绿地率与绿化系数两者的具体技术指标是不相同的，比如一棵树的影子很大，但它的占地面积是很小的。

h. 土方工程量。土方工程量 V 是指由于厂址地形凸凹不平或自然坡度太大，平整场地需要挖填的土方工程量。V 越大，施工费用越高。

i. 经营费用指标。这个指标反映从原料进厂到成品出厂，生产流程是否合理，设备选择和布置是否得当，仓库和车间之间是否紧凑。当原料、燃料、产品的运输流向比较合理，运输距离比较短，水、电、汽能耗较低时，经营费用指标就小，因而产品的总成本也越低。

j. 投资费用指标。投资费用指工厂基本建设总投资额。在对不同方案的投资费用指标进行比较时，可能出现甲方案所需的基本建设投资大，但预计工厂生产后的经营费用小；而乙方案所需的基本建设投资小，但预计工厂投入生产后经营费用大。此时，要评价一个方案的经济效果，需计算追加投资回收期指标（τ_a）。

$$\tau_a=(K_1-K_2)/(C_2-C_1)=\Delta K/\Delta C \tag{10-2}$$

式中 K_1、K_2——甲、乙方案的基本建设投资额，元；

C_1、C_2——甲、乙方案的经营费用，元/年；

ΔK、ΔC——基本建设投资和经营费用的节约或增加值。

如部门的追加投资回收定额已经规定，也可用计算费用指标来比较不同的基本建设方案的经济效果，计算费用的公式如下：

$$C_C=\frac{K+C}{\tau_{an}} \tag{10-3}$$

式中 C_C——计算费用，元；

K——基建投资额，元；

τ_{an}——追加投资回收期定额，年；

C——年产品总成本，元。

如果考虑基建投资贷款的时间因素（贷款的利率为 i），则上式可推导为：

$$C_C=\frac{1}{\tau_{an}}\left[K(1+i)^{\tau_{an}}+C\frac{(1+i)^{\tau_{an}}-1}{i}\right] \tag{10-4}$$

案例结合

设某食品厂总平面设计方案，生产规模相同，费用指标：年产品成本，方案一为 1600 万元，方案二为 1500 万元，方案三为 1400 万元。基建投资：方案一为 500 万元，方案二为 550 万元，方案三为 600 万元。追加投资回收期定额为 4 年，年利率 14.4%，试比较其经济效果。

按计算费用公式式（10-3）计算。

方案一：(1600+500/4) 万元=1725 万元

方案二：(1500+550/4) 万元=1637.5 万元

方案三：(1400+600/4) 万元=1550 万元

如果考虑投资贷款利息，则代入公式得：

方案一：C=614.1 万元

方案二：C=610.5 万元

方案三：C=606.9 万元

以上结果表明：方案三费用最小，所以经济效益最好。

4. 施工图设计阶段

此阶段目的是使方案或初步设计进一步深化，落实和深入一些细节问题，使设计更具体、更详细地达到施工指导要求。在施工图设计时，对已批准的初步设计，在图纸上应将所有尺寸都标注清楚，以便于施工。

小型食品工厂总平面设计施工图，通常仅绘制一张总平面布置图，必要时加绘排水管线综合平面布置图、竖向布置、道路、台阶梯级等详图。各图纸具体内容要求如下。

（1）建筑总平面布置施工图　图纸常用比例 1：500 或 1：1000，图内有等高线，红墨水细实线表示原有建筑物、构筑物，黑墨水粗实线表示新设计建筑物、构筑物。图按《建筑制图标准》绘制，要明确标出各建筑物、构筑物的定位尺寸，并留有扩建余地，以满足生产发展的需要。

（2）竖向布置是否单独出图，视工程项目的多少和地形的复杂情况确定。一般来说对于工程项目不多、地形变化不大的场地，竖向布置可放在总平面布置施工图内，注明建筑物、构筑物的面积，层数，室内地坪标高，道路转折点标高，坡向，距离和纵坡等。

（3）管线布置图　一般简单的工厂总平面设计，管线种类较少，布置简单，通常只有给水、排水和照明管线，有时就附在总平面施工图内，但管线较复杂时，常由各设计专业工种出各类管线布置图。总平面设计人员往往出一张管线综合平面布置图，图内应标明管线间距、纵坡、转折点标高、各种阀门、检查井位置以及各类管线、检查井、窨井等的图例符号说明。图纸的比例尺寸与总平面布置施工图相一致。

（4）总平面布置施工图说明书　一般不单独出说明书，通常用文字说明的内容附在总平面布置施工图的一角上，主要说明设计意图、施工时应注意的问题；各种技术经济指标也列表说明，放在图内适宜的地方。

为确保设计质量，施工图纸必须经过设计、校对并会审后，才能发至施工单位，作为施工依据。

第三节　总平面设计原则

一、总平面设计的任务和要求

厂址选定之后，工厂总平面设计的任务是在区域规划和企业总体规划的基础上，根据厂址所提供的特殊性、工厂性质及生产特征，综合当地条件在已确定的用地范围内将不同使用功能的建筑物、构筑物按整个生产工艺流程进行合理布置。通过总平面设计，使工厂复杂的生产过程，达到布置科学、生产顺畅、环境优美、节省投资、增加效益的目的。

食品工厂总平面设计的原则

总平面设计是一项政策性、技术性、综合性很强的多目标优化设计，它所追求的效果不单纯是为企业追求经济效益，而是为企业追求经济、社会、环境生态相统一的多目标整体综合效益。总平面设计的要求是根据全厂各建筑物、构筑物的组成，使用功能和要求，结合用地条件和技术要求，研究它们的相互关系，处理建筑物布置、交通运输、管线综合和绿化方面的问题；不断优化设计，达到充分利用地形、节约用地、节省投资、方便生产和生活，使建筑群的组成内容和各项设施，成为统一的有机体，并与周围的环境及其建筑群体相协调，为企业创造最佳整体效益。

二、总平面设计的基本原则

食品工厂总平面设计的基本原则如下：

（1）总平面设计应按批准的设计任务书和可行性研究报告进行，总平面设计应做到紧凑合理，节约用地。分期建设的工程，应一次布置，分期建设，还必须为远期发展留有余地。

（2）建筑物、构筑物的布置必须符合生产工艺要求，保证生产过程的连续性。满足生产使用功能要求是总平面设计首先要考虑的主要问题，要保证工厂能够正常运行、安全生产和有利于生产的发展。

① 主车间、仓库等应按生产流程布置，尽量缩短距离，避免物料往返运输；互相联系比较密切的车间、仓库，应尽量考虑组合厂房，既有分隔又缩短物流线路，避免往返交叉。

② 合理组织人流和货流：全厂的货流、人流、原料、管道等，避免交叉。

③ 动力设施应接近负荷中心：如杀菌工段、蒸发浓缩工段等用汽量大的工段应靠近锅炉房。

（3）满足食品工厂卫生要求

① 生产区和生活区要分开；

② 生产车间要注意朝向，保证阳光充足，通风良好；

③ 生产厂房与公路有一定的防护区，通常为30~50m，中间最好设有绿化地带，以阻挡尘埃，降低噪声，保持厂区环境卫生，防止食品受到污染；

④ 相互影响的车间，尽量不要放在同一建筑物内，特别是主车间与对食品卫生有影响的生产车间、废品仓库、煤堆及有大土烟尘或有害气体排出的车间相隔一定距离，主车间应设在锅炉房的上风向。但相似车间应尽量放在一起，以提高场地利用率；

⑤ 厂区应注意合理绿化，有一定的绿化面积，但又不宜过大；

⑥ 公用厕所要与主车间、食品原料仓库或堆场及成品库保持一定距离，并采用水冲式厕所，以保持厕所的清洁卫生。

（4）厂区道路按运输工具决定宽度，一般采用混凝土或沥青路面。厂区尽可能采用环行道，保证消防通道畅通，避免倒车造成堵塞现象或意外事故。运货道路应与车间间隔，运煤、出灰不穿越生产区，避免产生污染。

（5）厂区道路之外，应从实际出发考虑是否附有铁路专用线和码头等设施。

（6）厂区建筑物、构筑物之间的距离，应满足生产、防火、卫生、防震、防尘、噪声、日照、通风等条件的要求，并使建筑物、构筑物间的距离最小。建筑物间距与日照关系如图10-5所示。

冬季需要日照的地区，可根据冬至日太阳方位角和建筑物高度求得前幢建筑的投影长度，作为建筑物日照间距的依据。

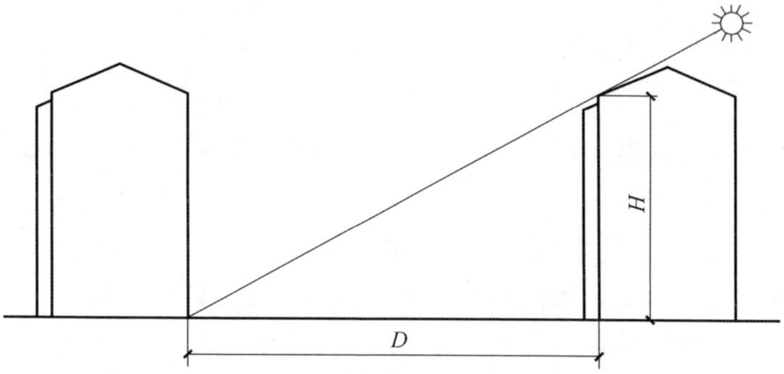

图 10-5　建筑物间距与日照关系示意图

不同朝向的日照间距 D 为 1.1~1.5H，其中 D 为两建筑物外墙面的距离，H 为布置在前面的建筑遮挡阳光的高度。

建筑物间距与通风关系：当风向正对建筑物时（即入射角为 0°时），希望前面的建筑物不遮挡后面建筑物的自然通风，那就要求建筑物间距 D 在 4~5H 以上。当风向的入射角为 30°时，间距 D 可采用 1.3H。当入射角为 60°时，间距 D 采用 1.0H。一般建筑选用较大风向入射角时，用 1.3H 或 1.5H 就可达到通风要求；在地震区 D 采用 1.6~2.0H。

（7）建筑物、构筑物布置应符合规划要求，合理利用地质、地形和水文等自然条件。

① 合理确定建筑物、构筑物、道路的标高，既保证不受洪水的影响，使厂区场地排水畅通，同时又尽可能减少土石方工程量；

② 在坡地、山地建设工厂，可采用不同标高安排道路及建筑物，即进行合理的竖向布置，但必须注意设置护坡及防洪渠，以防山洪影响。

案例分享

鱼糜制品加工厂总平面设计的基本原则。

某速冻食品集团专业从事速冻鱼糜制品及水产品干腌制加工，现以该食品集团某有限公司总平面布置为例，具体分析鱼糜制品加工厂总平面设计的原则。在进行总平面设计时，可将食品工厂厂区规划成几个区域，例如，主要生产区、辅助生产区、行政办公区和生活区等，然后按照先生产后行政生活区逐步进行配置。对各种建筑物、构筑物和设施的布置原则，应符合生产管理方面的要求、建筑方面的要求、生活管理方面的要求、防火和卫生方面的要求。

（一）鱼糜制品加工厂设计之建筑方面的要求

（1）总平面设计应按设计任务书和城市规划要求，对建筑布局、方位、道路、绿化、环保等进行综合设计，布置必须紧凑合理，在符合国家防火和卫生要求的前提下，尽量提高场地利用系数和建筑系数，做到节约用地，分期建设的工程，应一次布置，分期建设，还应适当考虑发展的可能性。对于计划中拟扩建的车间、仓库和宿舍等建筑物的位置，在总平面上都应用虚线标出。

（2）尽量减少建筑物的占地面积。对于在生产上联系比较密切的主要车间和辅助车间，能组合在一个厂房内的要尽量合并。

(3) 各建筑物排列要整齐、美观。布置主要生产车间、宿舍、办公楼、检验室等建筑物时，应注意朝向、采光和通风条件。

(4) 竖向布置应根据地形的不同因地制宜。

场地整平要注意合理组织地面标高，使雨水通过散排或管网得以迅速排放。场地要尽量减少土方工程量和挖、填方平衡。

(二) 鱼糜制品加工厂设计之生产管理方面的要求

(1) 对建筑物、构筑物的布置必须符合肉食品加工厂生产工艺要求。保证生产过程的连续性和生产路线合理，互相联系比较紧密的车间、冷库和仓库应就近布置，也可进行合理组合，建成联体厂房。要求物流线路短捷，运输总量最少，尽量避免往返交叉，合理组织人流和货流，相互间影响的车间不要放在同一建筑物里。

(2) 行政办公大楼设置在工厂主要出入口和生产车间之间的通道上，以便于内外工作联系。

(3) 辅助车间、冷库和仓库应尽量同与它有联系的主要生产车间相靠近，动力设施应接近负荷中心，在鱼糜制品加工厂中变配电间应尽量靠近制冷机房，制冷机房要尽量靠近冻结间或冷库等负荷最大的用房。

(三) 鱼糜制品加工厂设计之生活管理方面的要求

(1) 工厂的生活区必须与生产区分开，并应离生产区有一定的距离，以保证职工有良好的休息环境。

(2) 浴室宜靠近锅炉旁，与生产车间的距离也不宜太远。

(四) 鱼糜制品加工厂设计之防火和卫生方面的要求

(1) 厂区建筑物间距应按有关规范和规划要求设计　从防火、卫生、防震、防尘、日照、通风等方面考虑，在符合有关规范的前提下，合理安排建筑物间的距离。各主要生产车间厂房的防火间距一般为15~20m，最小不少于12m；车间同民用建筑之间的防火间距不小于25m，距重要的公共建筑不小于50m；各消防栓之间的间距不得超过100m。

(2) 卫生要求　总平面设计应符合国家鱼糜制品加工厂卫生标准，产品出口的还要符合国家出口食品卫生标准和出口地区的卫生标准。

① 生产车间要注意朝向，其朝向与主导风向呈一个不小的夹角，有利于通风良好。

② 生产厂房应与周边道路有一段距离，中间设置绿化带，一般20~50m。有利于噪声、气味等污染的控制。

③ 主车间脏、净区与生、熟区应严格区分。原料、成品流线不能交叉，且尽量远离。

④ 对卫生有不良影响的建筑应远离其他车间或位于下风侧。比如，容易产生灰尘的锅炉房等应布置在主厂房和成品仓库的下风方向。而生产区和生活区要尽量分开，生活区应布置在生产区的上风方向，可靠近成品区布置。

三、国内外食品工厂总平面布置概况

食品工厂总平面布置的形式主要有以下几种。

1. 整体式

将厂内的主要车间、仓库、动力等布置在一个整体的厂房内。这种布置形式具有节约用地、节省管路和线路、缩短运输距离等优点。国外食品工厂多用此形式。

2. 区带式

将厂区建筑物、构筑物按性质、要求的不同而布置成不同的区域，并用厂区道路分隔开。此类布置形式具有通风采光好、管理方便、便于扩建等优点，但是也存在占地多，运输线路、管线长等缺点。我国的食品工厂多采用这种布置形式。

3. 组合式

由整体式和区带式组合而成，主车间一般采用整体布置，而动力设施等辅助设施则采用区带式布置。

4. 周边式

将主要厂房建筑物沿街道、马路布置，组成高层建筑物。这种布置形式节约用地，景象较好；但是需辅以人工采光和机械，有时朝向受到某些限制。

目前，国内外食品工厂总平面布置的发展趋势是：工厂规模大，但厂区建筑物不多，往往所有车间和仓库都集中在一幢建筑物内，成为生产区。管理部门也集中在一个建筑物中。这样，有利于连续化生产和集中管理，相应地也可节省用地和投资费用。

第四节 总平面设计实例分析

一、总平面设计图的绘制要求与图例

总平面图上反映的范围面积很大，所以绘制时通常用较小的比例，如 1∶500、1∶1000、1∶2000 等。总平面图上标注尺寸，一律以米为单位，图中的图例和符号，必须按国标绘制，图 10-6 为国标中规定的在总平面设计图中常用的几种图例。

图例	说明	图例	说明	图例	说明
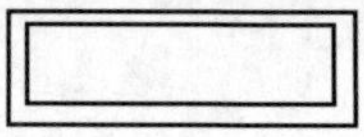	建设中的建筑物		拆除原有的建筑物	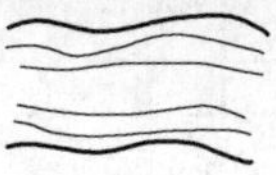	河流
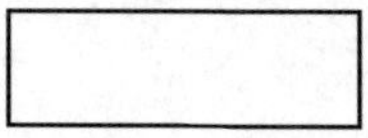	改建的原有建筑物	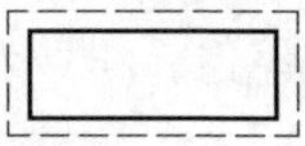	地下建筑物	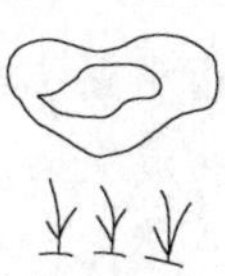	土坑、稻田区
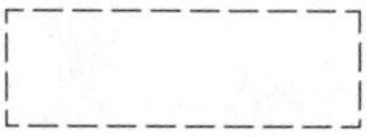	计划扩建的预留地	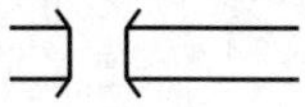	公路、桥	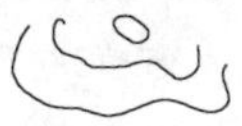	山脚坡
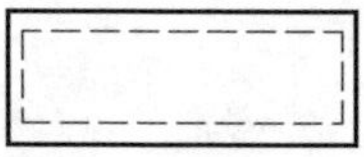	保留原有建筑物	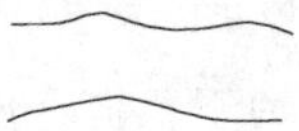	土公路		围墙

图 10-6 国标总平面设计图常用图例

总平面图一般是画在地形图上。而地形起伏较大的地区，则需绘出等高线（图 10-7）。图上每条等高线所经过的地方，它们的高度都等于等高线上所注的标高。地形图通常说明厂址的地理位置，比例一般为 1∶5000、1∶10000，该图也可附在总平面图的一角上，以反映总平面周围环境的情况。

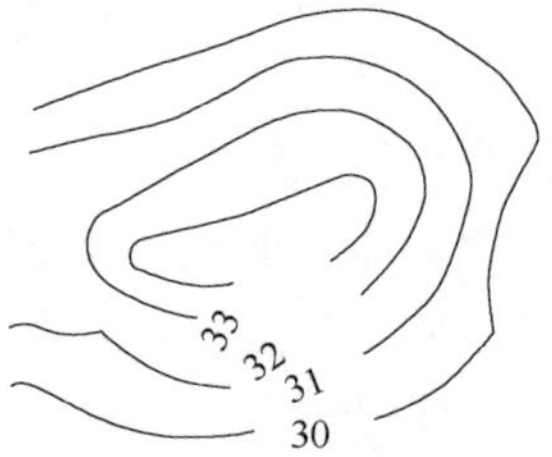

图 10-7　等高线示例

工程的性质、用地范围、地形地貌和周围环境情况，可以用文字说明在总平面布置图的右边或右下方。

原有建筑物、新建的和将来拟建的建筑物的布置位置、层数和朝向，地坪标高，绿化布置，厂区道路等，按建筑标准绘制在总平面布置图上。

案例分享

图 10-8 是某食品工厂总平面布置图的失败案例，存在很多不当或错误之处。现根据总平面布置图的绘制要求，深度分析总平面设计的复杂工程问题并指出关键问题，为总平面布置作参考。

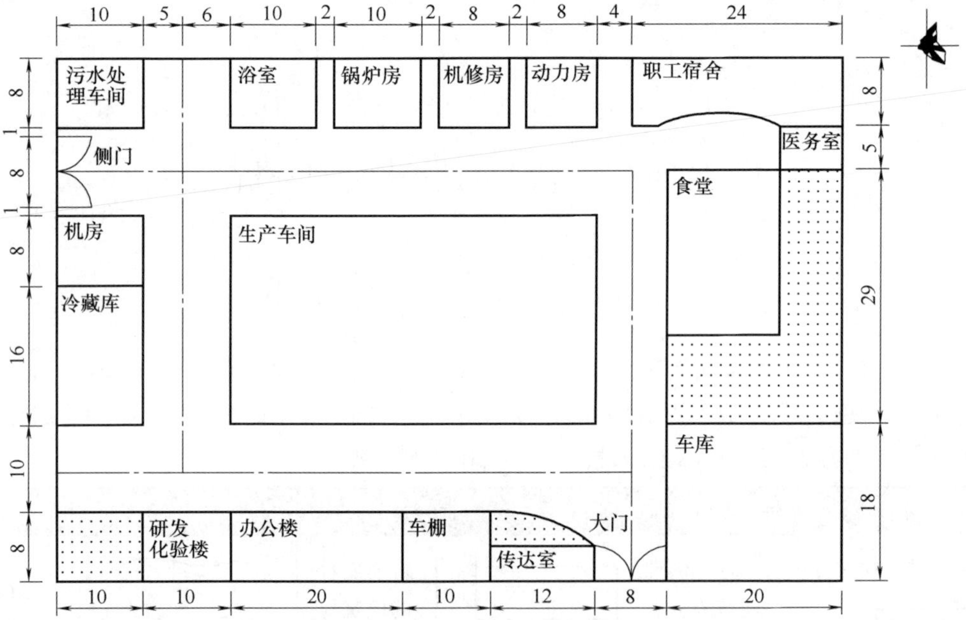

图 10-8　某食品工厂总平面布置图

(1) 进厂大门设置不当，一般使用电动伸缩门，侧门无门卫，应当设置。

(2) 人流、物流交叉。

(3) 厂区绿化不当，车间周围等要适当绿化。

(4) 没有设置库房、厕所，缺消防设施，无厂外道路。

(5) 医务室、食堂布置不当，一般设置在厂前区。

(6) 办公楼位置不当，浴室应靠近生活区。

(7) 锅炉房布置欠妥，应在全年主导风向的下风向。

(8) 机房与冷藏库布置不当，二者之间必须完全隔开。

(9) 绘图基本规范不到位：缺标题栏，无方向标，厂区总平面图标注尺寸方式不对等。

二、总平面设计的内容与设计方案评价

总平面设计的内容通常包括总平面图和设计说明，有时仅有平面布置图，图内既包括了建筑物、构筑物和道路等布置情况，又包括设计说明书，必要的时候还附有区域位置。总平面布置图内容一般包括：

（1）合理进行厂区的建筑物、构筑物及其他工程设施的平面布置　确定区域划分、建筑物、构筑物及其他室外设施的相互关系及其位置，并注意与区域规划相协调。

（2）厂内外运输系统的合理安排　选择厂内外运输方式，布置厂内运输系统以及人流和货流组织等。

（3）结合地形合理进行厂区竖向布置　确定厂房的室外整平标高和室内地坪标高，厂区防洪和排水等。绝对标高：我国规定将黄海平均海平面定为绝对标高的零点，其他各地标高都以此为基准。单位：m，符号：▼，其标注方法为：±0.000＝50.00，表示该建筑的首层地区比黄海海平面高出50m，应用于总平面图。相对标高：从首层室内地面高度为相对标高的零点。标注为±0.000，符号：▽，单位：m。应用于施工立面图、剖面图。

（4）协调室外各种生产、生活的管线敷设，进行厂区管线综合布置　确定地上、地下管线的走向、平行敷设顺序、管线间距、架设高度和埋设深度，解决其相互干扰问题。

（5）环境保护　“三废”综合治理和绿化安排。

总平面设计将工厂不同功能的建筑物合理排布，组成一个有机整体。由于总平面设计直接影响新建工厂的投资效果、生产和经济效益，故必须认真考虑，全面衡量。评价一个总平面设计方案的优劣，主要从以下技术经济指标进行分析。

（1）建筑系数和土地利用系数　这个指标反映了总体布置是否合理紧凑，用地面积是否节省。

（2）工程量指标　这个指标表示是否充分利用地形，工程量指标包括平整场地的土方工程量、修建铁路和道路的工程量、给排水工程量和厂区围墙长度。

（3）经营及投资费用指标　坚持以效益为中心。

（4）定性分析指标　定性分析指标是指在进行设计方案比较时，不能用数值衡量的指标。例如，总平面设计中主要生产车间的通风和采光条件是否良好；行政区和生活区的环境条件是否会受到工厂产生的废气污染；生产区与管理区、生活区的联系是否方便等。这类指标，一般只能通过分析、比较来评价。

案例结合

现结合《年产×××吨鱼糜制品工厂设计》的总平面设计实例深度解析全厂总平面设计的详细流程和思路。

1. 前言

实施食品生产许可证管理的鱼糜制品是指以鱼肉为主要原料，添加一定的辅料，经相应工艺加工制成的产品。鱼糜制品包括熟制鱼糜灌肠和冻鱼糜制品。鱼糜制品加工厂总平面布置有它自身的特点，应根据不同的鱼糜制品生产品种，各生产要素的生产环节、工艺流程、交通运输及能源供应，后勤及辅助生产设施来进行安排。紧跟时代发展的步伐，在对同类型食品工厂设计充分调研基础上，把握产品类型、工艺设计及设备选型的前沿性和引领性。将

时代发展和行业动态元素融入到实际的食品工厂设计和工程化工作中。

2. 区域位置图及总平面图

区域位置图表示厂区所在地理位置，周边交通情况等。总平面图表示整体的设计构思、布局，还要列出各种总平面图及单体技术经济指标，以下各图是它的分项展开。

总平面图图纸比例按1∶500或1∶1000绘制。在图的一角或适当位置绘制风玫瑰图，图内有地形等高线，原有建筑物，构筑物和拟建、预留的建筑物，构筑物的布置和层数，道路梯级回车场，排水沟及排水方向等。

3. 功能分区

按其性质可将厂区分为厂前区、生产区、仓库区，有些厂还需安排生活区。

3.1 厂前区

一般安排产品展示与销售、行政办公、产品设计研究、质量检验及检测中心或中心实验室、职工培训中心及职工食堂等，根据不同的需要将各个部分建筑集中或分散布置。

3.2 生产区

根据食品加工工艺流程来安排生产顺序。

主车间工艺流程：

(1) 熟制鱼糜灌肠车间

冻鱼糜→切削→斩拌→充填结扎→高温杀菌→冷却→包装

(2) 冻鱼糜制品车间

冻鱼糜→解冻→斩拌→成形→凝胶化→加热→冷却→包装

(3) 根据不同生产性质布置各工序工种厂房，车间内外脏、净区或生、熟区应严格区分。

3.3 仓库区

仓库区一般有三个部分，一是原料库，主要存放备用生产一个周期的原材物料；二是设备库，储备生产设备、备用件及需要及时更换的零配件，储存量是以不影响生产使用为原则；三是成品库，用于及时存放已包装待售产品。仓库的设置既要结合生产流程的安排，如原料库放在工艺流程的上游前处理间附近，成品冷库放在工艺流程的下游熟或半熟加工区附近。而设备库则可根据各工序不同，设备的需要分散存放于各流程之中。冷库、仓库的设置还要根据运输条件，如大宗原料及成品运输，可能设有铁路、公路专用线，需建设相应的封闭货台以方便装卸。至于仓库容积的大小则根据生产储备的需要量、现代物流行业的发展情况、生产规模、原料产地及运输条件诸多因素来确定。

3.4 生活区

生活区建设实际分为两个部分。第一部分是在厂内必须设置的更衣室、浴室、食堂，生活区可设置在主体厂房内，也可独立设置，但需连廊相连，既分开，又方便联系。尤其是生活区更衣、淋浴及厕所可借助夹层、走道或参观走廊使工人流向各工段，避免与物流交叉。第二部分就是供职工生活的居住区，包括单身宿舍、家属住宅或管理人员、专家的公寓等。对于有的厂区可能不考虑这个部分，可对于远离居住区的厂区则需要考虑。

4. 交通分析图

交通分析图表示厂区内部人流、物流流线、道路交通情况及出入口的设置、车辆停放空间等。要根据不同的运输形式设计厂区的运输道路，合理组织用地范围内的交通运输线路的布置，即人流货流分开，避免往返交叉。

厂区道路一般采用砼或者沥青路面，以保持清洁，厂区道路应按运输量及运输工具情况决定其宽度，运输货物道路应与车间间隔，特别是运送废弃物及有粉尘污染的车，不应穿越生产净区。一般主车间周围道路应为环形，道路两旁做绿化。

5. 绿化布置图

绿化布置图表示厂区内绿化与环境景观布置等。重点布置在厂前区及生活区。

厂前区与生活区是一个厂外观形象的代表。在有限的空间中，如何让厂区看起来形象鲜明、生气勃勃，简洁现代、环境优美是设计的重点。

绿地率一般根据当地规划部门要求在15%~35%。

6. 竖向设计图

竖向设计图表示厂区内场地、道路及建筑物、构筑物的设计标高等，其任务是把地形设计成一定形态，既要平坦又便于排水。应根据周边道路标高，确定出入口处标高及厂区道路网标高，之后，再确定被路网分割成块的场地的整平标高。若地形高差较大，还应表示原有场地标高并进行土方平衡的初步计算。

在洪泛区，若场地整平标高设计低于百年一遇洪水水位，应有当地规划和业主的批文。

7. 管网综合图

管网综合图表示厂区内给排水、采暖、供配电、制冷空调管线的综合布置及与市政管网的对接等。工程管网线的设计必须布置得整齐合理，架空管线要尽量和人流、货流分开，而有些高压线则可采用走地下通道。

8. 设计说明书

设计说明书要把以上图纸中表示不全、需强调的特点做出说明，主要包括下列内容：设计依据、布置要点、主要技术经济指标和概算等方面。

（1）设计依据

① 已批准的设计任务书；

② 地形图及规划设计条件、红线图；

③ 与建设单位沟通的会议纪要；

④ 相关法律、规范与标准。

（2）布置要点　建筑物、构筑物的布置必须符合城市规划要求和结合地形、地质、水文、气象等自然条件，在满足生产作业的要求下，根据生产性质、动力供应、货运周转、卫生、防火等分区布置。一般将货流集中于厂库后区或货物出入口，人流集中于厂库前区，以减少运输距离和缩短人流的步行距离，并尽量避免人流、货流在平面上交叉。有大量烟尘及有害气体排出的车间，应布置在厂边缘及厂区常年下风方向。

① 卫生要求：根据鱼糜制品生产的不同要求、销售的对象，设计要满足相应的食品卫生标准及规范。总平面设计应采取以下措施：a. 鱼糜制品加工厂要注意脏区与净区、生区与熟区、人流与物流的严格区分。出入口分开设置，人流、物流线不交叉且尽量远离。b. 对污水处理站、锅炉房及其他污染源进行有效隔离，避免污染整体环境。污水排放不向净区倒流。c. 生活区应位于生产区的夏季主导风向的上风侧，尽量远离脏区。

②能源供应：能源作为重要的生产要素，在总平面设计中必须予以考虑。如在厂区内的锅炉房、供气、供水站、污水处理站等，这些在厂区必需的设施有可以与生产区融为一体的，也有必须分开的，如城市供电、供水、供气、供热、污水处理都已解决的就不必考虑，如有一项不能解决的，就必须在总平面设计中留有位置。这方面的工作专业性很强，必须与设备专业密切配合。

③绿化布置：厂前区及主要出入口周围的绿化，是工厂绿化的重点，应从美化设施及建筑群体组合进行整体设计。对于生产区与生活区之间的绿化隔离带应结合当地气象条件和防护要求选择布置方式。厂区道路绿化，是工厂绿化的又一重点，应结合道路的具体条件进行统一考虑。对主要车间、仓库周围及一切零星场地都应充分利用，进行绿化布置。

④总平面主要技术经济指标：总平面主要技术经济指标主要包括总用地面积、总建筑面积、建构筑物基底面积、道路回车场面积、绿地面积、容积率、建筑系数或建筑密度绿地率、停车位等。

鱼糜制品加工参照肉食品加工的新建厂区标准：建筑系数一般在30%~40%，容积率在0.5~0.8，绿地率不低于15%。指标应满足当地规划设计条件要求。

思政要素解读

能力拓展

◇ 探究式学习，提高调查及解决问题能力

能够基于当地的风向、地理位置等因素综合考虑实际情况，从各种制约因素入手，综合解决总平面设计中的复杂工程问题，提高自身信息搜集能力及解决实际问题的能力。

◇ 熟练掌握辅助工具，提高工程制图能力

能够根据所学知识选择合适的绘图软件绘制出合理的全厂总平面布置图，能综合考虑到工厂生产的各个方面，促进工厂健康持续发展。

◇ 基于环境保护进行设计，践行可持续发展战略

能够真正理解食品工厂总平面图设计对周围环境的影响，并且基于保护环境的政策对工厂进行布置，在设计过程中践行可持续发展战略。

素养提升

◇ 理论联系实际，将专业知识应用于实践

“一张蓝图值千金”，通过工厂总平面设计，将理论知识运用于实际中，明确总平面规划、平面布局等对建设投资、建设速度和经营管理效率的重要性，促进自身综合能力的提升。

◇ 深入了解国家标准法规，提升社会责任感

总平面设计必须遵循国家和地方的设计规范与设计标准，通过了解相关标准法规及其制定背后的意义，理解国家对食品安全的重视，对维护人民利益的努力，形成良好的价值观，提高社会责任感。

◇ 抓住解决复杂问题的主要矛盾，不断提升系统分析能力

通过对工厂总平面图的绘制，提高找到解决复杂问题的主要矛盾的能力，并对主要矛盾重点突破。同时在总平面设计过程中需统筹兼顾多方面因素，提升系统分析能力。

自学能力测试

思考题

1. 食品工厂组成的内涵是什么？
2. 如何进行平面布置和竖向布置？
3. 学会风玫瑰图的基本概念及其在食品工厂总平面设计中的重要性，如何读风玫瑰图？
4. 评价食品工厂平面布置的主要经济技术指标有哪几个？
5. 食品工厂总平面设计的定义、内容、应遵循的基本原则是什么？

CHAPTER 11

第十一章 GMP 在食品工厂设计中的应用

启发提问

◇ 如何理解食品工厂卫生设计的重要性？

◇ 食品生产卫生对工厂设计的要求和食品工厂设计规范有哪些？

◇ 食品工业“三废”的特征及处理方法有哪些？

学习目的与要求

◇ 了解食品工厂卫生标准与法规体系，明晰食品工厂卫生设计的重要性；

◇ 掌握食品生产卫生对工厂设计的要求和食品工厂设计卫生规范，明确对生产工艺流程、生产设备和工厂设施的要求以及对生产环境的要求；

◇ 学习食品工业“三废”的处理方法；

◇ 牢固树立食品工厂设计的卫生安全观。

学习内容

◇ GMP 等食品生产卫生规范的概念；

◇ GMP 对食品工厂设计的要求；

◇ 食品工厂环境保护。

食品安全问题直接关系到人民健康，是全球面临的公共卫生问题。在工厂设计时，一定要在厂址选择、厂房布局和车间布置及相应的辅助设施设计等方面，严格按照国家食品安全法、良好生产规范（good manufacturing practice，GMP）、危害分析与关键控制点（HACCP）、企业食品生产许可、食品生产许可审查细则等标准规范和有关规定的要求。

第一节　食品工厂卫生规范

一、食品工厂卫生标准与法规概述

我国的食品法律法规体系是以《中华人民共和国食品安全法》为主导，由不同国家机关制定或认可的、具备不同法律效力或法律地位的各种类别的规范性食品法律文件的总称。

通过整合食品生产经营过程的卫生要求标准，以 GB 14881—2013《食品安全国家标准　食品生产通用卫生规范》为基础，形成我国主要食品类别的生产安全标准体系。我国食品标准按照管理权限和使用范围分为国家标准、行业标准、地方标准、团体标准和企业标准（图 11-1）。以法律的约束性分为强制性国家标准和推荐性国家标准。按标准的性质划分为技术标准、管理标准和工作标准。从标准的内容角度分类有基础标准、产品标准、方法标准、安全标准、卫生标准、环境保护标准。食品安全标准是强制执行的标准。除食品安全标准外，不得制定其他食品强制性标准。

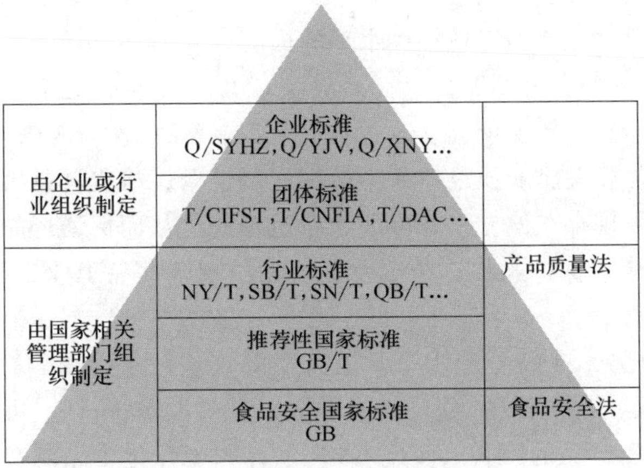

图 11-1　中国食品标准分类

随着食品进出口贸易的不断推进，设计人员在进行工厂设计时的理念、设计规范还需与国际上通行的设计规则、标准接轨。

二、GMP 的定义

GMP 的定义

GMP，英文全称为 good manufacturing practice，可译为“良好操作规范”“良好生产规范”“生产质量管理规范”或“产优良制造标准”等。最早是美国食品药品管理局为药品的安全性、可靠性和符合卫生要求而制定的质量保证体系。而今，无论是在中国，还是在国际上，GMP 已成为药品、药用原辅料、医疗器械、食品、保健品、化妆品等行业最基本的卫生要求和控制要求，也是质量和卫生管理的基本准则，是一套系统的、科学的管理制度。

1994 年，我国卫生部参照食品法典委员会 CAC/RCP Rev. 2—1985《食品卫生通则》，并结合我国国情制定了国家标准 GB 14881—1994《食品企业通用卫生规范》，以此作为我国食品 GMP 的总则，经不断修改完善，2013 年 5 月 24 日发布了 GB 14881—2013《食品安全国家标准　食品生产通用卫生规范》，成为我国现行的食品卫生规范。该标准包括：范围；术语和定义；选址及厂区环境；厂房和车间；设施与设备；卫生管理；食品原料、食品添加剂和食品相关产品；生产过程的食品安全控制；检验；食品的贮存和运输；产品召回管理；培训；管理制度和人员；记录和文件管理 14 个部分，要求企业从原料、人员、设施设备、生产过程、包装运输、质量控制等方面按照国家有关法规达到卫生质量要求，形成一套可操作的作业规范，使得生产出来的产品在质量与安全方面有保证。

三、GMP 的意义与目的

食品工业 GMP 规定了从原料到成品整个生产过程保障食品安全的一系列措施、方法和技术要求，成为保障食品安全、提高企业管理和技术水平的有效工具。

（1）GMP 有助于保障食品安全，促进食品工业的健康稳定发展，提高食品制造业整体水平。GMP 的有效实施能提供科学综合型食品生产标准，现代意义上的食品工业 GMP 不仅限于制定生产过程的卫生要求，还融合了预测微生物学、危险评估、HACCP、ISO 9000 体系等先进理论和思想，与食品加工工艺特征有机结合起来，在保障食品质量、安全的同时，从技术的角度提出先进的管理思想，有助于加强员工的工作责任感，使得对原料到包装的每一环节要求更加严格，从而更加有利于促进食品制造工业整体水平的提高。

（2）GMP 体系有利于部门对行业的管理和市场监督　食品工业 GMP 为卫生监管部门和行业管理部门提供了一套科学、有效的监督和执法依据。通过制定和实施食品工业 GMP，有助于行业管理和卫生监督部门加强对食品相关企业质量体系运行情况的监管，检查其是否符合要求，是否严格执行各项标准，及时发现存在偏差，采取纠正改进措施，从而保证产品质量符合标准规定，这对于保护消费者健康、保护和促进中国食品贸易、规范食品工业生产、提高食品工业的监管水平有着重要意义。

（3）GMP 有助于企业提高产品竞争力，提高管理水平，提高经济效益，降低成本。对加工过程的科学评价和资格认证是产品品牌信誉度的重要组成部分，通过 GMP 认证，可以提高消费者对品牌的认同度，促进企业和产品的声誉。实施 GMP 也有利于强化食品制造业者的自主管理体制，为食品企业当下的运营和未来的发展起到很好的促进作用，消除食品生产中的污染、混淆和差错等隐患，降低食品安全存在问题的风险，使企业产品的质量得到有效的保证，有助于企业采用新技术、新设备，提高产品质量和经济效益。

四、GMP 与其他食品相关保障制度的关系

PRP，英文全称为 prerequisite program，译为“前提方案”，是 ISO22000：2005《食品安全管理体系 食品链中各类组织的要求》的核心内容之一。PRP 是保证食品安全的基本条件，包括卫生条件和其他活动，如食品防护、欺诈、追溯、召回、人力资源保障计划等。因此，GMP 包含于 PRP，两者内容范围：PRP>GMP（图 11-2）。

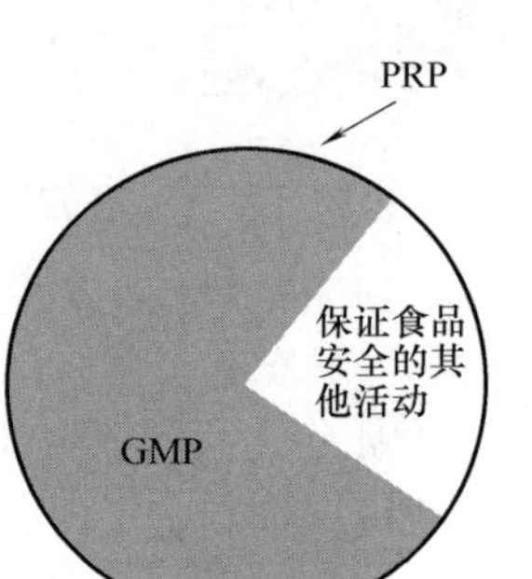

图 11-2　GMP 与 PRP 的关系

SSOP，英文全称为 sanitation standard operation procedures，译为“卫生标准操作程序”，是使企业达到 GMP 所规定的要求，在卫生环境和加工要求等方面所需实施的具体程序指导书。其包含 8 方面的要求：①水和冰的安全；②食品接触表面的卫生；③防止交叉污染；④洗手、消毒和卫生设施的维护；⑤防止外来污染物造成的掺杂；⑥化学物品的标识、存储和使用；⑦雇员的健康

状况；⑧昆虫与鼠类的扑灭及控制。

SSOP 是 GMP 的指导性文件，故 SSOP 包含在 GMP 中，内容范围：GMP>SSOP（图 11-3）。

综上，GMP、PRP、SSOP 三者的关系如图 11-4 所示：

图 11-3　GMP 与 SSOP 的关系

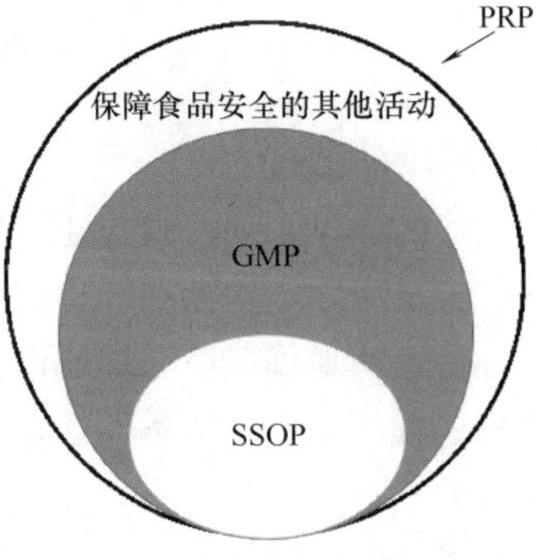

图 11-4　GMP、PRP、SSOP 三者的关系

SCP，英文全称为 sanitary control procedure，译为“卫生控制程序”，是维持卫生状况等程序，一般与整个加工设施或一个区域有关，不仅限于某一特定的加工步骤或关键控制点。SCP 是 SSOP 计划等的实施过程，具体包括：①监测卫生状况和操作的频率和方法；②纠正不卫生的状况和操作的措施；③卫生控制记录。

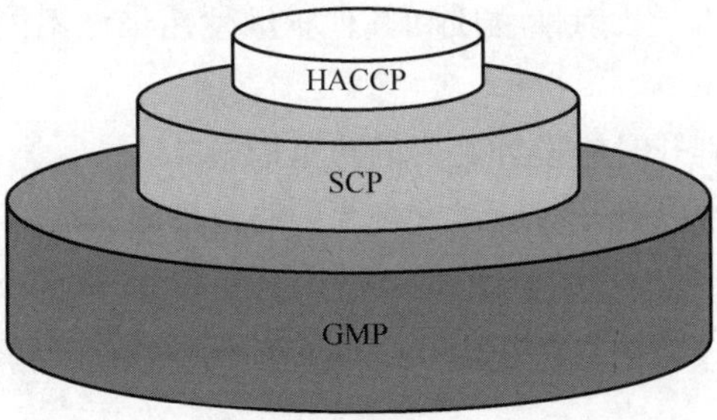

图 11-5　GMP、SCP 与 HACCP 的关系

HACCP，英文全称为 hazard analysis and critical control point，译为“危害分析及关键控制点”。HACCP 系统是一种预防性系统，其核心是在当前知识范围和技术条件下制定一套方案，用于预测和防止生产过程中可能发生的影响食品卫生安全的危害，防患于未然。

SCP、GMP 和 HACCP 的关系：卫生控制程序（SCP）和良好生产规范（GMP）共同作为 HACCP 的基础，构建成针对具体产品加工的完整的食品安全计划（图 11-5）。

第二节　GMP 对食品工厂设计的要求

GMP 对食品工厂设计的要求

GMP 是生产质量全面管理控制的准则，从选址、厂房、车间内部结构到生产设备、原料、人员、生产过程、制度等各方面按照国家规定，全过程实施科学管理和严格监控以确保食品的卫生质量。食品 GMP 体系的内容是依据 GB 14881—2013《食品安全国家标准　食品生产通用卫生规范》规定的。

GMP 体系主要由人员、硬件和软件三个部分组成。人员，要由适合的人员来生产与管理；硬件包括厂房（选址和设计、周边环境的考量、车间的设计等）、原料和设备；软件主要指方法，要采用适当的工艺生产，相应的管理制度来指导等。GMP对食品工厂设计的要求主要体现在对厂房与设施、设备、环境等方面的要求。

一、厂址选择与厂区环境的卫生要求

（一）厂址的选择

食品工厂的建设必须根据拟建设项目的性质对建厂地区及地址的相关条件进行实地考察和论证分析，最后确定食品工厂建设地点。工厂地理位置的选择对工厂有很大影响，建厂必须考虑所选位置的地理环境、交通设施、自然条件、水资源及当地政府的政策等。所选地址要满足地理位置优越、自然条件适宜、交通便利、水资源丰富、政策支持，以及劳动力、设施设备完善等基本条件。

（二）厂区外环境

由于食品厂的特殊性，要求厂址附近要有良好的卫生条件，附近不应有污染源。在选址时需要充分考虑来自外部环境的有毒有害因素对食品生产活动的影响。

厂区不应选择对食品有显著污染的区域。如某地对食品安全和食品宜食用性存在明显的不利影响，且无法通过采取措施加以改善，应避免在该地址建厂。

厂区不应选择有害废弃物以及粉尘、有害气体、放射性物质和其他扩散性污染源不能有效清除的地址。

厂区不宜选择易发生洪涝灾害的地区，难以避开时应设计必要的防范措施。

厂区周围不宜有虫害大量孳生的潜在场所，难以避开时应设计必要的防范措施。

（三）厂区内环境

厂区内主要通道全部铺设水泥路面，空地进行绿化，防止因尘土飞扬而污染食品。车间及其构造物附近处没有害虫孳生地。

厂区内没有足以产生不良气味的有毒有害气体、烟尘及危害食品卫生的设施。

厂区设有完善的排水系统，车间、仓库、冷藏库周围没有积水，避免因积水造成渗漏，形成脏物而成为污染食品的区域。

厂区内卫生间设有冲水、洗手设施，卫生间的门窗未直接对着加工或储藏产品的区域，远离食品加工区域和储藏区域。卫生间保持清洁卫生，通风良好，并具备纱窗、胶帘等防蝇、防虫设施。墙壁、地面用浅色的、平滑的、不透水的材料修建，易清洗消毒。

厂区内设有流动式加盖垃圾桶，用于暂存生活垃圾；车间内产生的废弃物，设有固定且封闭的存放地点并及时由垃圾车清除，当天的垃圾当天运出，不允许有隔夜垃圾。生产废料和垃圾存放处、污水处理区、生活区卫生间远离生产区，并不处于加工区的上风向，生产废料和垃圾应用有盖的容器存放，于当日清理出厂。厂区同生活区进行了隔离，每天都有人员进行打扫，环境保持清洁卫生。

二、厂房与车间的卫生要求

（一）厂房的设计与布局

厂房按加工产品工艺流程需要及卫生要求合理布置（包括车间、化验室、更衣室、卫生间等）。

食品工厂分区主要包括如下四个区域（图 11-6）。

① 清洁作业区：半成品贮存、充填及内包装车间等清洁度要求高的作业区域。属于高风险区，使用红色表示。

② 准清洁作业区：处理车间等生产场所中清洁度要求次于清洁作业区的作业区域。属于中风险区，使用黄色表示。

③ 一般作业区：车间原辅料暂存仓库、车间包装材料暂存仓库、外包装区及成品仓库等清洁度要求次于准清洁作业区的作业区域。属于低风险区，使用绿色表示。

④ 非食品处理区：检验室、办公室、洗手消毒室、厕所等非直接处理食品的区域。属于无风险区，使用白色表示。

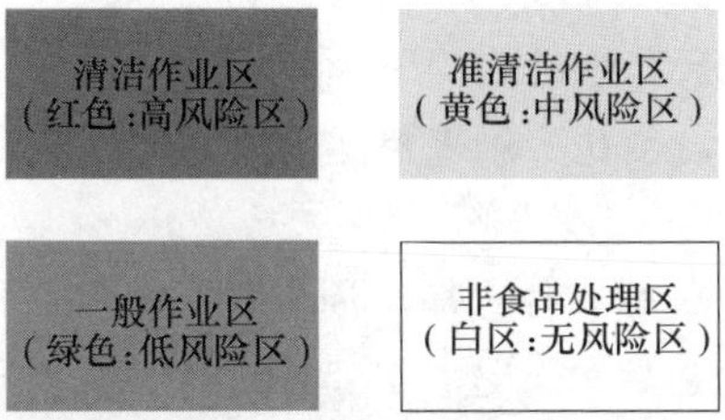

车间区域	热加工	冷加工
清洁作业区		冷加工区（针对即食性半成品进行再次非热加工的区域）
	裸露的即食性半成品冷却区与暂存区内包装区	
准清洁作业区	•预料预处理（如解冻、制粉）、配料、调理、成型、非即食性半成品暂存、醒发、熟制（烘焙、油炸、蒸煮、炒制等） •工器具清洗、消毒、干燥区－原辅料及包材进入准清洁作业区之前的缓冲、脱包区 •内包装物进入包装区之前的缓冲、消毒区	
一般作业区	•原料外表面清洁、消毒区 •外包装区原辅料、包装材料、成品仓库 •检验室	
非食品处理区	•要求整洁干净：包括更衣换鞋区及洗手消毒区、厂部办公室、机修间、厕所、车库、锅炉房、外包装临时存放区等	

图 11-6　食品工厂按洁净区划分作业区

GMP 所要求厂房的工艺布局设计要做到"工序衔接合理，人流物流分开""人流物流之间不能交叉污染"，相关设计原则如下：

（1）进入洁净区的操作人员和物料不能合用一个入口，应该分别设置操作人员和物料入口通道。原辅料和直接接触食品的内包材料，如果均有可靠的包装，相互之间不会产生污染，工艺流程上若合理，可使用一个入口。而生产过程中使用或产生的如活性炭、残渣等容易污染环境的物料和废弃物，应设置专门的出入口，以免污染原辅料或内包材料。进入洁净区的物料和运出洁净区的成品其进出口最好分开设置。

（2）操作人员和物料进入洁净区应设置各自的净化用室或采取相应的净化措施。如操作人员可经过淋浴、穿洁净工作服（包括工作帽、工作鞋、套、口罩等）、风淋、洗手、手消毒等经气闸室进入洁净生产区。物料可经脱外包装、风淋、外表清洁、消毒等经气闸室或传递窗（柜）进入洁净区。

（3）为避免外来因素对食品产生污染，在进行工艺设备平面布置设计时，洁净生产区内只设置与生产有关的设备、设施和物料存放间。压缩气体用的压缩机、钢瓶、真空泵、除尘设备、除湿设备、排风机等公用辅助设施，只要工艺要求许可，均应布置在一般生产区内。为有效地防止食品之间产生交叉污染，不能在同一洁净室内同时生产不同规格、不同品种的食品。因此，其生产设备应布置在独立的洁净室内。

（4）在洁净区内设计通道时，应保证此通道直接到达每一个生产岗位、中间物或内包材料存放间。不能把其他岗位操作间或存放间作为物料和操作人员进入本岗位的通道。在不影响工艺流程、工艺操作、设备布置的前提下，相邻洁净操作室，如果空调系统参数相同，可在隔墙上开门，开传递窗或设传送带用来传送物料。尽量少用或者不用洁净操作室外共用的通道。

（5）发尘量大的粉碎、过筛、片充填、原料药干燥等岗位，若不能做到全封闭操作，则除了设计必要的捕尘、除尘装置外，还应设计操作前室，以避免对邻室或共用走道产生污染。多层厂房内运送物料和人员的电梯最好分开，可便于人流物流的布置。由于电梯和井道是一个大的污染源，且电梯及井道中的空气难以进行净化处理，所以洁净区内不宜设置电梯。

若能按上述原则进行工艺布局设计，洁净区内可不强调分别设计人流道和物流道。所谓的“人流物流分开”“避免人流物流交叉”，不能理解片面，“人流物流不能交叉”，一般情况下，人与物，物与物之间不会产生污染，所以没有必要设各自的专用通道。而并不是在形式上设置两条各自独立的、无交叉点的通道，而是要求在工艺布局设计中采取相应的措施、避免人对物料、外界环境对物料和物料之间产生交叉污染。

（二）车间的设计与布局

车间面积与生产量相适应，并按加工工艺流程进行合理布局，各功能间有足够的使用空间，按工序清洁度要求不同给予适当的隔离。

车间整个地面的水平在设计和建造上比厂区的地面水平略高。车间地面是用坚固、耐腐蚀、不渗透的混凝土铺砌的，在混凝土的上面铺有环保型的环氧树脂；地面平坦并有坡度，排水通风等出口均设有防止有害动物侵入的不锈钢纱网。设备的四周设明沟，在地面最低点设地漏或排水口。

车间顶面用浅色、无毒、防水、防霉、不脱落、易清洗的铝塑板装修，适当有些坡度，有效地防止凝结水滴落，防止虫害和霉菌孳生、防止积尘；车间墙壁应有 2m 以上的墙裙，使用无毒、平滑、易清洗、不透水的白色瓷砖修建；各个车间的墙角、地角、顶角呈漫弯形，均有适当弧度（半径在 3cm 以上）。

车间门窗均以平滑、易清洗、不透水、耐腐蚀的铝合金和塑钢材料制作，并对车间的外围窗户进行密封，并设有防虫蝇的胶帘、纱网、捕虫灯等装置。车间窗台离地面不少于 1m，与水平面呈 45°角。

车间的各种管道均以 PPR 管和不锈钢材料制成。不同管道应有明显颜色区别，供水龙头有连续的编号。车间内的操作台、传送带、工器具用无毒、耐腐蚀、不生锈、易清洗消毒、坚固的材料制作。

生产中经常开、关的门安装了风幕、黄色的塑料软帘和不锈钢防鼠板，车间入口处设有鞋靴消毒池，并设有与车间相连接的更衣室，根据加工需要，还设有与车间相连接的卫生间。在相当的地点设足够数量的洗手、消毒、干手设备和用品，水龙头为非手动开关。

加工车间应按照加工进程顺序布局，使产品加工从不清洁的环节向清洁的环节过渡，不允许交叉和倒流。在车间适当的地方，设置工器具清洗消毒间，配置供工器具消毒用的清洗槽、消毒槽和漂洗槽。

三、设施与设备的卫生要求

（一）设施的卫生要求

1. 照明设施

各个车间均装备了适当的采光或照明设施，并均装有防爆灯罩，以防破裂时污染产品。车间内照明灯应均匀，白天自然采光，夜间的照明度能够满足生产的正常需要，灌装间、化糖间、化辅料间等，所有光源应不至于改变食品色泽。

2. 通风设施

车间通风良好，配有换气设施或空气调节设施以防室内温度、湿度过高，保持车间空气对流，防止冷凝水的产生，并保持室内空气新鲜。排气口装有防雨、防尘、防蝇虫装置，进气口装有空气过滤，两者均易于拆下清洗或更换。室内空气调节，进排气或使用风扇时，空气流向均从高清洁区流向低清洁区，以防止空气对产品、包装材料造成污染。

3. 供排水设施

厂区能够提供各部位所需的充足水量。生产用水的供水管采用不易生锈的管材，供水方向逆加工进程方向，即由清洁区向非清洁区，供水管道应统一走向，冷水管不从操作台上方通过，以免冷凝水凝集滴落到产品上，备有供水网络图。

车间内排水沟用表面光滑不渗水的材料铺砌，形成明沟截面并呈半月形，明沟进入排水管的入口处要设置格栅防止堵塞。对外排水口应设置铁丝网，防止害虫从下水道进入车间。厂区污水排放不宜用明沟，下水道应有一定的落差，避免污水反流。

车间根据生产量及加工产品的需要设置了充足的供水管道。车间排水系统备有排水网络图，车间内产生的废水由清洁区流向非清洁区，以免造成交叉污染。

4. 更衣设施

公司根据不同加工区域及清洁度要求，设有与车间相连接的更衣室。更衣室面积与加工人员数相适应，面积比较宽敞。男女更衣室分开设置，室内照明符合要求，且通风良好。每个更衣室内均设有便鞋区、便衣区、工作服区、水鞋区，并相对隔离，避免交叉污染，内设不锈钢挂衣架、鞋架及对空间和工作服等消毒的臭氧杀菌设施。

5. 洗手消毒设施

每个更衣室都设有与车间直接相连的洗手消毒间，其地面、墙壁全部用瓷砖材料修建，易清洗消毒。每个洗手消毒间内设置足够数目的洗手设备，并备有清洁剂、消毒剂和干手设备，设有靴鞋消毒池，池深足以浸没鞋面，并设有照半身以上的镜子。为防止已清洗或消毒过的手再度污染，水龙头全部采用脚踏式关闭阀。洗手消毒槽采用不锈钢材料建成，其设计和结构均不易藏污纳垢，并易于清洗消毒。每个洗手消毒间均备有热水器，洗手消毒全部采用热水。每个洗手消毒间内，为了便于员工执行并明确洗手消毒程序，均贴有洗手消毒程序图片。在车间入口处设有消毒车，以供车间生产过程中人员的手部消毒。

6. 洗衣设施

设有洗衣房，备有工作服专用的洗衣机一台，并有专人管理，设定洗衣频率，并统一回收，统一发放。

7. 仓储设施

原料进厂经验收合格后，放在原料存放处。对于易腐食品原料或当气温较高时，应设有专用的保鲜库。保持库内清洁卫生，并设有防蝇虫、防鼠设施。

用于产品加工的加工助剂及随产品一同出售的添加剂，经验收合格后，放在辅料存放库内，并加设垫板放置。并保证在贮存过程中，品质不会出现影响生产使用的变化和产生新的安全卫生危害。保持库内清洁卫生，产品不能混放，并设有防蝇虫、防鼠设施。

包装物料间保持通风干燥，内外包装物料单独分开放置。存放时加设垫板放置，与顶篷、墙壁保持一定的距离，并加盖防尘设施。

化学物品单独设库存放，不同化学物品加设标识进行区分放置，专人管理，并加锁严格保管。

成品库内均备有垫板，垫板高度不低于15cm，库内灯光全部设有防爆装置。库内通风良好，干燥清洁。库内不能放置易串味的产品。

8. 卫生间设施

每个更衣室均设男女卫生间，并设有冲水、洗手消毒、换气设施。卫生间的墙壁、地面采用瓷砖材料修建，天花板采用彩钢板材料修建，所用材料均不透水、易清洗消毒、不易积垢。卫生间的洗手消毒设施与更衣室车间入口处洗手消毒设施相同。卫生间设有良好的排气和照明设施，保持卫生间内无异味。

9. 废弃物处理设施

每个加工车间内生产过程中产生的废弃物均有专门的废弃物专用桶盛放。对废弃物存放处要加设醒目标识，易于辨认识别。废弃物由车间卫生员至少每班次清理一次，送往垃圾固定存放处。设有专门固定且密封的垃圾存放处，车间内产生的垃圾均统一存放在此处，由垃圾专门清理人员，将每天产生的垃圾及时运送出厂区，不得有隔夜垃圾存放在垃圾处。

10. 污水处理设施

公司在车间外建有污水处理站，用于处理车间产生的废污水。车间内及厂区内产生的所有废水均经过下水道统一排到污水处理站，进行污水处理。污水处理站根据国家环保部门要求建设，符合国家环保部门的规定要求，符合防疫要求。

（二）设备的卫生要求

1. 加工设备

操作台、工器具和传送车等，全部采用无毒、无味、坚固、不易生锈、易清洗消毒、耐腐蚀的不锈钢、塑制材料制作，与产品接触的设备表面平滑，无凹陷或裂缝，以便清洗消毒、不藏污纳垢。

盛放食品的容器、工器具全部用垫底筐垫放，与地面保持一定的高度，废弃物用脚踏式加盖的专门容器存放，并在放置容器上方加贴醒目标识，废弃物要及时进行处理。

设置在车间的废弃物容器必须经常清洗、消毒以防止对车间造成污染。废弃物严禁堆积在工作区域内，要随时进行及时清理，盛放废弃物的容器应易清洗、消毒，清洗消毒后要放在原有位置上，不允许与盛放产品的容器混放。

车间内禁止使用木（竹）制品，所有的工器具、设备均为不锈钢和塑制品，没有木制品及以木制品作为附件的部件。用于开桶或开箱袋子的刀具等物品，均有专人保管，用完放入指定位置，不允许乱拿乱放。

车间设备按加工产品的不同要求进行合理排列，各工序所用设备和容器不得混用，如需要必须进行彻底的清洗消毒后方可移用到其他地方，以免交叉污染。

车间玻璃全部编号，加贴一层防护膜。如果玻璃只是有裂缝，裂缝长度未超过 1/2 玻璃长度且不会造成玻璃破碎的隐患，可以只对该处玻璃进行记录，定期查看追踪检查防止破损的继续扩大；如果玻璃裂缝长度超过 1/2 或破碎的，清理时必须使用专门的工器具：一般使用更衣室的清扫工具，严禁使用车间里面使用的工器具，工器具使用完后必须将工器具彻底清理干净。玻璃如有破损必须由生产经理确认其不会有扩散性危害，不会引起潜在的食品危害方可继续生产。

2. 检验与监测仪器设备

公司根据生产及品质要求的需要，配备了农残检测、微生物等一整套的检验设备，以备对原料、成品（半成品）的农残含量进行检测，以及加工过程中卫生控制及成品的微生物等进行监控检验。用于测定、控制或记录的温度计、钟表、压力表、电子秤、糖度计、酸度计等测量仪器和记录仪配备齐全，并正常运转、定期校正。

3. 设备安全管理操作

工厂内所有生产设备均进行了统一编号，并建立台账。所有设备均编制了操作规程，以备操作人员学习使用。设备专人专用，责任到人，做到对设备定期维护保养，按照程序进行逐项操作。设备使用前后进行卫生清洁及清洗消毒，不用设备保持干燥清洁，使用完毕后关闭电源。设备在进行维修保养时，要注意防止润滑油、金属碎屑、脱落的零部件混入产品中，对食品造成危害，对与食品直接接触的表面要使用食品级润滑油。用于检验与监视测量的仪器设备要定期进行验证和校准，未进行验证和校准的仪器设备不能使用。

四、工厂卫生的清洁与消毒

在食品生产加工过程中，机械设备和容器的清洗、消毒作业比重较高，特别是多品种、小批量的食品生产加工，高效的清洗和消毒，对于保证食品的安全卫生尤为重要，需要在了解基本知识和原理的基础上，制定科学合理的作业流程和标准，并在实施过程中做好记录及验证。

食品生产设备的清扫、清洗基本流程如图 11-7 所示。

（一）洗涤

在食品加工生产的过程中，提供了微生物生长的有利条件，通过清洗将可见的污垢彻底去除后，再对设备进行消毒，将微生物的营养源清除可以有效地控制微生物的生长，改善作业环境，从而保证食品安全，同时也能够延长设备的使用寿命，维持机械设备的效率。

1. 清洗剂

在食品工厂中，常见的污垢类型可以大致分为有机污垢和无机污垢两大类。常见的有机

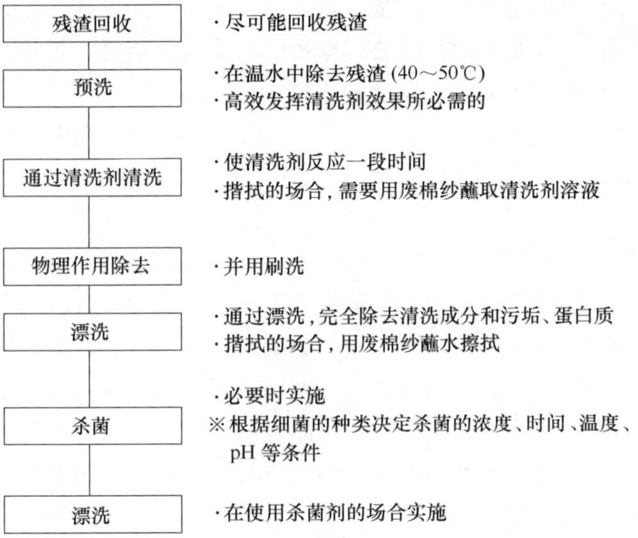

图 11-7 食品生产设备的清扫、清洗基本流程

污垢主要是由食品中的脂肪、蛋白质、糖、淀粉、香精等经过生产加工后，在设备的表面形成的难以去除的碳水化合物。而无机污垢则是由食品或生产用水中的一些矿物盐类物质沉积或者经过生产加工后，与其他化合物反应后沉积到设备表面形成垢体。

因此，在清洗的过程中需要根据不同类型的污垢选择相应的清洗剂，以达到更好的清洗效果。清洗剂的分类如表 11-1 所示。

表 11-1 食品工厂使用的清洗剂的成分及用途

种类	主要成分	用途
酸性清洗剂	无机酸类(硝酸、磷酸、盐酸) 有机酸类(柠檬酸、苹果酸) 表面活性剂	适合重度的无机污垢
中性清洗剂	中性的无机盐及有机盐类 表面活性剂	适合轻度的一般污垢 中度、重度的污垢需要配合温和洗刷
弱碱性清洗剂	弱碱性的有机盐类及无机盐类(碳酸盐、硅酸盐、磷酸盐) 表面活性剂	适合中度的无机、有机污垢
碱性清洗剂	苛性碱(氢氧化钠、氢氧化钾) 无机盐类(碳酸盐、硅酸盐、磷酸盐) 表面活性剂 有机螯合剂	适合重度的无机、有机污垢 配合螯合剂去除
杀菌洗涤剂	有机及无机氯化物 碘化物 表面活性剂	适合轻度、中度的无机、有机污垢

除此之外，选择清洗剂还需要考虑的因素有：被清洗物的表面材质、清洗方法、清洗温

度、清洗用水、清洗成本。

2. 清洗体系

就地清洗（clean in place，CIP）又称原位清洗，可以定义为清洗液通过机器和其他设备形成一个清洗循环回路，高速液流流过设备表面产生一种能除去沉淀污物的机械冲击力。该法用清洗液和水循环清洗，易自动控制，其特点为：清洗成本低；水、洗涤剂、杀菌剂及蒸汽耗量少；清洗时间短，设备利用率高；无须拆卸设备，清洗过程可实现半自动化或全自动化控制，劳动效率高、安全可靠。

通常液体食品的生产设备（管道、热交换器、分离机、充填机等）和容器等内部封闭体系的清洗、消毒使用 CIP 清洗；地面、传送带、非液体食品加工机器、充填机外表面用泡沫、薄膜清洗。

影响 CIP 系统清洗效果的因素主要有 4 个：温度、时间、化学成分和物理作用力（流速和动能）。通过安装能够监测这些因素数据的设备可实现 CIP 系统的自动控制。

3. 清洗效果的确认

清洗是否正确地实施，需要科学地验证。日常检测时，考虑到检测时间和成本，一般会采取呈色检验方法和 ATP 测试等简易、快速的检测方法。

（二）消毒

消毒是指杀灭或清除传播媒介上病原微生物，使其达到无害化的处理。食品卫生上的消毒，是要大范围地杀灭、除去微生物，不使其增殖，并不能杀灭所有微生物。

1. 消毒的分类

（1）人员的消毒　作业人员的手指污染是造成交叉污染的主要因素之一。人会在无意识间触摸东西，手指不经过消毒就接触食品，会使得食品微生物黏附在食品的表面。所以，应当在每个操作台上准备酒精喷雾消毒器，在洗手的地方、人手能够接触到的场所设置自动酒精喷雾消毒器，创造一个能够随时随地消毒的作业环境。

（2）设备的消毒　一般来说，消毒必须在清洗之后进行，因为不彻底的清洗将直接导致灭菌的失败。清洗剂清洗的是可见污垢，消毒剂则是针对肉眼不可见的“污垢”——微生物。在每次清洗之后，进行下一次生产之前，要保证管道内部的清洁程度，必须进行消毒。

（3）作业环境的消毒　由于在食品生产的过程中可能会用到大量的水，在蒸煮、加热等工序中会产生蒸汽，使得生产车间会形成高湿环境，从而导致食品工厂的顶部、墙壁经常会出现长霉的现象。霉菌产生的孢子会随着灰尘降落下来，则有可能产生污染食品的风险。因此，一方面要做好车间内的通风，另一方面需要通过臭氧、紫外线等方式做好车间内环境的消毒。

2. 常见的消毒方式

食品的种类繁多，不同类食品的生产加工方式不同。根据加工方式的差异和特点，需要制定不同的消毒方式。

（1）消毒剂和消毒药品　市场上的消毒剂种类很多，从生产实际来看，理想的消毒剂应具备实用、安全、高效、稳定、低价等特点，应根据具体情况做出适当的选择。按照消毒剂的作用效果可以分为灭菌剂、高效消毒剂、中效消毒剂和低效消毒剂四类（表 11-2）。

表 11-2　　食品工厂使用的消毒剂和消毒药品

分类	作用效果	常见消毒剂举例
灭菌剂	可杀灭一切微生物,使其达到灭菌的要求	甲醛、戊二醛、环氧乙烷、过氧乙酸、过氧化氢
高效消毒剂	可杀灭一切细菌繁殖体病毒、真菌及其孢子等,对细菌芽孢有一定杀灭作用,达到高水平消毒要求	含氯消毒剂、臭氧、甲基乙内酰脲类化合物、双链季铵盐等
中效消毒剂	仅可杀灭分枝杆菌、真菌、病毒及细菌繁殖体等微生物,达到消毒要求	含碘消毒剂、醇类消毒剂、酚类消毒剂等
低效消毒剂	仅可杀灭细菌繁殖体和亲脂性病毒,达到消毒要求	季铵盐类消毒剂、氯己定等双胍类消毒剂,汞、银、铜等金属离子类消毒剂及中草药消毒剂

（2）物理消毒法　物理消毒法是食品加工厂在消毒过程中最为常用的一种方法，该方法的原理是利用物理方法杀灭或清除病原微生物及其他有害微生物，主要包含机械除菌、热力消毒、超高压灭菌等。

机械除菌简单来说是指用干式或者湿式的清洗方式将食品生产厂中机械设备工具以及生产管道上的微生物去除，有效减少食品接触微生物的概率，进而从根本上减少食品被污染的概率，具有简单、方便、实用、廉价等优点。

热力消毒方式主要是通过煮沸、巴氏杀菌消毒的方法，将食品中的微生物杀死，如今该种方式的应用范围广泛而且效果可靠。

超高压灭菌的方式主要是在一个密闭的超高压容器内，用水作为介质对软包装食品等物料施以 400~600MPa 的压力或用高级液压油施加以 100~1000MPa 的压力，将病毒、霉菌和微生物杀死，采用该种方式的优势在于不会改变食品原有的味道，而且也不会造成营养成分破坏，这种方式更适合应用在酸奶、果酱、果蔬、乳制品等产品的加工中，虽然该种方式有许多优势，但是缺点在于其对设备要求过高，成本投入较高，不利于工业化推广，因此，目前我国许多食品生产厂都没有使用该种方法。

（3）化学消毒法　化学消毒法主要是利用消毒剂对细菌和霉菌等物质进行去除，化学消毒法的优势在于作用速度快、性质较为稳定且易溶于水，一般环境下都可以应用化学消毒法。目前能够应用在食品生产中的化学消毒剂种类有很多，最为常见的有漂白粉、二氧化氯、次氯酸钠等。此外，75%乙醇、乳酸、过氧乙酸、双氧水、臭氧等也有较多的应用。在选用化学消毒剂的过程中，需要根据食品加工厂的实际加工情况进行选择，只有选择正确的化学消毒剂才能保证消毒的效果。

（4）紫外线消毒　紫外线消毒主要是利用紫外线的低能量（5V）电磁辐射波，在短波段（240~280mm）附近的紫外线有较强的杀菌力。目前许多食品加工厂都会设置人工杀菌灯，该种方式既便捷又简单，同时还具有较好的杀菌效果。

（5）臭氧消毒　臭氧是一种广谱杀菌剂，可杀灭细菌繁殖体和芽孢、病毒、真菌等，并可破坏肉毒杆菌毒素，对空气中的微生物有明显的杀灭作用。臭氧作水的消毒时，0℃最好，而温度越高，臭氧的分解越快，故杀菌效果越差；加湿有利于臭氧的杀菌作用，要求相对湿度>60%，湿度越大杀菌效果越好。臭氧可与食品直接接触，用于食品消毒、保鲜，对食品不产生残余污染，不影响营养成分。臭氧对人有毒，国家规定大气中允许浓度为 0.2mg/m^3，故采用臭氧消毒必须在无人条件下进行。

（6）辐照杀菌　辐照杀菌是利用电离辐射杀死大多数物质上的微生物的一种有效方法。用于灭菌的电磁波有微波、紫外线、X 射线和 γ 射线等。它们都能通过特定的方式控制微生物生长或杀死微生物。与其他杀菌方法相比，辐照杀菌不改变样品的温度，可在常温下进行，适用于不能用高温处理的物品消毒。目前辐照杀菌在调味品行业应用较为广泛。

3. 消毒效果的确认

常见的检验消毒效果的方法有：涂抹法、盖章法、空气落下菌检测、空中浮游菌检测、ATP 检测。每次消毒前后对相同部位或区域进行检测，可反映消毒效果，对于制定合理的消毒操作标准非常重要。

第三节　食品工厂环境保护

环境友好型社会是一种人与自然和谐共生的社会形态。建设环境友好型社会的主要措施是不仅要全面树立和落实科学发展观，建立健全环境友好的决策和制度体系，还要解决突出的环境问题，维护社会稳定和环境安全，更要大力发展循环经济，走新型工业化道路。

国家设立“国家环境友好企业”的称号，就是为了树立一批经济效益突出、资源合理利用、环境清洁优美、环境与经济协调发展的企业典范，促进企业开展清洁生产，深化工业污染防治，走新型工业化道路。

一、废水处理

食品工业废水中主要的污染物有固体物质（菜叶、果皮、鱼鳞碎肉、动物毛发等）、悬浮物（油脂、蛋白质等）、水溶性物质（酸、碱、盐等），还含有泥沙、动物粪便及致病菌等。食品工业废水的特点为有机物和悬浮物的含量比较高，易发生腐败变质。食品工业废水一般没有毒性，其主要危害是使水体富营养化，迅速消耗水中的溶解氧，造成水体缺氧，进而引起鱼类和其他水生动植物的死亡。同时也促使水底沉积的有机物在厌氧条件下分解，产生臭气，恶化水质，污染环境。此外，食品工业废水中可能还会带有动物的一些排泄物，导致废水中含有虫卵或者真菌，导致疾病的传播，威胁人体健康。

解决废水问题的主要原则如下：①改革生产工艺，大力推进清洁生产，减少废物排放量，循环用水；②回收有用物质，综合利用，实现循环经济；③全面规划，合理布局，充分利用水的自净能力，建污水处理站；④净化处理，过滤中和，最大限度地降低废水浓度，保证排放到环境中的污水符合《工业废水排放标准》。

对于废水的处理可分为三级。

① 一级处理：去除废水中的漂浮物和部分悬浮状态的污染物质，调节废水 pH、减轻废水的腐化程度和后续处理工艺负荷的处理方法。

② 二级处理：通过一级处理后，再加处理，用以除去污水中大量有机污染物，使污水进一步净化的工艺过程。

③ 三级处理：进一步去除二级处理未能去除的污染物质，其中包括微生物、未能降解的有机物，以及磷、氮和可溶性的无机物。

废水中的污染物多种多样，往往无法用一种处理单元就把所有的污染物去除干净。一般一种废水往往需要通过几个处理单元组成的处理系统处理后，才能够达到排放要求。对于某一种食品加工废水，采用哪些方法或哪几种方法联合使用需综合废水的水质和水量、排放标准、处理方法的特点、处理成本和回收经济价值等条件，通过调查、分析、比较后才能决定，必要时还要进行小试、中试等。

如图 11-8 所示为食品工厂废水处理流程。

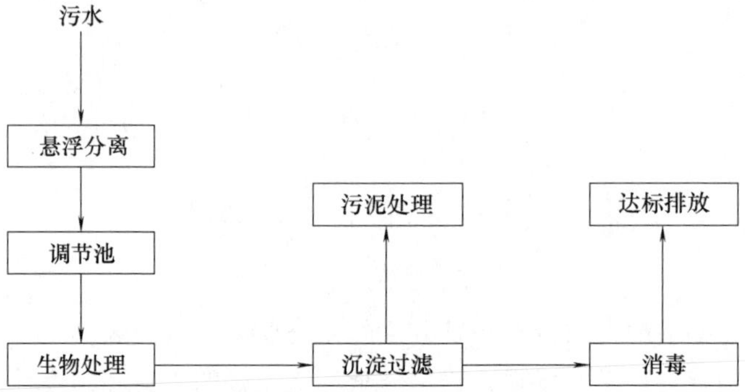

图 11-8　食品工厂废水处理流程

二、废气处理

在物料输送、清理、碾磨、粉碎、分级、装卸、加热、冷却、萃取、烹制等食品加工过程中会产生粉尘和各种气体，不仅会影响周围的环境，同时也会直接危害人体健康。

大气污染防治的原则如下：

① 通过改变生产工艺、设备及操作方法，减少粉尘的排放，最大限度避免有害物与人体接触；

② 改变能源结构，尽量采用无污染或低污染的能源，如太阳能、地热等；如若必须采用煤作燃料，要采取预处理措施；

③ 尽量把产尘、产毒工艺设备密闭起来，以最小的风量进行通风，控制有害物；

④ 在生产过程中，充分做好员工的个人防护工作，并建立严格的检查管理制度，以保证人员的健康问题。

废气处理过程包含四个部分：集气、吸气、处理、排放。将工厂作业期间产生有异味/无味的气体及粉尘，通过抽风罩/吸烟罩于车间产生废气机器或工作台上方。铺设通风管道，安装风机。将废气利用风机抽进废气处理设备中。在废气处理设备的前方或后面，根据情况而设置一个横向或竖向的活性炭吸收塔，用来吸收有异味的毒害气体或物质。

在塔内，气体由下至上走，通过水由上到下的逆向雾状式喷淋吸收一些易溶解成水的废气和洗刷一些微小粉尘。经过一层雾状式喷淋水洗刷后，气体由上方进入过滤花球的过滤层，过滤花球有小孔多而细密的特点，会减小气体上升速度，使进入第二层喷淋气体能与第二层雾状喷淋水更充分地结合。

在喷淋水中或食品厂废气处理设备中放入一些片碱，使酸碱中和，进一步达到净化目的。经过活性炭的吸附，喷淋废气处理，废气处理塔的两层喷淋与两层过滤，以及酸碱中和后，气体已经可以达到排放标准了。此时，气体再进入防水膜内。防水膜有许多弯弯曲曲的小通径，防止水溅射而出，而气体能轻松排出。

食品厂废气处理设备废气净化原理：

（1）利用 UV 光氧净化　通过使用高能 UV 紫外线光束照射恶臭气体，裂解恶臭废气如氨、三甲胺、甲硫氢、甲硫醇、甲硫醚、二甲二硫、苯乙烯等。

（2）利用活性氧　通过高臭氧分解空气中的氧分子产生游离氧，即活性氧，因游离氧所携正负电子不平衡所以需与氧分子结合，进而产生臭氧，使呈游离状态的污染物分子与臭氧氧化结合成小分子无害或低害的化合物，如 CO_2、H_2O 等。

（3）利用催化剂进行氧化还原反应　运用高能 UV 紫外线光束、臭氧及催化剂对恶臭气体进行协同分解氧化反应，使恶臭气体物质降解转化成低分子化合物、H_2O 和 CO_2，彻底达到脱臭及杀灭的目的。

除尘主要是采用除尘设备或除尘器把颗粒物从烟气中分离出来，达到减少其排放的目的。主要根据尘粒的浓度、直径、腐蚀性、排放标准、经济成本等多方面因素，选择并使用合适的除尘装置来达到目的。针对颗粒污染物常用的除尘装置如图 11-9 所示。

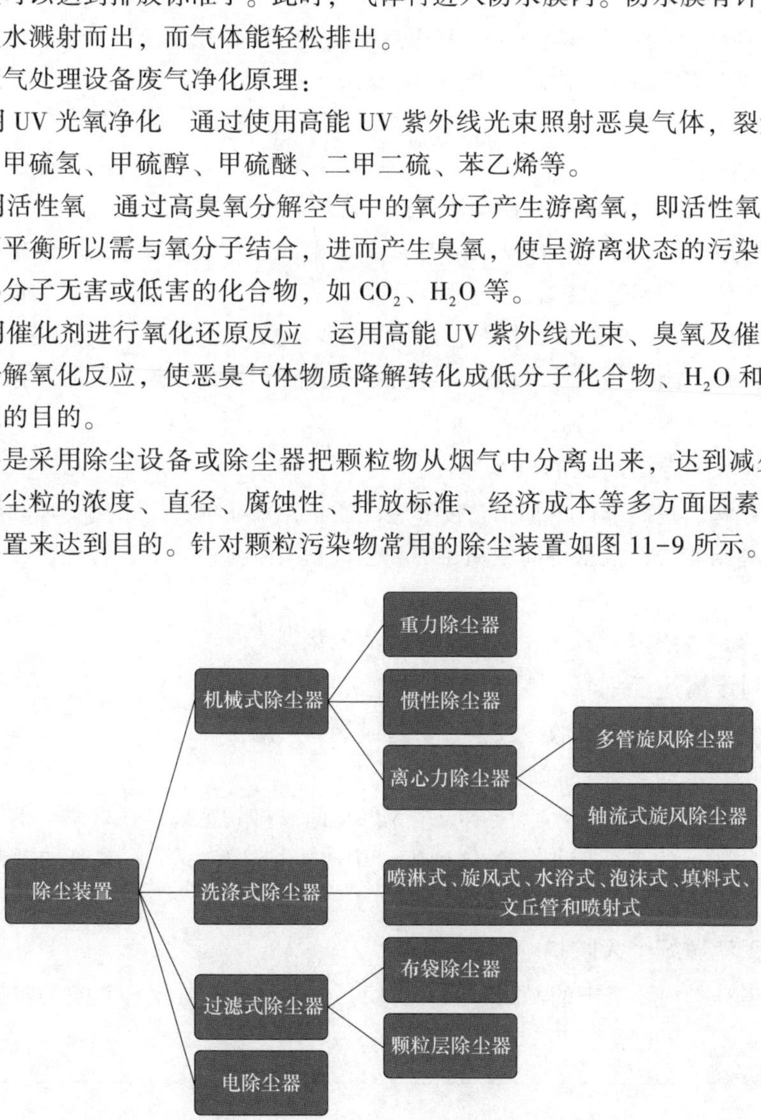

图 11-9　针对颗粒污染物常用的除尘装置

三、固体废弃物处理

食品工厂产生的有机废料对其他某些产品来说可能是很好的原料。在经济条件许可的时候，可将食品加工厂的大部分废弃物加工成更有价值的物质，即废弃物的再利用，实现食品加工原料的综合利用。例如，使用甘蔗渣造纸，利用果皮、果核提取果胶和微量元素，利用菜根、菜叶制作肥料，通过稻壳制作纤维板等。

对于固体废弃物常见的处理方法有如下几种。

① 压实：物理方法提高固体废弃物的聚集程度，减少固体废弃物的体积。

② 破碎：机械方法将废弃物破碎，减小颗粒尺寸，方便进一步处理。

③ 固化：将废弃物固定或包含在坚固固体中，降低或消除有害成分溶出。

④ 增稠和脱水：物理方法将水和悬浮物分离。

⑤ 热解：在氧分压较低的条件下，利用热能使大分子转化成小分子。

⑥ 焚烧：通过焚烧使有机物充分被氧化分解，变成灰分。

四、噪声处理

噪声强度超过人的生活和生产活动所容许的环境状况，危害人们身心健康。噪声污染主要来源于环境噪声和工业噪声。环境噪声是指工业生产、建筑施工、交通运输和社会生活中所产生的干扰周围生活环境的声音。工业噪声是指工业生产活动中使用固定的设备时产生的干扰周围生活环境的声音。食品工厂中产生的噪声主要包括风机噪声、空压机噪声、电机噪声、泵噪声以及粉碎机、柴油机、制冷设备、机械加工设备、运输设备等工作时产生的噪声。

噪声污染治理技术主要包括以下三个方面。

（一）控制噪声源是治理的根本途径

（1）改进结构，提高部件的加工精度和装配质量，并在生产中采用合理的操作方法；

（2）合理建筑布局，根据不同使用目的和建筑物噪声允许标准选择允许噪声存在的场所和位置；

（3）采用吸声、隔声、减振、隔振和安装消声器等。

（二）控制传播途径

（1）设置障碍物，达到吸收、反射、折射或绕射声源；

（2）拉长噪声源与受害者的距离；

（3）对于靠近居民区的工厂，应把噪声大的车间安排到远离居民区的一侧；

（4）处于居民区的工厂应把声源移到工厂中央，把仓库、办公室等辅助建筑安排在四周等。

（三）接受者做好个人防护

减少接受者在噪声环境中的暴露时间，或使其佩戴耳塞、耳罩和头盔等防护设施。

思政要素解读

能力拓展

◇ 系统地、全面地看待问题，多维探寻问题根源

基于法规诸多要求进行食品工厂各环节的设计，解决问题要跳出一维平面，能穿梭于多个维度之间，利用不同领域的思维方式寻找方法，分析问题更全面、客观、立体。

◇ 激发学习兴趣，培养工匠精神

食品生产企业实施 GMP 是一项复杂的综合性工程，涉及众多专业知识，需要一丝不苟的工作作风和技术精湛的工匠精神，体悟劳动付出的辛苦。

◇ 与时俱进，开拓创新

不能只会照方抓药，还需融会贯通，灵活运用所学，在准确分析 GMP 对食品工厂设计要求的基础上，以 GMP 理念进行食品工厂设计。

素养提升

◇ 独立思考，统筹兼顾，培养系统性工程能力

高效的食品工厂设计实施，体现在厂址选择、总图布置、厂房建设、工艺布局、设备设计选型、净化空调、给排水、电气等各方面，需要统筹兼顾，不能一叶障目，注重创新意识培养和系统性工程能力的锻炼。

◇ 结合工厂设计与环境保护，树立“绿水青山就是金山银山”的社会主义生态文明观

通过对“三废”处理的分析和探究，明确环境保护的重要性，重视工厂设计的合理性和可持续发展性，将生态文明建设融入工厂设计中。

◇ 责任担当，感恩社会

通过对相关国家标准知识的扩展说明，明确其制订的意义，从标准内容到制订过程，了解党和国家为维护人民生命财产健康所付出的努力，塑造爱国、自信、文明、敬业、诚信的价值观。

自学能力测试

课后作业

根据所学知识，选择一类食品加工厂，以 GMP 理念对其进行食品工厂设计。

思考题

1. 基于教材学习及文献查阅，简述 GMP、SSOP 和 HACCP 之间的关系。

2. 如若让你设计某保健食品公司 GMP 车间，会考虑哪些因素？试从人员、机器、原料、方法、环境五大因素论述。

3. 食品工厂的“三废”一直存在挑战，请简要说明酸奶加工厂的废水、固体废物如何实现高效、高值化处理。

CHAPTER 12

第十二章 经济衡算

启发提问

◇ 经济衡算在食品工厂设计流程中所处的地位是什么？

◇ 食品工厂工程造价的基本构成是什么？

◇ 如何看待技术与经济之间的关系？

◇ 如何从技术经济学角度对设计方案进行评价？

学习目的与要求

◇ 明晰经济衡算在食品工厂设计过程中的重要性，了解这一环节对企业投资收益、可持续发展的影响；

◇ 掌握技术与经济之间的关系，明确技术经济分析的基本程序；

◇ 掌握利用技术经济学评价进行方案选择，学会利用投资回收期、盈亏平衡点分析、敏感性分析进行食品工厂设计方案评估。

学习内容

◇ 工程造价的基本构成与基本建设概算的内容；

◇ 技术经济分析的目的及意义；

◇ 技术经济分析的内容与步骤；

◇ 技术经济分析的指标体系与评价；

◇ 设计方案的选择；

◇ 经济衡算的实例解析。

第一节　工程造价的基本构成

一、工程造价的概述

工程造价就是指工程的建设价格，是按照确定的工程内容、建设规模、建设标准、功能要求和使用要求等建成并验收合格交付使用所需的全部费用，从投资者的角度来定义，工程造价是指工程的建设成本，即为建设一项工程预期支付或实际支付的全部固定资产投资费用。

按照不同的对象角度，工程造价又包含两种含义：

（1）从投资者角度，就是（前面所指的）建设项目的工程造价。

（2）从承包商角度，是指工程的发包价。一般是单项工程的建造与安装造价。

二、工程造价的构成

根据国家发展改革委和建设部（发改投资［2006］1325号）有关规定，工程造价由建设投资和建设期利息构成。其中，建设投资包括：工程费用、工程建设其他费用和预备费三部分。

（1）工程费用　工程费用是指直接构成固定资产实体的各种费用，可以分为建筑安装工程费用和设备及工器具购置费。

（2）工程建设其他费用　工程建设其他费用是指根据国家有关规定应在投资中支付，并列入建设项目总造价的费用。

（3）预备费　预备费是为了保证工程项目的顺利实施，避免在难以预料的情况下造成投资不足而预先安排的一笔费用。

第二节　基本建设概算书的编制

一、基本建设概算书的内容

基本建设单位工程概算书是指确定单位工程所需建设费用的文件。它是编制综合概（预）算书和总概算书的基础。确定一个单位工程的造价、编制概算还是编制预算，不仅取决于设计阶段设计文件的深度，同时也取决于当时造价精确程度的要求和简化概、预算编制工作的要求。

二、基本建设概算的编制方法

基本建设概算由单位工程概算、单项工程综合概算和建设项目总概算经逐级汇总而成。

（一）单位工程概算的编制

单位工程概算是确定某一单项工程内的某个单位工程建设费用的文件。单位工程概算包括建筑工程概算和设备及其安装工程概算两大类。

1. 建筑工程概算的编制

编制建筑工程概算有三种基本方法：概算定额法、概算指标法和类似工程预（结）算法。

（1）概算定额法　当初步设计或扩大初步设计达到一定深度，其结构和建筑要求比较明确，基本上能从设计图中摘算出扩大部分项目工程量时，可以采用概算定额法来编制建筑工程概算。

概算定额法编制的概算比较准确，误差率小，要求编制人员熟悉概算定额，并具备一定的设计基本知识，当某些扩大分部分项工程无法从设计图中摘取数据计算其工程量时，可以凭借经验和利用工具手册，构思出其工程量。

（2）概算指标法　当初步设计深度较浅，无法准确计算扩大分部分项工程量，但是工程所采用的技术比较成熟而且又有相应工程的概算指标时，可以采用概算指标法来编制建筑工程概算。

（3）类似工程预（结）算法　所谓类似工程，是指工程用途、结构类型、构造特征和装饰标准与拟建工程相似的已建工程。当拟建工程与已建工程相类似，且有已建工程完整的预算或结算资料，可以采用类似工程预（结）算法来编制拟建工程概算。

2. 设备及其安装工程概算的编制

（1）设备购置概算的编制　设备购置概算由设备原价、设备运杂费、运输保险费、采购及保管费组成。

（2）设备安装工程概算的编制　设备安装工程概算包括设备安装费、构成工程实体的装置性材料安装费，由人工费、材料费、机械使用费及装置性材料费组成，一般采用预算单价法、扩大单价法与概算指标法。

① 预算单价法：当初步设计有详细设备清单时，可直接按预算单价编制设备单位工程概算。根据计算的设备安装工程量，乘以安装工程预算综合单价，经汇总求得。用预算单价法编制概算，计算比较具体，精确性较高。

② 扩大单价法：当初步设计的设备清单不完备，或仅有成套设备的质量时，主体设备、成套设备或工艺线的综合扩大安装单价编制概算。

③ 概算指标法：当初步设计的设备清单不完备，或安装预算单价及扩大综合单价不全，无法采用预算单价法和扩大单价法时，可采用概算指标法编制概算。

（二）单项工程综合概算的编制

单项工程综合概算文件一般包括编制说明（不编制总概算时列入）、综合概算表（含其所附的单位工程概算表和建筑材料表）和有关专业的单位工程预算数三大部分。当建设项目只有一个单项工程时，此时综合概算文件（实为总概算）除包括上述两大部分外，还应包括工程建设其他费用、建设期贷款利息、预备费和固定资产投资方向调节税的概算。单项工程综合概算的编制也可采用概算指标法、概算定额法等方法。

（三）建设项目总概算的编制

建设项目总概算是设计文件的重要组成部分，是确定整个建设项目从筹建到竣工交付使用所预计花费的全部费用的文件。它是由各单项工程综合概算、工程建设其他费用、建设期贷款利息、预备费、固定资产投资方向调节税和经营性项目的铺底资金概算所组成，按照主管部门规定的统一表格进行编制而成。

建设项目总概算文件一般包括：编制说明、总概算表、各单项工程综合概算书、工程建设其他费用概算表、主要建筑安装材料汇总表等。

第三节　技术经济分析内容与步骤

一、技术经济分析的目的与意义

技术经济分析的目的及内容

技术经济分析是指对技术活动的经济效果进行定量的分析和评价，又称技术经济论证，研究在各种技术使用过程中如何以最小的投入取得最大的产出，即研究技术的经济效益，是工程项目现代管理的重要手段之一。通过应用技术经济理论和方法的定性、定量分析，经过论证和综合评价，在多种方案的比较中选择出技术上可行、先进，经济上有利、合理，资金上有保证的最优方案是技术经济分析的过程，也是技术经济分析的目的。

了解技术经济分析的重要性，首先要明白技术与经济的含义与关系。技术和经济是人类社会进行物质生产、交换活动中始终并存且不可分割的两个方面，两者相互促进、相互制约。人类为达到一定的目的和需求满足，生产性的活动必须采用一定的技术，世界上不存在没有技术基础的经济发展，同时技术的实现必须消耗一定的人力、物力和财力，即需要花费一定的代价。技术具有强烈的应用性和明显的经济目的性，没有应用价值和经济效益的技术是没有生命力的。任何技术若不能在应用中获得经济效益，工业企业家是不会感兴趣的。技术与经济的这种特性使得它们之间有着紧密而不可分割的联系，因此，工程项目的选择与决策需要对项目的技术和经济两个相互依存的问题进行分析。

技术和经济的关系是一种统一性与矛盾性兼具的辩证关系。技术经济的统一性，表现为技术的先进性和经济的合理性，一般来说，任何一项技术的采用，都会取得一定的技术效果和经济效果，许多情况下，技术效果和经济效果的变动趋势是一致的，特别是那些不需要增加投资或只需略增加投资的技术。但技术效果与经济效果有时也会出现不一致的情况，如果全部采用机器生产，技术效果是好的，但经济效果不见得就好，技术的运用，必须结合时间与地区的条件（包括自然条件、技术条件、经济条件和社会条件等），本来先进的技术，在特定条件下，它的经济效果可能不如中间技术，甚至不如落后技术。基于技术和经济之间的这种统一又矛盾的关系考虑，必须对技术方案进行经济分析，才能使投资者做出正确的决策判断。

技术经济分析的现实意义是为新技术的采用决策提供定性、定量数据，避免决策中的重大失误。在技术方案决策前，分析比较不同方案的经济价值，根据技术、经济和社会三方面的有利因素和制约因素进行全面论证和平衡，提出详细可靠的依据，从而防止或减少因主观臆断而造成的损失。在初步设计阶段进行认真、细致的技术经济分析，可以避免项目的盲目上马造成的严重甚至不可挽回的损失。

食品工厂的设计与建设，涵盖厂址的选择、工艺选择、专业选择、设备配套、车间布局、卫生设施等方面，每一部分都涉及大量的技术经济问题。只有通过前期分析，证明项目在技术上可靠、经济上合理、财政上有保证，才能将它确定下来。除了建设项目在规划阶段必须进行技术经济分析之外，在项目的设计、建设和生产阶段，也都必须进行有针对性的技术经济分析工作，对实现每阶段目标可供选择的不同技术方案，进行细致的比较和评价工作，从而使生产的每一个环节都获得最大的经济效益。

二、技术分析的原则

1. 局部利益服从整体利益

在进行技术分析时，有时可能出现从局部看是经济合理的，但从全局看是不经济合理的现象，这时应遵循局部利益服从整体利益的原则。

2. 当前利益服从长远利益

例如，有些新的技术方案（产品）在研制阶段费用很高，但如果通过技术经济论证，确有发展前途、长远利益显著的，一般应支持和促进其发展。

3. 符合国家的经济和技术政策

在进行技术经济分析时，应兼顾技术上的先进性和经济上的合理性，并应符合国家的经济政策和技术政策。

三、技术经济分析的内容

工程项目的技术经济分析的主要内容一般包括以下五个方面：

（1）市场需求预测和拟建规模。

（2）项目布局、厂址选择。

（3）工艺流程的确定和设备的选择。

（4）项目专业化协作的落实。

（5）项目的经济效果评价和综合评价。

为了确定一个建设项目，除了要做好以上各项分析工作外，还要对每个项目所需的总投资，逐年分期投资数额，投产后的产品成本、利润率、投资回收年限，项目建设期间和生产过程中消耗的主要物资指标等进行精确的定量计算。这也是一项十分重要的工作，因为仅有定性分析，还不足以决定方案的取舍，只有把定性分析和定量计算联系起来，才能得出比较正确的方案。经济核算应该全面细致，所用指标应该确切可靠。同时，由于确定项目的各项货币（如投资、经营费用或生产成本等）和实物指标是进行技术经济分析的重要前提，对技术和经济两方面都有着较高的要求。因此，工程技术人员和经济工作人员一定要通力合作，共同把这项工作做好。要提倡技术人员学点经济学，经济人员学点技术。

我们对每一个项目都要进行全面的、综合性的研究和分析，既要在技术上做到可行、先进，又要在经济上做到有利、合理。

四、技术经济分析的步骤

技术经济分析的基本程序如图 12-1 所示。

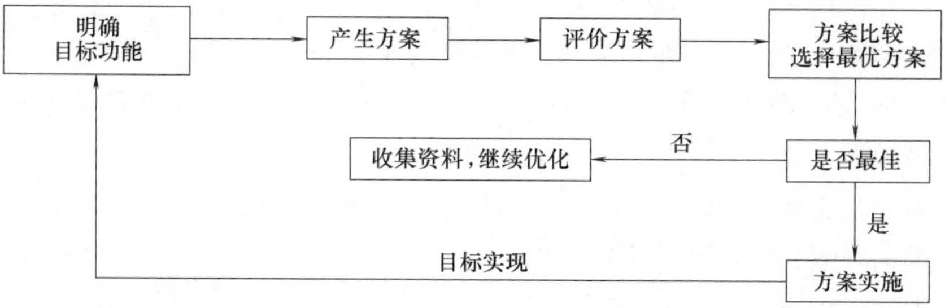

图 12-1　技术经济分析的基本程序

（1）明确目标功能　任何技术方案都是为了满足某种需要或为了解决某个实际问题而提出的，因此，在进行经济分析之前，首先应确定技术方案要达到的目标和要求，这是经济分析工作的首要前提。

（2）根据项目要求，列出各种可能的技术方案。

（3）经济效益分析与计算　技术方案的经济效益分析主要包括企业经济效益分析与国民经济效益分析。企业经济效益分析是在国家现行财税制度和价格体系条件下，从企业角度分析计算方案的效益、费用、盈利状况以及借款偿还能力等，以判定方案是否可行。国民经济效益分析则是从国家总体的角度分析计算方案需要国家付出的代价和对国家的贡献，以考察投资行为的经济合理性。

（4）综合分析与评价　通过对技术方案进行经济效益分析，可以选出经济效益最好的方案，但不一定是最优方案。经济效益是选择方案的主要标准，但不是唯一标准。决定方案取舍不仅与其经济因素有关，而且与其在政治、社会、环境等方面的效益有关。因此必须对每个方案进行综合分析与评价。总之，在对方案进行综合评价时，除考虑产品的产量、质量、企业的劳动生产率等经济指标外，还必须对每个方案所涉及的其他方面，如拆迁房屋、占有农田和环境保护等方面进行详尽分析，权衡各方面的利弊得失，才能得出合适的最终结论。

第四节　技术经济分析指标体系

技术方案的经济分析与评价，就是要对不同方案的经济效益进行计算、比较和选优，而指标则是反映方案经济效益的一种工具。一般一个指标只能反映方案经济效益的某一侧面。由于技术方案经济因素的复杂性，所以任何一个指标都不能全面、准确地反映出方案的经济效益。因此，必须建立一组从各方面反映经济效益的科学的指标体系。技术经济分析指标体系可分为收益类指标、消耗类指标和效益类指标三类。

一、收益类指标

（一）数量指标

数量指标是指反映技术方案生产活动有用成果的指标。它主要包括以下两类。

① 实物量指标：例如生产量可用吨、台、件等来表示。

② 价值量指标：即以货币计算的反映方案生产量的指标，主要有总产值和商品产值等。

（二）品种指标

品种指标是指反映经济用途相同而使用价值有差异的同种类型产品指标，例如，品种数、新增产品品种数、产品配套率等指标。

（三）质量指标

质量指标是指反映产品性能、功能以及满足用户要求程度的指标。包括反映技术性能方面的指标（如生产率、速度、精度、效率、使用可靠性、使用范围、使用寿命等）和反映经济性能方面的指标（如合格率、废次品率等）。

二、消耗类指标

（一）投资指标

投资是指为实现技术方案所花费的一次性支出的资金，它包括固定资金和流动资金。固定资金是建设和装备一个投资项目所需的一次性支出，流动资金则相当于经营该项目所需的一次性支出。两者都必须在投资初期预先垫付。投资指标主要包括以下内容（图 12-2）。

- 投资指标
  - 固定资产投资
    - 建筑工程费用
    - 安装工程费用
    - 设备及工器具购置费用
    - 其他工程费用（技术、商标、特许权、无形资产、土地征用等）
    - 建筑期利息
    - 不可预见费
    - 固定资产投资方向调节税
  - 流动资产投资
    - 存货（材料、产成品、在产品、包装物）——定额流动资金
    - 应收及预收款、现金——非定额流动资金

图 12-2　投资指标的示意图

1. 固定资产投资估算

常用的固定资产估算方法有类比估算法和概算指标估算法两类。

(1) 类比估算法　类比估算法是根据已建成的与拟建项目工艺技术路线相同的同类产品

项目的投资，来估算拟建项目投资的方法。

（2）概算指标估算法　概算指标估算法是较为详细的投资估算法。该法按下列内容分别套用有关概算指标和定额编制投资概算，然后在此基础上再考虑物价上涨、汇率变动等动态投资。

① 建筑工程费用：包括厂房建筑、设备基础处理、大型土石方和场地平整等。

② 设备及工器具购置费用。

③ 安装工程费用：包括设备和工作台安装，以及敷设管线等的费用。

④ 其他费用：指根据有关规定应计入固定资产投资的除建筑、安装工程费用和设备、工器具购置费以外的一些费用，包括土地征购费、居民迁移费、人员培训费、勘察设计费等。勘察设计费通常占投资总额的3%左右。

⑤ 基本预备费：指事先难以预料的工程和费用。

综上所述，方案的固定资产总投资为上面提到的5项投资费用。

2. 流动资产投资估算

流动资产投资估算主要采用类比估算法和分项估算法。

（1）类比估算法　类比估算法是一种根据已投产类似项目的统计数据总结得出的流动资产投资与其他费用之间的比例系数，来估算拟建项目所需流动资产投资的方法。这里的其他费用可以是固定资产投资，也可以是经营费用、销售收入或产值等。

（2）分项估算法　分项估算法即按流动资产的构成分项估算。计算方式如下：

① $现金=\frac{年职工工资与福利费总额+年其他零星开支}{360\ (d)}\times最低周转天数$

② $应收账款=\frac{年经营成本}{应收账款周转次数}$

③ 存货=原材料+在产品+产成品+包装物+低值易耗品

a. 原材料占用资金=日平均消耗量×单价×周转天数

b. $在产品占用资金=年在产品生产成本\times\frac{周转天数}{360\ (d)}$

c. $产成品占用资金=(年产成品制造成本-年固定资产折旧费)\times\frac{周转天数}{360\ (d)}$

投资指标是技术经济指标中的主要指标之一，每个方案都要千方百计地降低各项投资和项目的总投资。降低方案投资的主要途径是合理选择厂址，正确选择设备和备用设备，尽可能用扩建代替新建，加强专业化协作，完善施工组织和力争缩短工期等。

（二）成本和费用

成本是指产品生产和销售活动中所消耗的活劳动和物化劳动的货币表现，为获得商品和服务所需支付的费用。但事实上成本的含义很广，不同的情况需要用不同的成本概念。以下是投资决策过程中所需用到的一些主要的成本概念。

1. 会计成本

会计成本是会计记录在公司账册上的客观的和有形的支出，包括生产和销售过程中发生的原材料、动力、工资、租金、广告、利息等支出。按照我国财务制度，总成本费用由生产成本、管理费用、财务费用、销售费用组成。

生产成本是生产单位为生产产品或提供劳务而发生的各项生产费用，包括各项直接支出和制造费用。直接支出包括直接材料（原材料、辅助材料、备品备件、燃料动力等），直接工资（生产人员的工资、补贴），其他直接支出（如福利费）；制造费用是指企业内的分厂、车间为组织和管理生产所发生的各项费用，包括分厂、车间管理人员工资、折旧费、维修费、修理费及其他制造费用（办公费、差旅费、劳保费等）。

管理费用是指企业行政管理部门为管理和组织经营而发生的各项费用，包括管理人员工资和福利费、公司一级折旧费、修理费、技术转让费、无形资产和递延资产摊销费及其他管理费用（办公费、差旅费、劳保费、土地使用税等）。

财务费用是指为筹集资金而发生的各项费用，包括生产经营期间发生的利息净支出及其财务费用（汇兑净损失、银行手续费等）。

销售费用是指为销售产品和提供劳务而发生的各项费用，包括销售部门人员工资、职工福利费、物流费及其他销售费用（广告费、办公费、差旅费）。

管理费用、财务费用和销售费用称为期间费用，直接计入当期损益。

2. 经营成本

经营成本是在一定时期（通常为 1 年）内由于生产和销售产品及提供劳务而实际发生的现金支出。它不包括虽计入产品成本费用中，但实际没发生现金支出的费用项目。在技术方案财务分析时，经营成本按下式计算：

$$经营成本=总成本费用-折旧费-摊销费-维检费-财务费用$$

3. 固定成本和变动成本

按照与产量的关系，成本可以分为固定成本和变动成本。固定成本指在一定产量范围内不随产量变动而变动的那部分费用，如固定资产折旧费、管理费等。变动成本指总成本中随产量变动而成比例变动的那部分费用，如直接原材料、直接人工费、直接燃料动力费及包装费等。

固定成本和变动成本的划分，对于项目盈亏分析及生产决策有着重要的意义。

4. 边际成本

边际成本是企业多生产一个单位产量所发生的总成本的增加。

5. 质量成本

质量成本是企业为了保证和提高产品质量而支出的一切费用，以及由于产品质量未达到预先规定的标准而造成的一切损失的总和。质量成本只涉及有缺陷的产品，即发现、返工、避免和赔偿不合格品的有关费用。制造合格品的费用不属于质量成本，而是生产成本。质量成本由内部故障成本、外部故障成本、鉴定成本和预防成本四大部分组成，这种分类方法已得到世界各国的公认和采用。

6. 折旧费和维修费的计算

（1）折旧费的计算　一般采用事业年限法计算，固定资产的原值和预计使用年限是两个主要因素。同时，由于固定资产在报废清理时会有残料，这些残料可以加以利用或出售，其价值称作固定资产残值，它的价值应预先估计，在折旧时从固定资产原值中减去。另外，在固定资产清理时，还可能发生一些拆卸、搬运等清理费，这些清理费也应预先估计金额，在计算折旧额时，加到固定资产原值中去，所以年折旧额按式（12-1）计算：

$$A_n=\frac{B-D+C}{n} \tag{12-1}$$

式中 A_n——年折旧额；

B——固定资产原值；

C——预计残值；

D——预计清理费；

n——预计使用年限。

固定资产折旧额对固定资产原值的比值称作折旧率，按式（12-2）计算：

$$\eta=\frac{A}{B}\times 100\% \tag{12-2}$$

式中 η——折旧率；

A——折旧额；

B——固定资产原值。

上述折旧额和折旧率是按每一项固定资产计算的，因而又称个别折旧额（单项折旧额）和个别折旧率（单项折旧率），在工作实践中也可以按固定资产类别，计算分类折旧额和分类折旧率。有些食品工厂经上级主管部门批准还可以按照全厂应计提折旧的固定资产计算（综合折旧额和综合折旧率）。分类折旧率和综合折旧率，是以单项固定资产的原值和应提折旧额为基础，将各类或全厂固定资产原值和应提折旧额综合在一起计算的，其公式如下：

$$\eta_1=\frac{\sum A}{\sum B}\times 100\% \tag{12-3}$$

式中 η_1——分类或综合折旧率；

$\sum A$——同类（或全厂）固定资产折旧额之和；

$\sum B$——同类（或全厂）固定资产原值之和。

食品工厂企业按规定的综合折旧率计提折旧，每月应提的折旧额按式（12-4）计算：

$$A_0=B\eta_2 \tag{12-4}$$

式中 A_0——月折旧额；

B——应计提折旧的固定资产原值；

η_2——月折旧率。

在实际工作中，企业提取固定资产折旧，大多是根据企业主管部门征得同级财政部门同意，所确定的一个综合折旧率来计算的，它是本系统、本行业的一般平均折旧率，而不是根据本企业的固定资产综合折旧率计算出来的。

固定资产除采用使用年限法以外，对生产不稳定、磨损不均衡的设备，则可按工作时间或完成工作量计算折旧。例如，物流卡车可按行驶里程计算折旧，其计算公式如下：

$$A_0=\frac{B-D+C}{S}\times S_1 \tag{12-5}$$

式中 A_0——月折旧额，万元；

B——应计提折旧的固定资产原值，万元；

D——预计残值，万元；

C——预计清理费，万元；

S——预计行驶里程，km；

S_1——本月行驶里程，km。

凡是在用的固定资产（除土地外），都应计提折旧，房屋、建筑物及季节性使用（如罐头厂番茄酱在非生产期）或因大修理停用的固定资产，应和在使用时固定资产一样，照提折旧。

（2）固定资产的修理工作　按其修理规范和性质不同，可分为大修理和经常修理（又称中、小修理）两种。大修理的主要特点是：修理范围较大，修理次数较少，每次修理的间隔时间较长，费用较高。由于大修理的间隔时间较长，所需费用较高，如果把每次发生的大修理费用直接计入当期的产品成本，就会影响各期产品成本的合理负担，所以，大修理费用应采用按月提存大修理基金的办法，以便把固定资产的预计全部大修理费用按照固定资产的预计使用年限，均衡地计入整个使用期的产品成本，其计算公式如下：

$$J=\frac{Hz}{Bn}\times 100\% \tag{12-6}$$

式中　J——年大修基金提存率，%；

H——每年大修计划费用，万元；

z——全部使用期间预计大修次数，次；

B——固定资产原值，万元；

n——预计使用年限，（年）。

年大修基金提存额的计算：

$$Q=BJ \tag{12-7}$$

月大修基金提存率的计算：

$$J_1=J/12 \tag{12-8}$$

月大修基金提存额的计算：

$$Q_1=BJ_1 \tag{12-9}$$

以上大修基金提存率是按单项固定资产计算的，在实际工作中，也可以按照固定资产类别计算的分类提存率或按全部固定资产计算的综合提存率计算，经上级主管部门批准后，可以提取大修基金。

三、效益类指标

（一）绝对效益指标

1. 劳动生产率

反映方案实施后平均每人创造的产品数量或产值大小的指标。计算方式如下：

$$劳动生产率=\frac{总产值(或总产量)}{人数(工人或全员)}\times 100\%$$

2. 材料利用率

反映生产产品时原材料利用程度大小的指标。计算方式如下：

$$材料利用率=\frac{有效产品中所含的原材料数量}{生产该种产品时的原材料消耗总量}\times 100\%$$

3. 设备利用率

反映生产过程中设备利用程度的指标。计算方式如下：

$$设备利用率=\frac{设备实际开动台时数}{按规划应开动的设备台时数}\times 100\%$$

4. 投资年产品率

反映方案实施后单位投资可创造的年产品数量或产值大小的指标。计算方式如下：

$$投资年产品率=\frac{产品年产量(或产值)}{投资总额}\times 100\%$$

5. 成本利润率

反映方案投产后单位成本支出可带来的利润大小的指标。计算方式如下：

$$成本利润率=\frac{净利润}{总成本}\times 100\%$$

6. 流动资金周转率

反映方案投产后流动资金周转状况的指标，常用流动资金周转次数和周转天数来表示。计算方式如下：

$$流动资金周转次数=\frac{一定时期内产品销售收入}{同一时期内流动资金平均占用额}\times 100\%$$

$$流动资金周转天数=\frac{一定时期的天数}{同一时期周转次数}\times 100\%$$

7. 投资利润率

是反映企业投产后所获得纯利润高低的一个重要指标。计算方式如下：

$$投资利润率=\frac{年净利润}{总投资}\times 100\%$$

8. 投资利税率

是反映方案投产后单位投资所能产生的利税大小的指标，投资利税率越大，说明投资效果越好。计算方式如下：

$$投资利税率=\frac{年净利润+税金}{总投资}\times 100\%$$

投资利税率和投资利润率，都是综合反映投资经济效果的重要指标，但投资利税率比投资利润率要高得多，在基本建设项目的投资从无偿拨款改为贷款制度后，只有当投资效果系数和投资利润率大于贷款利率时，才是合理的。不然，工程投产后所获得的利润还不够偿还投资应付的利息。

9. 投资回收期

项目建设期与投产后年净收益回收总投资所需的时间总和（一般以年为单位）。

$$投资回收期=\frac{总投资额}{年净收益}+项目建设期$$

10. 净现值

按标准贴现率（基准收益率），将方案分析期内各年的收益与支出折算到基准年的现值的代数和。

11. 净现值率

反映方案每单位投资的现值所“创造”的净现值收益大小的指标。计算方式如下：

$$净现值率=\frac{净现值}{总投资现值}\times 100\%$$

12. 内部收益率

方案分析期内各年收益与支出的现值的代数和等于零时的贴现率。

（二）相对效益指标

$$相对投资效益系数=\frac{两方案经营费用的差额(节约额)}{两方案基建投资的差额(追加投资)}$$

含义：单位数量（1 元）的追加投资，每年可获得的经营费用的节约量，数值越大越好。

$$追加投资回收期=\frac{两方案基建投资的差额(追加投资)}{两方案经营费用的差额(节约额)}$$

含义：节约 1 元的经营费用，需要追加的基建投资的数额，数值越小越好。

第五节　技术经济方案的比较与评价

技术经济分析中应用最普遍的是方案比较法，也称对比分析法，它是通过一组能从各方面说明方案技术经济效果的指标体系，对实现同一目标的几个不同技术方案，进行计算、分析和比较，然后选出最优方案。经济效果评价的指标和具体方法是多种多样的，它们从不同角度反映工程技术方案的经济性。这些方法总的可分为两大类：确定性分析方法和不确定性分析方法。

技术经济方案的比较与评价

确定性分析方法主要有投资回收期法、现值法、年值法、投资利润率法、投资收益率法等。

不确定分析方法主要有盈亏平衡分析、敏感性分析和风险分析等。

一、确定性分析方法

（一）静态投资回收期法

投资回收期是指从项目开始建设起，以项目的净收益抵偿全部投资所需要的时间，简计为 T。通常所说的该项目投资可在某年以内回收，就是人们自觉使用了投资回收期这一指标来评价项目。投资回收期是考察项目在财务上的投资回收能力的主要静态评价指标。投资回收期通常以年表示，一般从建设开始年起算，若从投产年起算，应注明。其表达式为：

$$\sum_{t=0}^{T} = (C_1 - C_0)_t = 0 \tag{12-10}$$

式中　C_1——现金流入量；

C_0——现金流出量；

$(C_1-C_0)_t$——第 t 年净现金流量；

T——投资回收周期。

如果项目满足以下条件：投资为一次性投入，当年受益且从项目投产至项目计算期终结每年收益相同，也可将式（12-10）简化成式（12-11）进行计算：

$$T=\frac{I}{N_B} \tag{12-11}$$

式中　I——投资额；

N_B——年净收入。

投资回收期可根据财务现金流量表（全部投资）中累计净现金流量求得。详细计算公式为：

$$投资回收期=[累计净现金流量开始出现正值年份数]-1+\frac{上年累计净现金流量的绝对值}{当年净现金流量}$$

在财务评价中，将算得的投资回收期 T 与行业基准投资回收期 T_0 比较，当 $T \leqslant T_0$ 时，表明项目投资可在规定年限内通过年净收益收回，故认为该方案在经济上是可行的；反之则说明全部投资无法在规定年限内收回，项目不可行。

静态投资回收期作为评价指标已在国际上使用了许多年并仍在使用，其主要优点是能反映项目本身的资金回收能力，容易理解，便于衡量投资风险，同时在一定程度上能反映投资效果的优劣。其主要缺点是没有考虑资金的时间价值，过分强调迅速获得财务效益，没有考虑资金回收后的情况，而且没有评价项目计算期内的总收益和获利能力。因此，必须将该指标与其他指标联合使用，否则，可能导致错误结论。

（二）动态投资回收期法

动态投资回收期 T 的计算公式，应满足：

$$\sum_{t=0}^{T_p} = (C_1 - C_0)_t \times (1 + i_0)^{-t} = 0 \tag{12-12}$$

式中　T_p——动态投资回收期；

$(C_1-C_0)_t$——第 t 年的净收益（即该年的收入减去支出）；

i_0——折现率，对于方案的财务评价，i_0 取行业的基准收益率；对于方案的国民经济评价，i_0 取社会折现率。计算动态投资回收期的实用公式如下：

$$T_p=[负累计值的年份]+\frac{负累计值的绝对值}{负累计值的绝对值+正累计值}$$

采用投资回收期进行单方案评价时，应将计算的投资回收期 T_p 与部门或行业的基准投资回收期 T_a 进行比较，要求投资回收期 $T_p \leqslant T_a$ 才认为该方案是合理的。

投资回收期指标直观、简单，表明投资需要多少年才能收回，便于为投资者衡量风险。尤其是静态投资回收期，是我国实际工作中应用最多的一种静态分析法，但它不反映时间因素，不如动态分析法来得精确。投资回收期指标最大的局限性是没有反映投资回收期以后方案的情况，因而不能全面反映项目在整个寿命期内真实的经济效果。所以投资回收期一般用于粗略评价，需要和其他指标结合使用。

（三）追加投资回收期法

当投资回收期指标用于评价两个或两个以上方案的优劣时，通常采用追加投资回收期（又称增量投资回收期）。这是一个相对的投资效果指标，是指一个方案比另一个方案所追加（多花的）的投资，用两个方案年成本费用的节约额去补偿所需的时间（年）。计算方式如下：

$$\Delta T=\frac{K_1-K_2}{C_2-C_1} \tag{12-13}$$

式中　ΔT——追加投资回收期；

K_1、K_2——分别为甲乙两方案的投资额；

C_1、C_2——分别为甲乙两方案的年成本额。

所求得的追加投资回收期 ΔT，必须与国家或部门所规定的标准投资回收期 T_a 进行比较。若 $\Delta T \leqslant T_a$，投资大的方案优，即能在标准时间内由节约的成本回收增加的投资；反之，$\Delta T > T_a$，则应选取投资小的方案。

（四）现值法

现值法是将方案的各年收益、费用或净现金流量，按要求的折现率折算到期初的现值，并根据现值之和（或年值）来评价、选优的方法。现值法是动态的评价方法。

1. 净现值（net present value，NPV）

净现值是指方案在寿命期内各年的净现金流量 $(C_1-C_0)_t$，按照一定的折现率 i_0（或称目标收益率，作为贴现率），逐年分别折算（即贴现）到基准年（即项目起始时间，也就是指第零年）所得的现值之和。净现值的计算公式如下：

$$\text{NPV} = \sum_{t=0}^{n} = (C_1 - C_0)_t \times (1 + i_0)^{-t} = (C_1 - C_0)_t a_t \tag{12-14}$$

式中　$(C_1-C_0)_t$——第 t 年的净现金流量；

n——方案的寿命年限；

i_0——基准折现率（或基准收益率）；

a_t——第 t 年的贴现系数。

净现值是反映项目方案在计算期内获利能力的综合性指标。

用净现值指标评价单个方案的准则是：若净现值为正值，表示投资不仅能得到符合预定标准投资收益率的利益，而且还得到正值差额的现值利益，则该项目是可取的。若净现值为零值，表示投资正好能得到符合预定的标准投资收益率的利益，则该项目也是可取的。若净现值为负值，表示投资达不到预定的标准投资收益率的利益，则该项目是不可取的。

净现金流量就是每年的现金流出量（包括投资、产品成本、利息支出、税金等）和现金流入量（主要是销售收入）的差额。凡流入量超过流出量的，用正值表示；凡流出量超过流入量的，用负值表示。

贴现系数，根据所采用的贴现率（即标准投资收益率），按下式求得：

$$a_t=(1+i_0)^{-t} \tag{12-15}$$

也可用符号（P/F，i_0，t）表示，可以查复利系数表（见技术经济学类书籍附录）得到。

2. 净年值（net annual value，NAV）

净年值是指按给定的折现率，通过等值换算将方案计算期内各个不同时点的净现金流量分摊到计算期内各年的等额年值。计算公式如下：

$$\text{NAV} = \text{NPV}(A/P,i_0,n) = \sum_{t=0}^{n}[(C_1 - C_0)_t \times (1 + i_0)^{-t}(A/P,i_0,n)] \tag{12-16}$$

由于 $(A/P,\ i_0,\ n)>0$，若 $\text{NPV}\geqslant 0$，则 $\text{NAV}\geqslant 0$，方案在经济上可行；若 $\text{NPV}<0$，则 $\text{NAV}<0$，方案在经济上应予否定。因此，对于某一特定项目而言，净现值与净年值的评价结

果是等价的。

3. 净现值率（net present value rate，NPVR）

净现值率表示方案的净现值与投资现值的百分比，即单位投资产生的净现值，是一种效益型指标，其经济涵义是单位投资现值所能带来的净现值。净现值率越高，说明方案的投资效果越好。计算如下：

$$NPVR=\frac{净现值}{总投资值}=\frac{NPV}{I_p}$$

净现值用于多方案比较时，没有考虑各方案投资额的大小，不直接反映资金的利用率，而 NPVR 能够反映项目资金的利用效率。净现值法趋向于投资大、盈利大的方案，而净现值率趋向于资金利用率高的方案。

二、不确定性分析方法

事先对技术方案的费用、收益及效益进行计算，具有预测的性质。任何预测与估算都具有不确定性。这种不确定性包括两个方面：一是指影响工程方案经济效果的各种因素（如各种价格）的未来变化带有不确定性；二是指测算工程方案现金流量时，各种数据由于缺乏足够的信息或测算方法上的误差，使得方案经济效果评价指标值带有不确定性。不确定性的直接后果是使方案经济效果的实际值与评价值相偏离，从而按评价值做出的经济决策带有风险。不确定性分析主要就是对上述这些不确定性因素对方案经济效果的影响程度以及方案本身的承受能力进行分析。常用的方法有盈亏平衡分析、敏感性分析等。

（一）盈亏平衡分析法

盈亏平衡分析法是指项目从经营保本的角度来预测投资风险性。依据决策方案中反映的产（销）量、成本和盈利之间的相互关系，找出方案盈利和亏损在产量、单价、成本等方面的临界点，以判断不确定性因素对方案经济效果的影响程度，说明方案实施的风险大小。这个临界点被称为盈亏平衡点（break even point，BEP）。

盈亏平衡分析一般可通过损益表和线性盈亏平衡图进行（图 12-3）。

1. 盈亏分析的前提

（1）成本可划分成固定成本和变动成本，单位变动成本和总固定成本的水平在计算期内保持不变。

（2）产品产量等于销量。

（3）仅是单纯产量因素变动，其他诸如技术水平、管理水平、单价、税率等因素不变。

2. 盈亏平衡点（BEP）的确定

BEP 可以有多种表达，一般是从销售收入、总成本费用及盈亏平衡方程式中导出。

$$B=PQ=C+S \tag{12-17}$$

$$C=C_f+C_vQ \tag{12-18}$$

式中　B——税后销售收入（从企业角度）；

P——单位产品价格（完税价格）；

Q——产品销量；

C——产品总成本；

C_f——固定成本；

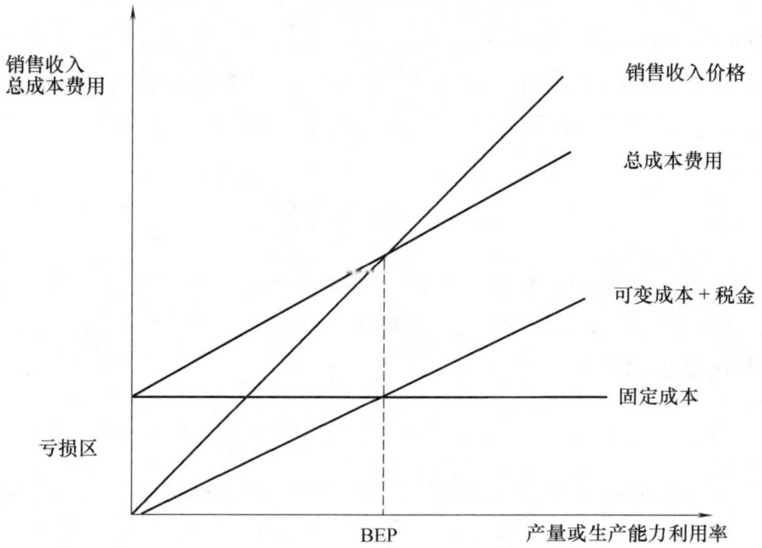

图 12-3　线性盈亏平衡图

C_v——单位产品变动成本；

S——利润。

当盈亏平衡时，则有：

$$PQ^* = C_f + C_v Q^* \tag{12-19}$$

式中　Q^*——盈亏平衡点的产量。

即盈亏平衡点产量

$$Q^* = \frac{C_f}{P - C_v} \tag{12-20}$$

3. 直接用图解法

若项目设计生产能力为 Q_0，BEP 也可以用生产能力利用率 E 来表达，即如式（12-20）：

$$E = \frac{Q^*}{Q_0} \times 100\% = \frac{C_f}{(P - C_v) \times Q_0} \times 100\% \tag{12-21}$$

E（生产能力利用率）越小，即 BEP 越低，则项目盈利的可能性较大。

如果按设计生产能力进行生产和销售，BEP 还可以由盈亏平衡价格来表达：

$$P^* = \frac{C_f}{Q} + C_v \tag{12-22}$$

（二）敏感性分析法

在技术方案经济效果评价中，各类因素的变化对经济指标的影响程度是不相同的。有些因素可能仅发生较小幅度的变化就能引起经济效果评价指标发生大的变动；而另一些因素即使发生了较大幅度的变化，对经济效果评价指标的影响也不是太大。我们将前一类因素称为敏感性因素，后一类因素称为非敏感性因素。决策者有必要把握敏感性因素，分析方案的风险大小。敏感性分析法则是分析各种不确定因素变化一定幅度时，对方案经济效果的影响程度。通过敏感性分析，预测方案的稳定程度及适应性强弱，事先把握敏感性因素，提早制定措施，进行预防控制。

敏感性分析可以分为单因素敏感性分析和多因素敏感性分析。单因素敏感性分析是对单一不确定因素变化对技术方案经济效果的影响进行分析，即假设各个不确定性因素之间相互独立，每次只考察一个因素变动，其他因素保持不变，以分析这个可变因素对经济效果评价指标的影响程度和敏感程度。为了找出关键的敏感性因素，通常只进行单因素敏感性分析。多因素敏感性分析是假设两个或两个以上互相独立的不确定因素同时变化时，分析这些变化的因素对经济效果评价指标的影响程度和敏感程度。

一般来说，敏感性分析是在确定性分析的基础上，进一步分析不确定性因素变化对方案经济效果的影响程度。其中所涉及到的不确定性因素包括产量、产品生产成本、主要原材料价格、固定资产投资、建设周期、折现率等。

进行敏感性分析一般可按照下面步骤进行：

（1）确定敏感性分析指标　即确定敏感性分析的具体对象。在进行敏感性分析时，首先要确定最能反映项目经济效益的分析指标，具有不同特点的项目，反映经济效益的指标也不尽相同。

（2）设定不确定因素　根据经济评价的要求和项目特点，将发生变化可能性较大，对项目经济效益影响较大的几个主要因素设定为不确定因素。

（3）找出敏感因素　计算设定的不确定因素的变动对分析指标的影响值，可用列表法或绘图法，将不确定因素的变动与分析指标的对应数量关系反映出来，从而找到最敏感的因素，同时要对敏感因素的未来变动趋势进行说明。

（4）计算评价指标　绘制敏感性分析图并进行分析。计算各种不确定性因素在可能变动幅度和范围内，导致的项目经济评价指标的变化结果，以一对一的数量关系，绘制出敏感性分析图。具体结合实例进行说明（见本章第七节）。

第六节　设计方案的选择

设计方案选择是为了在不同的设计方案中比较选出最佳方案，以减少项目投资决策的盲目性，提高投资决策的科学性。通过对比项目设计的不同方案的投资总额、投资回收期、生产成本等绝对指标及其他相对指标，评价项目设计方案的优劣等级。一个项目设计方案如果所选择的厂址条件好，拟采用的生产工艺、生产技术、生产设备等先进适用且经济合理，生产过程安全且无环境污染，与项目所在地区的资源条件及社会经济条件相吻合，建设费用、经营费用等较少，投资回收期较短，则这样的方案应为最佳方案。

一、设计方案选择的原则

1. 设计方案选择的可比性原则

如果供选择的项目设计方案不具备可比性，则难以进行方案优选。不同方案有关指标的计算范围、计算口径及计算方法应具有可比性，方案的时间跨度等方面均应具有可比性。

2. 设计方案选择的经济性原则

在设计方案选择时考察不同设计方案的经济效果、社会效果及生态效果，应以经济效果为中心，如果一个方案没有较为理想的经济效果，则无从谈及其他效果。

3. 设计方案选择的客观性原则

选择设计方案必须做到客观公正，忌讳用感情代替科学，应以实事求是的态度，据实比选，据理论证，尽量用较为准确的数据和语言客观地反映项目设计不同方案的真实情况。

4. 设计方案选择的整体性原则

选择项目不同的设计方案，应对比所选的每一方案进行全面地分析评价，定量分析与定性分析相结合，从技术、经济、社会、文化、政治等方面全方位考察被分析对象。

二、设计方案选择的内容

（1）比较不同设计方案的厂址选择及总图规划。

（2）比较不同设计方案的建筑安装工程　比较不同设计方案的总平面设计对生产工艺过程要求的满足程度；比较不同设计方案工序的合理程度；比较不同设计方案的建筑物空间分布及占用土地的合理程度；比较不同设计方案的建筑物建筑结构的合理程度。

（3）比较不同设计方案的产品方案　比较不同设计方案的产品经济寿命；比较不同设计方案的产品质量。

（4）比较不同设计方案的生产规模。

（5）比较不同设计方案对环境的影响程度。

第七节　经济衡算实例分析

一、投资回收周期的计算

【例 1】　某饮料工厂现金流量表见表 12-1，建设期 1 年，设 $T_0=7$ 年，试用投产后的投资回收期指标评价项目的可行性。

表 12-1　　某项目现金流量表

单位：万元

年限	0	1	2	3	4	5	6	7
投资	700	300						
净收益		200	400	500	500	500		
累计净现金量	-700	-800	-400	100	600	1100		

由表可见，累计净现金量开始出现正值的年份为第 3 年，上年累计净现金流量绝对值为 400 万元，当年净现金流量为 500 万元，于是可得投资回收期为：

$$投资回收期=[累计净现金流量开始出现正值年份数]-1+\frac{上年累计净现金流量的绝对值}{当年净现金流量}$$

$$=3-1+400/500=2.8(年)$$

二、追加投资回收期的计算

【例 2】 甲方案投资 3000 万元，年成本 1000 万元，乙方案投资 2200 万元，年成本 1200 万元，则追加投资周期为：

$$\Delta T=\frac{K_1-K_2}{C_2-C_1}=\frac{3000-2200}{1200-1000}=4(\text{年})$$

三、盈亏平衡点的计算

【例 3】 已知某企业生产某种食品，售价每件 50 元，每件产品的变动成本为 30 元，税金为 5 元，企业拟设计生产能力为每年 1000 件，固定总成本为 12000 元/年，试求企业的盈亏平衡点。

$$Q^*=\frac{C_f}{P-C_v}=\frac{12000}{50-5-30}=800(\text{件/年})$$

四、敏感性分析

【例 4】 某工程项目拟设计以脱脂乳粉为原料生产酪蛋白酸钠，其产量为 1000t/年，联产品异构乳糖 1000t/年。单位产品售价 7.36 万元/t 和 3.5 万元/t（含税），总固定成本 1557.63 万元，单位变动成本 5.06 万元/t，增值税 283.3 万元/年。要求对该方案进行盈亏平衡分析。如果原材料、能源上涨或市场低迷，会分别导致固定成本上升 10%、单位产品变动成本上升 30%、售价下降 10%，这些变化对盈亏平衡点分别产生什么样的影响，并进行项目的承受风险能力分析。

$$Q^*=\frac{C_f}{P-C_v}=\frac{1557.63}{\left(7.36+3.5-\frac{283.3}{1000}\right)-5.06}=282.2(\text{t/年})$$

如果固定成本上升 10%，则：

$$Q^*=\frac{C_f}{P-C_v}=\frac{1557.63\times(1+10\%)}{\left(7.36+3.5-\frac{283.3}{1000}\right)-5.06}=310.4(\text{t/年})$$

如果单位产品变动成本上升 30%，则：

$$Q^*=\frac{C_f}{P-C_v}=\frac{1557.63}{\left(7.36+3.5-\frac{283.3}{1000}\right)-5.06\times(1+30\%)}=389.4(\text{t/年})$$

如果产品售价下降 10%时，则：

$$Q^*=\frac{C_f}{P-C_v}=\frac{1557.63}{\left[(7.36+3.5)\times(1-10\%)-\frac{283.3}{1000}\right]-5.06}=351.6(\text{t/年})$$

如果三种情况同时发生时，则：

$$Q^*=\frac{C_f}{P-C_v}=\frac{1557.63\times(1+10\%)}{\left[(7.36+3.5)\times(1-10\%)-\frac{283.3}{1000}\right]-5.06\times(1+30\%)}=588.8(\text{t/年})$$

通过以上盈亏平衡点的单因素与多因素敏感性分析，这些因素形成的盈亏平衡点均在年产量的范围之内，可见项目具有承受较大风险的能力。

思政要素解读

能力拓展

◇ 探究式学习，提高分析及研究问题能力

能够基于科学原理并采用科学方法，对食品工厂工艺设计过程中的复杂工程问题进行研究，通过经济衡算获得最佳投资收益比，确保项目的顺利实施。

◇ 学习企业经济衡算案例，提高分析并研究复杂问题的能力

通过食品企业经济衡算案例的分析与学习，熟悉经济衡算的运算方法，面对不断变化的市场环境，提高发现和解决食品企业在投入和产出方面问题的能力。

素养提升

◇ 结合典型案例，了解专业使命，提高社会责任感

通过对案例的分析和探究，明确食品工厂的经济衡算对投资回收的重要性，认识到在设计过程中要进行充分的调研和考察，选择更加先进的、合理的、可持续发展的技术，这样才能让食品工厂在投产后有好的经济效益和社会效益。

◇ 学创系统，提升工程素养和解决复杂问题的能力

以实际需求为导向，通过理论与案例的结合分析，努力在设计过程中探索未知、追求真理、勇攀高峰，并能够充分考虑项目盈亏情况，从而培养良好的工程素养，提高解决复杂工程问题的能力。

自学能力测试

课后作业

根据所学知识，选择一类食品工厂，分析并撰写一份经济衡算报告。

思考题

1. 简述工程造价的构成。
2. 阐述技术与经济之间的关系。
3. 设计方案选择的原则是什么？
4. 如何运用盈亏平衡点分析与敏感性分析评估方案的合理性？

CHAPTER 13

第十三章 CAD制图在食品工厂设计中的应用

启发提问

◇ 工程制图的历史是什么?
◇ 食品工厂设计的主要软件是什么?
◇ 如何使用 CAD 做工厂设计?
◇ 如何完成一套食品设计的图纸?

学习目的与要求

◇ 了解工程制图的历史,掌握计算机绘图的基本知识,能绘制简单的图纸;
◇ 掌握天正软件基本绘制方法;
◇ 能够进行一般食品工厂设计,绘制生产车间平面布置图。

学习内容

◇ CAD 的基本绘图命令;
◇ 天正软件绘图的基本顺序;
◇ 最终图纸与实例分析。

战国时期我国人民就已运用设计图来指导工程建设,距今已有 2400 多年的历史。自秦汉起,我国已出现图样的史料记载,并能根据图样建筑宫室。宋代李诫(仲明)所著《营造法式》一书,总结了我国历史上的建筑技术成就。全书 36 卷,其中有 6 卷是图样,是一部闻名世界的建筑图样的巨著,图上运用投影法表达了复杂的建筑结构。

20 世纪 50 年代,我国著名学者赵学田教授简明而通俗地总结了三视图的投影规律——长对正、高平齐、宽相等。1956 年原机械工业部颁布了第一个部颁标准《机械制图》,随后又颁布了国家标准《建筑制图》,使全国工程图样标准得到了统一,标志着我国工程图学进入了一个崭新的阶段。

最开始的设计图纸是采用手工绘图(尺规、绘图板等工具),效率较低。在世界上第一台计算机问世后，计算机技术以惊人的速度发展。计算机绘图、计算机辅助设计（CAD）技术已深入应用于相关领域，传统的尺规作业模式也基本退出历史舞台。

各行业尤其建筑行业，对同一张图纸有多份需求。绘图时在硫酸纸（含水量比普通纸张高很多，所以是半透明的）上绘制原图，然后把原图蒙在晒图纸（白纸上涂有多层涂层可以感光变色）上，在阳光下暴晒曝光，最后用氨水冲洗固定住变色部分。这种晒出的图纸称为蓝图，现在可以直接打印蓝图。

第一节　AutoCAD 快速安装方法

本节结合 AutoCAD 2019 版本为例介绍其快速安装方法（其他版本的安装方法与此类似，参考 AutoCAD 2019 安装过程即可）。软件光盘插入到计算机的光驱驱动器中。在文件夹中，单击其中的安装图标“setup. exe”或“install. exe”即开始进行安装。将出现安装初始化提示，然后进入安装。

（1）单击“安装（在此计算机上安装）”按钮。然后选择您所在国家/地区，选择接受许可协议中“我接受”按钮，单击“下一步”。用户必须接受协议才能继续安装（在 AutoCAD 安装中，有的 Windows 版本可能还会要求计算机安装 NETFramework4. 0）。注意如果不同意许可协议的条款并希望终止安装，请单击“取消”。

（2）在弹出“用户和信息产品”页面上，输入用户信息、序列号和产品密钥等。从对话框底部的链接中查看“隐私保护政策”。查看完后，单击“下一步”。注意在此处输入的信息是永久性的，显示在计算机上的“帮助”菜单中。由于以后无法更改（除非卸载软件），因此，请确保输入的信息正确无误。

（3）选择语言为中文。进入开始安装提示页。若不修改，按系统默认典型安装，一般安装在系统目录“C：Program \ Autodesk”。若修改，单击“配置”更改相应配置（例如，安装类型、安装可选工具或更改安装路径），然后按提示单击“配置完成”返回安装页面。单击“安装”开始安装 AutoCAD。

（4）安装进行中，系统自动安装所需的文件，时间可能稍长，安装速度与计算机硬件配置水平有关系。

（5）安装完成，弹出提示“必须重新启动系统……”。可以单击“Y”或“N”。

（6）启动 AutoCAD 将弹出“产品许可激活”。输入激活码后即完成安装，可以使用。否则是试用版本，只能试用 30d。

（7）输入激活码后，AutoCAD 提示“激活完成”激活成功。可根据需要填写其他一些信息，也可以忽略不理，单击“完成”即可。

（8）单击“完成”，AutoCAD 软件完成安装，可以使用该软件进行绘图操作。可以通过下列方式启动 AutoCAD：

① 单击 AutoCAD 桌面快捷方式图标。AutoCAD 默认安装时，会在桌面上放置一个 AutoCAD 快捷方式图标，双击该图标可启动程序。

② 从“开始”菜单启动。在“开始”菜单（WindowsXP）上依次单击“程序”（或“所有程序”）→“Windows Vista”→“Autodesk”→“AutoCAD”选项即可启动程序。

③ 打开 AutoCAD 的安装文件夹，单击“acad. exe”图标。

第二节 CAD 绘图方法

一、进入操作界面

安装了 AutoCAD 以后，单击其快捷图标即可进入 AutoCAD 绘图操作界面（图 13-1），进入 AutoCAD 初始界面后，在新版本中默认“草图与注释”绘图空间模式及“欢迎”对话框。初次启动 CAD 时可以使用系统默认的相关参数。

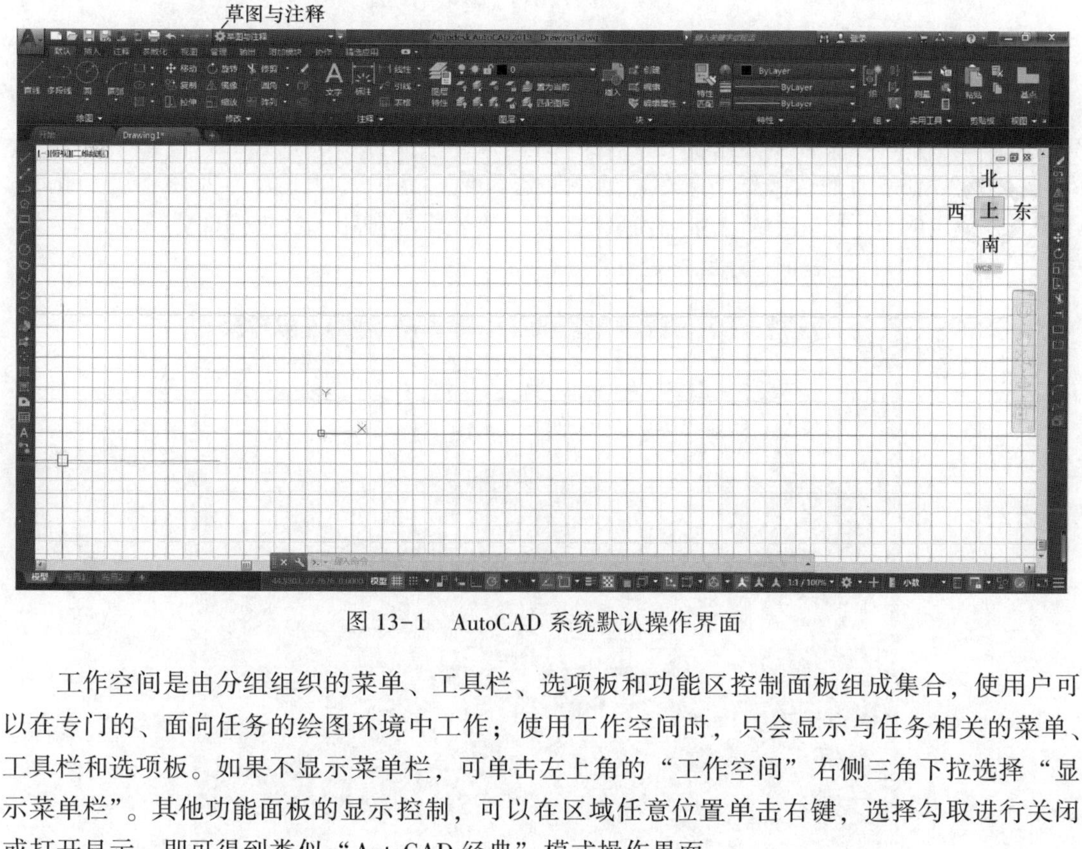

图 13-1 AutoCAD 系统默认操作界面

工作空间是由分组组织的菜单、工具栏、选项板和功能区控制面板组成集合，使用户可以在专门的、面向任务的绘图环境中工作；使用工作空间时，只会显示与任务相关的菜单、工具栏和选项板。如果不显示菜单栏，可单击左上角的“工作空间”右侧三角下拉选择“显示菜单栏”。其他功能面板的显示控制，可以在区域任意位置单击右键，选择勾取进行关闭或打开显示，即可得到类似“AutoCAD 经典”模式操作界面。

为便于与低版本 AutoCAD 衔接，本书采用“AutoCAD 经典”模式进行讲述，其他模式下的操作可参照“AutoCAD 经典”模式。

如图 13-2 所示为 AutoCAD 经典绘图模式，该模式操作区域界面显示默认状态为黑色，为清晰起见，本书改为白色界面。其中网格可以单击最下一栏中间位置的“网格显示”工具即可开启。关闭不显示网格（或按 F7 键即可）。

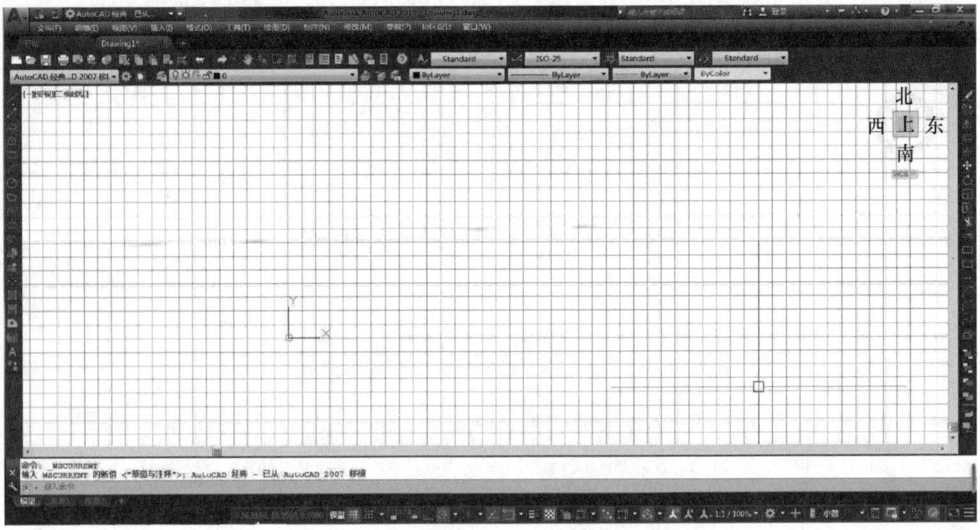

图 13-2　AutoCAD 经典绘图模式

若操作界面上出现的一些默认工具面板，一时还使用不到，可以先将其逐一关闭。若需使用，再通过“工具”下拉菜单中的“工具栏”将其打开即可弹出。或在菜单栏任意位置单击右键，在快捷菜单上选取需要工具栏即可显示。

若操作界面下方的状态栏不显示，可点击“工具”下拉菜单中的“自定义”→“界面”按钮，在弹出的对话框左上角选中当前工作空间，在右下角弹出的特性界面将状态栏的状态改为“开”，点击确定即可显示状态栏（图 13-3）。

图 13-3　自定义用户界面对话框

二、自动保存和备份文件设置

AutoCAD 提供自动备份和自动保存功能，有助于保护图纸数据的安全，出现意外情况时用户可以恢复图形备份文件。

备份文件的设置方法是，在“选项”对话框的“打开和保存”选项卡中（图 13-4），可以指定在保存图形时创建备份文件。执行此操作后，每次保存图形时，图形的早期版本将保存为具有相同名称并带扩展名 .bak 的文件，该备份文件与图形文件位于同一个文件夹中。通过将 Windows 资源管理的 .bak 文件重命名为带有 .dwg 扩展名的文件，可以恢复为备份版本。

自动保存是以指定的时间间隔自动保存当前操作的图形。启用了“自动保存”选项，将以指定的时间间隔保存图形。默认情况下，系统为自动保存的文件临时指定名称为“filename_a_b_rensl”，其中“filename”为当前图形名，“a”为在同一工作任务中打开同一图形实例的次数，“b”为在不同工作任务中打开同一图形实例的次数，“rensl”为随机数字。这些临时文件在图形正常关闭时自动删除。出现程序故障或电压故障时，不会删除这些文件。要从自动保存的文件恢复图形的早期版本，请通使用扩展名 .dwg 代替扩展名 .sv $ 来重命名文件，然后再关闭程序。

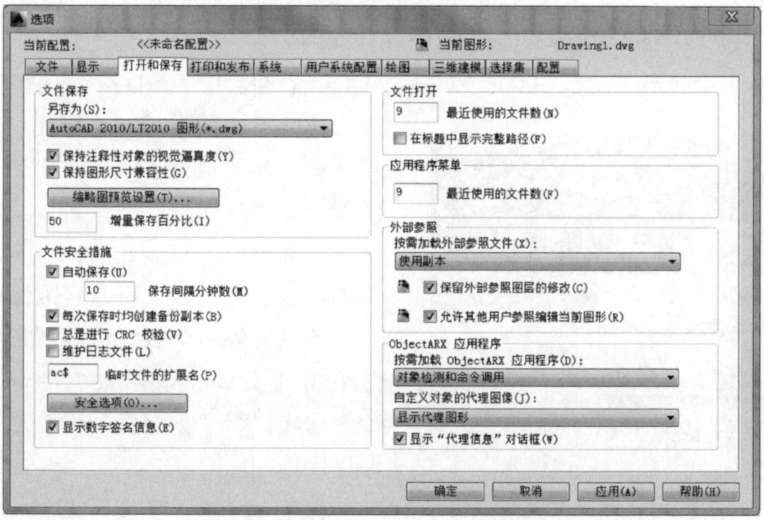

图 13-4　“打开和保存”选项卡

三、**AutoCAD** 绘图文件操作基本方法

（一）建立新 CAD 图形文件

启动 AutoCAD 后，可以通过如下几种方式创建一个新的 AutoCAD 图形文件（图 13-5）。

“文件”下拉菜单：选择“文件”下拉菜单的“新建”命令选项。

在命令行下输入 NEW（或 new）或 N（或 n），不区分大小写。

使用标准工具栏的“新建”命令图标按钮。

直接使用“Ctrl+N”快捷键。

执行上述操作后，将弹出的“选择样板”对话框，选取默认样板文件直接单击“打开”按钮即可。

(二) 打开已有 CAD 图形

启动 AutoCAD 后，可以通过如下几种方式打开一个已有的 AutoCAD 图形文件：

打开“文件”下拉菜单，选择“打开”命令选项。

单击标准工具栏中的“打开”命令图标。

在“命令：”命令行下输入 OPEN 或 open；也可直接使用“Ctrl+O”快捷键。

执行上述操作后，将弹出的“选择文件”对话框，在“查找范围”中点击选取文件所在位置。然后选中要打开的图形文件，最后单击“打开”按钮即可。

图 13-5　新建 CAD 图形文件

(三) 保存图形

启动 AutoCAD 后，可以通过如下几种方式保存绘制好的 AutoCAD 图形文件：

单击“文件”下拉菜单选择其中的“保存”命令选项。

单击标准工具栏中的“保存”命令图标（图 13-6）。

在“命令：”命令行下输入 SAVE 或 save；也可直接使用“Ctrl+S”快捷键。

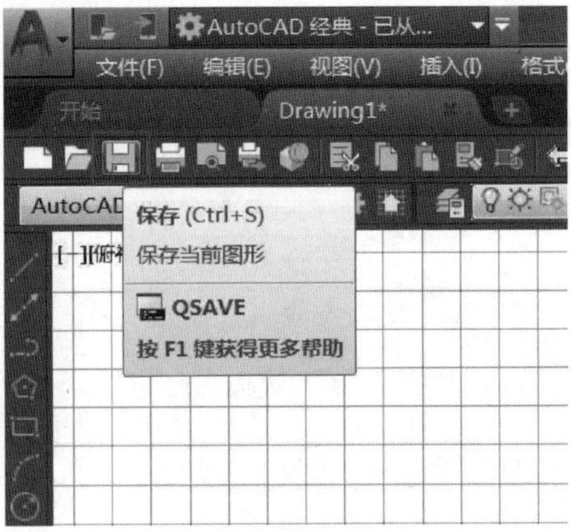

图 13-6　保存文件

执行上述操作后，将弹出“图形另存为”对话框，在“保存于”中点击选取要保存文件位置，然后输入图形文件名称，最后单击“保存”按钮即可。对于非首次保存的图形，CAD 不再提示上述内容，而是直接保存图形。

若以另外一个名字保存图形文件，可以通过单击“文件”下拉菜单的选择“另存为”命令选项执行“另存为”命令后，操作与前述保存操作相同。

(四) 设置“正交”模式

在正交模式下，光标将被限制在水平或垂直方向上移动。在绘图和编辑过程中，可以随时打开或关闭“正交”。输入 UCS 坐标或指定对象捕捉时将忽略“正交”模式。点击状态栏上“正交模式”按钮可以启动和关闭正交模式（图 13-7），也可以用快捷键“F8”关闭/启动“正交模式”。

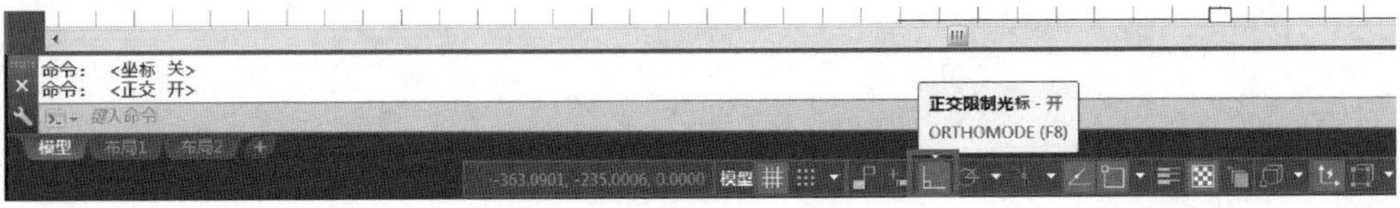

图 13-7　正交模式快捷按钮

（五）绘图对象捕捉追踪控制

对象捕捉追踪是指可以按照指定的角度或按照与其他对象的特定关系绘制对象。必须设置对象捕捉，才能从对象的捕捉点进行追踪。

可以通过点击底部状态栏上的“极轴”或“对象追踪”按钮打开或关闭自动追踪。也可以按“F11”键临时关闭/启动“对象追踪”。注意极轴追踪与正交模式无法同时启动。

二维对象捕捉方式有端点、中点、圆心等多种，在绘制图形时一定要掌握可以精确定位绘图位置。

（六）视图控制方法

视图控制只改变图形在屏幕上的显示位置和显示大小，不改变图形本身的坐标和尺寸。可以通过以下方法移动或缩放视图。

缩放屏幕视图范围：前后转动鼠标中间的轮子即可。

平移屏幕视图范围：不选定任何对象，在绘图区域单击鼠标右键，在弹出的快捷菜单中选择“平移”，然后拖动鼠标即可。

在“命令”输入“ZOOM 或 Z”（缩放视图）、“PAN 或 P”（平移视图），之后按照出现的提示操作，可以进行精确缩放和平移。

（七）F1~F12 功能键

AutoCAD 系统设置了一些键盘上 F1~F12 键功能，各自作用如下。

F1 键：提供 AutoCAD 帮助窗口；

F2 键：显示命令文本窗口，可以查看操作命令的历史记录；

F3 键：开启、关闭对象捕捉功能；

F4 键：开启、关闭三维对象捕捉功能；

F5 键：切换等轴测平面不同视图，包括俯视图、平面右视图、平面左视图等，在绘制等轴测图时使用；

F6 键：开启、关闭动态 UCS 坐标系，在绘制三维图形时使用。

F7 键：显示或隐藏格栅点阵。

F8 键：开启、关闭正交模式，控制绘图线条是否保持垂直/水平方向或任意方向。

F9 键：控制绘图时通过指定栅格距离大小设置进行捕捉。与对象捕捉模式不同，F9 控制捕捉位置是矩形栅格距离位置，以限制光标仅在指定的 X 和 Y 间隔内移动；

F10 键：开启、关闭极轴追踪模式；

F11 键：开启、关闭对象捕捉追踪模式；

F12 键：开启、关闭动态输入模式。

（八）图层常用操作

为便于对图形中不同元素对象进行控制，AutoCAD 提供了图层（layer）功能，即不同存储层，可以存储图形中不同元素对象。每个图层都有一些相关联的属性，包括图层名、颜色、线型、线宽和打印样式等。图层是绘制图形时最为有效的图形对象管理手段和方式，方便图形的操作。

可以通过以下几种方式建立和修改图层：

在“命令：”命令行输入“LAYER”命令；

打开“格式”下拉菜单，选择“图层”命令；

单击图层工具栏上的图层特性管理器图标。

执行上述操作后，系统将弹出“图层特性管理器”对话框。单击其中的“新建图层”按钮即可新建图层。

每个新建图层可以设立名字，如轴线、墙体、标注、文字、门窗等，其中“0”图层的名称是不可更改的，其他所有图层的各项参数包括名称均可单击修改。

为便于图形的检查、修改等操作，不同类型的图元对象应该设置在不同的图层上，作图时图元对象的颜色、线型及线宽都应由图层控制（图 13-8）。

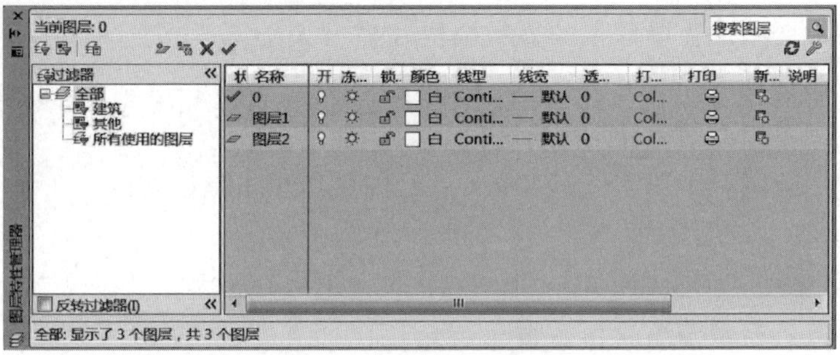

图 13-8　图层控制管理器

（九）直线与多段线绘制

1. 绘制直线

直线的 AutoCAD 功能命令为 LINE（缩略为 L），绘制直线可通过直接输入端点坐标（x，y）或直接在屏幕上使用鼠标点取。可以绘制一系列连续的直线段，但每条直线段都是独立的图形，按回车键结束命令。

在绘制图形时，图形的端点定位一般采用在屏幕上捕捉直接点取其位置，或输入相对距离进行定位，也可以直接输入其坐标数值（x，y）或（x，y，z）。

2. 绘制多段线

多段线的 AutoCAD 功能命令为 PLINE（缩略为 PL），绘制多段线的方法与直线相同，连续绘制的多段线是一个图形（图 13-9）。

启动 PLINE 命令可以通过以下 3 种方式：

① 打开“绘图”下拉菜单选择“多段线”命令选项；

② 单击“绘图”工具栏上的“多段线”命令图标；

③ 在命令行提示下直接输入 PLINE 或 PL 命令（不能使用“多段线”作为命令输入），之后按照命令行的提示操作。

绘制时要在斜线、水平和垂直之间进行切换，可以使用“F8”按键。

图 13-9　多段线

四、CAD 图形常用编辑与修改方法

（一）删除和复制图形

1. 删除图形

删除编辑功能的 AutoCAD 命令为 ERASE（缩略为 E），启动命令可以通过以下 4 种方式：

① 打开“修改”下拉菜单选择“删除”命令选项；

② 单击“修改”工具栏上的“删除”命令图标；

③ 在命令行提示下直接输入 ERASE 或 E 命令；

④ 选择图形对象后，按“Delete”键同样可以删除图形对象，作用与 ERASE 一样。

2. 复制图形

同一张图里经常存在多个相同的图形对象，可以只绘制一个，之后通过复制生成其他相同的图形。复制编辑功能的 AutoCAD 命令为 COPY（缩略为 CO 或 CP）。启动复制命令可以通过以下 3 种方式：

① 打开“修改”下拉菜单选择“复制”命令选项；

② 单击“修改”工具栏上的“复制”命令图标；

③ 在命令行提示下直接输入 COPY 或 CP 命令。

可以在选中一个或多个图形对象后启动复制命令，也可以启动复制命令后选择需要复制的图形对象。

（二）放弃操作

在绘制或编辑图形时，常会遇到错误或不合适的操作要取消或者返回到前面的操作状态中。AutoCAD 提供了几个相关的功能命令，可以实现该绘图操作要求。

1. 逐步取消操作（U）

U 命令的功能是取消前一步命令操作及其所产生的结果，同时显示前一步操作命令的名称。启动 U 命令可以通过以下 4 种方式：

① 打开“编辑”下拉菜单选择“放弃（U）＊＊＊”命令选项，其中“＊＊＊”项代表前一步操功能命令；

② 单击“标准”工具栏上的“放弃”命令图标；

③ 在命令行提示下直接输入 U 命令；

④ 使用快捷键“Ctrl+Z”。

按上述方法执行 U 命令后即可取消前一步操作及其所产生的结果，若继续按“Enter”按键，会逐步返回到操作刚打开（开始）时的图形状态。

2. 限次取消操作（UNDO）

UNDO 命令的功能与 U 基本相同，主要区别在于 UNDO 命令可以取消指定数量命令操作及其所产生的结果，同时也显示有关操作命令的名称。

（三）对象特性的编辑

对象特性是指图形对象所具有的全部特点和特征参数，包括颜色、线型、尺寸大小、角度、质量和重心等一系列性质。属性编辑功能的 AutoCAD 命令为 PROPERTIES（缩略为 PR）。启动 PROPERTIES 命令可以通过以下 5 种方式：

① 打开“修改”下拉菜单选择“特性”命令选项；

② 单击“标准”工具栏上的“特性”命令图标；

③ 在命令行提示下直接输入 PROPERTIES 命令；

④ 使用快捷键“Ctrl+L”；

⑤ 选择图形对象后单击鼠标右键，在屏幕上弹出的快捷菜单中选择特性（properties）选项。

按上述方法执行属性编辑功能命令后，AutoCAD 将弹出特性对话框，如图 13-10 所示。在该对话框中，可以单击要修改的属性参数所在行的右侧，直接进行修改或在出现的一个下拉菜单选择需要的参数。可以修改的参数包括颜色、图层、线型、线型比例、线宽、坐标和长度、角度等各项相关指标。

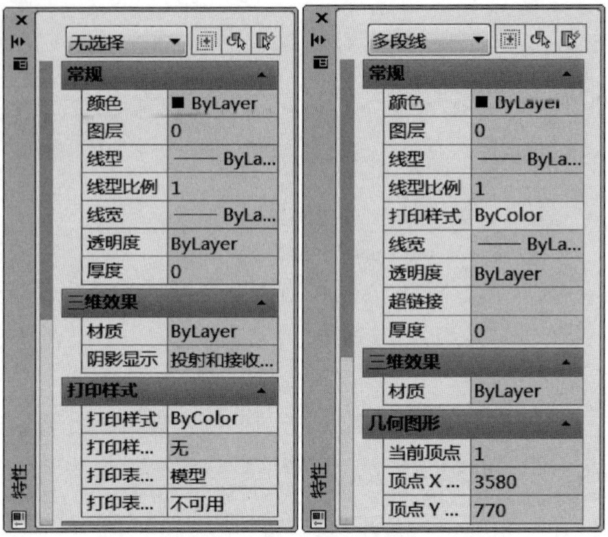

图 13-10　特性对话框

第三节　建筑图纸的绘制

天正建筑软件是从 CAD 软件中细分出来的专业软件（图 13-11），有其自身的特点。天正建筑 CAD 专门针对建筑行业图纸的尺寸标注，开发了自定义尺寸标注对象，轴号、尺寸标注、符号标注、文字等都使用对建筑绘图最方便的自定义对象进行操作，取代了传统的尺寸、文字对象。按照国家建筑制图规范的标注要求，天正建筑 CAD 软件对 AutoCAD 的专业夹点提供了灵活修改手段。由于自定义尺寸标注对象专门为建筑行业设计，在使用方便的同时又简化了标注对象的结构，减少了命令的数目，更加方便绘图。

在专业符号的标注中，天正建筑软件按照规范中制图图例所需要的符号创建了自定义的符号对象，各自带有专业夹点，内含比例信息自动符合出图要求，需要编辑时，点拖动完全符合设计规范的规定。自定义符号对象的引入完善地解决了 AutoCAD 符号标注规范化、专业化的问题。下面我们就用天正建筑软件，作一幅车间工艺布置图。

例如，某公司需要新建一个鱼皮肽加工车间，生产规模为 300t/年。其中包括日处理 18.4t 鱼皮生产线一条；每天二班，全年工作天数 300d。确定了车间的生产能力，我们就可以根据产品的加工工艺计算出车间的建筑面积，提出不同的设计方案并从中选择出最佳方案，确定采用的建筑结构形式。确定了结构形式，我们就可以绘制车间工艺图纸。

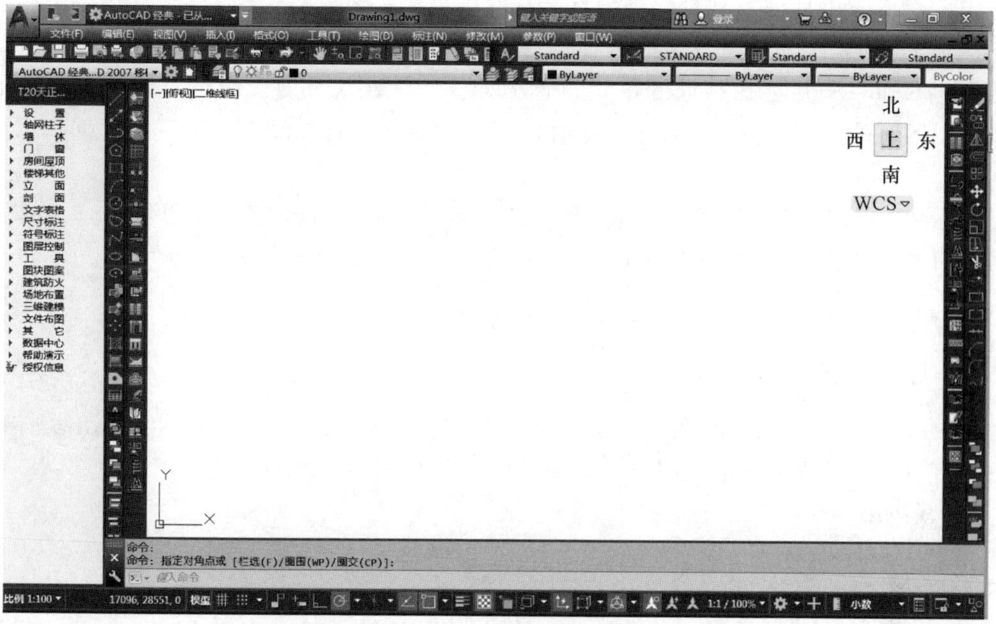

图 13-11　天正建筑软件模型

绘制顺序：第一步确定轴网和柱网，第二步绘制墙线，第三步绘制门窗，第四步绘制设备布置，第五步绘制编辑图框，第六步绘制编辑其他内容，第七步打印出图。

一、轴网及柱网的画法

双击桌面上天正建筑快捷方式图标打开天正建筑软件。首先根据建筑的要求，布置中心线及柱网（图 13-12）。

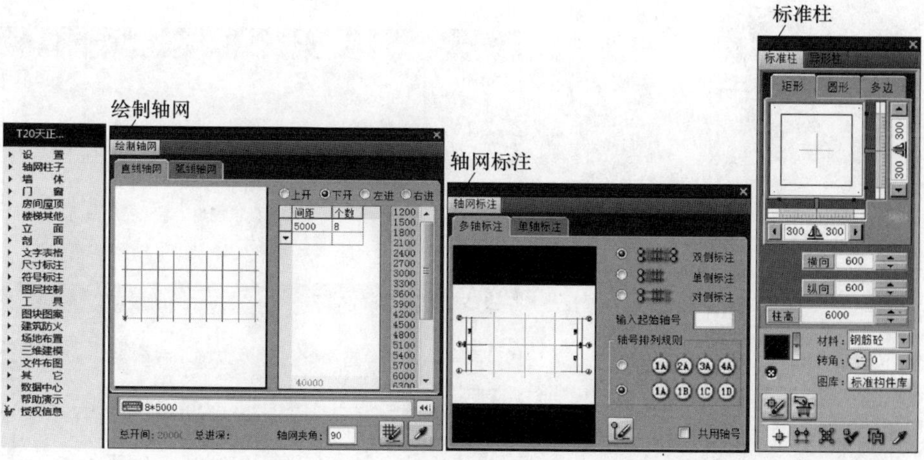

图 13-12　（从左往右）天正菜单栏，绘制轴网对话框，轴网标注对话框，标准柱对话框

（1）从天正菜单栏点击“轴网柱子”按钮，在下拉列表中选择“绘制轴网”命令，绘制横向和纵向轴线，形成轴网；

（2）点击“轴网标注”命令，将轴线的序号及轴线间距标注出来；

（3）点击“标准柱”命令，弹出标准柱对话框。一般材料选择“钢筋混凝土”，形状为“矩形”，柱子尺寸要由专家经过计算确定，我们暂时将横向和纵向都选择为600，柱高选择为6000。然后，在相应的位置布置上柱子。标注尺寸时，应将对话框左下角的比例改为出图时的比例，标记的尺寸及字体的高度以及将来在图纸上的文字高度都根据此比例生成。

在标注轴号时，横向通常用阿拉伯数字1、2、3、…，纵向用英文字母A、B、C或英文加阿拉伯数字表示，如A1、B1、C1、…，但是英文字母I、O不能用来表示轴号。

二、墙体的画法

轴网及柱网布置好以后就要画墙体。从天正菜单栏点击“墙体”按钮，在下拉列表中选择“绘制墙体”命令，在弹出的对话框中选择相应的参数后，根据工艺要求绘制出墙体（图13-13）。在没有特殊要求的情况下，一般车间四周采用240厚的砖墙，车间内部网断采用100厚轻质隔墙。

三、门窗的布置

将有关的墙体安排好以后，需要在相应的位置布置上门、窗户和工艺活孔。不同的门和窗在天正建筑的图库内都能够找到象形的图块，根据需要，插入相应的位置即可。具体方法为：点击“门窗”按钮，在下拉列表中选择“插门”“插窗”命令，在弹出的对话框中设置相应的参数，即可将门窗布置在合适的位置（图13-14）。食品工厂常用的门有平开门、推拉门、弹簧门等。

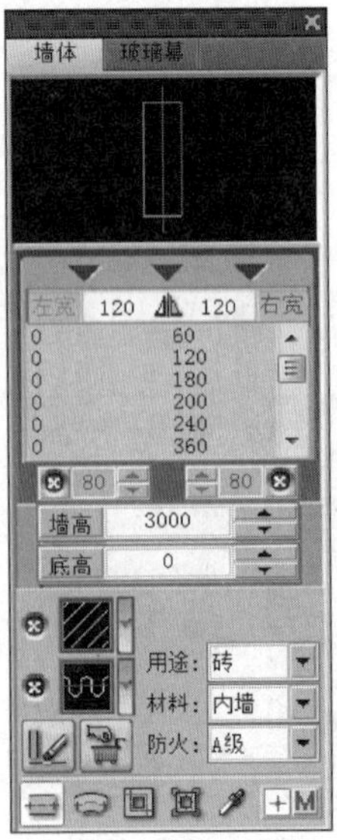

图13-13　绘制墙体对话框

(1) 门

(2) 窗

图13-14　绘制门窗对话框

从天正菜单栏点击“图块图案”按钮，在下拉列表中选择“通用图库”命令，点击对话框左上角的“打开一图库”按钮，从下拉菜单中点击“二维门库”或“二维窗库”会弹出显示各种门、窗名称的下拉条，点击左下角的名称，就会在右边显示相应的图块图形，然后在图块图形上双击鼠标，就将所选择的门窗插入图形中，即可进行相应的编辑（图 13-15）。

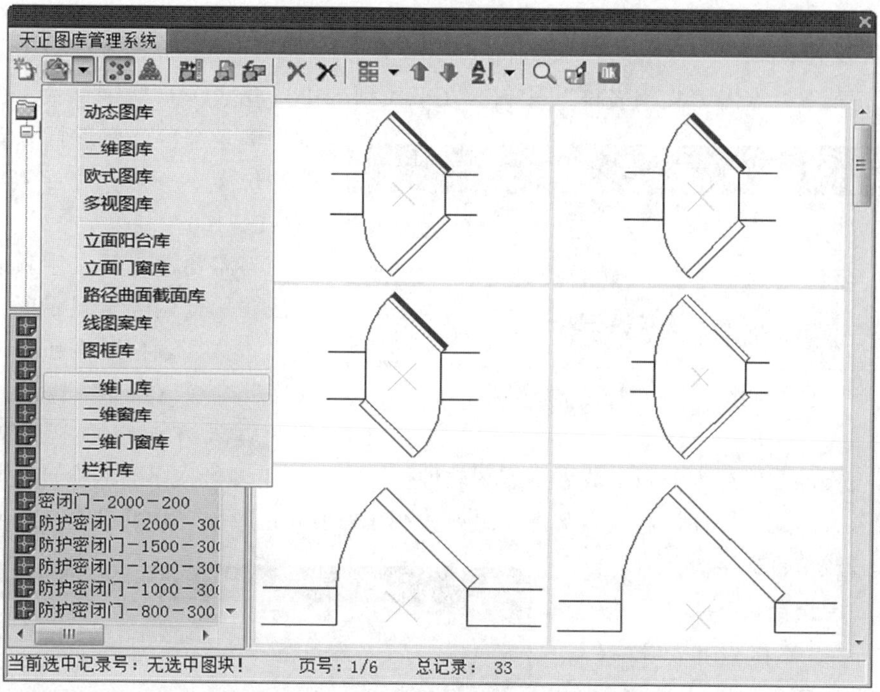

图 13-15　天正图库管理系统对话框

按照建筑采光和工艺流程的需要，将门窗布置在合适的位置，并在有特殊要求的位置做出标注。

四、设备的布置

建立食品工厂车间工艺平面图，设备的布置是关键部分，也是最为重要的工作。设备布置就是根据工艺需要，按照物料的流向，将加工设备布置在合适的位置，以便于生产加工，减少或避免物料的往返运输，达到工艺合理、提高劳动生产率的目标。设备的布置过程是把加工设备以俯视图的形式反映在图纸上的过程。设备的俯视图要根据有关设备厂家提供的设备样本进行绘制。

布置设备时，一般要求设备距墙要留有 600~800mm 的检修距离，设备之间要预留物料的搬运距离和人员通过的距离。

设备布置后一定要将设备的定位尺寸表示明确，以便固定设备的位置。具体方法为：点击“尺寸标注”按钮，在下拉条中选择“逐点标注”命令，将每个设备在横向和纵向分别标上距墙或轴线的距离，即完成定位尺寸的标注。

五、插入图框

每个学校都有自己指定格式的图框，可从指定的图框中选择合适的图幅（如 A1、A2、A3 等）复制粘贴进图纸中。也可从天正菜单栏点击“文件布图”按钮，在下拉列表中选择

“插入图框”命令，在对话框中选择合适的图幅（如 A1、A2、A3 等），样式选择“标准标题栏”，比例选择根据图幅选择，然后点击“确定”，插入图框。

六、其　　他

（一）文字编辑

从天正菜单栏点击“文字表格”按钮，在下拉列表中选择“单行文字”命令，在对话框中输入文字，然后插入到图纸的合适位置。一般文字字高选择 3.5（图 13-16）。

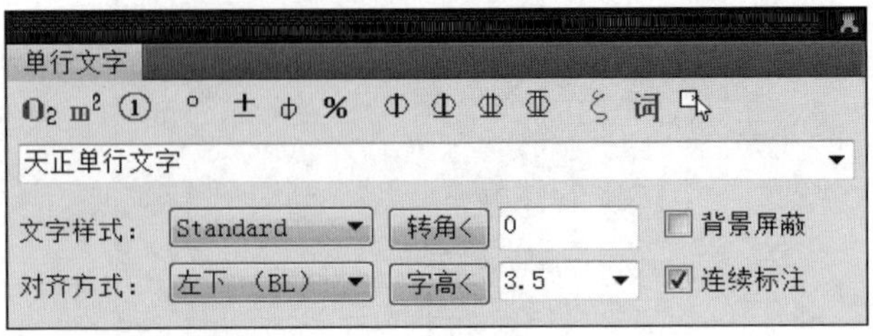

图 13-16　天正单行文字对话框

当需要输入的文字较多，文字无法在一行内完全显示时，也可以使用“文字表格”按钮中的“多行文字”命令（图 13-17）。“多行文字”输入方法与“单行文字”相同。但天正文件在保存为低版本或者用看图软件打开时，天正多行文字有时会产生显示位置错乱等现象，因此，保存为低版本文件时最好先用 EXPLODE 命令（快捷命令 X）将天正多行文字炸开成单行文字。

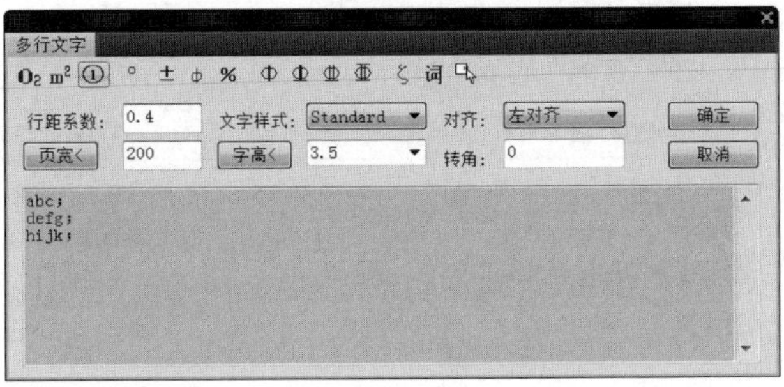

图 13-17　天正多行文字对话框

（二）指北针

从天正菜单栏点击“符号标注”按钮，在下拉列表中选择“画指北针”命令，即可插入指北针。建筑平面图与总平面布置图上的指北针方向应一致。

（三）编辑图签

任何一张图都要有图签，图签上需要标明设计单位、项目名称、图纸名称、设计人、图别、图号及绘图日期等内容，如图 13-18 所示。

****大学			项目名称	***	
			图名	***	
制图	***	班级	***	日期	****年**月
指导老师	***	学号	***	比例	1:100

图 13-18　图签

七、打印输出

设计图纸完成后需要进行打印输出，在 CAD 打印输出中通常会用到 A4 或者 A3 幅面的打印纸。具体的操作方法如下所述。

点击“文件”按钮，在下拉条中选择“打印”（也可点击“标准”工具栏上的“打印”

按钮或按快捷键“Ctrl+P”），会弹出打印设置对话框（图 13-19），在“图纸尺寸”选项卡中设置图纸尺寸，如 A4、A3 等，现以 A4 为例说明。

“打印比例”选择“自定义”，将下方的“1 毫米 = ＊ ＊ ＊单位”按做图时的比例输入，例如，做图时比例为 1∶300，则 1 毫米 = 300 单位；将对话框左下角的“居中打印”前方框内打钩（即选中）。

选择打印区域，在“打印范围”选项卡中选择“窗口”按钮，会回到绘图界面，然后用鼠标选中图框左上角，一直到图框的右下角后，会重新回到打印设置对话框。在对话框的左下方有“预览”按钮，选择“预览”可以检查一下刚才所选的范围是否准确，同时也可以检查图纸上有没有错误，检查无误后，在窗口上点击鼠标右键，选择“打印”就可以直接打印图纸，如果有错误，选择“退出”就会回到“打印设置”对话框进行重新设置。也可以在检查图纸无误后，在窗口上点击鼠标右键，选择“退出”到打印设置对话框，在对话框的右下方点击“确定”按钮进行打印。

单击打印设置对话框右下角的“>”按钮，可以弹出更多打印选项。如果选择彩色打印，对话框右上角的打印样式表可以设置为“无”；如果选择黑白打印，打印样式表设置为“monochrome. ctb”。

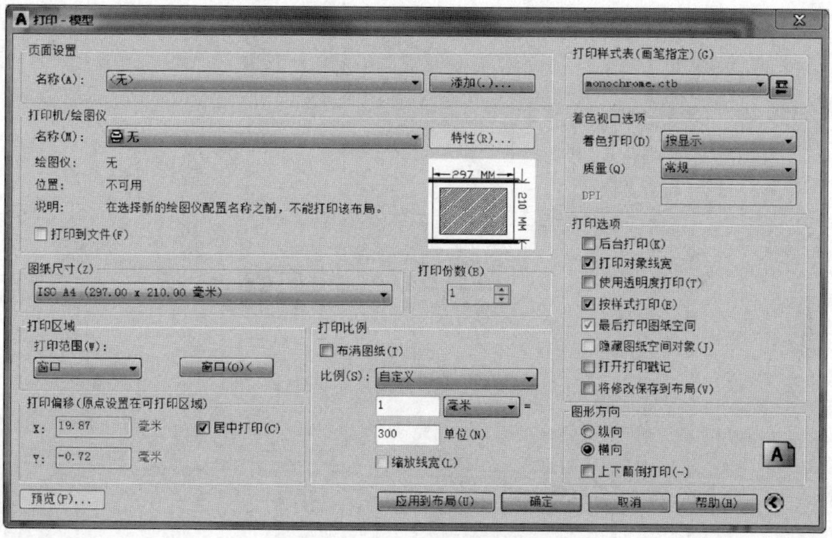

图 13-19　打印设置对话框

案例分享

典型食品车间设计图

（1）工厂总平面图　如图 13-20 所示。

（2）车间布置图　如图 13-21 所示。

（3）工艺流程图　如图 13-22 所示。

（4）设备布置图　如图 13-23 所示。

（5）罐头厂车间布置图　如图 13-24 所示。

（6）果汁厂车间布置图　如图 13-25 所示。

（7）罐头果汁厂总平面图　如图 13-26 所示。

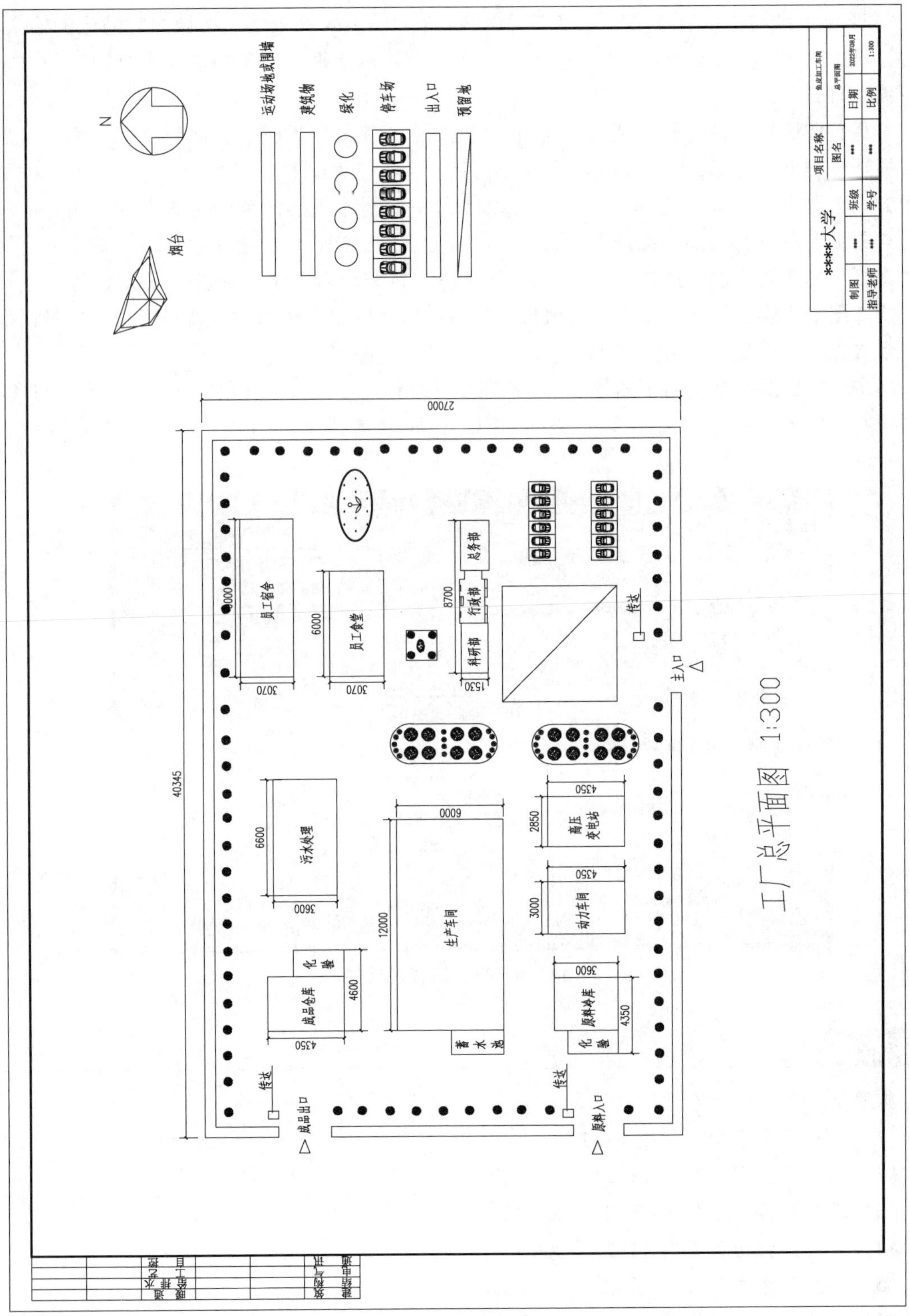

图 13-20 工厂总平面图

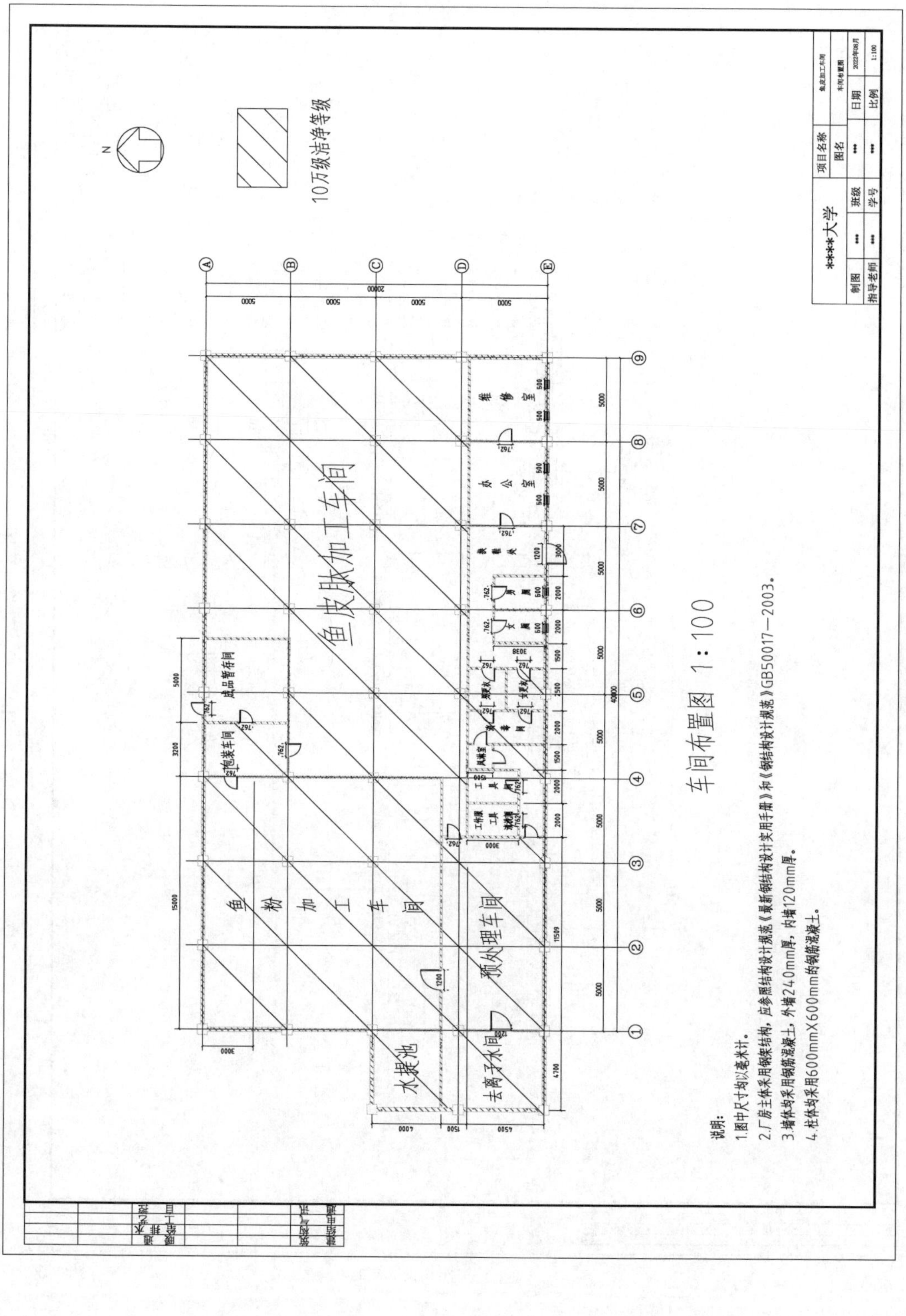
10万级洁净等级
鱼皮肽加工车间
鱼粉加工车间
预处理车间
去离子水间
水提池
成品暂存间
包装车间
办公室
维修室
车间布置图 1：100
说明：
1.图中尺寸均以毫米计。
2.厂房主体采用钢架结构，应参照结构设计规范《最新钢结构设计实用手册》和《钢结构设计规范》GB50017—2003。
3.墙体均采用钢筋混凝土，外墙240mm厚，内墙120mm厚。
4.柱体均采用600mmX600mm的钢筋混凝土。
***大学
项目名称
图名
日期
比例
1:100
制图
指导老师
班级
学号

图 13-21　车间布置图

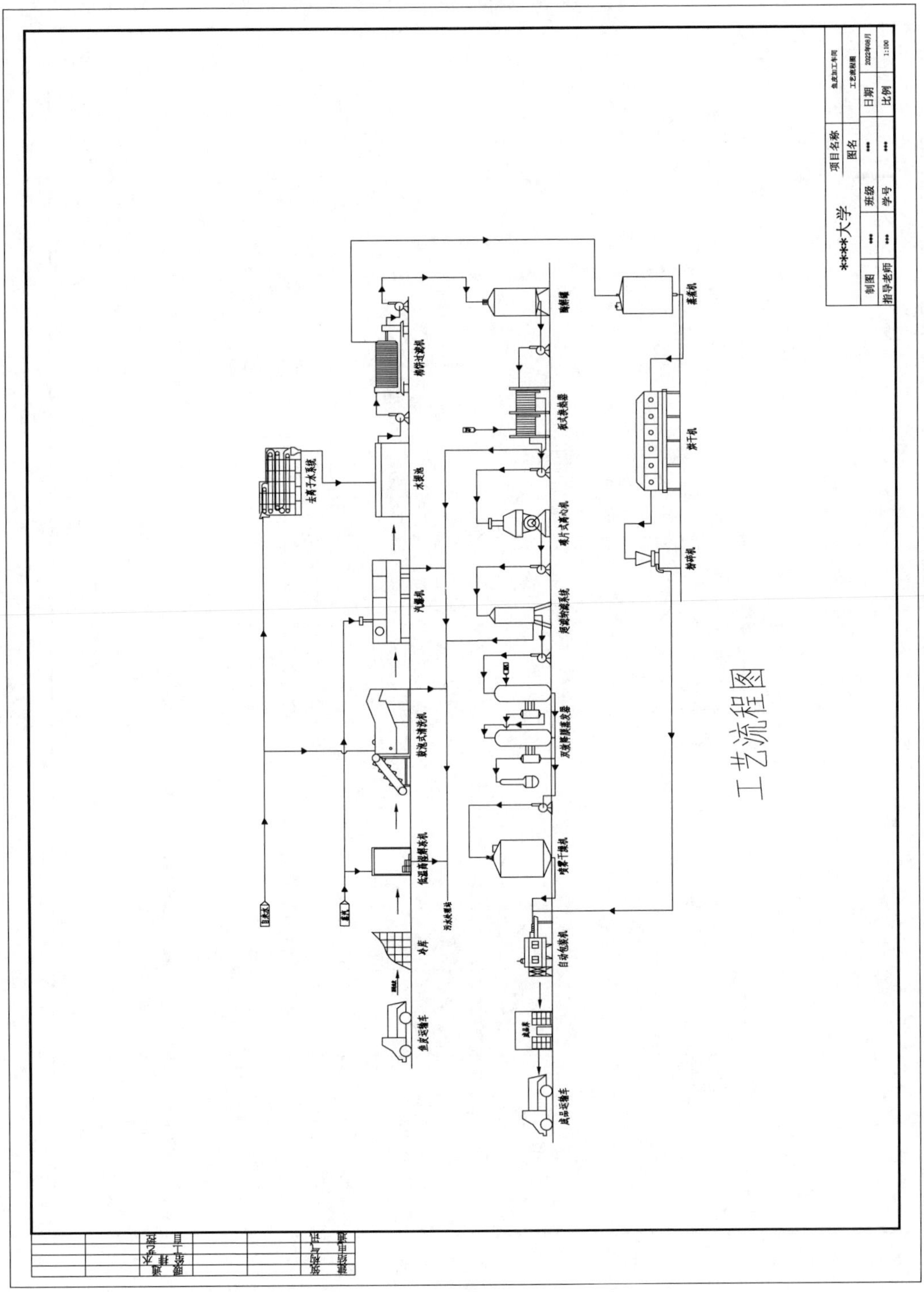

图 13-22 工艺流程图

思政要素解读

能力拓展

◇ 探究式学习，提高分析及研究问题能力

能够基于天正等 CAD 软件对工厂的总平面，各层平面，剖面，立面进行绘制。

◇ 了解并深入贯彻环境和可持续发展方针

学习相关设计规范，能够理解和评价食品工厂绘制涉及的对环境和社会可持续发展的影响，具有绿色设计的理念，理解和识别食品从业人员在社会和环境可持续发展中应担当的职责，树立可持续发展价值观，发挥主观能动性，着眼大局，深入贯彻环境保护的主体思想。

◇ 跨文化背景下进行沟通和交流

图纸是工程师的语言，通过图纸可以了解其他国家的食品工厂状况，也可以表达我们食品工厂的设计理念，具有专业的国际视野和意识，具备跨文化交流的语言和书面表达能力，能就食品领域的专业问题，在跨文化背景下进行有效沟通和交流。

◇ 掌握软件应用，具有自主学习和终身学习的意识，有不断学习和适应发展的能力

软件不断更新，根据食品行业的发展，在社会发展的大背景下，应具有自主和终身学习的意识和适应能力。

素养提升

◇ 结合典型案例，了解专业使命，提高社会责任感

通过对案例的分析和探究，学习相关设计规范，明确工厂设计制图对社会安全的重要性，重视工厂设计图纸绘制的合理性、正确性和可持续发展性，时刻提醒自身保护人民生命财产安全的主要职责和义务。

◇ 学创系统，提升工程素养和解决复杂问题的能力

以实际需求为导向，通过理论与案例的结合分析，养成在工厂绘制选择过程中探索未知、追求真理、勇攀高峰的良好工程素养，提高解决复杂工程问题的能力。

自学能力测试

课后作业

设计一座年产 500t 烤鱿鱼丝工厂，根据工厂的工艺流程对厂区总平面、车间平面布置、设备布置等进行设计，绘制图纸。

车间厂房主体采用钢架结构，柱距为 6000，跨度为 6000。车间由生产部分、辅助部分和生活行政部分组成。生产部分包括原料预处理、半成品加工工段、成品加工工段、控制室；辅助部分包括原料库、成品库、配电室；生活行政部分包括宿舍、食堂、研发部、行政楼。

生产车间的物料流向由生区向熟区流动，不可逆向。人员的进出要依据更衣换鞋、洗手消毒、风淋后才能进入生产区域，这样能够保证生产车间的卫生条件。所需工艺流程图如图 13-27 所示，设备选型表如表 13-1 所示。

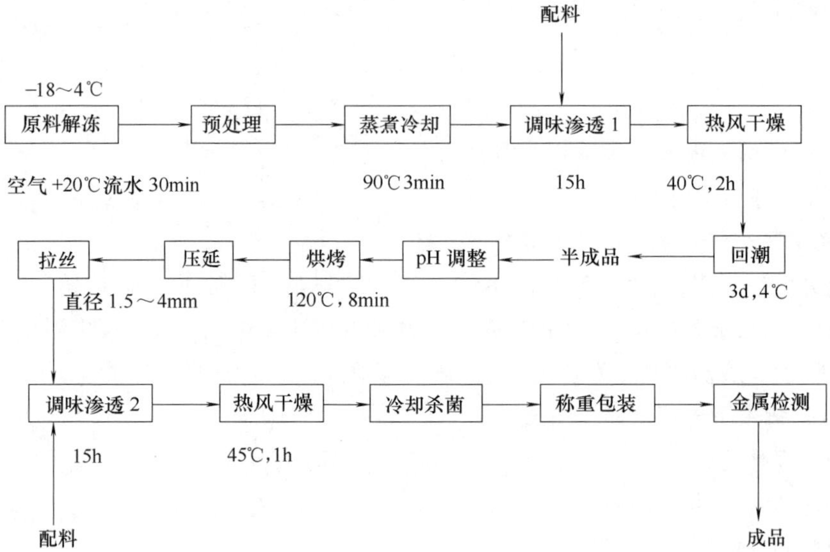

图 13-27 工艺流程图

表 13-1 设备选型表

工序名称	设备名称	设备型号	外形尺寸/mm	设备数量/台
原料解冻	鱿鱼解冻机	YXJ-6000	6000×1500×1400	1
预处理	不锈钢加工台	G-78	120×60×75	6
蒸煮冷却	食品自动焯水机	HJ/ZP-3200	3200×1200×1600	1
调味渗透 1	切片机	XB-QP	2200×680×1350	2
调味渗透 1	博泽全自动鱿鱼拌料机		2300×1100×1500	2
热风干燥 1	鱿鱼干燥箱	CT-C-1	2300×1200×2000	1
烘烤	博泽烤鱼片机	bz-6000	6050×850×650	1
压延	鱿鱼拉松压延机	LS-315	2300×1100×1500	2
拉丝	全自动鱿鱼大片扯丝机	RC-1450	1000×600×1140	4
调味渗透 2	博泽全自动鱿鱼拌料机		2300×1100×1500	2
热风干燥 2	鱿鱼干燥箱	CT-C-1	2300×1200×2000	1
冷却杀菌	微波鱿鱼丝杀菌机	WYS-30HM	11800×1362×1700	1
称重包装	鱿鱼丝真空包装机	DZ-1000	1580×1800×1500	1
金属探测	食品金属探测机	XR-980 金属检测机	1330×870×900	2

工厂总平面面积 6000m^2，各单体建筑面积如表 13-2 所示。

表 13-2　　厂房建筑面积表

项目名称	面积/m^2	项目名称	面积/m^2
全厂	6000	宿舍	160
生产车间	576	行政办公楼	240
原料库	300	化验室及研发室	144
原料冷库	300	设备管理室	144
成品储库	400	员工餐厅	432
包装材料库	72	停车场	108
污水处理站	180	门卫	36
动力车间	180	绿化	1600
配电室	144		

APPENDIX

附录

附录一　图纸幅面尺寸（参考 GB/T 14689—2008《技术制图　图纸幅面和格式》）

单位：mm

幅面代号	A_0	A_1	A_2	A_3	A_4
$B \times L$	841×1189	594×841	420×594	294×420	210×297
e	20		10		
c	10			5	
a	25				

注：e、c、a 为图框线与纸边界线间的距离，详见附录二。

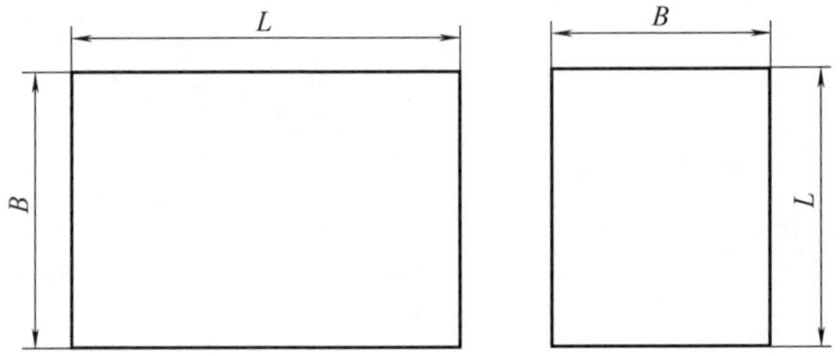

附录二　图纸图框格式（参考 GB/T 14689—2008《技术制图　图纸幅面和格式》）

图纸类型	X 型(横放)	Y 型(竖放)
有装订边图纸	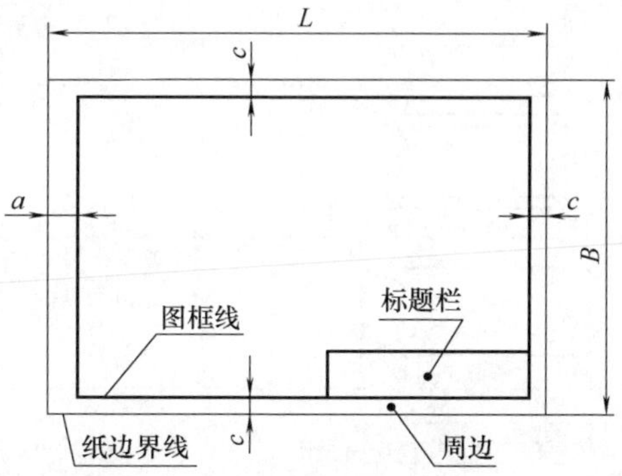	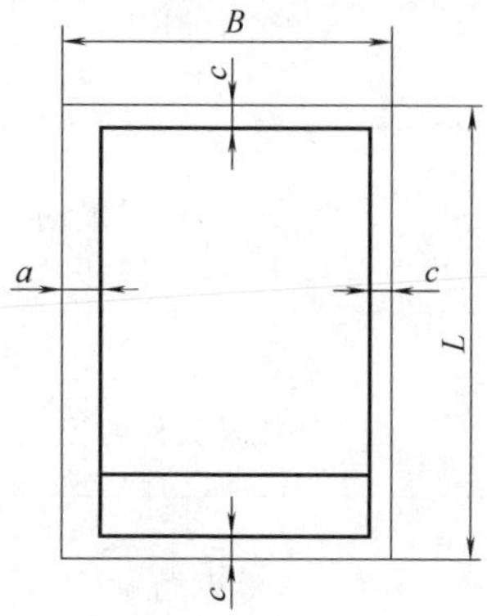
无装订边图纸	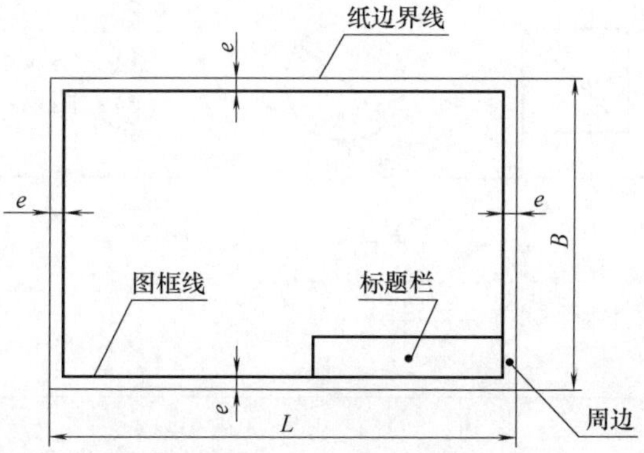	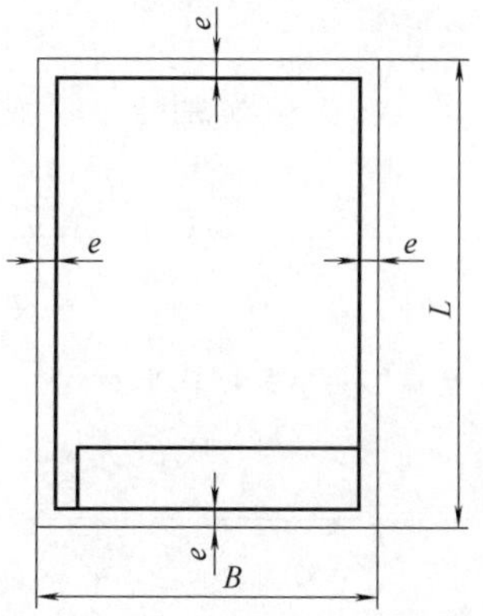

注：图样通常按此图例绘制，标题栏通常位于图纸右下方。

附录三　部分建筑图例

序号	名称	图例	说明
1	新设计的建筑物	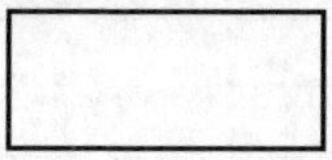	(1)比例小于 1∶2000 时，可以不画出入口；(2)需要时可以在右上角以点数(或数字)表示层数

续表

序号	名称	图例	说明
2	原有的建筑物	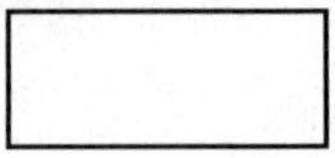	在设计中拟利用者,均应编号说明
3	计划扩建的预留地或建筑物		用细虚线表示
4	拆除的建筑物	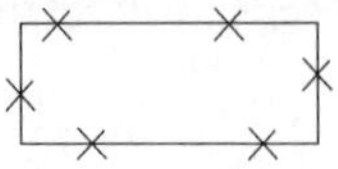	
5	散状材料露天堆场	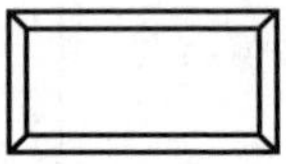	
6	其他材料露天堆场或露天作业场	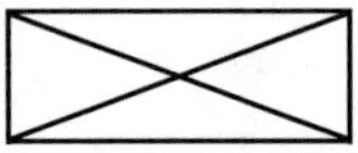	
7	铺砌场地	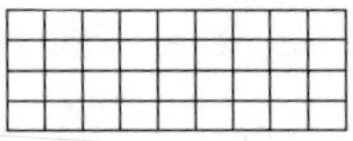	
8	冷却塔		(1)左图表示方形; (2)右图表示圆形
9	贮罐或水塔	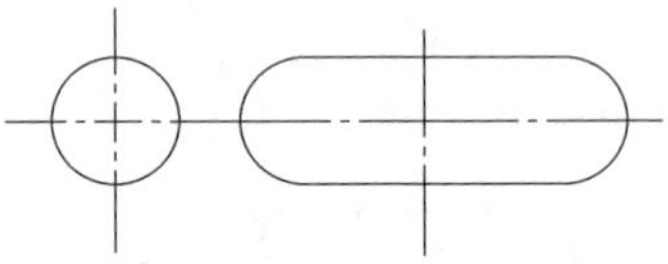	
10	烟囱		实线为烟囱下部直径,虚线为基础,必要时可注写烟囱高度和上、下口直径
11	围墙及大门	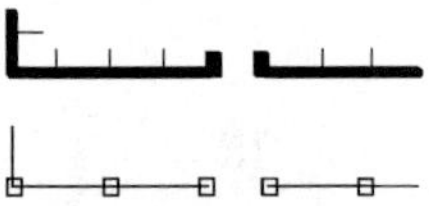	上图为实体性质的围墙,下图为通透性质的围墙,若仅表示围墙时不画大门
12	挡土墙		“被挡土”在突出一侧
13	台阶	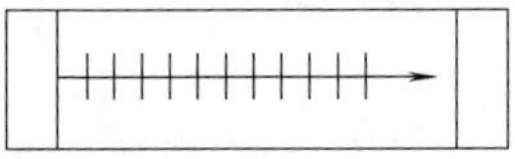	箭头方向表示下坡

续表

序号	名称	图例	说明
14	排水明沟	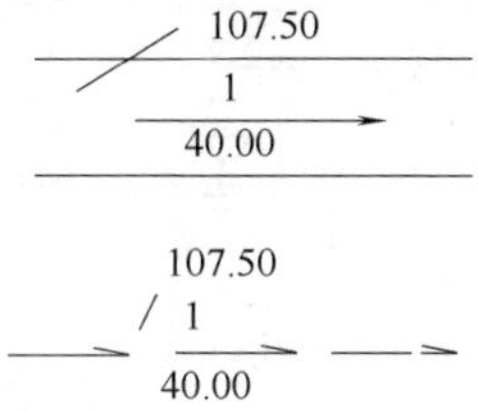	(1)上图用于比例较大的图纸,下图用于比例较小的图纸 (2)"1"表示 1%的沟底纵向坡度,"40.00"表示变坡点间距离,箭头表示流水方向 (3)"107.50"表示沟底标高
15	有盖的排水沟	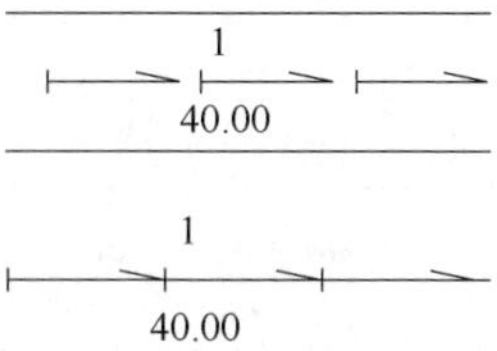	(1)上图用于比例较大的图纸,下图用于比例较小的图纸 (2)"1"表示 1%的沟底纵向坡度,"40.00"表示变坡点间距离,箭头表示流水方向
16	室内地坪标高	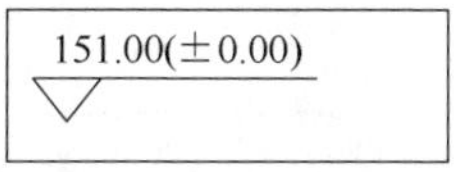	
17	室外整平标高	• 143.00 ▼ 143.00	
18	设计的填挖边坡	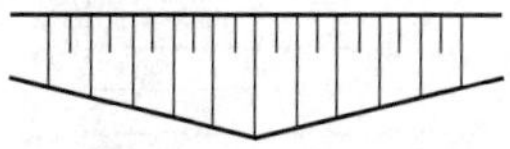	边坡较长时,可在一端或两端局部表示
19	护坡	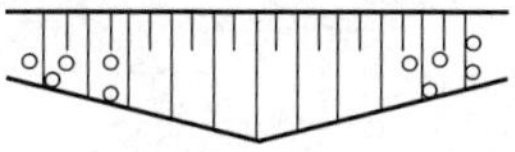	在比例较小的图画中可不画图例,但必须注明材料
20	新建的道路	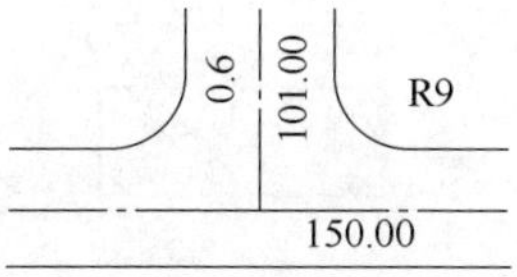	"R9"表示道路转弯半径为9m,"150.00"为路面中心控制点标高,"0.6"表示 0.6%的纵向坡度,"101.00"表示变坡点间距
21	原有的道路	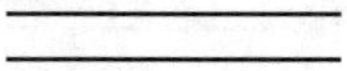	
22	计划的道路		
23	人行道	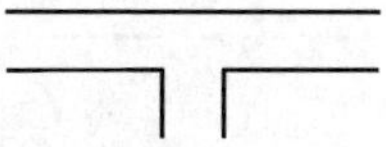	
24	桥梁	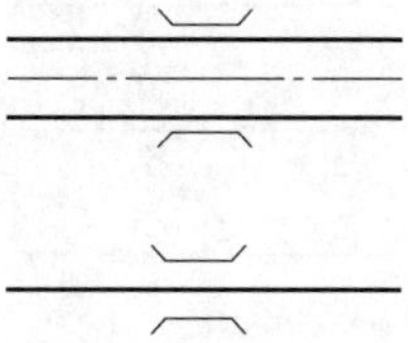	(1)上图表示公路桥 (2)下图表示铁路桥

续表

序号	名称	图例	说明
25	码头	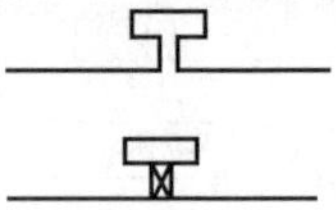	上图为固定码头，下图为浮动码头
26	汽车衡	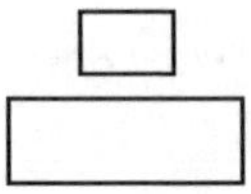	
27	站台	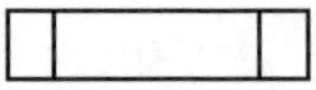	
28	自然土壤		包括各种自然土壤、黏土等
29	素土夯实		
30	砂、灰土		
31	沙砾石、碎砖三合土	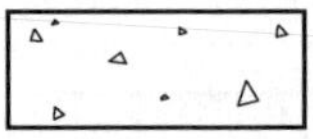	
32	石材	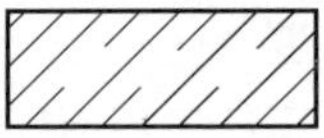	包括岩层、砌体、铺地、贴面等材料
33	毛石		
34	实心砖、多孔砖	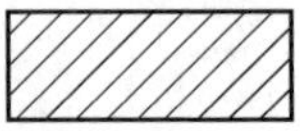	在比例小于或等于1：50的平剖面图中不画斜线，可在底图背面涂红表示
35	空心砖、空心砌块		包括空心砖、普通或轻骨料混凝土小型空心砌块等砌体
36	饰面砖	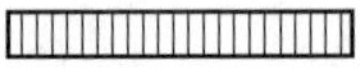	包括铺地砖、马赛克、陶瓷锦砖、人造大理石等
37	混凝土		
38	钢筋混凝土	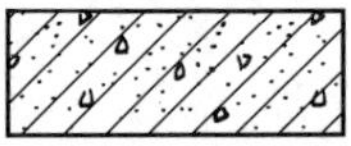	(1)在比例小于1：100的图例中不画图例，可在底图上涂黑表示 (2)在剖面图中如画出钢筋时，可不画图例

续表

序号	名称	图例	说明
39	木材		(1)上图为横断面,左上图为垫木、木砖或木龙骨; (2)下图为纵断面
40	胶合板		(1)应注明“x 层胶合板”; (2)在比例较小的图面中,可不画图例,但须注明材料
41	焦渣、矿渣	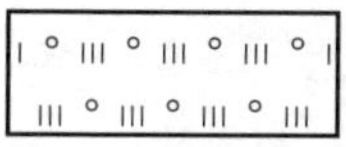	包括与水泥、石灰等混合而成的材料
42	耐火砖	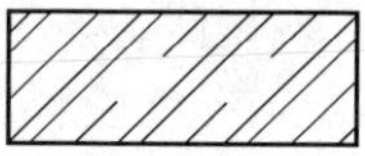	包括耐酸砖等砌体
43	玻璃		包括平板玻璃、磨砂玻璃、夹丝玻璃、钢化玻璃、中空玻璃、夹层玻璃、镀膜玻璃等
44	防水材料及防潮层		构造层次多或绘制比例大时,采用上面的图例
45	橡胶	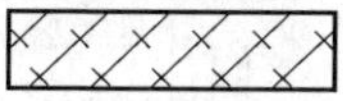	
46	金属	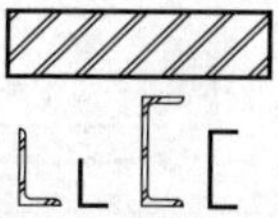	(1)包括各种金属; (2)图形较小时,可填黑或深灰(灰度宜 70%)
47	液体	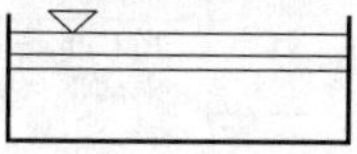	应注明具体液体名称
48	改建时保留的墙和窗	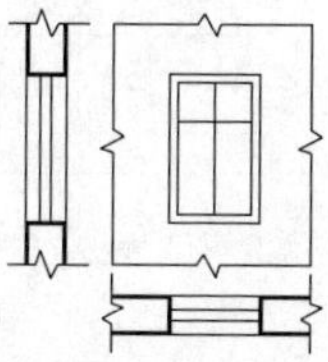	只更换窗,应加粗窗的轮廓线
49	新建时或改建时新设计的墙	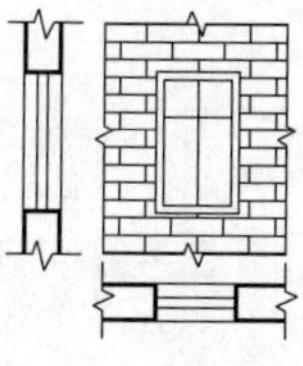	(1)比例小于 1∶2000 时,可以不画出入口; (2)新设计的墙体材料,必须按 GB/T 50001—2017《房屋建筑制图统一标准》所规定的图例表示

续表

序号	名称	图例	说明
50	应拆除的墙	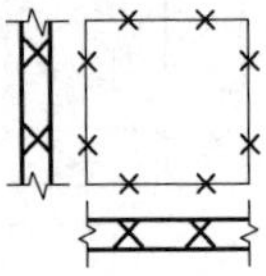	
51	在原有墙上或楼板上新设计的洞孔	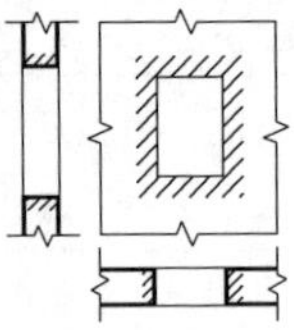	
52	在原有墙上或楼板上需要全部填塞的洞孔	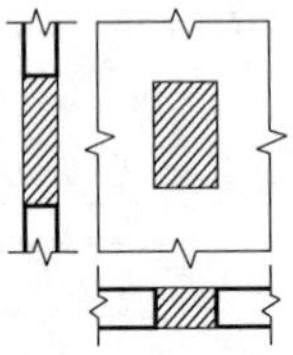	(1)比例小于1：2000时，可以不画出入口； (2)填塞洞孔的材料应用文字注明
53	墙上原有洞孔需要局部填塞	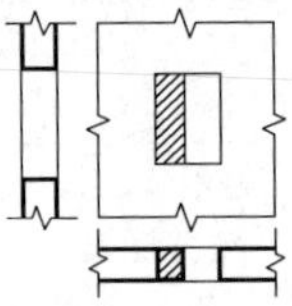	
54	墙上需要放大的原有洞孔	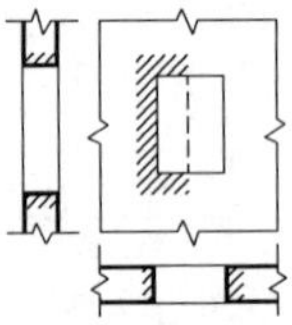	比例小于1：2000时，可以不画出入口
55	填上预留洞口	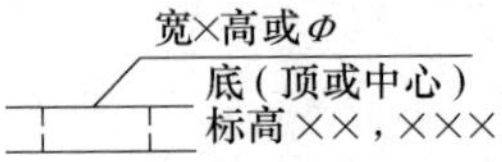	(1)以洞中心或洞边定位； (2)宜以涂色区别墙体和留洞位置
56	墙上预留槽	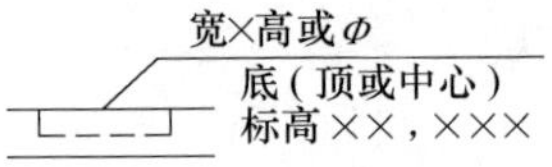	
57	长坡道	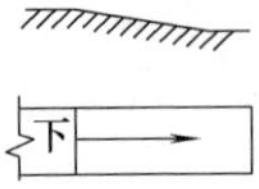	在比例较大的画面中，坡道上如有防滑措施时，可按实际形状用细线表示
58	入口坡道	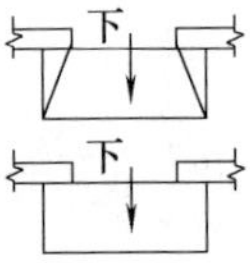	

续表

序号	名称	图例	说明
59	底层楼梯	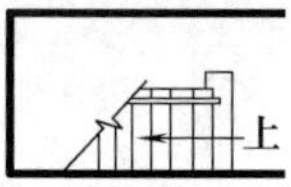	
60	中间层楼梯	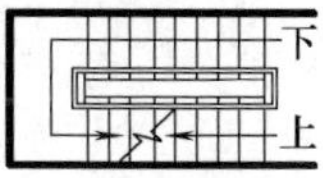	楼梯的形式及步数应按实际情况绘制
61	顶层楼梯	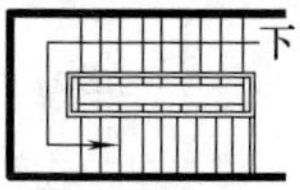	
62	检查孔(进人孔)	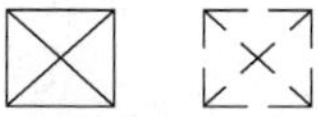	(1)左图表示地面检查孔; (2)右图表示吊顶检查孔
63	孔洞		阴影部分可以涂色代替
64	坑槽	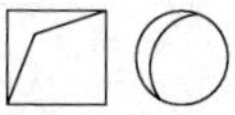	
65	烟道	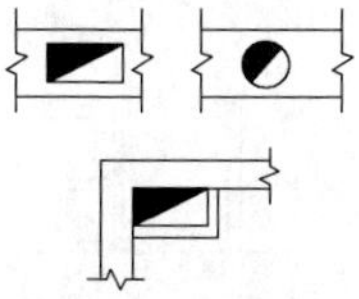	(1)阴影部分可以涂色代替; (2)烟道与墙体为同一材料,其相接处墙身线应断开
66	通风道	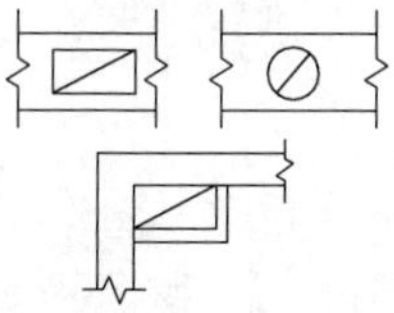	
67	空门洞	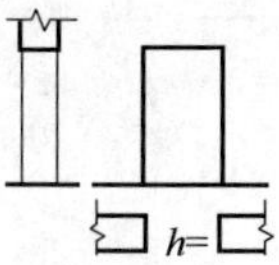	h为门洞高度
68	单扇门	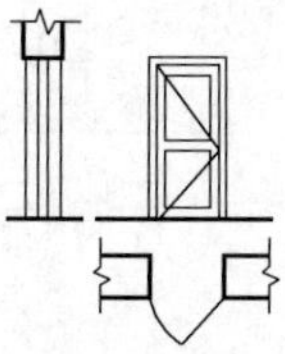	
69	双扇门	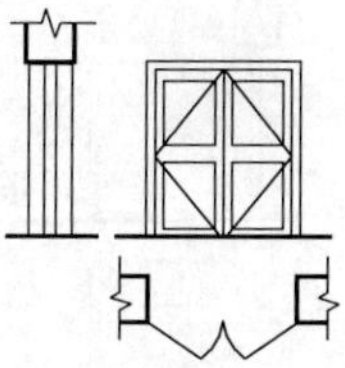	

续表

序号	名称	图例	说明
70	对开折门	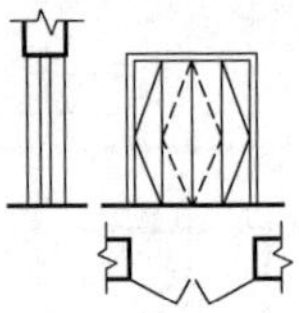	（1）门的名称代号用 M，图例中剖面图左为外，右为内； （2）平面图下为外，上为内，立面形式应按实际情况绘制
71	墙外单扇推拉门	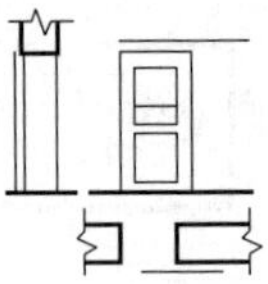	
72	墙外双扇推拉门	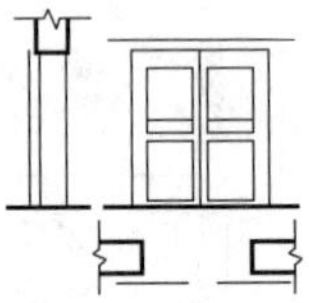	
73	单扇双面弹簧门	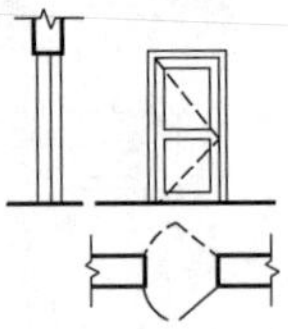	（1）门的名称代号用 M，图例中剖面图左为外，右为内； （2）平面图下为外，上为内，立面图上开启方向线交角的一侧为安装合页的一侧，实线为外开，虚线为内开
74	双扇双面弹簧门	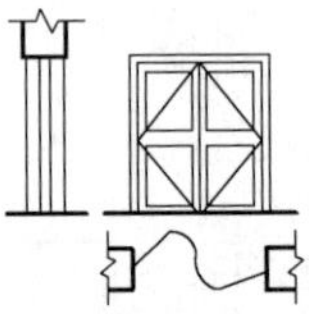	
75	单扇内外开双层门	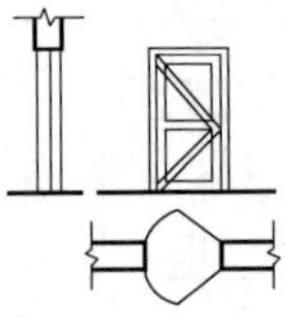	
76	双扇内外开双层门	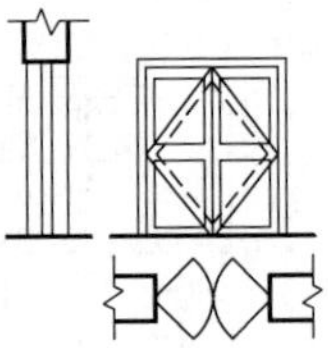	

续表

<table>
<tr><th>序号</th><th>名称</th><th>图例</th><th>说明</th></tr>
<tr><td>77</td><td>单层固定窗</td><td>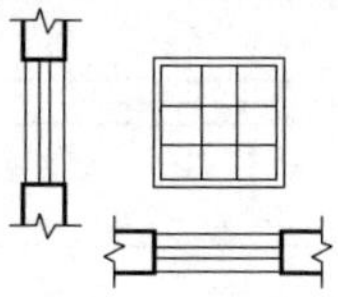</td><td rowspan="4">(1)立面图中的斜线,表示窗扇开关方式,单虚线表示单层内开(双虚线表示双层内开),单实线表示单层外开(双实线表示双层外开);
(2)平、剖面图中的虚线,仅说明开关方式,在设计图中可不表示;
(3)窗的名称代号用C表示</td></tr>
<tr><td>78</td><td>单层外开上悬窗</td><td>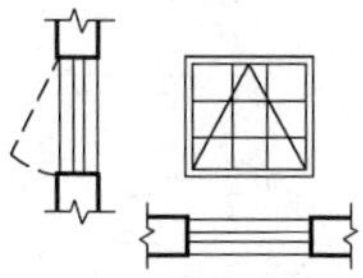</td></tr>
<tr><td>79</td><td>单层中悬窗</td><td>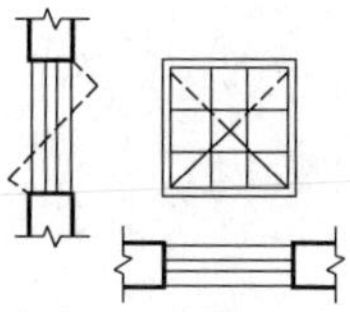</td></tr>
<tr><td>80</td><td>单层内开下悬窗</td><td>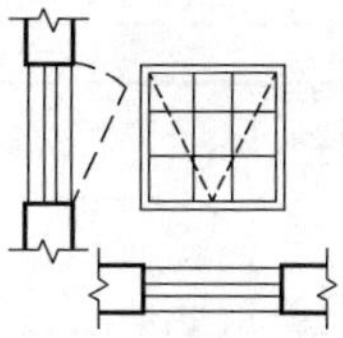</td></tr>
<tr><td>81</td><td>单层外开平开窗</td><td>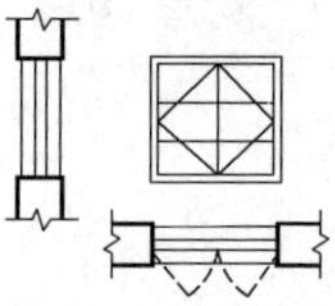</td><td rowspan="4">(1)立面图中的斜线,表示窗扇开关方式,单虚线表示单层内开(双虚线表示双层内开),单实线表示单层外开(双实线表示双层外开);
(2)平、剖面图中的虚线,仅说明开关方式,在设计图中可不表示;
(3)窗的名称代号用C表示</td></tr>
<tr><td>82</td><td>单层垂直旋转窗</td><td>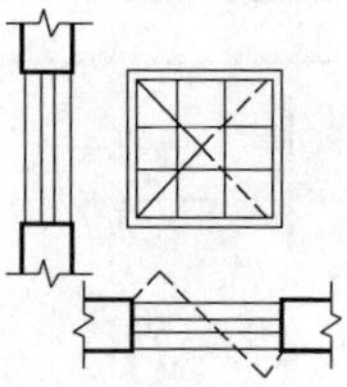</td></tr>
<tr><td>83</td><td>双层内外开平开窗</td><td>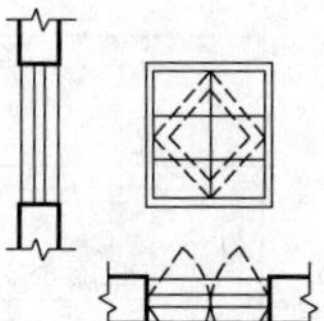</td></tr>
<tr><td>84</td><td>高窗</td><td>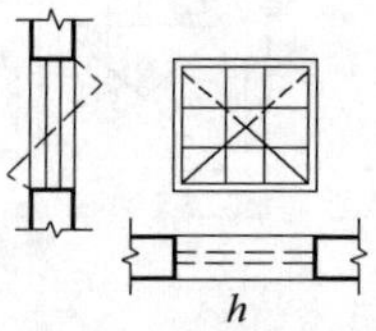</td></tr>
</table>

续表

序号	名称	图例	说明
85	铁路	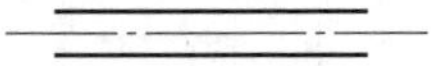	本图例表示标准轨距铁路或窄铁路，在设计图中应注明轨距
86	吊车轨道		
87	单轨吊车	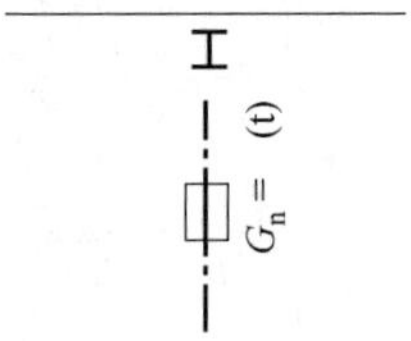	
88	悬挂吊车	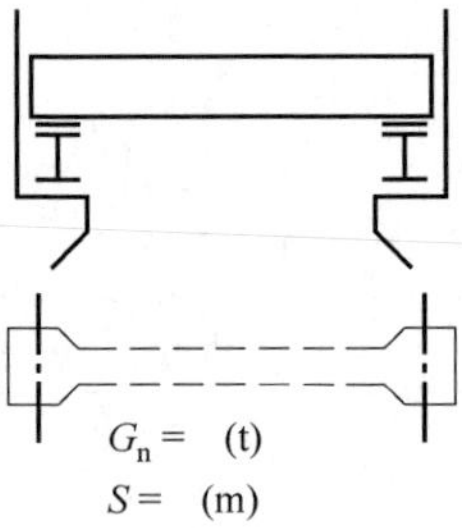	(1)上图表示立面(或割面)，下图表示平面； (2)吊车(起重机)的图例，应按图面的比例绘制； (3)有无操纵室，必须按设计的实际情况绘制； (4)需要时可注明吊车的名称，行驶的轴线范围及工作制度； (5)图例的符号说明： G_n—吊车起重量，以吨(t)计算；S—吊车的跨度或悬壁的长度，以米(m)计算
89	梁式吊车	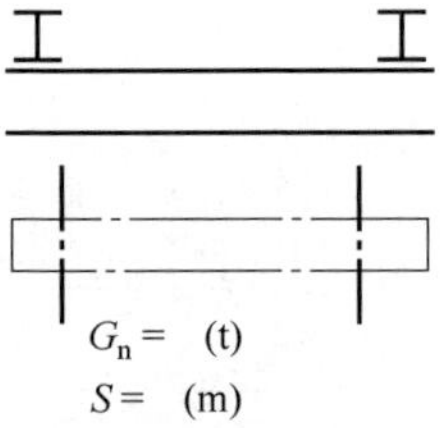	
90	电梯	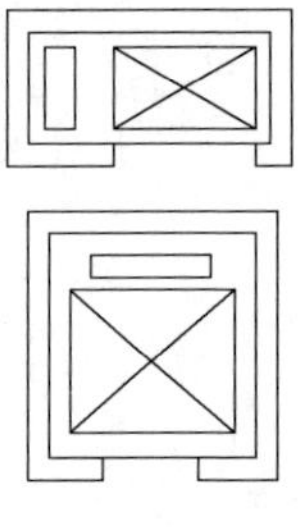	(1)门和平衡锤的位置应按设计的实际情况绘制； (2)电梯应注明类型，例如：载货电梯的载重量以公斤(kg)计算；乘客电梯的载客量以人数(人)计算

附录四 常用固体材料的重要性质

名称	密度 ρ/(kg/m^3)	热导率 λ/[W/(m·K)]	比热容 c/[kJ/(kg·K)]
金属			
钢	7850	45.4	0.46
不锈钢	7900	17.4	0.50
铸铁	7220	62.8	0.50
铜	8800	383.8	0.41
青铜	8000	64.0	0.38
铝	2670	203.5	0.92
镍	9000	58.2	0.46
铅	11400	34.9	0.13
黄铜	8600	85.5	0.38
塑料			
酚醛	1250~1300	0.13~0.25	1.26~1.67
脲醛	1400~1500	0.30~1.09	1.26~1.67
聚氯乙烯	1380~1400	0.16~0.59	1.84
聚苯乙烯	1050~1070	0.08~0.29	1.34
低压聚乙烯	940	0.29~1.05	2.55
高压聚乙烯	920	0.26~0.92	2.22
有机玻璃	1180~1190	0.14~0.20	—
建筑材料、绝缘材料及其他			
干沙	1500~1700	0.45~0.58	0.80
黏土	1600~1800	0.47~0.53	0.75
锅炉炉渣	700~1100	0.19~0.30	—
黏土砖	1600~1900	0.47~0.67	0.92
耐火砖	1840	1.05(800~1100℃)	0.88~1.00
绝缘砖(多孔)	600~1400	0.16~0.37	—
混凝土	2000~2400	1.28~1.55	0.84
松木	500~600	0.07~0.10	2.72(0~100℃)
软木	100~300	0.04~0.06	0.96
石棉板	170	0.12	0.82
石棉水泥板	1600~1900	0.35	—
玻璃	2500	0.74	0.67
耐酸陶瓷制品	2200~2300	0.93~1.05	0.75~0.80
耐酸砖和板	2100~2400	—	—
橡胶	1200	0.16	1.38
耐酸搪瓷	2300~2700	0.99~1.05	0.84~1.3
冰	900	2.33	2.11

附录五　饱和水蒸气的性质（以温度为准）

温度/℃	压强/kPa	蒸气密度/(kg/m^3)	焓/(kJ/kg)		汽化热/(kJ/kg)
			液体	蒸汽	
0	0. 6082	0. 00482	0	2. 461	2491. 1
5	0. 873	0. 0068	20. 94	2500. 8	2479. 86
10	1. 2263	0. 0094	41. 87	2510. 4	2468. 53
15	1. 7068	0. 01283	62. 8	2520. 5	2457. 7
20	2. 3346	0. 01719	83. 74	2530. 1	2446. 3
25	3. 1684	0. 02304	104. 67	2539. 7	2435
30	4. 2474	0. 03036	125. 6	2549. 3	2423. 7
35	5. 6207	0. 0396	146. 54	2559	2412. 4
40	7. 3766	0. 05114	167. 47	2568. 6	2401. 1
45	9. 5837	0. 06543	188. 41	2577. 8	2389. 4
50	12. 34	0. 083	209. 34	2587. 4	2378. 1
55	15. 743	0. 1043	230. 27	2596. 7	2366. 4
60	19. 923	0. 1301	251. 21	2606. 3	2355. 1
65	25. 041	0. 1611	272. 14	2615. 5	2343. 4
70	31. 164	0. 197	293. 08	2624. 3	2331. 2
75	38. 551	0. 2416	314. 01	2633. 5	2319. 5
80	47. 379	0. 2929	334. 94	2642. 3	2307. 8
85	57. 875	0. 3531	355. 88	2651. 1	2295. 2
90	70. 136	0. 4229	376. 81	2659. 9	2283. 1
95	84. 556	0. 5039	397. 75	2668. 7	2270. 9
100	101. 33	0. 597	418. 68	2677	2258. 4
105	120. 85	0. 7036	440. 03	2685	2245. 4
110	143. 31	0. 8254	460. 97	2693. 4	2232
115	169. 11	0. 9635	482. 32	2901. 3	2219
120	198. 64	1. 119	503. 67	2708. 9	2205. 2
125	232. 19	1. 296	525. 02	2716. 4	2191. 8
130	270. 25	1. 494	546. 38	2723. 9	2177. 6
135	313. 11	1. 715	567. 73	2731	2163. 3
140	361. 47	1. 962	589. 08	2737. 7	2148. 7
145	415. 72	2. 238	610. 85	2744. 4	2134
150	476. 24	2. 543	632. 21	2750. 7	2118. 5
160	618. 28	3. 252	675. 75	2762. 9	2087. 1
170	792. 59	4. 113	719. 29	2773. 3	2054

续表

温度/℃	压强/kPa	蒸气密度/(kg/m³)	焓/(kJ/kg)		汽化热/(kJ/kg)
			液体	蒸汽	
180	1003.5	5.145	763.25	2782.5	2019.3
190	1255.66	6.378	807.64	2790.1	1982.4
200	1554.77	7.84	852.01	2795.5	1943.5
210	1917.72	9.567	897.23	2799.3	1902.5
220	2320.88	11.6	942.45	2801	1858.5
230	2798.59	13.98	988.5	2800.1	1811.6
240	3347.91	16.76	1034.56	2796.8	1761.8
250	3977.67	20.01	1081.45	2790.1	1708.6
260	4693.75	23.82	1128.76	2780.9	1651.7
270	5503.99	28.27	1176.91	2768.3	1591.4
280	6417.24	33.47	1225.48	2752	1526.5
290	7443.29	39.6	1276.46	2732.3	1457.4
300	8592.94	46.93	1025.54	2708	1382.5
310	9877.96	55.59	1378.71	2680	1301.3
320	11300.3	65.95	1436.07	2648.2	1212.1
330	12879.6	78.53	1446.78	2610.5	1116.2
340	14615.8	93.98	1562.93	2568.6	1005.7
350	16538.5	113.2	1636.2	2516.7	880.5
360	18667.1	139.6	1729.15	2442.6	713
370	21040.9	171	1888.25	2301.9	411.1
374	22070.9	322.6	2098.0	2098.0	0

附录六　部分食品材料的含水量、冻前比热容、冻后比热容和融化热数据

食品材料	含水量/%	初始冻结温度/℃	冻前比热容/[kJ/(kg·K)]	冻后比热容/[kJ/(kg·K)]	融化热/(kJ/kg)
蔬菜					
芦笋	93	−0.6	4.00	2.01	312
干菜豆	41	—	1.95	0.98	37
甜菜根	88	−1.1	3.88	1.95	295
胡萝卜	88	−1.4	3.88	1.95	295
花椰菜	92	−0.8	3.98	2.00	308

续表

食品材料	含水量/%	初始冻结温度/℃	冻前比热容/[kJ/(kg·K)]	冻后比热容/[kJ/(kg·K)]	融化热/(kJ/kg)
芹菜	94	-0.5	4.03	2.02	315
甜玉米	74	-0.6	3.53	1.77	248
黄瓜	96	-0.5	4.08	2.05	322
茄子	93	-0.8	4.00	2.01	312
大蒜	61	-0.8	3.20	1.61	204
姜	87	—	3.85	1.94	291
韭菜	85	-0.7	3.80	2.04	285
莴苣	95	-0.2	4.06	1.99	318
蘑菇	91	-0.9	3.95	1.95	305
青葱	89	-0.9	3.90	1.77	298
干洋葱	88	-0.8	3.88	2.04	295
青豌豆	74	-0.6	3.53	2.01	248
四季萝卜	95	-0.7	4.06	2.04	318
菠菜	93	-0.3	4.00	2.01	312
番茄	94	-0.5	4.03	2.02	315
青萝卜	90	-0.2	3.93	1.97	302
萝卜	92	-1.1	3.98	2.00	308
水芹菜	93	-0.3	4.00	2.01	312
水果					
鲜苹果	84	-1.1	3.78	1.90	281
杏	85	-1.1	3.80	1.91	285
香蕉	75	-0.8	3.55	1.79	251
樱桃(酸)	85	-1.7	3.78	1.90	281
樱桃(甜)	80	-1.8	3.68	1.85	268
葡萄柚	89	-1.1	3.90	1.96	298
柠檬	89	-1.4	3.90	1.96	298
西瓜	93	-0.4	4.00	2.01	312
橙	87	-0.8	3.85	1.94	292
鲜桃	89	-0.9	3.90	1.96	298
梨	83	-1.6	3.75	1.89	278
菠萝	85	-1.0	3.80	1.91	285
草莓	90	-0.8	3.93	1.97	302
鱼					
大马哈鱼	64	-2.2	3.28	1.65	214
金枪鱼	70	-2.2	3.43	1.72	235
青鱼片	57	-2.2	3.10	1.56	191

续表

食品材料	含水量/%	初始冻结温度/℃	冻前比热容/[kJ/(kg·K)]	冻后比热容/[kJ/(kg·K)]	融化热/(kJ/kg)
贝类					
扇贝肉	80	-2.2	3.68	1.85	268
小虾	83	-2.2	3.75	1.89	278
美洲大龙虾	79	-2.2	3.65	1.84	265
牛肉					
胴体(60%瘦肉)	49	-1.7	2.90	1.46	164
胴体(54%瘦肉)	45	-2.2	2.80	1.41	151
大腿肉	67	—	3.35	1.68	224
小牛胴体(81%瘦肉)	66	—	3.33	1.67	221
猪肉					
烟熏肉	19	—	2.15	1.08	64
胴体(47%瘦肉)	37	—	2.60	1.31	124
胴体(33%瘦肉)	30	—	2.42	1.22	101
后腿(轻度腌制)	57	—	3.10	1.56	191
后腿(74%瘦肉)	56	-1.7	3.08	1.55	188
羊羔肉					
腿肉(83%瘦肉)	65	—	3.30	1.66	218
乳制品					
奶油	16	—	2.07	1.04	54
干酪(瑞士)	39	-10.0	2.65	1.33	131
冰淇淋(10%脂肪)	63	-5.6	3.25	1.63	211
罐装炼乳(加糖)	27	-15.0	2.35	1.18	90
浓缩乳(不加糖)	74	-1.4	3.53	1.77	248
全脂乳粉	2	—	1.72	0.87	7
脱脂乳粉	3	—	1.75	0.88	10
鲜乳(3.7%脂肪)	87	-0.6	3.85	1.94	291
脱脂鲜乳	91	—	3.95	1.99	305
禽蛋制品					
鲜蛋	74	-0.6	3.53	1.77	247
蛋白	88	-0.6	3.88	1.95	295
蛋黄	51	-0.6	2.95	1.48	171
加糖蛋黄	51	-3.9	2.95	1.48	171
全蛋粉	4	—	1.77	0.89	13
蛋白粉	9	—	1.90	0.95	30
鸡	74	-2.8	3.53	1.77	248
火鸡	64	—	3.28	1.65	214

续表

食品材料	含水量/%	初始冻结温度/℃	冻前比热容/[kJ/(kg·K)]	冻后比热容/[kJ/(kg·K)]	融化热/(kJ/kg)
鸭	69	—	3.40	1.71	231
杂项					
蜂蜜	17	—	2.10	1.68	57
奶油巧克力	1	—	1.70	0.85	3
花生酥	2	—	1.72	0.87	7
带皮花生	6	—	1.82	0.92	20
带皮花生(烤熟)	2	—	1.72	0.87	7
杏仁	5	—	1.80	0.9	17

附录七　部分物料利用率表

序号	原料名称	工艺损耗率	原料利用率/%
1	芦柑	橘皮24.74%,橘核4.38%,碎块1.97%,坏橘6.21%,损耗6.66%	56.04
2	蕉柑	橘皮29.43%,橘核2.82%,碎块1.84%,坏橘2.6%,损耗3.53%	59.78
3	菠萝	皮28%,根、头13.06%,蕊5.52%,碎块5.52%,修整肉4.38%,坏肉1.68%,损耗8.10%	33.74
4	苹果	果皮12%,子核10%,坏肉2.6%,碎块2.85%,果蒂梗3.65%,损耗4.9%	64
5	枇杷	草种:果梗4.01%,皮核42.33%,果萼3%,损耗4.66% 红种:果梗4%,皮核41.67%,果萼2.5%,损耗3.05%	46 48.78
6	桃子	皮22%,核11%,不合格10%,碎块5%,损耗1.5%	50.5
7	生梨	皮14%,子10%,果梗蒂4%,碎块2%,损耗3.5%	66.5
8	李子	皮22%,核10%,果蒂1%,不合格5%,损耗2%	60
9	杏	皮20%,核10%,修整2%,不合格4%,损耗率2.5%	61.5
10	樱桃	皮2%,核10%,坏肉4%,不合格10%,损耗2.5%	71.5
11	青豆	豆53.52%,废豆4.92%,损耗1.27%	40.29
12	番茄(干物质28%~30%)	皮渣6.47%,蒂5.20%,脱水72%,损耗2.13%	14.2

续表

序号	原料名称	工艺损耗率	原料利用率/%
13	猪肉	出肉率 66%(带皮带骨),损耗 8.39%,副产品占 25.61%。其中:头 5.17%,心 0.3%,肺 0.59%,肝 1.72%,腰 0.33%,肚 0.9%,大肠 2.16%,小肠 1.31%,舌 0.32%,脚 1.72%,血 2.59%,花油 2.59%,板油 3.88%,其他 2.03%	—
14	羊肉	出肉率 40%,损耗 20.63%,副产品占 39.37%。其中:羊皮 8.42%,羊毛 3.95%,肝 2.69%,肚 3.60%,肺 1.31%,心 0.66%,头 6.9%,肠 1.31%,油 2.7%,脚 2.63%,血 4.47%,其他 0.73%	—
15	牛肉	出肉率 38.33%(带骨出肉率 72%),损耗 12.5%,副产品占 49.17%。其中:骨 14.67%,皮 9%,肝 1.37%,肺 1.17%,肚 2.4%,腰 0.22%,肠 1.5%,舌 0.39%,头肉 2.27%,血 4.62%,油 3.28%,心 0.52%,脚筋 0.31%,牛尾 0.33%,其他 7.12%	—
16	家禽(鸡)	出肉率 81%~82%(半净膛),66%(全净膛),肉净重占 36%,骨净重占 18%,羽毛净重占 12%,油净重占 6%,血 1.3%,头脚 6.4%,内脏 18.8%,损耗 1.5%	—
17	青鱼	出肉率 48.25%,损耗 1.5%,副产品占 50.25%,其中:鱼皮 4%,鱼鳞 2.5%,内脏 9.75%,头尾骨 34%	—

附录八　部分食品的主要物理性质

食品名称	含水量/%	冰点 (t_i)/℃	比定压热容/[kJ/(kg·K)]		潜热/(kJ/kg)	贮藏温度/℃	贮藏相对湿度/%
			$>t_i$	$<t_i$			
苹果	84	-2	3.85	2.09	280	-1	85~90
苹果汁	85	-1.7	—	—	—	4.5	85
杏	86	-2	3.68	1.94	285	0.5	78~85
杏干	17	—	—	—	—	0.5	75
香蕉	75	-1.7	3.35	1.76	251	11.7	85
樱桃	75	-4.5	3.64	1.39	276	0.5~1	80
葡萄	82	-4	3.6	1.84	297	5~10	85~90
椰子	85	-2.8	3.43	—	—	-4.5	75
柠檬	30	-2.1	3.85	1.93	297	5~10	85~90

续表

食品名称	含水量/%	冰点(t_i)/℃	比定压热容/[kJ/(kg·K)]		潜热/(kJ/kg)	贮藏温度/℃	贮藏相对湿度/%
			$>t_i$	$<t_i$			
柑橘	89	-2.2	3.64	—	—	1~2	75~80
桃	86	-1.5	3.77	1.93	289	-0.5	80~85
梨	86.9	-2	3.77	2.01	280	0.5~1.5	85~90
青豌豆	74	-1.1	3.31	1.76	247	0	80~90
菠萝	85.3	-1.2	3.68	1.88	285	4~12	85~90
李子	86	-2.2	3.68	1.88	285	-4	80~95
杨梅	90	-1.3	3.85	1.97	301	-0.5	75~85
番茄	94	-0.9	3.98	2.01	310	1~5	80~90
甜菜	72	-2	3.22	1.72	243	0~1.5	88~92
洋白菜	85	—	3.85	1.97	285	0~1.5	90~95
卷心菜	91	-0.5	3.89	1.97	306	—	85~90
胡萝卜	83	-1.7	3.64	1.88	276	0~1	80~95
黄瓜	96.4	-0.8	4.06	2.05	318	2~7	75~85
干大蒜	74	-4	3.31	1.76	247	0~1	75~80
咸肉(初腌)	39	-1.7	2.13	1.34	131	-23	90~95
腊肉(熏制)	13~29	—	1.26~1.8	1.00~1.21	48~92	15~18	60~65
黄油	14~15	-2.2	2.3	1.42	197	-10	75~80
酪乳	87	-1.7	3.77	—	—	0	75~80
干酪	46~53	-2.2	2.68	1.47	167	-1	65~75
巧克力	1.6	—	3.18	3.14	—	4.5	75
稀奶油	59	—	2.85	—	193	0~2	80
鲜蛋	70	-2.2	3.18	1.67	266	-1	80~85
蛋粉	6	—	1.05	0.88	21	2	极小
冰蛋	73	-2.2	—	1.76	243	-18	—
火腿	47~54	-2.2	2.43~2.64	1.42~1.51	167	0~1	85~90
冰淇淋	67	—	3.27	1.88	218	-30	85
果酱	36	—	2.01	—	—	1	75
人造奶油	17~18	—	3.35	—	126	0.5	80
猪油	46	—	2.26	1.3	155	-18	90
牛奶	87	-2.8	3.77	1.93	289	0~2	80~95
乳粉	—	—	—	—	—	0~1.5	75~80
鲜鱼	73	-1	3.34	1.8	243	-0.5	90~95
冻鱼	—	—	—	—	—	-20	90~95

续表

食品名称	含水量/%	冰点(t_i)/℃	比定压热容/[kJ/(kg·K)]		潜热/(kJ/kg)	贮藏温度/℃	贮藏相对湿度/%
			$>t_i$	$<t_i$			
干鱼	45	—	2. 34	1. 42	151	-9	75~80
猪肉	35~42	-2. 2	2. 01~2. 26	1. 26~1. 34	126	0~1. 2	85~90
冻猪肉	—	—	—	—	—	-24	85~95
鲜家禽	74	-1. 7	3. 35	1. 8	247	0	80
冻兔肉	60	—	2. 85	—	—	-24	80~90

附录九　部分食品物料密度表

原料名称	密度/(kg/m^3)	原料名称	密度/(kg/m^3)	原料名称	密度/(kg/m^3)
辣椒	200~300	花生米	500~630	肥度中等的牛肉	980
茄子	330~430	大豆	700~770	瘦牛肉	1070
番茄	580~630	豌豆粒	770	肥猪肉	950
洋葱	490~520	马铃薯	650~750	肥度中等的猪肉	1000
胡萝卜	560~590	地瓜	640	瘦猪肉	1050
桃子	590~690	甜菜块根	600~770	鱼类	980~1050
蘑菇	450~500	面粉	700	脂肪	950~970
刀豆	640~650	肥牛肉	970	骨骼	1130~1300
玉米粒	680~770	蚕豆粒	670~800		

附录十　冷库开门每 $1m^2$ 库房面积的耗冷量

单位：kJ/(m^2·h)

房间名称	$<50m^2$	$50\sim150m^2$	$>150m^2$
冷却物冷藏间	62. 8	33. 5	25
结冻间	67	33. 5	25
结冻物冷藏间	46	25	16. 7
分发间和接受间	167. 5	83. 7	42

附录十一　风名、风速、地面物体象征对照表

序号	风名	相当风速/(m/s)	地面上物体的象征
0	无风	0~0.2	炊烟直上,树叶不动
1	软风	0.3~1.5	风信不动,烟能表示风向
2	轻风	1.6~3.3	脸感觉有微风,树叶微响,风信开始转动
3	微风	3.44~5.4	树叶及微枝摇动不息,旌旗飘展
4	和风	5.5~7.9	地面尘土及纸片飞扬,树的小枝摇动
5	清风	8.0~10.7	小树摇动,水面起波
6	强风	10.8~13.8	大树枝摇动,电线呼呼作响,举伞困难
7	疾风	13.9~17.1	大树摇动,迎风步行感到阻力
8	大风	17.2~20.7	可折断树枝,迎风步行感到阻力很大
9	烈风	20.8~24.4	屋瓦吹落,稍有破坏
10	狂风	24.5~28.4	树木连根拔起或摧毁建筑物,陆上少见
11	暴风	28.5~32.6	有严重破坏力,陆上很少见
12	飓风	32.6 以上	摧毁力极大,陆上极少见

附录十二　我国主要城市风向玫瑰图

风向玫瑰图上所表示的风的吹向，是自外吹向中心；中心圈内的数值为全年的静风频率；风向玫瑰图中每圆圈的间隔为频率 5%；风向玫瑰图上图形线条为：

——表示为全年，——表示为冬季，----表示为夏季，

夏季是 6 月、7 月、8 月三个月风速平均值；冬季是 12 月、1 月、2 月三个月风速平均值；全年是历年年风速的平均值。

北京

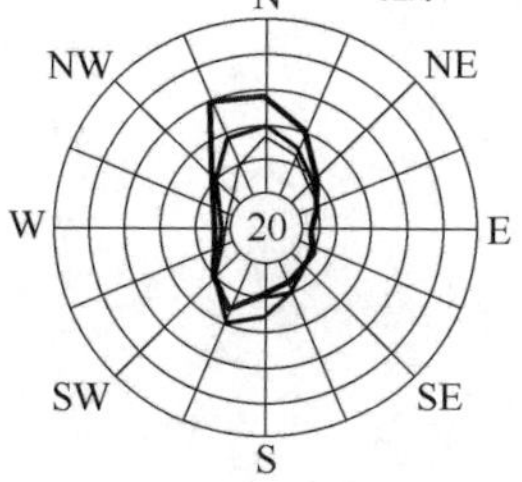

天津

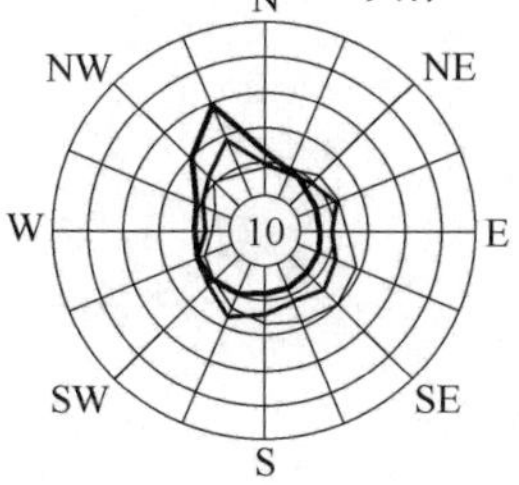

呼和浩特

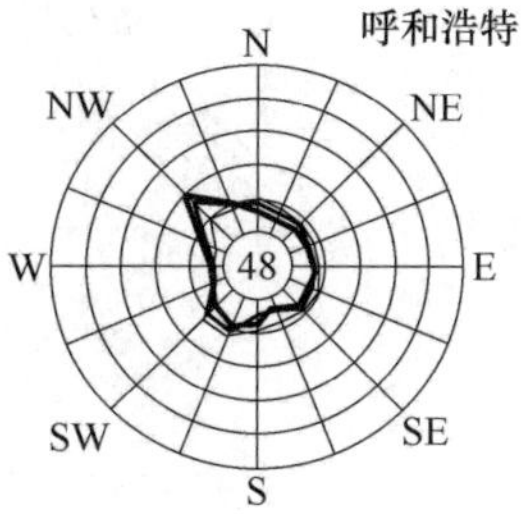

石家庄

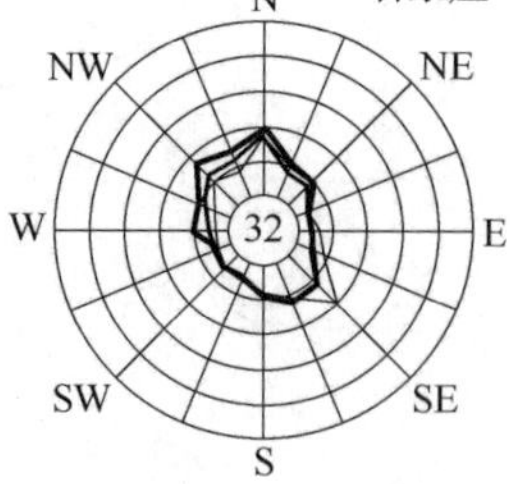

哈尔滨

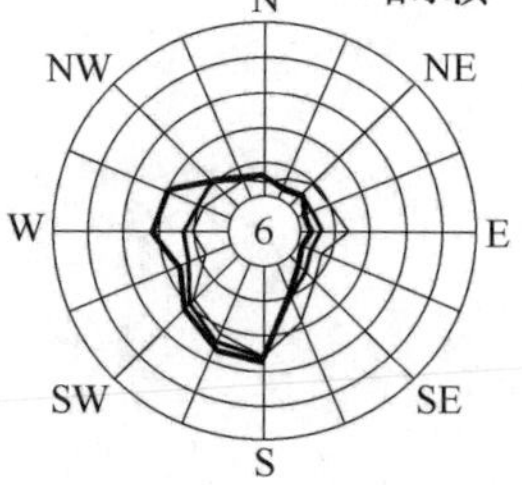

太原

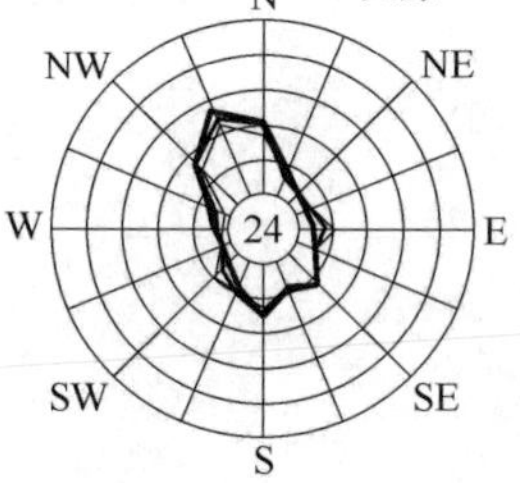

沈阳

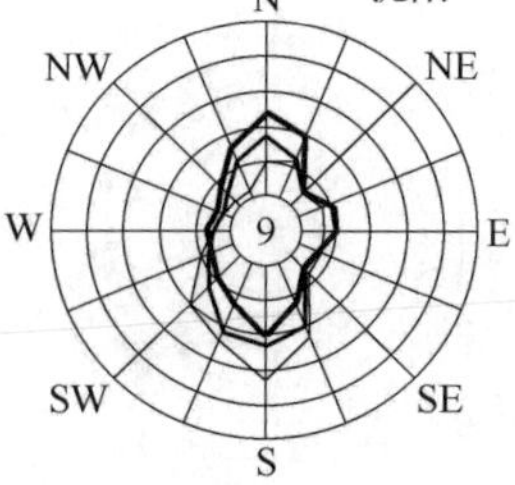

大连

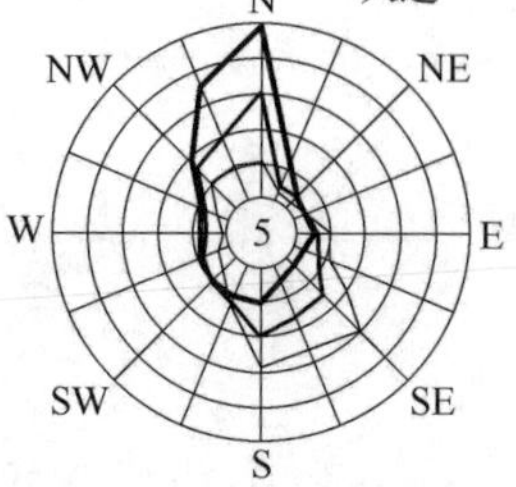

杭州

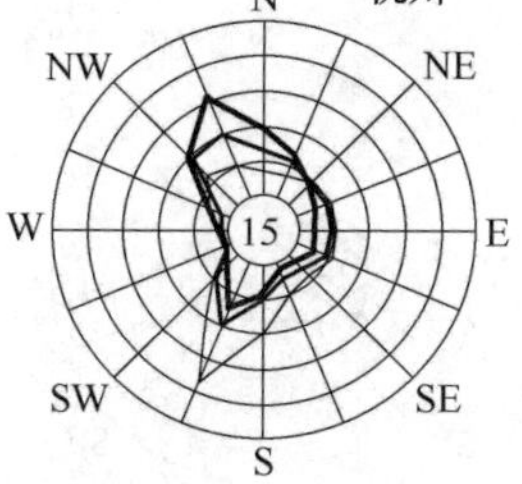

南京

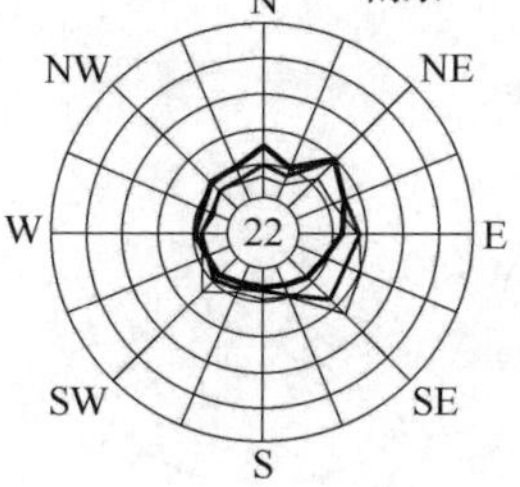

长春

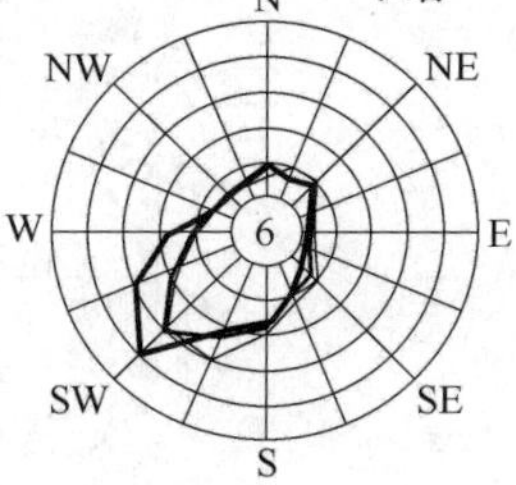

齐齐哈尔

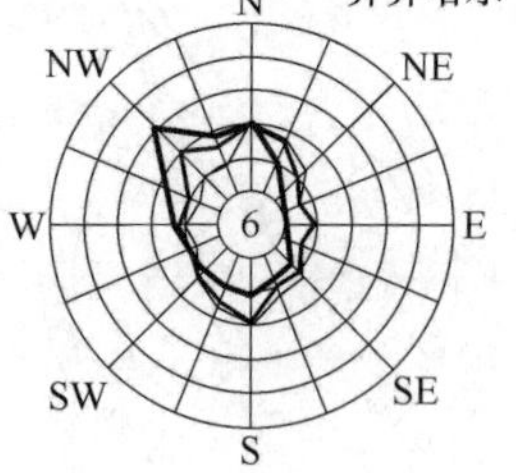

上海

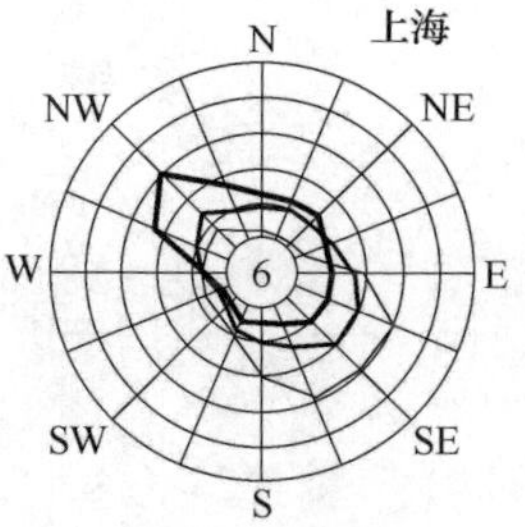

南昌

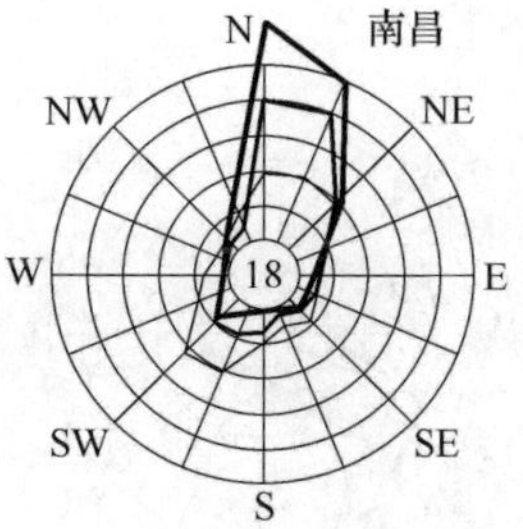

福州

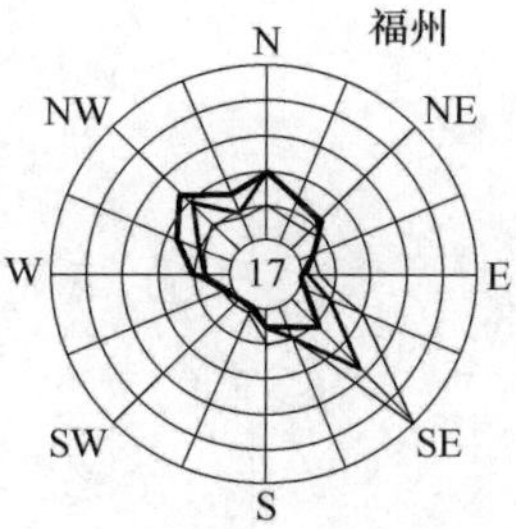

厦门

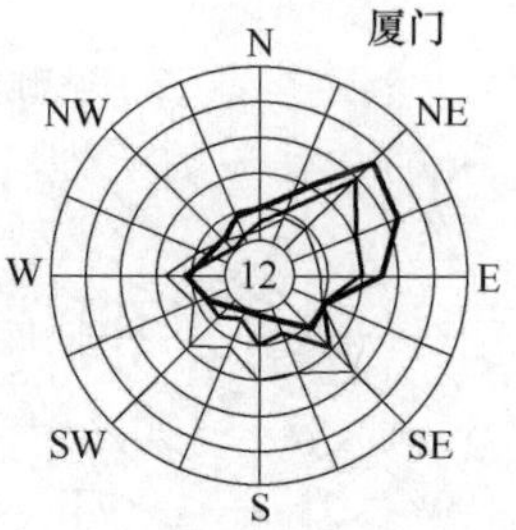

合肥

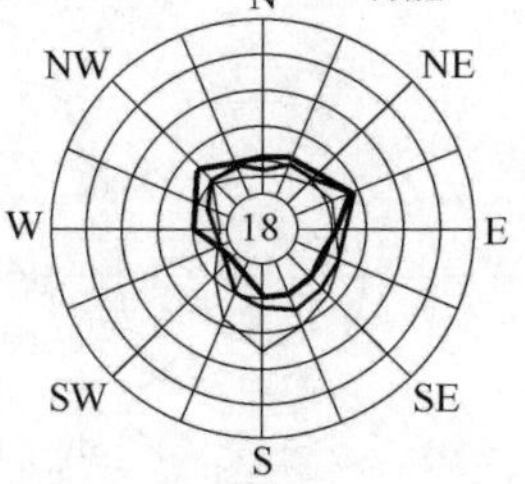

济南

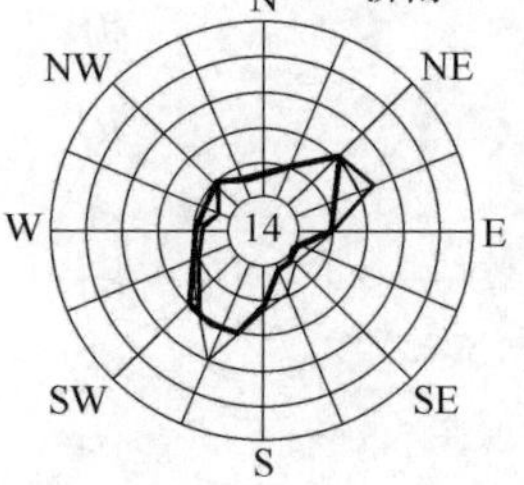

宜昌

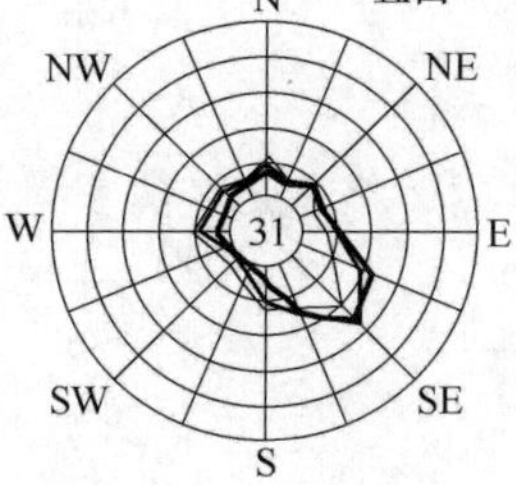

菏泽

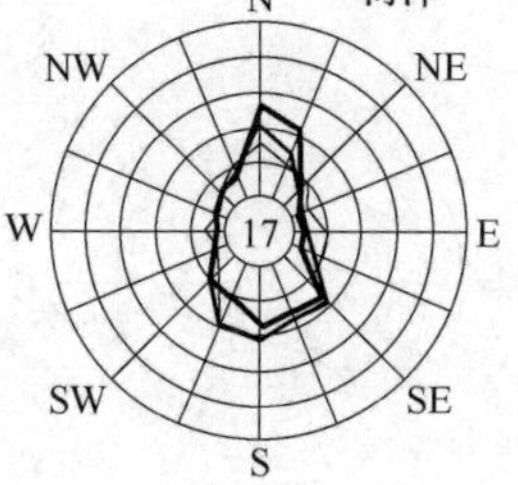

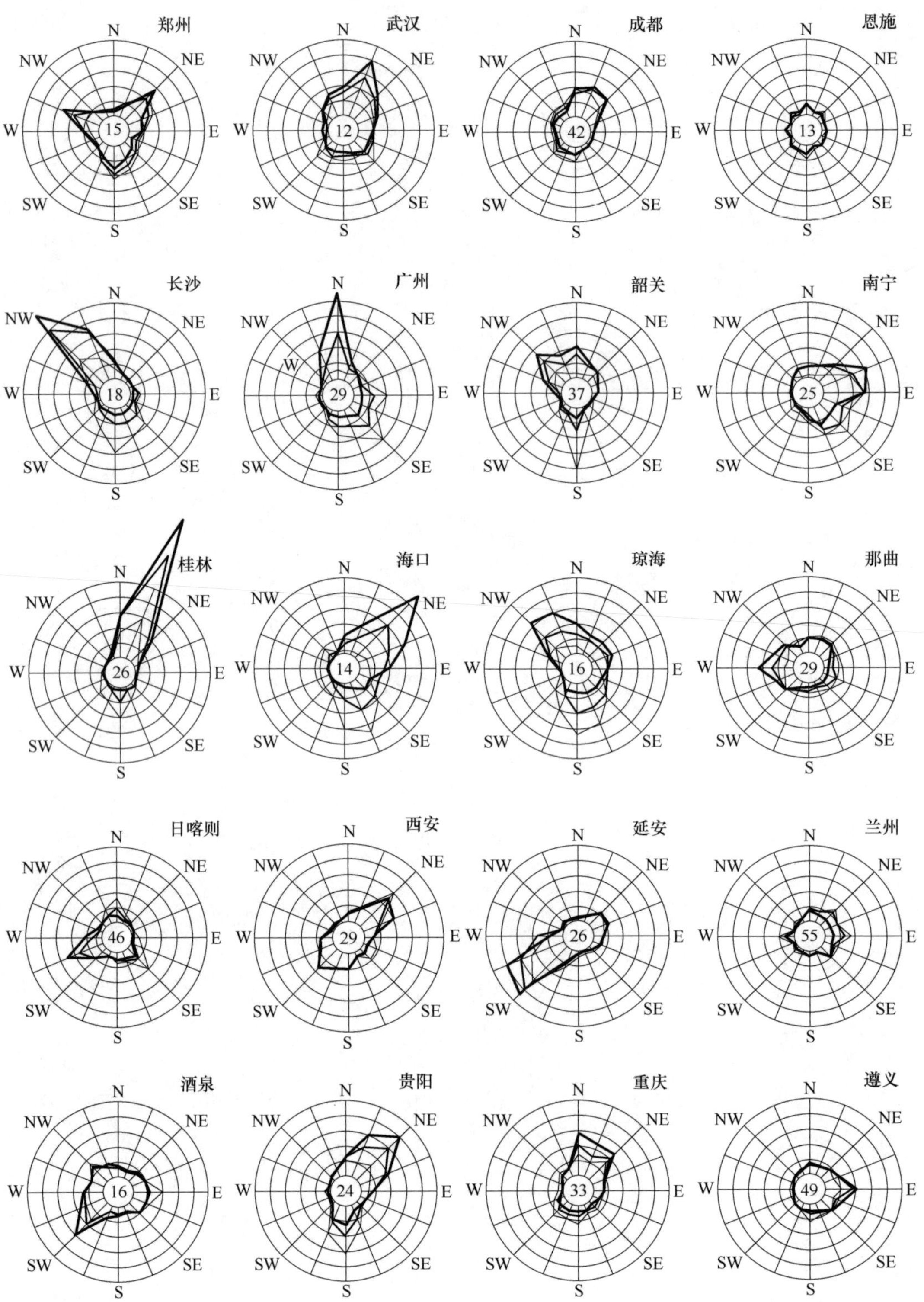
郑州
15
武汉
12
成都
42
恩施
13
长沙
18
广州
29
韶关
37
南宁
25
桂林
26
海口
14
琼海
16
那曲
29
日喀则
46
西安
29
延安
26
兰州
55
酒泉
16
贵阳
24
重庆
33
遵义
49

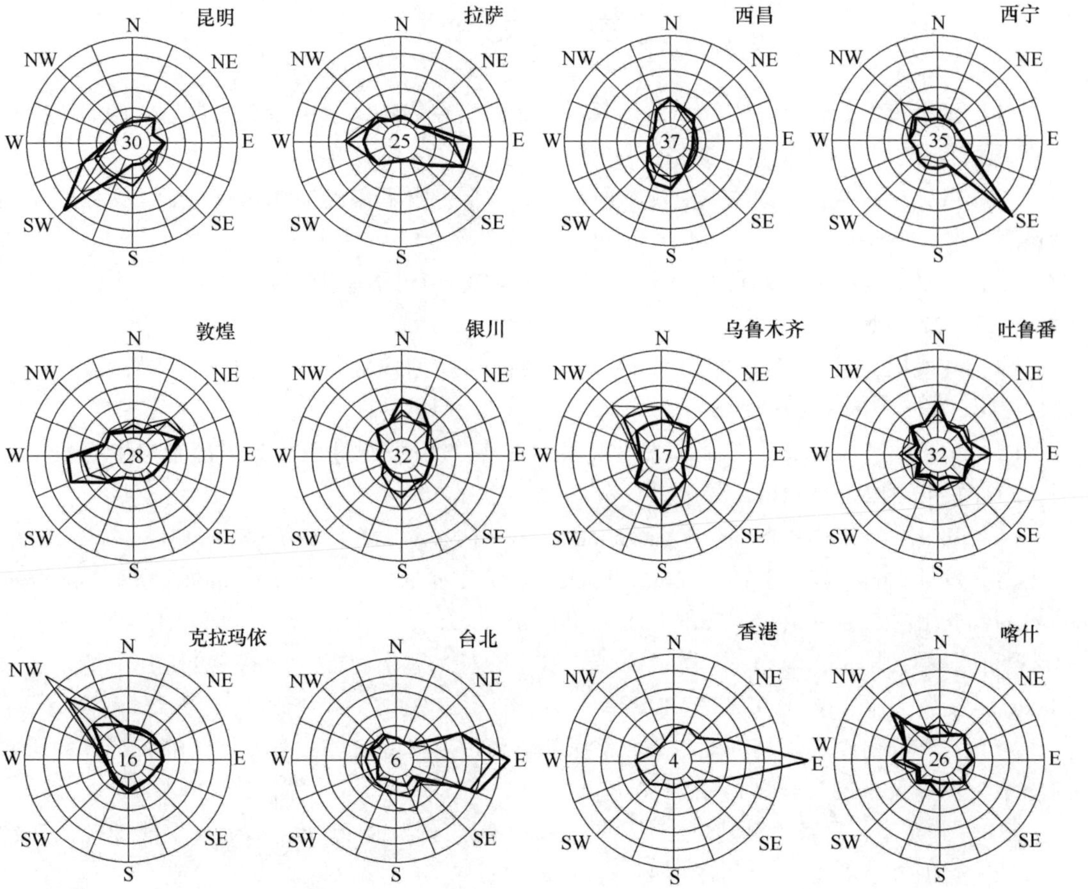
昆明
30
拉萨
25
西昌
37
西宁
35
敦煌
28
银川
32
乌鲁木齐
17
吐鲁番
32
克拉玛依
16
台北
6
香港
4
喀什
26
N
NE
E
SE
S
SW
W
NW

参考文献

[1] 张小庆，张萱，史小峰．植物源新食品原料在特殊医学用途配方食品应用研究进展[J]．现代食品，2019（20）：76-81.

[2] 段昊，吕燕妮，闫文杰．藻类原料在我国保健食品中的应用进展[J]．食品安全质量检测学报，2021，12（11）：4420-4428.

[3] 陈峰，杨帅伶，刘宾．微藻蛋白质及其在食品中的应用研究进展[J]．中国食品学报，2022，22（06）：21-32.

[4] 叶发银，赵国华．纳米级改性淀粉及食品应用研究进展[J]．食品与发酵工业，2018，44（02）：256-265，272.

[5] 宿玲恰，吴敬．淀粉基未来食品及其制备方法研究进展[J]．食品与生物技术学报，2021，40（12）：5-16.

[6] Toledo R. T. Food Process Engineering and Technology [M]. Van Nostrand Reinhold，2013.

[7] Zhang Jianyou，Li Yan，Cai Yanping，et al. Hot extrusion 3D printing technologies based on starchy food：A review [J]. Carbohydrate Polymers，2022，294.

[8] 宁鹏，杨东，廖小军，等．高压二氧化碳对人冠状病毒（hCoV-229E）的消杀效果[J/OL]．食品工业科技，2022：1-12.

[9] 方芳，何雨芯，赵巨堂，等．挤压膨化处理对藜麦营养成分及体外酵解特性的影响[J]．食品科学，2023，44（1）：1-10.

[10] 张乐道，段续，任广跃，等．"食品工程原理"课程激发学生自主能动性的研究[J]．农产品加工，2022（04）：84-85.

[11] 张乐道，刘云宏，任广跃，等．三维动画在"食品工程原理"理论教学中的应用[J]．农产品加工，2018（22）：99-100.

[12] Pitts J B. Conservation of energy：missing features in its nature and justification and why they matter [J]. Found Sci，2021，26（3）：559-584.

[13] Kanai T，Guo W，Tsubota M，et al. Torque and angular-momentum transfer in merging rotating Bose-Einstein Condensates [J]. Phys Rev Lett，2020，124（10）：105-302.

[14] Hibler S，Gieseler H. Heat transfer characteristics of current primary packaging systems for pharmaceutical freeze-drying [J]. J Pharm Sci，2012，101（11）：4025-4031.

[15] Kaplanow I，Goerzgen F，Merz J，et al. Mass transfer of proteins in aqueous two-phase systems [J]. Sci Rep，2019，9（1）：3692.

[16] 朱坤，孙雪梅．乳化肉制品中鱼糜制品的发展方向和趋势探析[J]．现代食品，2020（20）：96-98.

[17] Christopher G J B. Handbook of food factory design [M]. New York：Springer，2013.

[18] 纵伟，任广跃．食品工厂设计[M]．2版．郑州：郑州大学出版社，2017.

[19] 何东平．食品工厂设计[M]．北京：中国轻工业出版社，2009.

[20] Saravacos，George D.，Athanasios E. Kostaropoulos. Handbook of food processing equipment. Vol. 2012. Kluwer Academic/Plenum，2002.

[21] 吴思方 . 生物工程工厂设计概论 [M] . 北京：中国轻工业出版社，2007.

[22] 张国农 . 食品工厂设计与环境保护 [M] . 2 版 . 北京：中国轻工业出版社，2005.

[23] 李洪军 . 食品工厂设计 [M] . 北京：中国农业出版社，2005.

[24] 梁伟桑 . 体重超标会增加患前列腺癌的风险 [J]. 心血管病防治知识（科普版），2019（28）：56.

[25] 孟蕾 . 酶酵海藻酵素技术开发及产业化 [Z] . 山东省，青岛海莱美生物科技有限公司，2017-12-23.

[26] 杜冰青，于宁，杜逢超 . 鲁闽海藻产业发展对比分析及山东省海藻产业发展研究 [J]. 中国渔业经济，2018，36（02）：71-77.

[27] 周景辉 . 制浆造纸工艺设计手册 [M] . 北京：材料科学与工程出版中心，2004.

[28] 何东平 . 油脂工厂设计 [M] . 北京：中国轻工业出版社，2017.

[29] 岳田利 . 食品工厂设计 [M] . 北京：中国农业大学出版社，2019.

[30] 杨芙莲 . 食品工厂设计基础 [M] . 北京：机械工业出版社，2013.

[31] 陈守江 . 食品工厂设计 [M] . 北京：中国纺织出版社，2014.

[32] 曾庆孝 . GMP 与现代食品工厂设计 [M] . 北京：化学工业出版社，2005.

[33] 高海燕，尚宏丽 . 食品工厂设计与环境保护 [M] . 北京：化学工业出版社，2021.

[34] 杨艳敏，张福，王继鹏，等 . 火腿肠发展历史与分类 [J]. 肉类工业，2007（01）：47-48.

[35] 周富裕 . 为了把周黑鸭变成非家族企业，我颇费一番周折 [J]. 中国商人，2018（08）：80-83.

[36] 刘春辉，马磊，李敬 . 年产 1 万 t 海参果汁饮料工厂设计 [J]. 农产品加工，2021（22）：72-79.

[37] 高晓霞 . 国联水产（吴川）对虾产业园揭牌暨智能化工厂开业 [J]. 海洋与渔业，2019（10）：14.

[38] 赵琳，国联水产：智能化工厂建成投产 海洋食品智造转型升级 [N] . 证券日报，2019-09-30

[39] 王维坚 . 食品工厂设计 [M] . 北京：中国轻工业出版社，2014.

[40] 王颉 . 食品工厂设计与环境保护 [M] . 化学工业出版社，2006.

[41] 谢立辉 . 工厂总平面设计对环境要素的配置及评价 [J]. 建筑科学，2003，19（1）：3.

[42] 高雁 . 油脂加工厂建筑总平面设计 [J]. 中国油脂，2012，37（4）：3.

[43] 赵彤宇 . 简析肉食品加工厂总平面设计 [J]. 冷藏技术，2008（3）：5.

[44] 无锡轻工业学院 . 食品工厂设计基础 [M] . 北京：中国轻工业出版社，1999.

[45] 熊晓辉 . 食品工厂设计 [M] . 南京：东南大学出版社，2006.

[46] 王如福 . 食品工厂设计 [M] . 北京：中国轻工业出版社，2001.

[47] 李雨 . 论食品安全控制 GMP 体系实施现状与发展趋势 [J]. 现代商贸工业，2010，22（03）：28-29.

[48] 樊湘文 . 浅谈按 GMP 设计食品工厂可降低食品安全风险 [J]. 食品安全导刊，

2020（17）：73.

［49］Good Design Practices for GMP Pharmaceutical Facilities，edited by Terry Jacobs，and Andrew A. Signore，Taylor & Francis Group，2016. ProQuest Ebook Central.

［50］Handbook of Food Processing：Food Safety，Quality，and Manufacturing Processes，edited by Theodoros Varzakas，and Constantina Tzia，Taylor & Francis Group，2015. ProQuest Ebook Central.

［51］王文军．食品生产加工过程中常用消毒方式的分析探讨［J］. 食品安全导刊，2021（03）：183-185.

［52］Riccetti，Sauro. Designing Food Safety and Equipment Reliability Through Maintenance Engineering［M］，Productivity Press，2013.

［53］刘钦．工程造价控制［M］．北京：机械工业出版，2010.

［54］魏蓉．工程造价［M］．北京：清华大学出版社，2019.

［55］中国建设工程造价管理协会化工工程委员会．化工建设概算定额［M］．北京：化学工业出版社，2003.